대한민국 노동운동의 보수적 기원

대한민국 노동운동의 보수적 기원

초판 1쇄 발행 2007년 2월 28일

글쓴이   임송자
펴낸이   윤관백
편 집   김은정
표 지   허진영
교정교열 김은혜 · 이수정
펴낸곳   선인

등록   제5-77호(1998.11.4)
주소   서울시 마포구 마포동 324-1 곳마루 B/D 1층
전화   02)718-6252 / 6257
팩스   02)718-6253

E-mail   sunin72@chol.com
Homepage www.suninbook.com

정가 · 26,000원
ISBN 978-89-5933-074-4 93900

· 저자와 협의하에 인지 생략.
· 잘못된 책은 바꿔 드립니다.

대한민국 노동운동의 보수적 기원

"1945년 해방 ~1961년까지"

임송자

책을 내면서

　노동운동이란 노동자대중이 노동조건이나 생활조건의 개선을 위해 경제적·정치적·사회적 지위향상을 도모하는 운동, 더 나아가서 자본주의 체제변혁을 목적으로 전개하는 운동을 말한다. 노동운동은 자본주의 발전에 따라 변화·발전하며, 각 국의 역사적 배경 및 조건에 따라 특수성을 지닌다. 우리나라에서는 일제시기 민족해방운동과 결합하였으며, 해방 후 민족민주국가 건설운동과 결합하여 전개되었다는 특수성이 존재한다.

　해방 후 민족민주국가건설운동 과정에서의 극렬한 좌우대립은 노동운동에도 그대로 투영되었다. 좌익세력을 대표한 조선노동조합전국평의회와 우익세력을 대표한 대한노총의 극한적 대립으로 인해 해방공간에서 노동운동 본연의 임무를 수행하지 못하였다. 이러한 대결구도는 대한민국 정부수립과 함께 정리되어 대한노총이 노동계 중심세력으로 부상하였고, 이후 1960년 4월혁명에 의해 대한노총이 와해되기까지 지속되었다. 한국의 노동운동역사는 현 시기의 노동운동에 상당한 정도로 영향력을 미치고 있다. 대한노총의 역사를 이어받은 한국노총이 노동계에서 차지하는 비중을 볼 때 더욱 그러하다.

이 책에서 주로 다루게 되는 1945년 해방부터 1961년까지의 노동운동은 크게 보수와 진보라는 두개의 범주로 나눌 수 있다. 진보란 권력과 자본으로부터의 독립을 지향한 운동 즉 자주적이며 민주적인 운동을 말한다. 이에 반해 보수는 자본과 권력에 타협적이고, 협조적이었던 운동 즉 비자주적이며 비민주적인 운동을 말한다.

1945년부터 1961년까지 노동조합 조직으로 미군정기 조선노동조합전국평의회와 대한독립촉성노동총연맹, 대한민국 정부수립 이후 대한노동총연맹(1954년부터 대한노동조합총연합회), 1950년대 후반 전국노동조합협의회, 4월혁명기 한국노동조합총연맹(한국노련), 5·16군부쿠데타 이후 한국노동조합총연맹(한국노총)을 들 수 있다.

조선노동조합전국평의회는 체제변혁을 목적으로 노동운동을 전개하였다는 점에서 진보라는 범주 안에서도 혁명적인 노동운동 색채가 강하였다. 이에 반해 대한독립촉성노동총연맹은 보수라는 범주 안에서 극우반공적인 성격이 강하였다. 정부수립 이후 대한노동총연맹(1954년부터 대한노동조합총연합회)은 미군정기에 보여준 보수성을 그대로 이어갔다. 1950년대 후반에 결성된 전국노동조합협의회는 권력과 자본으로부터의 자유를 내걸었다는 점에서 진보적인 노동조직으로 규정할 수 있을 것이다. 전국노동조합협의회 세력이 중심이 되었던 한국노련도 마찬가지로 적용될 수 있을 것이다. 1961년 5·16군부쿠데타세력에 의해 결성된 한국노총은 권력과 자본에 예속된 보수적인 조직으로 규정내릴 수 있다.

현 시기 노동운동은 보수성이 강하다. 노동조직이 자본과 권력으로부터 독립적이지도 못할 뿐더러, 이익집단화 되는 경향도 강하다. 노동운동이 어느 한 집단의 이익을 대변하기 위해 존재하는 것은 아니다. 중소기업노동자, 하청기업노동자, 비정규직 노동자들을 외면한 노동운동은 또 다른 구조적 모순을 창출하고 있다. 노동조직 내 민주주의적 원칙이 얼마나 관철되는지 또한 의문일 때가 많다.

현 시기 노동운동의 과제는 보수성 극복이다. 이러한 과제수행을 위해서는 한국 노동운동의 역사를 되짚어보고, 노동운동의 발전을 저지시켰던 요인이 무엇인지 성찰할 필요가 있다. 따라서 이 책에서는 한국의 노동운동 흐름을 보수와 진보로 대별하여 논의를 진전시킬 것이다. 또한 현 시기 대한민국 노동운동의 보수성도 그 기원을 찾자면 1945년 해방 이후로 거슬러 올라가야 한다는 인식 속에서 1945년~1961년까지를 시기대상으로 살펴보고자 한다.

이 책은 저자의 박사학위논문 「대한노총 연구 1946~1961」을 토대로 수정·보완한 것이다. 목차나 내용에서 많은 부분을 수정하였으며, 논문 체계상 학위논문에 넣지 않았던 내용도 보완하였으나 논지는 변함이 없다. 제1장에서는 해방 후 혁명적 열기를 수렴하여 조직된 조선노동조합전국평의회 결성 및 조직활동을 다루었다. 그리고 조선노동조합전국평의회에 대항하여 조직된 대한독립촉성노동총연맹의 조직 및 조선노동조합전국평의회 와해활동을 다루었다. 와해활동의 구체적 사례를 밝힘으로써 노동계의 좌우대립 실상을 명확히 하였다.

제2장에서는 정부수립과 함께 부상한 대한노동총연맹의 내부갈등과 조직변화, 조직체계를 살펴보았다. 미군정기와 달리 이 시기는 대한노동총연맹에게 새로운 국면이 펼쳐졌다. 미군정기 반전평활동이라는 목표 하에 공조체제를 유지했던 우익청년단, 자본가세력은 전평이 소멸·와해된 시점에서 대한노동총연맹을 껄끄러운 존재로 바라보기 시작했다. 이러한 국면에서 대한노동총연맹이 전개한 활동상에 대해 조망하였다. 전국적 노동조합연맹체로서 자기역할을 다하지 못한 부정적인 점이 많았지만 일면 노동조합주의적인 면모를 보인 점도 있다는 점에 유의하여 살펴보았다.

제3장에서는 노동조합법 제정에 따른 대한노총의 조직변화와 1950년대 중·후반 파벌대립의 양상을 살펴보았다. 이를 통해 대한노총이 자유당에 예속되어 관제·어용단체로 전락되어 갔음을 규명하였다. 아울러 대한노총의 활동 즉 사이비 노동활동과 자유당을 위한 정치활동 등을 살

펴봄으로써 관제·어용단체적 성격을 구체화하였다.

제4장에서는 1950년대 후반 대한노총의 관제·어용화에 대항하여 조직된 전국노동조합협의회를 다루었다. 전국노동조합협의회의 결성은 1950년대 진보적 노동운동의 시작을 알리는 청신호였다. 전국노동조합협의회는 4월혁명이라는 열려진 공간에서 노동운동을 주도하였으며, 노동계 통합과정을 통해 조직된 한국노동조합총연맹(한국노련)의 중심세력을 이루었다. 이러한 일련의 과정은 한국 노동운동의 새로운 희망을 보여주는 것이었다. 그러나 5·16군부쿠데타세력에 의한 노동단체 해산, 한국노총 결성으로 이어짐으로써 노동운동은 좌절을 맛보게 되었다. 따라서 이 장에서는 노동운동의 새로운 희망과 좌절이라는 제목 하에 전국노동조합협의회 결성부터 한국노총 결성과정까지를 다루었다.

이 책이 나오기까지 여러 선생님들의 학은을 입었다. 서중석 선생님은 연구자로서 첫발을 내딛는 시점부터 지금까지 많은 가르침을 주셨다. 지도교수로서 저자의 부족한 면면을 일일이 지적해 주셨으며, 연구방향 및 논문체계에 대해 세심하게 지도해 주셨다. 그리고 논문심사를 맡아 주셨던 조동원 선생님, 강정구 선생님, 정현백 선생님, 정영태 선생님의 도움도 컸다. 넉넉한 마음으로 격려와 더불어 시대상황에 대해 폭넓은 견해를 제시해 주셨던 조동원 선생님, 논문의 선명성을 유지하도록 논문체계에 대해 많은 지적을 해 주셨던 강정구 선생님, 논문을 꼼꼼히 검토해 주시고 부족한 점을 일일이 지적하여 논문의 완성도를 높이도록 지도해 주신 정현백 선생님, 논문에 대한 날카로운 지적과 함께 논지를 끌어내어 좀 더 심도 있는 논문이 되도록 이끌어 주신 정영태 선생님께 이 자리를 빌려 감사의 인사를 드리고 싶다.

민병하 선생님, 성대경 선생님, 이장희 선생님, 신해순 선생님, 김영하 선생님은 석·박사 과정 중에 저자가 역사연구의 폭을 넓히도록 많은 가르침을 주셨다. 논문을 쓰는 동안 많은 배려와 격려를 아끼지 않았던 독립기념관 연구소 여러 선생님들께도 감사드린다. 독립기념관 연구소 김형목 선생님, 국가보훈처 이현주 선생님은 논문을 완성하는데 많은 도움을 주셨다.

저자는 2004년 2월부터 일제강점하강제동원피해진상규명위원회에서 일하였고, 2006년 여름부터는 성균관대학교 사학과 BK21사업단(한·중·일역사분쟁연구전문인력양성사업단)에 재직하고 있다. 일과 공부를 병행할 수 있도록 물심양면으로 배려해주신 많은 분들께 감사드린다. 특히 임경석 선생님은 많은 조언과 더불어 책 제목을 짓거나 목차를 구성하는데 세심한 검토를 해 주셨다. 막바지 교정에 힘을 쏟아준 이병례·김미현·김도희 선생님께 감사드린다. 이외에도 일일이 거론할 수 없지만 정신적으로 든든한 힘이 되어준 선배, 동료, 후배들에게 고마움을 전하고 싶다. 그리고 넉넉한 형편이 아니었음에도 저자가 공부할 수 있도록 묵묵히 뒷바라지 해 주신 부모님께 감사의 인사를 드린다.

끝으로 이 책의 출판에 흔쾌히 응해주신 선인출판사 윤관백 사장님과 관계자분들께도 감사드린다.

2007년 2월
임 송 자

차례

책을 내면서 ………………………………………………… 5

서장 문제제기와 연구방법 ……………………………… 15

  1. 문제제기 / 15
  2. 연구방법과 자료 / 24

제1장 보수적 노동운동의 형성 ………………………… 29

  1. 해방 후 노동상황과 진보적 노동운동 / 29

    1) 노동상황 / 29
    2) 조선노동조합전국평의회 / 33

  2. 대한독립촉성노동총연맹의 결성 / 40

    1) 우익세력과 노동자 조직화 / 40
    2) 대한독립촉성노동총연맹 결성과 초기 조직 / 53
    3) 9월총파업과 전진한체제 / 66

  3. 대한독립촉성노동총연맹의 조직체계 / 84

    1) 조직확장과 조직현황 / 84
    2) 조직체계 / 93

4. 조선노동조합전국평의회의 와해 / 100

   1) 후원세력 / 100
   2) 행동대원들 / 106
   3) 사례 / 111

   〈소결〉 / 133

제 2 장   대한민국 정부와 대한노동총연맹 ·························· 137

1. 정부수립 이후 보수적 노동운동의 내부갈등 / 137

   1) 유임지지파와 유임반대파 / 137
   2) 전국혁신위원회 / 142
   3) 3월파와 4월파 / 148
   4) 전진한체제의 확립 / 157

2. 한국전쟁기 조직변화 / 160

   1) 조직파괴와 조직변화 / 160
   2) 내부갈등과 대립 / 164
   3) 전국통일대회 / 168

3. 조직체계 / 175

   1) 조직 재정비 / 175
   2) 조직체계 / 179
   3) 조직현황 / 182

4. 대한노동총연맹의 활동상 / 185

   1) 노동계를 압박하는 요인들 / 185
   2) 입법활동과 대한노동총연맹 / 193
   3) 5·10선거, 5·30선거 참여와 자유당 창당 / 201
   4) 이승만과 대한노동총연맹 / 211

   〈소결〉 / 217

제 3 장   대한노동조합총연합회의 자유당 예속화 ·················· 221

1. 1953년 노동관계법 제정과 대한노총 조직변화 / 221
   1) 노동조합법 제정 과정 / 221
   2) 노동관계법 내용과 운용실태 / 238
   3) 대한노총의 조직변화 / 248

2. 1950년대 중·후반 파벌대립의 양상 / 258
   1) 1950년대 중반기 파벌대립 / 258
   2) 1950년대 후반기 규약개정운동과 김기옥체제 / 274
   3) 파벌대립의 성격 / 282

3. 조직체계 / 287
   1) 조직체계 / 287
   2) 조직현황 / 296

4. 대한노동조합총연합회의 활동상 / 303
   1) 사이비 노동활동 / 303
   2) 대한노동조합총연합회와 정당관계 / 310
   3) 자유당을 위한 정치활동 / 319

〈소결〉 / 327

제 4 장   노동운동의 새로운 희망과 좌절 ·························· 331

1. 새로운 노동운동의 전개 / 331

2. 전국노동조합협의회 결성 / 336
   1) 전국노동조합협의회 설립준비위원회 / 336
   2) 전국노동조합협의회 결성 / 343
   3) 전국노동조합협의회 결성 의의 / 348

3. 4월혁명기 노동계의 변화 / 352
   1) 대한노총 과도체제 / 352

2) 전국노동조합협의회와 제3세력   / 357
    3) 한국노동조합총연맹(한국노련) 결성   / 361
    3) 한국노동조합총연맹(한국노련) 조직체계   / 370

  4. 진보적 노동운동의 고양   / 373
    1) 어용노동조합 개편과 규탄운동   / 373
    2) 노동운동의 고양과 노동조합 결성   / 377

  5. 좌절   / 380
    1) 5·16군부쿠데타와 노동단체 해산   / 380
    2) 한국노동조합총연맹(한국노총) 결성   / 386

  〈소결〉   / 397

종장 ··· 401

참고문헌 ·· 411
찾아보기 ·· 427

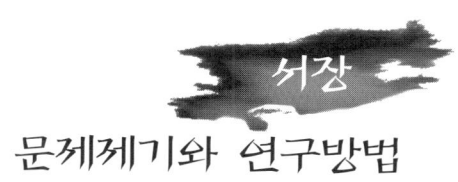

1. 문제제기

한국근현대사에서 노동자대중은 반제민족해방운동, 민족민주국가건설운동의 주요한 추동력이었다. 일제시기 노동자대중은 원산총파업, 평양 고무공장파업 등을 통해 반제민족해방투쟁사의 전면에 나서게 되었다. 1930년대 일제의 극악한 탄압하에서 전개된 혁명적노동조합운동은 해방 후 광범한 노동자대중의 혁명적 열기를 바탕으로 한 조선노동조합전국평의회(이하 전평)의 결성으로 이어짐으로써 노동자대중은 민족민주국가건설운동의 주요한 담지자가 되었다.

전평의 주도하에 노동자대중은 민족적·계급적인 이해를 실현하기 위해 자주관리운동, 공장관리운동, 산업건설운동 등을 전개해 나갔다. 반면 미군정기 반공·반전평의 기치를 내걸고 탄생된 대한독립촉성노동총연맹(이하 대한노총)[1]은 우익정치인 및 자본가계급의 이해를 대변하는 조

---

1) 1946년 3월 10일 결성 당시의 명칭은 대한독립촉성노동총연맹이었으며, 대한민

직으로서 노동자대중의 계급투쟁을 외면한 채 오히려 노동운동 **탄압**을 주목적으로 삼았다.

미군정기 우익정치인·미군정·우익청년단의 적극적 지원을 **바탕**으로 조직된 대한노총과 일제시기의 민족해방운동을 계승하여 광범한 노동자대중의 혁명적 열기를 수렴하여 조직된 전평과의 대결의 실상을 파악하는 것은 민족민주국가건설의 실패요인이 어디에 있는지 확인할 수 있게 해준다. 물론 민족민주국가건설의 실패요인을 전평 대 대한노총의 대결만으로 보는 것은 아니다. 극렬한 좌우대립이 민족민주국가건설을 실패로 이끌었던 하나의 요인이었다는 전제하에 그 구체적인 실상을 전평 대 대한노총의 대결을 통해 파악해 보고자 하는 것이다.

이승만의 단독정부수립노선의 승리와 함께 대한민국 유일의 노동조합연맹체로 부상한 대한노총이 남북 간의 체제대결이라는 상황에서 어떠한 기능을 수행하였는지 살펴볼 필요가 있다. 또한 이승만·자유당정권이 일제시기·미군정기·한국전쟁기의 경험으로 반공이데올로기로부터 자유롭지 못한 노동자대중을 어떻게 통제하고, 사회변혁세력으로서의 성장을 억제하였는지에 대한 해명이 필요하다. 이를 밝히는 과정에서 이승만·자유당정부의 권력기반 및 성격을 파악할 수 있으리라고 본다.

1950년대 노동자대중이 계급형성에 실패한 구조적 요인을 찾기 위해서는 대한노총 연구가 필수적이라고 생각된다. 해방 후 전개된 노동운동에 대하여 "노동운동의 폭발적 소생", "혁명적 운동의 고양"이라는 표현은 자연스러웠으며, 노동자대중은 계급형성에 성공하고 있었다. 그러나 정부수립 이후 1950년대의 상황은 노동운동의 혁신조차도 용납되지 않았다. 더욱이 노동관계법 제정·공포라는 노동운동에 유리한 객관적 조건

국 정부 수립 후 대한노동총연맹으로 변경되었다. 1953년 노동법 제정·공포에 의해 1954년 4월 재조직되었는데, 이때 조직명칭은 대한노동조합총연합회였다. 대한독립촉성노동총연맹·대한노동총연맹·대한노동조합총연합회는 일반적으로 대한노총으로 약칭하고 있으므로 특별한 경우를 제외하고는 '대한노총'으로 표기하고자 한다.

하에서도 노동자들의 침묵은 오랜 기간 지속되었다. 이러한 1950년대의 노동상황을 이렇게 이끌었던 요인은 무엇인가. 이러한 문제의식하에서 대한노총의 조직 및 활동에 대해 살펴볼 필요가 있을 것이다.

한편 이승만·자유당정권의 반공이데올로기 통제 속에서도 노동자들은 대한노총이라는 외피를 두르고 저급한 수준이나마 간헐적으로 노동투쟁을 전개해 나갔음을 인식할 필요가 있다. 또한 체제위협적인 것은 아니더라도 조선방직쟁의, 대구 대한방직쟁의 등에서 보는 바와 같이 한국의 노동운동사상 주요한 쟁의가 이 시기에도 존재한다는 사실은 노동자대중이 한국사회 변혁운동의 주체라는 인식을 각인시켜주는 것이라 할 수 있다. 노동자들의 계급적 성장은 멈추어 있었지만 일제하 민족해방운동 투쟁에서 축적되어온 노동자들의 사회변혁에 대한 열기는 이승만·자유당정권하에서도 잠재되어 있었다. 또한 1950년대 후반으로 갈수록 노동자들의 조직화 및 노동쟁의가 많아지고, 대한노총 내에서도 노동조합주의의 일정한 흐름이 존재하고 있었다. 대한노총의 어용성과 자유당에의 예속화에도 불구하고 기층노동자들의 투쟁은 이어져 왔으며, 자유당의 예속으로부터 벗어나고자 하는 운동도 전개되어 왔다. 1959년 전국노협의 탄생은 이러한 활동이 반영되어 이루어진 것이다.

지금까지 노동운동사 연구는 양적·질적으로 많이 축적되었다. 그런데 시기적으로, 내용적으로 노동운동사 연구는 미군정기 전평에 치중되었다. 해방 직후 변혁운동에서 전평이 차지하는 중대성만큼 노동운동사연구에서 전평에 커다란 비중을 두는 것은 당연하다고 할 수 있다. 그러나 미군정기에는 보수반공우익세력의 행동전위대가 되어 전평을 와해시키는 데 전력을 다하였고, 정부수립 이후에는 이승만·자유당권력에 종속되어 노동운동의 본질을 왜곡한 대한노총에 대한 연구가 필수적이다. 또한 현 시기 노동운동의 보수적 기원을 밝히는 데에도 중요한 위치를 차지한다. 그러나 이에 대한 연구는 아직껏 일천하다고 할 수 있다.

대한노총에 대한 연구로는 『한국노동조합운동사』[2]와 『한국노동운동사』3)가 있다.4) 『한국노동조합운동사』의 경우, 문헌과 제반 고증자료를 중심으로 서술하여 객관성을 유지하려는 노력이 엿보인다. 그러나 개별 사실에 대한 역사적 평가를 유보하고 있어 노동운동사 1차 자료의 종합적 정리로서 그 의의가 한정될 수밖에 없다. 또한 이들 연구는 대한노총에 대한 분석적·체계적 연구라기보다는 노동조합운동이나 노동운동의 전반적 흐름 속에서 대한노총을 다룬 것이라고 할 수 있다.

대한노총에 대한 본격적인 연구는 아니더라도 대한노총을 부분적으로 다룬 연구가 몇 편 있다. 노작으로 평가되는 서중석의 『조봉암과 1950년대』(상)에 실린 대한노총 관련 서술은5) 조봉암과 진보당이 노동조직에 뿌리내리지 못한 중요한 근거를 밝히기 위한 것으로, 대한노총과 정치권력, 극우반공주의를 분석하였다. 김삼수의 연구6)는 한국자본주의의 성립과 특질을 정치체제·노동운동·노동정책이라는 3개의 카테고리를 통해 분석한 것이다. 그의 연구는 정치체제로서의 이승만 독재정권의 확립, 노동조합의 전국적 중앙조직체로서의 대한노총의 확립, 그리고 1953년 노동관계법 성립과정을 분석함으로써 1953년의 시점에서 국민국가로서의 한국자본주의국가가 성립하였음을 논증하고자 한 것이다. 노동운동을 전평(1)=주류파, 전평(2)=산업건설협력파, 대한노총(1)=혁신파, 대한노총(2)=주류파로 유형화하였다. 그리고 혁신파를 중시하는 입장에서 중간파의 〈민족공동체구상〉이 정부수립 이후 헌법 제정에서 이익균점권 조항을 제안·성립시켰던 가장 기본적인 기반이었다고 주장하였다. 그는 혁

---

2) 한국노동조합총연맹, 『한국노동조합운동사』, 1979.
3) 김낙중, 『한국노동운동사 -해방후편-』, 청사, 1982.
4) 이 두 편의 연구서에 대한 평가는 박현채, 「해방 후 노동운동사 연구현황과 방법론」(역사문제연구소, 『한국근현대연구입문』, 1988)과 한국경제사학회, 「한국현대사연구의 현황과 과제」(한국경제사학회, 『사회경제평론』2)에 실려있다.
5) 서중석, 『조봉암과 1950년대』(상), 역사비평사, 1999.
6) 金三洙, 「韓國資本主義とその特質 1945~53年 -政治體制·勞動運動·勞動政策を中心として」, 동경대학 경제학 연구과 박사학위논문, 1990.

신파의 노동조합운동은 한국에서 '노동조합주의'의 맹아로 될 수 있는 질(質)을 갖는 것으로 평가하였다. 더 나아가서 〈관제조합적 성격의 청산=자율적 노동조합〉=〈노동자의 경제적 이익의 향상〉을 정책노선으로 하는 혁신파의 현실적 입장은 그 자체가 당시의 한국에서 체제안정을 보장하는 것이 아니었다고 주장하였다.

조돈문은 「50년대 노동계급의 해체-노총의 호응성 전략과 노동자들의 저동원」[7]이라는 연구를 통해 1950년대 노동계급의 계급형성 실패와 계급해체를 국가와 자본계급의 계급지배양식과 노동조합들의 전략적 선택의 상호작용적 역학에 의한 것으로 파악하였다. 즉 노동조합들이 선택한 전략은 국가와 자본에 대항하여 동원을 통한 노동자들의 권익을 신장하는 전투성 게임보다는 허용된 제도적 틀 아래에서 활동하는 제도적 게임을 선택함으로써 계급형성이 실패했다고 설명하였다. 대한노총이 제도적 게임을 선택함에 따라 대한노총과 국가와의 호응관계가 이루어지고, 대한노총 노동조합들의 노동자 대중에 대한 호응성의 전략적 포기가 이루어짐으로써 1950년대 노동자들의 높은 불만에도 불구하고 노동자들과 노동조합을 침묵으로 이끌었다는 견해를 제시하였다.

대한노총과 관련된 논문으로 제1공화국 시기의 국가와 노동관계를 분석한 박영기의 논문,[8] 제1공화국 시기의 노동관계를 후원-피후원관계로 설명한 김용철의 논문,[9] 건국 초기 형성된 기업별 노동조합 체제의 형성과 특성을 밝힌 이우현의 논문,[10] 노동조합의 정치활동을 다룬 정영태의 논문,[11] 나카오 미치코(中尾美知子)의 논문[12] 등이 있다.

---

7) 조돈문, 「50년대 노동계급의 계급해체-노총의 호응성 전략과 노동자들의 저동원」, 『경제와 사회』29, 1996년 봄호.
8) Park Young-Ki, 『LABOR AND INDUSTRIAL RELATIONS IN KOREA : System And Practice』, Sogang University Press, 1979.
9) 김용철, 「제1공화국하의 국가와 노동관계-수혜적 포섭에서 약탈적 후원으로-」, 『한국정치학회보』 29-3, 1995년 12월.
10) 이우현, 「건국초기 한국노동조합의 조직적 특성」, 『經濟論叢』19, 2000년 11월.

이 밖에 대한노총의 어용화, 자유당의 기간단체화라는 관점에서 대한노총을 비판한 김대중·탁희준·김말룡의 글이 있으며,13) 대한노총에서의 활동경험을 토대로 한 회고적인 성격의 글이 몇 편 있다.14)

위와 같이 연구사적인 검토를 통해 볼 때 결성부터 해산에 이르는 시기까지를 다룬 대한노총에 대한 연구는 없는 실정이다. 특히 1950년대 중반부터 1961년 한국노총으로 재편성되기까지의 대한노총 조직변화 및 활동에 관한 구체적 분석은 미흡한 편이다. 이러한 인식하에서 저자는 미군정기, 이승만정권기 대한노총연구에 주력하여 박사학위논문으로 「대한노총연구 1946~1961」을 제출하였다. 이 책에서는 박사학위논문을 수정·보완하여 다음과 같은 점을 중점적으로 밝혀보고자 하였다.

첫째, 미군정기 대한노총의 결성과정과 반(反)전평활동을 살펴보고자 한다. 조직·활동·인적구성에 초점을 맞추어 내부에 존재하고 있던 우익정치세력을 배경으로 한 다양한 세력, 우익청년단과의 연합을 통한 전평 파괴활동, 전평파괴를 통한 조직확대, 미군정·우익정치인·우익청년단·기업주·경찰 등과의 지원·공조를 통한 조직의 세력화 등에 대해 면밀히 검토하고자 한다.

둘째, 기존의 연구는 대한노총의 조직변화에 대하여 명확히 밝히지 못하였다. 임송자와 김삼수의 논문을 통해 미군정기와 정부수립 이후 1953

---

11) 정영태, 「노동조합 정치참여의 역사와 평가」, 『論文集』9, 인하대사회과학연구소, 1990년 6월.
12) 中尾美知子, 「1951-52年 朝鮮紡織爭議―現代韓國 勞使關係의 스타트라인―」, 고려대학교 사학과 석사학위논문, 1989.
13) 金大仲, 「한국노동운동의 진로」, 『사상계』1955년 10월호 ; 탁희준, 「건전한 노동조합운동」, 『사상계』 1960년 6월호 ; 김말룡, 「노동조합운동의 전망」, 『새벽』 1960년 7월호.
14) 김영태, 「도큐멘타리 노동운동 20년 소사」(1)~(6), 『노동공론』 1971년 12월호~1972년 5월호 ; 안종우, 「조방쟁의」(상)·(하), 『노동공론』1972년 8·9월호 ; 이찬혁, 「3월파·4월파」, 『노동공론』 1974년 1월호 ; 이찬혁, 「八人組」, 『노동공론』 1974년 2월호.

년까지의 대한노총 조직변화에 대해서는 해명이 되었지만, 노동관계법 제정·공포 이후부터 1961년 한국노총으로 재조직되었던 시기까지는 연구의 공백으로 남아 있다. 특히 1953년 노동관계법 제정·공포에 의해 대한노총이 어떠한 조직적 변화를 겪게 되는지, 1954년부터 1958년 10월 대회 전까지 유지되던 **최고위원제**가 1인의 위원장제로 조직적인 변화를 겪게 되는 구조적인 요인 등을 명확히 제시하지 않았다. 또한 4월혁명과 5·16군부쿠데타에 의해 어떠한 조직적 변화를 겪게 되었는지에 대해서도 명확하게 해명이 되지 않았다. 따라서 이 책에서는 대한노총의 전반적인 조직변화에 대하여 검토하고자 한다.

셋째, 대한노총 활동에 대한 시기별 변화양상을 분석하려고 한다. 대한노총의 활동은 크게 이승만과 집권 여당에 대한 지지활동·반공활동·노동활동으로 구분된다. 노동조직은 정치투쟁과 경제투쟁을 통한 노동자의 정치적·경제적·사회적 지위향상을 목적으로 한다. 따라서 대한노총의 정치·노동·반공활동 등에 대한 시기별 변화양상을 추적하여 대한노총이 노동조직으로서 어떠한 기능을 수행하였는가에 대하여 고찰하고자 한다.

대한노총의 활동을 파악하는 데에는 상당한 어려움이 있다. 대한노총이라는 조직이 사이비노동조직·어용조직·관제테러조직 등으로 명명되는 것처럼 결성 당초부터 해산되기까지 노동조합 본연의 활동보다는 집권 여당에 대한 지지활동, 반공활동에 집중하였다. 특히 미군정기에는 반공·반전평 활동으로 일관하여 노동활동이란 거의 찾아보기 힘들 정도이다. 그렇지만 사이비노동단체로서 미군정기, 이승만·자유당정권기 동안 지탱할 수 있었던 것은 미약하지만 노동활동도 존재하였을 것이라는 문제의식을 가지고 대한노총의 노동활동을 검토하고자 한다. 아울러 노동활동에 반하는 행위도 고찰하고자 한다.

넷째, 대한노총과 정당과의 관계, 즉 대한노총과 자유당, 대한노총과 민주당과의 관계에 대한 고찰을 통해 대한노총이 정치세력과 어떠한 관련을 맺고 있었는가에 대해 파악하고자 한다. 기존 연구는 대한노총의 성격을 자유당의 기간단체화라는 것으로 추상화시켜 파악하였다. 이는 1950년대 대한노총이 자유당의 기간단체로서 어떠한 기능을 수행하였는지에 대한 구체적인 분석이 미흡한 데에서 나온 것이다. 그리고 대한노총 내 일부에서 자유당의 예속상태로부터 독립하고자 하는 움직임이 있었음에도 이를 간과하였을 뿐만 아니라 제1야당이었던 민주당과의 관계 또한 언급하지 않았다. 따라서 대한노총과 정당과의 관계에 대하여 고찰할 필요가 있다.

다섯째, 대한노총은 노동조직과 집권여당과 주종관계라는 틀을 유지한 채 1959년 전국노협이 결성되기 전까지 한국 유일의 노동조합 연맹체로서 존속하였다. 노동조합법이 대한노총이 아닌 제3의 노조결성의 가능성을 열어놓고 있었음에도 1959년 전국노동조합협의회(이하 전국노협)가 결성되기 전까지는 어용노조·반공노조라는 비난을 받고 있던 대한노총에 반발하여 결성된 조직이 존재하지 않았다. 따라서 이 책에서는 1959년의 시점에서 전국노협이 성립할 수 있었던 배경은 무엇인지에 대해 살펴보고자 한다. 그리고 전국노협의 결성 의의 및 성격에 대해 살펴보고, 대한노총의 대안조직으로서 기능하였는지에 대해서 검토해 보고자 한다.

여섯째, 기존의 연구에서는 대한노총의 파벌대립을 강조하고 있는데,[15] 이러한 파벌대립의 양상과 성격을 밝히고자 한다. 즉 파벌대립의 원인 및 구조에 대한 분석을 통하여 파벌대립이 단순한 헤게모니 쟁탈전이었는가 아니면 운동노선의 대립이었는가에 대하여 밝혀보고자 한다.

파벌대립은 대한노총이 결성되어 해산되기까지 지속적으로 존재하였다. 그런데 어느 조직이나 파벌대립이 없는 경우는 드물다. 따라서 조직이나 단체, 더 나아가서 국가조직 등을 연구할 때 대부분 파벌대립을 강조하게 된다. 대한노총도 파벌대립이 극심했던 만큼 이를 배제할 수 없

---

[15] 대표적인 연구로 김낙중의 『한국노동운동사 -해방후편-』, 청사, 1982년이 있다.

다. 그런데 파벌대립의 이면에는 운동노선상의 대립이 존재한다는 사실을 간과할 수는 없다. 이러한 점에서 대한노총 내부의 갈등구조를 운동노선의 대립으로 파악한 김삼수의 연구는 의미가 있다고 본다. 다만 김삼수는 대한노총 내 운동노선의 대립을 지나치게 강조하고, 도식화한 측면이 있다.16)

대한노총이 내부대립·파벌대립에서 이합집산이 강했다는 것을, 그리고 파벌대립의 이면에 존재하는 운동노선의 대립도 단절적이었다는 점을 인식할 필요가 있다. 대한노총 내에는 1950년대 중반을 거치면서 자유당의 예속으로부터 독립을 주장하는 세력이 나타나게 되며, 1952년 이승만에 의해 제거된 전진한이 대한노총에서의 지위를 획득하려는 움직임도 본격화 된다. 또한 1950년대 후반에는 대한노총으로부터 분리된 전국노협이 결성되었다. 이러한 점에서 분명히 대한노총 내부에는 운동노선을 달리하는 세력이 존재하였지만, 그것은 하나의 운동노선으로서 일관성을 지닌 것보다는 사안에 따라 단절된 형태를 띠고 나타났던 것이다.

이 연구는 주제별이 아닌 시기별 논의방식을 취하였다. 왜냐하면 아직껏 1946년 대한노총 결성부터 1961년 5·16군부쿠데타세력에 의한 한국노총 재편성과정까지의 시기를 대상으로 한 연구가 없어 통사적인 이해가 필요하기 때문이다. 해방 이후부터 1961년에 이르는 기간은 미군정기, 정부수립 이후~한국전쟁기, 노동관계법 제정·공포 이후~4월혁명 이전 시기, 4월혁명 이후 시기로 뚜렷이 구분이 되며, 각 시기는 정치적·사회적으로도 질적인 변화가 있었다. 따라서 정치적·사회적 변화에 따른 각 시기별 대한노총의 조직변화 및 활동양상에 대해 비교할 필요가 있다. 그런데 1959년 전국노협 결성은 1950년대 노동운동사상 중요한 의미를 갖

---

16) 김삼수는 대한노총 내 파벌대립을 노동조합주의 대 관제조합주의로 도식화하였다. 즉 유임반대파·3월파=혁신파=노동조합주의 대 유임지지파·4월파·주류파·관제조합주의의 대립관계로 보았다. 파벌대립의 이면에 운동노선상의 대립은 있었으나 김삼수가 주장한 등식에는 선뜻 동의할 수 없다.

는다. 따라서 전국노협 결성에서 4월혁명기에 이르는 기간을 하나로 묶어서 고찰할 필요가 있다. 이 책에서는 미군정기(1946~1948년), 정부수립 이후~한국전쟁기(1949~1953년), 노동관계법 제정·공포 이후 1950년대 중·후반기(1954~1958.10), 전국노협 결성~4월혁명기(1959~1961)로 나누어 검토하고자 한다.

2. 연구방법과 자료

이 책에서는 대한노총 내부세력 간의 갈등관계, 정치세력과의 관계를 살펴보고, 노동조합 연맹체로서의 대한노총이 어떠한 활동을 전개해 나갔는가를 고찰함으로써 현 시기 노동운동의 보수적인 기원을 밝히는 데 그 목적이 있다.

대한노총에 대한 총체적인 분석은 실증적 연구방법이 보다 적절할 것이다. 따라서 자료 및 문헌의 비판적 분석을 통해 대한노총의 조직 및 활동을 고찰하는 실증적 접근방식을 취할 것이다.

이 책에서는 대한노총 중앙조직이나 하부조직에 참여하였던 생존자들의 구술을 적극적으로 활용하지 못했다. 다만 대한노총 결성 당시 선전부 차장으로 활동했던 문한영의 구술만을 활용하였다.17) 『노동공론』 1971년 12월호부터 1972년 11월호에 걸쳐 연재한 (노동운동회고 鼎談) 「대한노총 결성 전후」(1)~(10)은 대한노총에서 활동했던 인사들이 좌담식으로 당시를 회고한 것이다.18) 이를 통해 구술사를 활용하지 못한 부분은 어

---

17) 문한영 증언(일시 : 1994.12.31 오후 2시~4시 20분 / 장소 : 종로 YMCA레스토랑 / 녹취 : 임송자). 문한영의 약력은 다음과 같다. 함북 원산 출생(1920년생). 원산건국동맹 맹원. 대동청년단원. 대한노총 선전부 차장. 민족자주평화통일중앙협의회 사무총장. 1996.4.18 사망.
18) 참여한 인물은 고일하(高一河)·김관호(金觀浩)·김기옥(金琪玉)·김문규(金文圭)·김정원(金正元)·김주홍(金周洪)·김중열(金重烈)·박중정(朴重政)·박택(朴澤)·배창우(裵昌禹)·송원도(宋元道)·오차진(吳次陳)·유기남(柳基南)·유

느 정도 채울 수 있을 것이다. 「대한노총 결성 전후」(1)~(10)은 직접 대한노총에서 활동했거나 관련을 맺었던 인사들이 회고한 것으로 사실 자체를 미화하거나 비난의 대상이 될 만한 사실을 은폐하고 있다는 점에서 많은 한계를 갖는다. 특히 대한노총 내·외부에서 부패와 비리를 일삼았던 간부들을 서로 동지애로써 포용하는 내용도 회고담에는 많이 등장하고 있다. 그럼에도 불구하고 이 자료는 대한노총 연구에서 상당히 유용한 가치를 지닌다.[19] 기존의 연구에서는 이러한 자료의 가치가 부각되지 못하였다. 따라서 이들 자료를 면밀하게 분석하여 대한노총의 조직 및 활동을 파악하는 데 활용하고자 한다.

이 책에서 주로 다루게 될 대한노총의 조직 및 활동에 대해 알 수 있는 자료는 극히 제한되어 있다. 연차대회 및 임시대회 회의록 하나 남아있지 않은 실정이다. 그러나 미군정 및 주한미대사관에서 생산한 문서로 해외에 소재하고 있는 자료는 노동상황, 노동운동 및 대한노총에 관련된 정보를 제공해 준다.

미군정기 노동활동 및 대한노총에 관련된 자료로는 ① 『G-2 Periodic Report』(한림대아시아문화연구소, 『주한미군정보일지』 1~6권) ② 『G-2 Weekly Summary』(한림대아시아문화연구소, 『주한미군주간정보요약』 1~5권) ③ WNRC, RG 338 #3 GHQ / SCAP Labor Advisory Mission,

---

화룡(柳化龍)·윤영제(尹永濟)·이상진(李相鎭)·이종성(李鍾聲)·이춘희(李春熙)·전진한(錢鎭漢)·정대천(丁大天)·주종필(朱鍾馝)·최용수(崔龍洙)·한몽연(韓夢淵)·한양섭(韓養燮)(가나다순) 등이었다.

19) 이 자료는 ① 대한노총 결성에 미군정청 상공국 노동과에서 적극 개입했다는 점 ② 대한노총 결성에서의 우익청년단의 역할 ③ 9월총파업 이후 대한노총이 전진한체제로 전환되는 과정 ④ 대한노총 조직확장에서 중요한 역할을 하였던 경전에서의 대표노조선거 상황 ⑤ 3·22총파업 이후 대한노총의 지방조직 확대 과정 ⑥ 대한노총 내부의 3월파, 4월파의 대립 경위 ⑦ 산업별연맹체로서의 광산노련 발족 상황 ⑧ 1952년 대한노총 통합대회와 노동법 제정에 따른 대한노총의 재조직과정 ⑨ 1958년 대한노총 전국대의원대회에서 규약개정을 둘러싸고 대립된 경위 등을 파악하는 데 유용하다.

「Labor Problem and Polices in Korea」 1946.6.18. ④ NARA, RG 469 #40 「Organization Labor in the Republic of Korea」 1950.4.11. ⑤ WNRC, RG 469 #40 Stanley W. Earl, 「Report on Korean Labor」 1950.4.8. ⑥ WNRC, RG 332 #39 「History of the Department of Labor」(신복룡 편, 『분단사자료집』 III-3권에 수록) ⑦ NARA, RG 353 SWNCC 376, 「Treatment of Korean Workers Organization」(신복룡 편, 『분단사자료집』 IV권에 수록) 등이 있다.

『G-2 Periodic Report』(한림대아시아문화연구소, 『주한미군정보일지』 1~6권)나 『G-2 Weekly Summary』(한림대아시아문화연구소, 『주한미군주간정보요약』 1~5권)에서는 대한노총에 관련된 극히 단편적인 사실들이 기록되어 있다.

WNRC, RG 338 #3 GHQ / SCAP Labor Advisory Mission, 「Labor Problem and Polices in Korea」 1946.6.18(한림대아시아문화연구소, 『미군정기정보자료집 노동관련보고서』에 수록)은 미군정기에 작성된 최초의 종합적인 노동사정 조사보고서로 1946년 중반 노동계의 현황과 현안, 미군정청의 노동정책과 노동운동에 대한 대응책 등에 관한 정보를 제공해 주는 자료이며, WNRC, RG 332 #39 「History of the Department of Labor」(신복룡 편, 『분단사자료집』 III-3권에 수록)는 해방 직후부터 1948년 중반시점까지의 미군정 노동정책의 시기별 흐름이나 제반 노동법령, 군정청 노동부서의 활동상황을 파악하는 데 가장 기본이 되는 자료이다. NARA, RG 469 「Organization Labor in the Republic of Korea」 1950.4.11(한림대아시아문화연구소, 『미군정기정보자료집 노동관련보고서』에 수록)은 1949년 전국대의원대회에서의 대한노총 내 파벌대립, 국제자유노련의 지원획득을 위한 양파의 주도권 경쟁 등을 다루었다. WNRC, RG 469 #40 Stanley W. Earl, 「Report on Korean Labor」 1950.4.8(한림대아시아문화연구소, 『미군정기정보자료집 노동관련보고서』에 수록)은 경제협조처 한국위원단 노동고문이 쓴 노동사정보고서로서 주로 대한노총의 역사와 1950년 당시의 상황을 파악할 수 있는 자료이다.[20] 이 밖에 NARA, RG 353 SWNCC 376, 「Treatment of Korean Workers Organization」(신복룡 편, 『분단사자료집』 IV권에 수록)이 있다.

1950년대 1960년대 초 노동상황이나 대한노총에 관련된 자료로는 주한미대사가 미국무부에 보낸 문건이 있다.[21] 이것은 국회도서관이 NARA(미국립문서기록청, National Archives and Records Administration)에서 수집하여 원문을 서비스하고 있다.[22] 이들 자료는 미국무부가 대한정책에 활용하기 위해 작성한 것인 만큼 자료이용에 주의가 필요하다. 기존의 연구에서는 이러한 자료를 주목하지 못하였다. 따라서 이 책에서는 대한노총 조직 및 활동을 분석하는 자료로 활용하고자 한다.

한편 1955년 이전 시기까지 공백으로 남아있는 자료의 한계는 한림대

---

20) WNRC(Washington National Records Center), NARA(National Archives & Records Administration) 문서에 관한 개략적인 설명은 정용욱, 「미국 국립문서관 소재 '노동' 관련자료」, 『역사와 현실』 제11호, 역사비평사, 1994, 275~282쪽을 참조했다.
21) Tucker, Robert W. / United States, Department of State, 『Internal economic, industrial and social affairs : labor, labor conditions, organizations, unions, relation with employers, strikes, lockouts and slowdown』(NARA, 『Records of the Department of State internal affairs of Korea, 1955~1959』에 수록된 자료) ; US Embassy, Seoul / United States, Department of State, 『Internal affairs : economy : labor and union』(NARA, 『Records of the U.S. Department of State relating to the internal affairs of Korea, 1960~1963』에 수록된 자료) ; Holland, Anthony D. / United States, Department of State, 『Internal economic, industrial and social affairs : labor and union, cooperation with US concerning farm labor』(NARA, 『Records of the U.S. Department of State relating to the internal affairs of Korea, 1960~1963』에 수록된 자료).
22) 이들 자료는 주한미대사관에서 1955년부터 지속적으로 한국의 노동상황이나 노동계의 현황, 대한노총 내부문제, 대한노총 주요간부에 대한 동태, 대한노총 연차대회 경과 상황 등을 파악하여 미국무부에 보낸 것이다. 이 보고서 작성자는 일등 서기관(First Secretary of Embassy) Edwin M. Cronk, Robert W. Tucker, Willard O. Brown, Samuel O. Lane, William J. Ford, 이등 서기관(Second Secretary of Embassy) Elizabeth Gallagher, 경제문제 상담역(Counselor of Embassy for Economic) Edwin M. Cronk, Albert E. Pappano 등이었다.

학교 아시아문화연구소에서 펴낸 『미군정기정보자료집 노동관련 보고서(1945년 9월~1950년 4월)』를 통해 보완하고자 한다. 그리고 정용욱이 펴낸 『JOINT WEEKA』(영진출판사, 1993년)에서 대한노총이나 노동상황에 관련된 단편적인 사실들을 찾아낼 수 있다.

또한 한국노총에서 펴낸 『한국노동조합운동사』에는 대한노총 관련 자료가 부록으로 실려 있다. 노동운동에 관련된 선언서류, 대한노총 관련 선언문, 강령, 규약, 대한노총에서 발표한 성명서 등이 수록되어 있는데 상당히 유용한 자료이다.

신문자료로서는 미군정기에 나온 신문으로 『노력인민보』, 『독립신보』, 『전국노동자신문』, 『조선인민보』, 『청년해방일보』, 『한성일보』, 『해방일보』 등이 있으며, 1945년 8월 15일부터 1950년 6월 24일까지 『매일신보』, 『서울신문』, 『동아일보』, 『자유신문』, 『조선일보』 등을 연월일순으로 편집 정리한 『자료 대한민국사』(국사편찬위원회 1-17권)가 있다. 그리고 미군정기 및 1950년대의 신문자료로써 『조선중앙일보』, 『조선일보』, 『동아일보』, 『경향신문』, 『한국일보』 등을 이용하였다.

이 밖에 『조선연감』, 『조선경제연보』, 『조선경제통계요람』, 『경제연감』, 『대한연감』, 『대한민국통계연감』, 『한국통계연감』 등 각종 통계 및 연감자료를 이용하였다.

보수적 노동운동의 형성

1. 해방 후 노동상황과 진보적 노동운동

1) 노동상황

일본제국주의의 식민지 조선에 대한 수탈과 억압으로 인한 조선경제의 악화는 해방 후 미군정하에서 더욱더 심화되었다. 8·15 해방을 계기로 조선경제는 일제의 독점적 지배로부터 벗어났으나 일본 독점자본의 생산체계에 종속되어 있던 조선경제가 일본과의 급격한 경제관계 단절로 인하여 심각한 위기를 맞게 되었다. 즉 일본 자본의 본국으로의 철수, 남북분단으로 인한 경제관계의 단절 등으로 공업생산에서 급격한 위축현상이 나타나게 되고, 이로 인하여 노동자들의 생활은 더욱 곤궁하게 되었다. 또한 해방 전의 고급기술자나 관리인의 대부분이 일본인이었다는 사실에서 더욱더 생산의 마비현상을 가중시켰다.

〈표 1-1〉에서 보는 바와 같이 1939년 553,194(천 원)의 생산액이 1946년에는 136,984(천 원)로 75.2%의 감소율을 보이고 있다. 특히 감소율은

화학(94.2%)→식료품(82.9%)→요업 및 토석(82.0%)→기계기구(65.4%)→인쇄 제본(42.2%)의 순으로 나타나고 있다.

엄청난 규모의 공업생산 위축은 각 산업별사업체 및 노동자의 감소현상을 가져오게 되었다. 〈표 1-2〉에서 보는 바와 같이 1944년 6월 공장총수가 9,323이던 것이 1946년 11월에는 5,249로 43.7%의 감소율을 보이고 있다. 또 노동자 수는 1944년 6월 300,520에서 1946년 11월에는 122,159로 59.4%의 감소율을 나타내고 있다.

조선은행 조사부통계에 의하면 1947년 3월 현재 남한에서 노동자 5인 이상의 사업장 총수는 4,500개소로 1943년의 10,065개소에 비하여 55.3%의 큰 감소를 나타냈다. 산업별로는 적자재정으로 인하여 토목건축업 91.0%, 기타 공업 84.6%, 방직공업 68.1%, 인쇄제본업 65.9%, 식료품공업 62.3%, 제재·목제품공업 60.1%, 瓦斯(가스)·전기 및 수도업 52.8%, 요업·토석공업 40.3%, 금속공업 36.9%, 화학공업 14.5%, 기계

〈표 1-1〉 해방 후 공업생산의 위축현황(1939~1946)

	A 생산액 1939년	B 생산액 1946년	C 1939년의 물가지수로써 수정한 1946년 額	감소액	감소율(%)
기계 기구	38,405	1,888,310	13,297	25,108	65.4
화학	91,171	750,454	5,284	85,887	94.2
금속	—	불명	—	—	—
방직	170,985	9,635,453	67,855	103,130	60.3
식료품	213,628	5,186,549	36,457	177,171	82.9
요업 및 토석	21,665	552,527	3,891	17,794	82.0
인쇄 제본	17,340	1,448,511	10,200	7,140	42.2
瓦斯 전기	—	불명	—	—	—
제재 목재	—	//	—	—	—
기타	—	//	—	—	—
계	553,194		136,984	416,210	75.2

※ 출전: 조선은행조사부, 『조선경제통계요람』, 1949, 75쪽.

〈표 1-2〉 산업별 사업체 및 노동자의 감소(남조선)

	8·15 이전(1944.6)	8·15 이후(1946.11)	감소 수	감소율(%)
공장 총수	9,323	5,249	4,704	43.7
노동자 수	300,520	122,159	178,361	59.4
남	232,794	86,291	146,503	62.9
여	67,726	35,868	31,858	47.0
공장당 노동자 수	32	23		

※ 출전 : 조선은행조사부, 『조선경제통계요람』, 1949, 153쪽.

기구공업 7.4% 등의 감소를 보였다.

1947년 3월의 노동자 총수는 133,979명으로 1943년의 255,393명에 비하여 121,414(47.5%)의 감소가 있었다. 업종별 감소율은 토목건축업이 선두로 88.5%의 현저한 감소가 있었고 기타공업의 74.6%, 인쇄제본업의 64.0%, 금속공업의 51.3%가 감소되었다.

실업자의 증가는 해방 후 급격한 공업생산의 위축으로 인한 요인도 작용했겠지만 이것은 실업상태의 일부분만을 반영하는 것이다. 8·15 직후의 노동자들의 실업상태를 더욱 악화시킨 주요한 요인은 해외귀환동포 및 북한에서 월남해 온 동포들의 증가에 기인한다.[1]

1946년 11월 15일 현재 남한의 실업무직자 총수는 약 110만 2천 명으로 그중에 전재(戰災)에 의한 것이 총 무직실업자의 57.8%로 63만 7천 명에 달하고 기업의 도태 내지 조업단축에 의한 실업자가 46만 4천 명이나 되었다.[2] 그러나 이러한 수치는 그다지 신빙성이 없다. 1946년 11월 노동부 조사에 따르면, 남한에서 일을 할 능력과 의사가 있으나 일자리를 구하지 못하고 있는 사람이 약 100만 명이나 되었다. 그러나 이 조사는 그다지 믿을만한 것이 못되며 실제의 실업자 수는 통계수치보다 훨씬 많

---

1) 조선은행조사부, 『조선경제연보』, 1948, I-11쪽.
2) 조선은행조사부, 앞의 책, I-203쪽.

을 것으로 추정된다.

실업문제를 해결하기 위해서 미군정 당국에서는 직업소개소를 운영하고 있었지만 그것은 단지 군대 사업에 필요한 노동자들만을 고용시켜 주는 일을 하고 있었다. 몇몇 분야 특히 부두노동의 경우 청부업자들이 노동자들을 공급하고 있었다. 미국 노동부에서 파견된 노동문제 고문 스튜어트 미첨(Steart Meacham)은 각 지방과 산업중심지에 직업안내소 사무실들이 설립되어 있지 않았기 때문에 남한으로 유입해 들어오는 귀환자들이 일자리를 마련하지 못하고 있음을 지적하였다. 또한 그는 직업안내소가 일자리를 만들어 낼 수는 없겠지만 일자리를 한곳으로 모으는 데는 상당한 역할을 할 것이라는 점을 들어 직업소개소의 필요성에 대해 언명하였다.[3]

공업생산의 위축, 실업자 증가 등으로 노동자들의 근로조건은 더욱 악화되었다. 여기에 가세한 8·15 직후의 악성인플레로 인하여 노동자들은 지독한 생활난을 겪게 되었다.

노동자들은 실업자의 범람과 물가상승에 따르는 실질임금의 하락으로 고통을 받고 있었다. 조선은행 조사에 의한 물가지수를 보면 해방 전 공정가격에 비하여 물품에 따라 40~50배 혹은 7, 80배 내지 100여 배에 달하는 형편이었다. 한편 조선은행 노임조사 발표에 의하면 1947년 7월 평균임금을 100으로 한 1945년 12월의 노임지수는 가구 및 제재업이 최고로 1,209원이며 섬유산업이 최저로 658이란 지수를 보이고 있다. 이는 물가 40~50배 내지 100여 배의 물가 등귀율에 비하여 근로대중의 임금 상승률이 도저히 따라갈 수 없음을 증명하는 것이다.[4]

조선은행 조사에 의하면 해방 직전 6월의 실질임금은 108.88(지수 기준 1936=100)이었다. 이것은 1936년의 그것보다 8.88%의 실질적 임금증

---

[3] Steart Meacham, 「한국노동사정보고서」(김금수, 『한국노동문제의 상황과 인식』, 1986, 풀빛에 번역수록), 239~242쪽.

[4] 조선경제사, 『조선경제』, 1946.4, 24쪽.

가를 의미한다. 해방 후 11월까지는 임금통계가 전무하여 비교할 수 없으나 동년 11월에는 37.14로 급락하였다.[5] 미군정기 전반을 통하여 실질임금지수는 계속 폭락하고 있었으며, 이는 일제하인 1936년의 그것에 비하여 1/3밖에 되지 않는 수치이다.

실질임금의 하락과 실업자의 범람은 노동자대중을 분열시키고 서로 경쟁을 유도하여 노동자계급의 역량을 약화시키는 동시에 자본의 노동자대중에 대한 지배와 종속을 강화시키게 되는 통제기제로 이용될 수 있는 것이었다.[6]

2) 조선노동조합전국평의회

(1) 조선노동조합전국평의회 결성

전평의 조직결성은 1945년 9월 26일 서울의 경성토건노동조합 사무실에서 열렸던 '조선노동조합 전국평의회(가칭) 준비위원회'에서 비롯되었다. 준비위원회 활동의 결과 11월 4일까지 17개 산별노동조합의 결성을 보게 되었다.

준비위원회의 활동을 기초로 1945년 11월 5~6일 서울 중앙극장에서 16개 산별노조와 합동노조의 1,194분회 217,073명의 조합원을 대표한 대의원들이 참석하여 조선노동조합전국평의회(전평)를 결성하였다. 결성대회에서 "8월 15일 후 전국 각 중요산업도시를 중심으로 전개된 노동조합운동은 자연발생적, 지역적, 수공업적, 혼합형적 조직체를 벗어나지 못하였나니 이것을 목적의식적 지도에 의하야 전국적으로 정연한 산업별조직으로 체계화, 강력화시켜야 될 것이다"라는 내용의 선언문을 채택하여 전평의 임무를 명확히 하였다.

---

5) 조선은행조사부, 앞의 책, I-215쪽.
6) 안태정, 『조선노동조합전국평의회』, 현장에서 미래를, 2002, 37쪽.

결성대회에서 대의원의 긴급제의가 있었고 ① 이 대회를 가져 오게 한 조선계급의 수령이오 애국자인 박헌영(朴憲永) 동무에게 감사의 메시지를 보낼 것 ② 소·미·중·영 연합국 노동자대중에게 감사히 메시지를 보낼 것 ③ 조선무산계급운동의 교란자 이영(李英) 일파를 박멸할 것 ④ 조선민족통일전선에 대한 박헌영 동무 노선을 절대 지지할 것 등의 〈4대 결의〉를 했다. 대회에서 토의되었던 주요 의제는 ① 일반정세와 운동방침 ② 전평의 조직방침 ③ 노동자 공장관리에 대하야 ④ 기관지 및 교양문제에 관한 건 등이었다.

대회는 ① 산업별 조직원칙에 준하여 산업별 단일노조를 조직할 것 ② 평양에 전평북조선분국을 설치할 것 ③ 국제노동조합연맹에 가입할 것 등을 주요내용으로 하는 조직방침을 결정하였다.[7] 전평은 산업별 조직원칙에 입각하여 각 산업별로 기업소 단위로 하급기본조직-분회-를 조직하였고, 조선의 산업발달의 특수성을 고려하여 합동노조를 부분적으로 시인하였으며, 중요 산업지대에 지방평의회를 두기로 하였다. 또한 남북의 모든 정세가 다르다는 고려하에 북조선분국 설치를 결정하였으며, 노동자의 국제적 연대를 강화하기 위해 국제노동조합연맹에 가입할 것을 결정하였다.[8]

대회에서는 조직방침의 확립과 함께 기관으로서 정기대회, 임시대회, 확대집행위원회, 상임집행위원회 및 감사위원회 설치를 결정하였고, 상임집행위원회 부서로서 서기부, 조직부, 선전부, 조사부, 재정부, 쟁의부, 부인부, 청년부, 실업대책부, 원호부를 설치하여 전평이 노동운동의 지도부로서 기능할 수 있도록 하였다.

---

7) 〈조선노동조합전국평의회 결성대회 회의록〉(안병욱 엮음, 『한국사회운동의 새로운 인식』1, 대동, 1992에 수록)
8) 〈전평조직 체계도〉 참조(민주주의민족전선, 『해방조선』I, 과학과사상, 1988, 197쪽).

(2) 조선노동조합전국평의회 조직활동

결성과정이나 결성대회에서의 〈4대결의〉를 통해 볼 때 전평 결성은 경성콤그룹계가 주도하였다고 볼 수 있다. 경성콤그룹이 주도하여 9월 11일 결성된 조선공산당은 대중조직의 위상을 당의 '보조단체'로 인식하였다. 이러한 조공의 인식과 함께 조공의 간부가 전평의 간부를 겸임하였다는 점에서 전평이 당의 하부기관으로 기능하였다는 주장이 제기되었다.[9]

그러나 안태정이 지적한 바와 같이 노동자계급투쟁 과정에서 전평은 조공(남로당)과 역사적·조직적·정치적으로 밀접한 유대를 맺고 활동하였다. 그 성격은 각각의 조직적 활동의 독자성을 기반으로 한 연대와 협동의 관계였다. 전평은 산하노조들에게 노조는 조공의 하부조직이 아니기 때문에 노조 조직체계 내의 상부조직의 '지시'를 받아 독자적으로 조직활동을 하도록 했으며, 전평의 조직활동과 정치투쟁은 스스로의 기본방침에 입각한 것이었다.

전평이 산하 노조들에게 제시한 조직활동에 관한 방침은 주·객관적 조건과 새로운 당면 운동과제 등에 따라 세 시기로 구분할 수 있다.[10] 첫 번째 시기는 1945년 11월 전평 결성 이후부터 1946년 말까지로 '산업건설운동'을 위한 조직활동에 관한 방침, 두 번째 시기는 1947년 1월부터 1947년 8월까지로 '해고·테러반대투쟁'을 위한 조직활동에 관한 방침, 세 번째 시기는 1947년 8월 이후부터 '파쇼반대투쟁'을 위한 조직활동에 관한 방침 등이다.

첫 번째 시기에 전평이 산하 조직들에게 지시한 조직활동에 관한 방침은 1945년 11월 30일 〈산업건설 협력방침〉을 구체화한 것으로 1946년

---

9) 이호룡, 「해방 직후 조선노동조합전국평의회의 운동노선」, 계명대학교 역사학과 석사학위논문, 1993, 34쪽.
10) 이하 안태정, 앞의 책 172~175쪽의 내용을 주로 인용하였다.

1월 지령 제6호로 제시한 〈산업건설운동을 중심으로 한 당면투쟁〉 등을 통해 파악할 수 있다. "우리 노동자대중이야말로 진실한 건설자이며 신성한 생산 애호자이며 전투적 애국자라는 견지에서…… 산업건설운동을 전면적으로 전개"해야 하며, "광범한 미조직 노동자 및 실업자대중을 투쟁에 동원하며 조직화"하여야 한다고 강조하였다.11)

두 번째 시기에 전평이 산하 노조들에게 지시한 조직활동에 관한 방침은 1946년 9월총파업, 10월인민항쟁을 거치고 난 후에 나온 것으로 1947년 1월의 〈해고반대투쟁과 통일전선의 문제〉와 같은 해 8월의 〈해고반대투쟁의 의의와 그 조직활동의 방법〉 등이 있다. "해고반대와 피해고자의 복직투쟁"은 전투력·조직력을 비약적으로 증가시키는 것이며, "삼상결정의 총체적 실천에 의한 인민민주주의 정권 수립의 가장 기초적인 토대를 축조하는 과업"이라고 강조하였다.12)

세 번째 시기에 전평이 산하 조직들에게 지시한 조직활동에 관한 방침은 제2차 미소공위가 실질적으로 결렬되고 미소 간의 국제적인 냉전체제가 그대로 작동되어가는 정세를 배경으로 1947년 8월 하순에 나온 〈당면의 조직활동〉을 통해서 살펴볼 수 있다. 미군정을 "조선인민의 주적(主敵)"으로 규정하였으며,13) 반파쇼 반미투쟁을 전면화하였다.

(3) 노동운동

미군정기 노동운동을 주도한 전평은 노동자대중의 일상적 경제투쟁을 기반으로 한 정치투쟁을 전개하였으며, 산업별조합의 연대하에 행하여지는 파업 즉 총파업을 주 무기로 사용하였다. 전평은 미군정기의 3년이란

---

11) 〈산업건설운동을 중심으로 한 당면투쟁〉(김양재, 『노동조합교정』, 돌베개, 1987에 수록)
12) 〈해고반대투쟁과 통일전선의 문제〉, 〈해고반대투쟁의 의의와 그 조직활동의 방법〉(김양재, 『노동조합교정』, 돌베개, 1987에 수록)
13) 〈당면의 조직활동〉(김양재, 『노동조합교정』, 돌베개, 1987에 수록)

짧은 기간 동안에 무려 4차례의 총파업 즉 1946년 9월총파업, 1947년 3월총파업, 1948년 2·7총파업, 5·8총파업을 전개하였다.

미군정기 총파업은 철도, 전기 등 미군정이 직접 관할하는 귀속기업체나 기간산업의 노조를 구심점으로 일어났기 때문에 정치적 성격을 띠지 않을 수 없었다. 9월총파업과 같이 처음에는 철도부문의 경제투쟁이었다 할지라도 그것이 전산업의 총파업으로 확대되자 미군정은 이것을 체제위기로 간주하고 제동을 걸었고 이에 상응하여 경제투쟁은 정치투쟁으로 전화, 통일되어 갔다. 또한 이 당시 전평에 의해 주도된 총파업들은 경제투쟁과 정치투쟁의 통일에서 한층 더 나아가 무장폭동으로 발전되었다는 점에서 중요한 특징을 갖는다.[14]

미군정기 최대 규모의 노동운동은 1946년 9월총파업과 1947년 3월총파업이었지만 심각한 생활난에 처한 노동자들의 불만이 반영되어 노동쟁의가 빈번하게 일어났다. 〈표 1-3〉에서 보는 바와 같이 1945년~1948년 사이 노동쟁의 총 건수는 342건, 참가 인원수는 114,341명이었다. 쟁의원인별로는 임금인상이 129건으로 가장 높은 비중을 차지하고 있으며, 해

〈표 1-3〉 미군정기 노동쟁의

	건수	참가 인원수	원인(요구조건)							
			임금 인상	공장 폐쇄 반대	해고 반대	노동 시간 단축	감독자 배척	조합 승인	휴일 임금 지불	기타
1945년 12월	1	308	1	-	-	-	-	-	-	-
1946년	170	57,434	107	1	28	1	16	4	4	9
1947년	134	35,210	16	-	35	1	4	1	2	75
1948년	37	21,389	5	-	14	-	2	-	-	16
계	342	114,341	129	1	77	2	22	5	6	100

※ 조선은행조사부, 『조선경제연보』, 1948, III-158쪽과 『경제연감』, 1949, IV-185쪽을 기초로 재작성하였음.
※ 1946년도 1월 12월은 미상(未詳)임.

---

14) 한국노총, 『한국노동조합운동사』, 1979, 311쪽.

고반대 77건, 감독자 배척 22건, 휴일임금지불 6건, 조합승인 5건, 노동시간단축 2건, 기타 100건 등이었다.

산업별 노동쟁의 상황을 보면 〈표 1-4〉와 같이 1946년에는 방직공업→기계기구공업→인쇄제책업→화학공업→운수교통업의 순으로 노동운동이 격화되었으며, 방직기계공업, 기계기구공업은 1947년도에도 선두를

〈표 1-4〉 산업별 노동쟁의

		건수	참가 인원수	원인(요구조건)							
				임금 인상	공장 폐쇄 반대	해고 반대	노동 시간 단축	감독자 배척	조합 승인	휴일 임금 지불	기타
금속공업	1946	4	70	1	-	1	-	1	-	-	1
	1947	5	312	1	-	2	-	-	-	-	2
	1948	-	-	-	-	-	-	-	-	-	-
기계기구공업	1946	31	4,403	20	-	4	-	5	1	-	1
	1947	31	4,131	2	-	8	1	-	-	-	20
	1948	3	33	-	-	1	-	1	-	1	-
화학공업	1946	18	3,569	7	-	5	-	5	-	1	-
	1947	10	1,485	1	-	4	-	1	-	-	4
	1948	2	70	-	-	-	-	-	-	1	1
가스, 전기 및 수도	1946	7	4,600	4	-	1	1	-	1	-	-
	1947	5	7,910	2	-	1	-	1	-	-	1
	1948	1	2	-	-	-	-	-	-	1	-
요업 토석공업	1946	-	-	-	-	-	-	-	-	-	-
	1947	6	312	-	-	3	-	1	-	-	2
	1948	1	34	-	-	-	-	-	-	-	1
방직공업	1946	43	10,232	28	1	8	-	2	1	2	1
	1947	32	4,818	3	-	4	-	1	1	1	22
	1948	7	807	-	-	4	-	-	2	-	-
제재, 목제품공업	1946	3	84	2	-	-	-	-	-	-	1
	1947	1	1	-	-	-	-	-	-	-	1
	1948	-	-	-	-	-	-	-	-	-	-
식료품공업	1946	7	2,111	4	-	2	-	-	-	-	1
	1947	8	435	-	-	5	-	-	-	-	3
	1948	-	-	-	-	-	-	-	-	-	-
인쇄 제책업	1946	28	1,280	25	-	-	-	1	1	-	1
	1947	7	245	-	-	1	-	-	-	-	6
	1948	-	-	-	-	-	-	-	-	-	-

〈표 1-4〉 계속

		건수	참가 인원수	원인(요구조건)							
				임금 인상	공장 폐쇄 반대	해고 반대	노동 시간 단축	감독자 배척	조합 승인	휴일 임금 지불	기타
토건업	1946	1	92	-	-	-	-	1	-	-	-
	1947	2	15	-	-	-	-	-	-	1	1
	1948	2	15	-	-	1	-	-	-	1	-
광업	1946	1	1,000	1	-	-	-	-	-	-	-
	1947	4	2,014	1	-	2	-	-	-	-	1
	1948	-	-	-	-	-	-	-	-	-	-
운수교통업	1946	17	27,407	7	-	6	-	-	-	1	2
	1947	6	3,735	-	-	2	-	-	-	-	4
	1948	6	17,570	2	-	-	-	-	-	2	2
통신업	1946	3	695	3	-	-	-	-	-	-	-
	1947	4	587	-	-	-	-	-	-	-	4
	1948	-	-	-	-	-	-	-	-	-	-
어업	1946	-	-	-	-	-	-	-	-	-	-
	1947	-	-	-	-	-	-	-	-	-	-
	1948	1	2,000	1	-	-	-	-	-	-	-
의료 위생사업	1946	-	-	-	-	-	-	-	-	-	-
	1947	5	283	4	-	1	-	-	-	-	-
	1948	-	-	-	-	-	-	-	-	-	-
물품판매업	1946	1	269	1	-	-	-	-	-	-	-
	1947	-	-	-	-	-	-	-	-	-	-
	1948	-	-	-	-	-	-	-	-	-	-
기타상공업	1946	6	1,622	4	-	1	-	-	-	-	1
	1947	8	8,927	2	-	2	-	-	-	-	4
	1948	14	858	2	-	8	-	-	-	1	1
합계	1946	170	57,434	107	1	28	1	16	4	4	9
	1947	134	35,210	16	-	35	1	4	1	2	75
	1948	37	21,389	5	-	14	-	2	2	7	5

※ 조선은행조사부, 『경제연감』, 1949, IV-184쪽.

달리고 있음을 알 수 있다. 노동자수도 얼마되지 않은 인쇄제책업에서의 파업건수가 1946~1947년간 35건으로 방직공업의 75건, 기계기구공업 62건 다음으로 많다는 사실은 이 당시 출판문화 사업이 좌익세력에 의해 독점된 사실의 반영이라고 추측할 수 있다.[15]

---

15) 한국노총, 앞의 책, 310쪽.

2. 대한독립촉성노동총연맹의 결성

1) 우익세력과 노동자 조직화

(1) 우익청년단의 노동조직 활동

대한노총은 전평에 의해 주도되고 있는 노동운동을 우익정치가들의 정치노선 및 반공논리로 와해시키기 위한 목적에서 조직되었다. 따라서 대한노총은 노동단체임을 표방하고 있었으나 노동자를 위한 노동자에 의한 조직이 아니었다. 대한노총 결성은 우익청년단이 전평 소속 노동조합을 와해시키고 난 다음 그 자리를 대신하여 대한노총이 들어서는 방식을 주로 이용하였다.

우익청년단 조직은 미군정의 진주와 함께 조직된 우익정당의 통일적 구심체를 형성하기 위한 시도로써 이루어졌다. 우익정치세력 및 지도자에게 우익청년단은 한편으로는 정치선전과 권력유지를 위한 기반으로, 다른 한편으로는 좌익세력으로부터의 자기보호 및 좌익세력에 대한 억압을 위하여 필수적인 존재였다.[16] 한편 우익청년단의 조직을 가속화시킨 요인으로는 해방 이후 심각한 실업으로 직업을 가질 수 없었던 많은 청년들, 어떤 형태로든 신생국가건설에 참여하고자 했던 정치지향적 청년들, 북한에서 월남한 청년들의 범람에 기인하였다.[17] 당시 이렇다 할 집단생

---

16) 이경남, 『분단시대의 통일운동』(상), 삼성문화개발, 1989, 41쪽.
17) 오유석, 「미군정하의 우익청년단체에 관한 연구」, 이화여자대학교 사회학과 석사학위논문, 1988, 21쪽. 북한에서 월남한 청년들의 유형으로는 적극적 월남파와 소극적 월남파로 나누어 볼 수 있다. 적극적 월남파는 친일경력자 · 대지주 · 자본가 · 종교인 등 숙청리스트에 오른 사람들이었다. 소극적 월남파로는 서울 정세를 우선 살펴보려는 회의주의적 지식인들, 수업계속과 대학진학을 위해 상경한 학생들, 친척방문이 불가피한 사사로운 목적의 사람들, 물품매매를 도모하는 거래상인들이었다. 전자는 우익청년단체에 적극적으로 가담하였다고 볼 수 있다. 이경남, 위의 책, 41쪽.

⟨표 1-5⟩ 독청 결성대회 주요 참가단체

참가단체	대표자	참가단체	대표자
상록회	이찬우(李燦雨), 홍윤옥(洪允玉)	정의청년회	김구(金龜)
만주동지회	김창엽(金昌燁)	대동단결본부	김운봉(金雲峰)
건국청년회	한민홍(韓旻洪), 원석산(元石山)	고려청년회	정광렬(鄭光烈), 현경(玄曔)
애국청년회	한국동(韓國東), 김시겸(金時鎌)	조선청년회	유산(柳山), 김종회(金從會)
국민당청년부	오수연(吳壽連), 김치은(金致殷)	기독교청년회	엄요섭(嚴堯燮)
불교청년회	백석기(白碩基), 유성갑(柳聖甲)	천도교청년회	안복순(安卜淳), 박상기(朴相基)
대한혁신청년회	유진산(柳珍山), 신균(申均)	광복청년회	윤익헌(尹益憲), 장두관(張斗瓘), 이창준(李昌俊)
북한청년회	배창우(裵昌禹)	기타	

※ 출처 : 선우기성, 『한국청년운동사』, 금문사, 653쪽.

활처나 집단형태를 갖지 못한 실업자나 피난대중을 끌어들여 청년단을 쉽게 조직할 수 있었다.18)

대한노총의 실질적 모체라고 할 수 있는 대한독립촉성전국청년총연맹(이하 독청)은 좌익진영의 청년단체가 전국청년총연맹으로 통합한 것과 때를 같이하여 임시정부를 지지하는 산발적인 청년단체를 총망라하여 1945년 12월에 조직되었다.19) 독청의 결성대회는 천도교회관에서 40여 청년단체 500여 대표자가 참석한 가운데 개최되었다.20) 이때 참가한 주

---

18) 이경남, 앞의 책, 41쪽.

19) 독청의 결성일은 자료에 따라 다르다. 『자유신문』 1945년 12월 12일자에서는 12월 10일로, 『동아일보』 1945년 12월 22일자에서는 12월 21일로 기록되어 있다. 『자유신문』 1945년 12월 12일자, 「대한독립촉성청년총연맹이 결성되다」(국사편찬위원회, 『자료 대한민국사』1, 1968, 557쪽). ※ 『자료 대한민국사』는 이하 『자료』로 표기함 ; 『동아일보』 1945년 12월 22일자, 「대한독립촉성전국청년총연맹」(국편, 『자료』 1, 643쪽).

20) 『동아일보』 1945년 12월 22일자, 「대한독립촉성전국청년총연맹이 결성되다」(국

요 청년단체와 대표자는 〈표 1-5〉와 같다.

40여 개의 청년단체 통합공작은 한민당의 청구계 윤보선, 유진산, 김산 등에 의한 지도로 이루어졌다.[21] 이날 결정된 강령과 임원은 다음과 같다.[22]

〈강령〉
一. 우리는 순국열정(殉國熱情)으로 조국의 완전독립 전취(戰取)를 기(期)함.
一. 우리는 민족공생(民族共生)의 원칙에 기(基)한 진정한 민주정권의 수립을 기(期)함.
一. 우리는 심신을 연마하여 건국청년으로서 질적 향상에 노력함.
一. 우리는 국제청년과 제휴하여 세계평화수립에 공헌함.

〈임원〉
총　　재 : 이승만(李承晩)　　부 총 재 : 김구(金九)
위 원 장 : 전진한(錢鎭漢)　　부위원장 : 이찬우(李燦雨), 백석기(白碩基),
　　　　　　　　　　　　　　　　　　유진산(柳珍山)
총무부장 : 한민홍(韓旻洪)　　조직부장 : 한국동(韓國東)
선전부장 : 신균(申均)　　　　청년부장 : 김구(金龜)
훈련부장 : 장두관(張斗瓘)　　원호부장 : 이일청(李一靑)
지방부장 : 배창우(裵昌禹)　　감찰부장 : 김윤근(金潤根)
무소속상집(常執) : 홍윤옥(洪允玉)

독청은 1945년 12월 28일의 대표자대회에서 임시정부를 지지하는 청년단체의 연맹체라는 점을 강조하였고, 12월 28, 29일부터 불붙기 시작한 반탁투쟁에 가세하였다.[23] 이날 독청 외 40여 청년단체 대표자 130여

편, 『자료』 1, 643쪽).
21) 김영태, 「도큐멘타리 노동운동 20년 소사」(1), 『노동공론』 1971년 12월호, 118쪽.
22) 선우기성, 『한국청년운동사』, 금문사, 1973, 653~655쪽.
23) 모스크바삼상회의 결정안이 발표됨에 따라 전개된 우익 측의 반탁운동에 대한 구체적 내용은 서중석, 『한국현대민족운동연구』, 역사비평사, 1991, 305~317쪽 참조.

명이 참석하여 "연합국에 임시정부 즉시 승인을 요함, 신탁통치 절대반대, 전국 군정청관공리는 총사직하라, 신탁통치배격운동에 참가치 않는 자는 민족반역자로 규정함" 등의 결의를 채택하였다.[24] 그러나 독청은 '임시정부를 봉대하여 독립달성을 촉진할 것'을 표면에 내세우기도 했지만 독청의 통합공작이 한민당의 청구계로 불리우던 세력에 의해서 이루어진 것에서 시사하듯이 내면으로는 이승만·한민당 노선에 더 가까웠다.[25]

독청은 신탁통치문제로 한창 정국이 혼란스러웠던 1945년 12월 말에서 1946년 초 사이에 노동자들의 좌익적 경향을 분쇄하기 위한 활동을 개시하였다. 독청의 위원장 전진한(錢鎭漢)은 독청 내에 노동부를 신설하고 홍윤옥(洪允玉)을 부장으로 임명하여 노동문제를 전담하게 하였다. 그리하여 전평을 타도하고 우익노동단체를 결성하기 위하여 홍윤옥·김구(金龜)·이일청(李一靑) 등은 용산, 영등포 등지의 철도와 기타 직장에 침투하였고, 오수영(吳秀英)은 경성전기(이하 경전)의 정대천(丁大天)과 연락하여 우익노동단체 조직에 착수하였다.[26]

전평이 영등포공장 지대를 비롯하여 가장 중요하고 다수 노동자가 집결된 철도와 경전 등에서 조직화 작업에 주력한 것과 마찬가지로 독청에서도 철도와 경전을 중심으로 각 방면에서 공작을 진행하였던 것이다.[27] 용산공작소[28]에서는 1945년 말에 공장 내의 김재희·김제성 등이 독청의 배창우·김구 등과 연결되어 독청 용산공작소 지부 결성에 성공했으

---

24) 『서울신문』 1945년 12월 30일자, 「대한독립촉성전국청년총연맹 등 42단체 대표자회의, 탁치반대를 결의하다」(국편, 『자료』1, 683~684쪽).
25) 오유석, 앞의 논문, 25쪽.
26) 전진한, 「勞農黨의 路線은 나의 理想」, 『내가걸어온길 내가걸어갈길』, 신태양사, 1957, 140쪽.
27) 전국철도노동조합, 『철로 30년사』, 1977, 9~10쪽.
28) 용산공작소는 철도차량을 제작하는 공장이었다. 당시 약 1,500여 명의 노동자가 있었다. 전국철도노동조합, 위의 책, 10쪽.

며, 1946년 초에는 경전과 영등포 각 공장에도 침투하였다.

대한노총의 조직과정에서 주목할 점은 각 청년단체를 징발하였다는 점이다. 이는 대한노총에 관계했던 김관호의 회고에서 엿볼 수 있다. 김관호는 "그 당시 저는 평안청년회 일원으로 있었는데 3월, 총파업 전에 각 청년단체에서 대한노총을 만드는데 많은 사람들을 징발하여 갔는데 그때에 저도 평안청년회에서 징발되어 갔지요"라고 회고하였다.[29]

대한노총 결성에 청년단체를 이용한 배경은 첫째, 우익청년단체를 활용하지 않고서는 우익노동단체를 결성할 만한 기반이 부재하였다는 점이다. 전평의 경우 일제시기 노동운동의 축적기반 및 해방 후 노동운동의 고양이라는 분위기 속에서 노동자들을 대규모로 결집시킬 수 있었다. 반면 우익 측에서는 축적된 기반이 거의 없었을 뿐만 아니라 노동운동의 중요성을 인식하지 못했기 때문에 노동자들을 우익 측으로 견인해 내지 못하였다. 또한 해방 후 감옥에서 석방된 좌익활동가들이 공장·광산 등 생산현장으로 진출하여 노동조합을 조직하는 등 노동운동을 활발히 전개하였다. 이에 반하여 우익 측에서는 생산현장에 진출한 사람들이 거의 없었으며, 정치지향적인 청년들이 명망가를 중심으로 결집되었다. 우익 측은 노동단체를 조직할 만한 인물이 없었기 때문에 급박한 시기에 전평과 대항하기 위하여 당시 실업자들의 범람과 월남인구의 증가 속에서 성장한 우익청년단체를 이용할 수밖에 없었다.

둘째, 해방 이후의 극심한 혼란 속에서 전개되었던 노동자자주관리운동이 광범한 민중의 지지를 받게 된 동시에 그 운동을 목적의식적으로 견인해내려는 전평에 대해서 대다수 노동자들의 반응이 호의적이었을 뿐만 아니라 적극적으로 환영하였다. 우익의 노동단체 결성은 전평과의 대결→전평 파괴→대한노총 건설이라는 방식을 기본으로 삼았기 때문에 테러단체로 활동하였던 우익청년단체를 활용하였다. 또한 그 조직 방법도

---

29) 노동운동회고 鼎談, 「대한노총결성 전후」(1), 『노동공론』 1971년 12월호, 133쪽.

강제적일 수밖에 없었으며, 공장주·기업주·경영인들의 적극적인 지원에 의하여 조직되었다.

셋째, 우익청년단 활동에서 필수적이었던 활동자금은 거의 대부분 한민당과 기업가, 군정청관리들로부터 충당되었다. 우익청년단은 이에 대한 보답 형식으로 기업 내에서 좌익테러활동을 전개하면서 기업주와 공생관계를 유지하였다.[30] 따라서 우익청년단원과 기업주는 전평을 거세하는 것에 인식을 공유하여 전평에 대항할 노동단체 결성을 추진하였다.

독청이 대한노총의 조직작업에 주도적으로 참여하였으며, 그 모체가 되었다면 다른 우익청년단체, 즉 독립촉성국민회청년단(국민회청년부→1946.5.13 국민회청년대→1947.10.8 국민회청년단), 광복청년회(1946.4.15), 대한민주청년동맹(1946.4.9), 서북청년회(1946.11.30) 등은 대한노총의 조직확대에 지대한 공헌을 하였다. 독청이 대한노총의 조직확대에서 주도적이지 못하였음은 연맹체라는 조직적 특성에서 비롯된다고 볼 수 있다. 또한 독청 내에서 강력한 지도력을 구축한 전진한이 독립촉성국민회와 민족통일총본부에서 활동한 점도 작용하였을 것이다.

(2) 우익정치인의 노동문제 인식과 노동조직 활동

대한노총 조직과정에는 우익정치인들도 깊숙이 개입하였다. 해방 이후 우익진영의 지도자들은 노동운동에 대해 무관심한 태도로 일관하였다.[31] 이는 우익인사들의 대부분이 봉건적 의식을 소유한 지주출신이라는 점에 기인한다고 볼 수 있다. 따라서 우익인사들은 노동조합을 포함한 대중조직의 필요성을 느끼지 않아 노동자들을 조직하려고 하지 않았다.[32]

---

30) 김중열, 『노동문제총론』, 집현사, 1969, 38쪽. 김중열은 "대한노총은 발족으로부터 대한민국 정부가 수립될 때까지는 조합비란 받아본 예(例)가 없었다. 항상 선의의 기부와 악행의 구걸로서 대한노총의 생명을 이어왔던 것이다"라고 회고하였다.
31) RG 469 #40, 「Organization Labor in the Republic of Korea」 1950.4.11, 3쪽.

그러나 점차 우익인사들은 모스크바삼상회의 결의문제로 인한 좌우대립 속에서 노동조직의 중요성을 인식하기 시작하였다. 1945년 12월 모스크바삼상회의의 결의문제로 한국의 신탁통치문제가 대두하여 좌우익 사이에 반대·찬성으로 싸움이 벌어지게 되었다. 전평 산하의 노동자들이 모스크바삼상회의의 결정안 지지를 위한 대중집회에 대거 참석하자 비로소 우익진영의 지도자들은 노동조직의 중요성을 인식하게 되었다.[33] 그러나 우익진영의 지도자들이 노동조직의 중요성을 인식하였다고 해서 노동자들의 요구에 관심을 가지고 노동자들의 처지를 이해한 것은 아니었다. 대중적 기반이 없었던 우익진영은 그들의 정치적 목적을 달성하기 위해서는 노동자들에게 영향력을 미치고 있던 조선공산당과 전평에 대항할 수 있는 노동단체를 결성해야 한다는 필요성을 절감했을 뿐이다.

대한노총은 좌익과 대결하기 위한 우익노동단체가 필요하다는 우익진영 인사들의 공통적 인식을 바탕으로 결성되었으므로 내부에는 다양한 정치세력이 존재하였다. 즉 대한노총은 국민당, 한독당, 이승만·한민당을 배경으로 하는 인물들로 구성되었다. 그런데 대한노총 내부에 다양한 정치세력이 존재했으나 몇몇 중심적인 인물을 제외하고는 이들의 배경을 구분 짓는 것은 쉽지 않다. 그것은 내부 임원들 사이에서 자신의 배경이 되는 세력을 드러내지 않았기 때문이다.

대한노총 초기 조직화 과정에서 중요한 역할을 하였던 인물로 전진한(錢鎭漢), 홍윤옥(洪允玉), 김구(金龜)를 들 수 있다. 따라서 이들의 정치적 배경을 살펴볼 필요가 있다.

전진한은 한민당 발기위원, 한민당 노농부위원,[34] 민족통일연맹 노동부장이었던 점에서[35] 이승만·한민당계로 분류할 수 있다. 그러나 전진

---

32) 한국노총,『한국노동조합의 정치활동』, 1990, 83쪽.
33) 김영태,「도큐멘타리 노동운동 20년 소사」(1),『노동공론』1971년 12월호, 118쪽.
34) 심지연,『한국현대정당론』, 창작과비평사, 1984, 192쪽.
35) 조선통신사,『조선연감』(1947년판), 329쪽 ; 송남헌,『해방삼년사』 II, 까치,

한은 곧바로 한민당 창당과정에서 이탈하였고, 이승만의 노선과 배치되는 일면도 있었으므로 이승만·한민당계로 단정하기는 어렵다. 다만 전진한이 미군정기에는 이승만의 노선에 어느 정도 충실하였으며, 한민당의 자금을 통해 활동하였으므로 잠정적으로 이승만·한민당계로 분류할 수도 있다.36)

국민당 청년부 차장이었던 홍윤옥37)과 국민당 조직부 차장이었으며 3당이 합당한 한독당의 농민부장(1946.4.18), 조사부장(1947.5.19),38) 시국대책협의회 주비위원이었던 유기태(劉起兌)를 국민당세력으로 분류하는 것은 무리가 없다.

대한노총 초기에 주요한 조직자 중의 한사람이었던 김구의 정치세력을 파악하기란 쉽지 않다. 대한노총 중앙간부였던 김중열은 김구를 한독당계로 분류하였는데39) 이를 입증할 만한 자료는 찾아볼 수 없다. 그런데 안재홍계열로서 대한노총에서 활동하였던 문한영의 증언에 의하면 김구는 국민당에 가담하여 홍윤옥과 친하게 되었고, 홍윤옥과 같이 대한노총을 만들었지만 전진한의 등장 이후 이승만계열로 흡수된 사람이었다고 한다.40) 아무튼 한독당이 국민당, 신한민족당과 합당한 영향에 의해서인지 모르나 김구는 구(舊)국민당세력과 같이 활동하였다.

이상과 같이 잠정적으로 대한노총 초기 조직화 과정에서 중요한 역할

1985, 338쪽.
36) 전진한에 대해서는 임송자, 「牛村 錢鎭漢의 협동조합 및 우익노조 활동」, 『한국민족운동사연구』 36, 2003 참조.
37) 선우기성, 앞의 책, 661쪽.
38) 송남헌, 『해방삼년사』 I, 까치, 1985, 437쪽. 『동아일보』·『서울신문』 1947년 5월 21일자, 「한국독립당의 신부서가 결정 발표되다」(국편, 『자료』 4, 726쪽).
39) 김중열은 한독당을 배경으로 한 김구계(金龜系), 국민당이 배경인 유기태계(劉起兌系), 한민당을 자금통으로 하던 전진한계(錢鎭漢系)로 대한노총 세력을 분류하였다. 김중열, 「노동일화낙수」(3), 『노동공론』 1972년 6월호, 216쪽.
40) 문한영 증언(일시 : 1994.12.31 오후 2시~4시 20분 / 장소 : 종로 YMCA레스토랑 / 녹취 : 임송자).

을 하였던 전진한, 홍윤옥, 김구를 각각 이승만·한민당계, 국민당계, 한독당계로 분류할 수 있다. 이들은 각각의 정치세력을 배경으로 정치적 지원하에 대한노총 조직화 작업을 수행하였다. 따라서 우익정치세력, 우익정치인의 노동문제에 대해 살펴볼 필요가 있다.

국민당세력의 노동문제에 대한 인식은 국민당 위원장 안재홍(安在鴻)의 사상을 중심으로 파악할 수 있다. 안재홍은 1945년 8월 16일 「해내해외의 3천만 동포에게 고함」41)이라는 성명에서 "······인민을 잘 파악 통제하지 않으면······", "······당면 긴급문제는 올바르게 대중을 파악하고 국면을 수습하는 것입니다. 그것으로써 먼저 민족대중 자체의 생명재산의 안전을 도모하고······"라고 했으며, 또한 「신민족주의와 신민주주의」에서 "현계단에 있어 시급한 안(案)은 조선의 통일민족국가를 하루바삐 완성하여 안으로 혼미에 빠진 대중을 유도 집결하고, 밖으로 연합국과의 국교를 신속 조정하여······"42)라고 한 데서 그의 대중관을 파악할 수 있다. 즉 인민대중을 통제의 대상으로 파악하였고, 대중을 "유도 집결"하여야 한다고 표현함으로써 대중을 지도대상으로 인식하였다. 그리고 "혼미에 빠진 대중을 유도 집결"하여야 한다는 그의 주장은 해방 직후 표면에서 보여지는 혼란상만을 바라본 것으로 민중의 내적 에너지를 민족민주주의 국가건설을 위한 변혁의지로 파악한 것이 아니었다고 볼 수 있다.

안재홍은 일제에게 국권을 빼앗긴 이래 유산계급이나 무산계급, 지배계급이나 피지배계급을 막론하고 압박과 착취의 대상이었으므로 노자관계·감정·계급에서 투쟁·대립할 이유·근거가 없다면서43) 계급대립에 주목하기보다는 초계급성을 강조했다. 그는 "계급독재는 분열된 수 개 계급의 대립 투쟁을 전제로 비로소 요청되는 역사사회적 현상인 것이니

---

41) 안재홍선집간행위원회 편, 『민세 안재홍 선집』2, 지식산업사, 1983, 10~12쪽.
42) 안재홍선집간행위원회 편, 위의 책, 15쪽.
43) 김인식, 「안재홍의 신민족주의 사상과 운동」, 중앙대학교 사학과 박사학위논문, 1998, 126쪽.

동일한 피예속·피착취의 운명에 거연(居然)히 공동해방을 이룬 우리 조선사회에는 자본주의적 계급독재가 일찍 그 자체에서 존재치 않았고 또 금후 성립될 수도 없다"라고 하였다.44) 또한 "조선은 중산계급 즉 중소지주 및 중소기업가의 계급과 노동자와 농민이 병진협진(竝進協進)하여야 할 객관사회인 것이니 수 개의 계급이 동맹 혹은 야합함으로써 어느 일계급을 정치적·경제적으로 억압 착취하게 되던 전례도 원용(援用)될 수 없다"고 하였다.45)

안재홍의 신민족주의와 신민주주의 이론은 국민당의 정책에 그대로 반영되었다. 「국민당 정책」(1945.10.17)에는 노동문제와 관련하여 8항에 "근로대중의 생활향상을 위하여 최저노동임금과 최고노동시간을 창정(創定)하고 유년노동금지를 기함", 9항에 "공장노동은 8시간제를 원칙으로 함"이라고 명시하였다.46) 또한 산업경제정책에서 "조선 내에 있는 일본인의 기업기관은 공사유(公私有)를 물론하고 이를 국가에 회수하여 국영 또는 민영으로 적의(適宜) 이관(移管)할 것이다. 의(衣)·식(食)·주(住)·행(行) 등 4부문에 속한 중요산업 및 국방공업은 대체 국영으로 하고 그 외 중경공업(重輕工業)·산업·무역·상업 등은 자유 경영케 하고 노자관계는 국가가 조정하여야 할 것이다"라고 하였다. 마지막 항은 당시 국민당의 노자관계에 대한 견해를 잘 표현하였다고 할 수 있다.47) 이러한 안재홍의 주장은 노자협조주의라고 할 수 있는 바 대한노총의 이념으로서 채택되었다.

김구(金九)를 중심으로 한 한독당의 노동문제에 대한 인식 또한 국민당과 유사하다고 할 수 있다. 한독당 당수이며 임시정부 주석인 김구의

---

44) 안재홍선집간행위원회 편, 앞의 책, 56쪽.
45) 안재홍선집간행위원회 편, 앞의 책, 58~59쪽.
46) 김인식, 앞의 논문, 146쪽, 210쪽.
47) 中尾美知子·中西洋, 「미군정의 노동정책과 노동운동의 전개」, 『한국현대사』1, 열음사, 1985, 265쪽.

기본적인 사고는 위정척사론적인 면이 있었다. 그는 한학에 대한 소양, 춘추대의의 견지, 자강운동시기에 갖게 되는 기독교적 분위기 등이 작용하여 사회주의에 대해서는 대립적 태도를 취하였다.[48] 김구는 초기 상해 임시정부 지도자들의 대다수가 사회주의에 공감하거나 지지·이해할 때조차도 사회주의를 배척·반대하였다. 그는 사회주의는 민족의 독립사상을 약화시키고 독립을 분열 혼란시키는 악으로까지 간주하였다.[49]

한독당의 중요한 이론가로 활동하였던 조소앙(趙素昻)도 "우리 민중은 무산계급독재도, 자본주의 특권계급의 사이비 민주주의 정치도 원하는 바가 아니고, 오직 균등사회의 완전 실현을 강구할 뿐이다"[50]라고 하면서 프롤레타리아 계급독재를 반대하였다. 계급투쟁론은 민족을 분열시키기 때문에 무계급·무종파의 일체성을 갖는 신민족주의의 길을 찾아야 한다고 하였다.

1941년 5월 제1차 전당대회 선언에서 한독당은 ① 소작농과 자작농 ② 공장노동자 ③ 각종 일급(日給) 노동자와 경향(京鄕)의 무산자 ④ 극빈층의 유망(流亡)생활자 ⑤ 도시와 향촌의 중소 상공업체 ⑥ 각종 직업계 ⑦ 각종 지식계급 ⑧ 각 종교와 문화단체 소속자 ⑨ 소자산·소지주층과 경향 군인층을 기본대오로 삼고, 대지주·대생산기관·비타협분자와 적세(敵勢)에 합류된 관공리와 군·경층(軍·警層)에서 반정(反正)할 소질을 가진 자를 충실한 옹호자로 설정하였다.[51]

해방 후 한독당은 1945년 8월 21일 중경에서 제5차 임시전당대표대회를 개최하고 새로운 당강(기본강령)·당책(행동강령)을 마련하였다. 당강에서 "계획경제제도를 확립하여서 균등사회의 행복생활을 보장할 것"

---

48) 서중석, 「김구노선의 좌절과 역사적 교훈」, 이수인 엮음, 『한국현대정치사』1, 1992, 348~350쪽.
49) 서중석, 위 논문, 348~350쪽.
50) 홍선희, 「우리의 사상 우리의 이념」, 삼균학회 편, 『삼균주의 논선』, 1990, 18쪽.
51) 강만길 편, 『조소앙』, 한길사, 1982, 216~217쪽.

이라는 계획경제체제의 원칙과 당책에서 "공장법과 노공보호법을 제정해 노공생활의 개선을 보장할 것"을 내세웠다.52)

한민당세력은 주로 대지주 내지는 자산가들이었고, 식민통치에 부일협력을 한 자들이 대부분이었다.53) 한민당은 창당 직후부터 광범위한 반공세력을 규합하여 좌익세력 타도에 적극적이었으며 신탁문제가 대두되자 반탁운동의 선봉에 나섰다.54) 따라서 한민당에 대해서 "극소수의 국수주의적 극우의 세력집단", "토지재벌……산업재벌……총독부관리……친일적 인텔리겐차", "약간의 소극적인 항일투사를 제외하고는 거개가 정관(靜觀)하고 있던 기회주의자들", "보수주의자들", "민족주의적 독립운동가들의 집단" 등의 평가가 나오고 있다.55)

한민당은 「창당선언문」에서 "오직 전제와 구속 없는 대중본위의 민주주의 제도 아래 개로개학(皆勞皆學)으로써 국민의 생활과 교양을 향상시키며 특히 근로대중의 복리를 증진시켜 호말(毫末)의 차별도 중압도 없기를 기한다"고 하였다. 그리고 강령에서 "근로대중의 복리증진을 기함"을 내세웠을 뿐이며, 정책으로 노동문제에 대해서는 전혀 언급을 하지 않았다.56)

우익정치세력의 인식과 태도는 신탁통치문제를 계기로 변화하기 시작하였다. 그러나 우익정치세력이 노동조직의 중요성을 인식하였다고 해서 노동자들의 요구에 관심을 가지고 노동자들의 처지를 이해하였다고 볼

---

52) 송남헌, 앞의 책, 437쪽.
53) 한민당에는 민족주의세력과 사회주의세력도 참여하고 있었다. 김약수 등 전향한 좌익의 일부가 가담하였으며, 원세훈·김병로·정노식 등 중망이 있는 민족주의자들도 참여하였다. 서중석, 『한국현대민족운동연구』, 역사비평사, 1991, 265쪽.
54) 「한민당의 창당비화」, 『진상』, 1960년 4월호(심지연, 『한국민주당연구』I, 1982, 148쪽).
55) 심지연, 『한국현대정당론』, 창작과비평사, 1984, 24~25쪽.
56) 심지연, 위의 책, 282~283쪽.

수는 없다. 그것은 노동자들에게 영향력을 미치는 공산주의자들과 대항해야 한다는 현실적인 필요성 속에서 나온 것이었다.[57] 노동자들 사이에서 지지기반을 갖지 못했던 우익진영은 그들의 정치적 목적을 달성하기 위해서는 공산주의자들로부터 노동자들을 분리시켜야 하며, 전평에 대항할 수 있는 노동단체를 결성해야 한다는 필요성을 절감하게 되었다.

안재홍을 중심으로 한 국민당은 제일 먼저 우익노동단체의 조직결성에 대한 구상을 하였다. 우익노동단체 즉 대한노총을 조직하는 데 선두에 나섰던 사람은 홍윤옥이었다. 홍윤옥은 1945년 당시 29세로 1945년 8월 원산의 사상감호소(Thought Reformatory)에서 석방된 사람으로,[58] 국민당을 이끌고 있던 안재홍의 영향하에서 노동조합 결성을 위한 구상을 하였던 것으로 보인다. 따라서 대한노총을 결성하는 데 국민당의 영향력이 크게 작용하였으리라 짐작된다.[59]

김구(金龜)는 홍윤옥과 함께 대한노총 조직결성에서 주도적으로 활동하였다. 그가 독청 청년부장의 직책으로서 군정청 노무과[60]의 책임자로 있던 박택(朴澤)[61]을 찾아가 전평을 제재하기 위한 노동조합운동에 나설

---

[57] RG 469 #40,「Organization Labor in the Republic of Korea」, 1950.4.11(한림대아시아문화연구소,『미군정기정보자료집 노동관련보고서』에 수록).

[58] 한림대아시아문화연구소,『G-2 Weekly Summary』2, 1990, 154쪽(이하『G-2 Weekly Summary』는『G-2 W/S』로 약칭). 홍윤옥이 1945년 8월 15일에 원산의 사상감호소에서 석방되었다고 기록되어 있으나, 이는 날짜가 잘못되어 있는 것 같다. 정치·사상범 석방 날짜는 8월 15일 이후였다.

[59] 국민당의 안재홍이 대한노총의 선언문을 기초(起草)하였으며, 대한노총기(大韓勞總旗)도 국민당에서 만들었다고 한다. 노동운동회고 鼎談,「대한노총결성전후」(1),『노동공론』, 1971년 12월호, 136쪽.

[60] 점령 초기 미군정 노동행정기구로는 일본 총독부 산하에 있었던 「근로부」를 대신하여 설치된 광공국 산하의 「노무과」였다. 노무과는 1946년 3월 광공국이 상무부로 개편될 때 노동국으로 개편되었고, 이후 1946년 7월 23일 공포된 법령 97호에 의거하여 노동부가 설치되었다. 박진희,「미군정 노동정책의 전개과정에 관한 연구」, 이화여자대학교 사학과 석사학위논문, 1993, 12~13쪽.

[61] 박택은 일제하 조선총독부 광공국 근로부에서 징용실무를 담당한 경력을 가진

의사를 표시하면서 실제적인 조직착수가 이루어졌다. 김구는 박택의 지도로 조직 결성에 앞장서서 활동하였는데, 이때 홍윤옥을 박택에게 소개함으로써 양자는 이후 대한노총의 주요한 세력으로 등장하였다.[62]

한민당 발기운동에 가담하였으며, 한민당 결당 후 노농부 위원으로 선임되었으나 곧바로 정당운동에서 이탈하여 이승만을 배경으로 독청 위원장이 되었던 전진한은 독청을 중심으로 대한노총을 조직하는 데 중심적인 역할을 하였다.[63]

2) 대한독립촉성노동총연맹 결성과 초기 조직

(1) 결성

전평에 대항할 노동단체를 결성해야겠다는 급박한 상황에서 나온 것이 대한독립노동총연맹이었다.[64] 전진한은 비상국민회의가 개최(1946년 2월 1일 개최)되기 직전 장덕수를 만나 참가단체에 대하여 의논하던 중 노동단체·농민단체가 참가하지 않았다는 사실을 알고 두 단체가 조직 중에 있으므로 임시편법으로 참가시키자고 제안하였다. 그 결과 대한독립노동총연맹 대표 김산(金山)과 대한농민총연맹 대표 김헌(金憲)의 참가를 결정하였다. 이에 대한 전진한의 회고는 다음과 같다.[65]

자이다. 노무과에서 사무인계 책임자로 일하였고, 후에 노동부 차장이 되었다.
62) 김구는 해방 후 서울 용산 중림동에서 우마차노동조합을 조직하여 활동하였다고 한다. 노동운동회고 鼎談, 「대한노총결성전후」(1), 『노동공론』, 1971년 12월호, 134쪽.
63) 임송자, 앞의 논문, 67쪽.
64) RG 469 #40, Stanley W. Earl, 「Report on Korean Labor」 1950.4.8(한림대아시아문화연구소, 『미군정기정보자료집 노동관련보고서』에 수록). 이 조직의 회장에는 김산(金山), 조직부장에는 김구(金龜)였다.
65) 錢鎭漢, 『나는 이렇게 싸웠다』, 무역연구원, 1996, 292쪽.

서기 1946년 2월 1일에 비상국민회의가 시내 천주교당에서 개최케 되었는데, 그 직전에 돈암장에서 설산 장덕수(雪山 張德秀)선생을 만나 참가단체에 대하여 논의해 본즉 노동단체, 농민단체가 참가되지 않았다. 나는 설산(雪山)선생에게 노동자, 농민대표 없는 국민회의가 있을 수 없으니 노농(勞農) 두 개 단체가 방금 조직 중에 있은 즉 임시 편법으로 대한독립노동총연맹 명의로 김산(金山)씨를, 대한독립농민총연맹 명의로 김헌(金憲)씨를 각각 참가시키자고 제의하여 그대로 결정지웠다. 그때 나는 대한독립촉성전국청년총연맹 대표로 참가하였었다. 그 당시의 민족진영에서는 일반이 노동운동은 좌익만이 하는 것으로만 알았었다.

이러한 유명무실한 노동단체를 건실하게 만들기 위해 노력을 기울였던 사람은 전진한을 중심으로 한 독청의 맹원들이었다. 따라서 실제적인 조직착수는 독청의 주도하에 이루어지게 되었다.

한편 대한노총 조직화 작업에 맞추어 노동문제에 대해 언급조차 하지 않았던 한민당도 노동정책을 내세우기 시작했다. 즉 1946년 2월 4일 당의 강령과 정책에 기초하여 구체적인 세목을 정하였는데 노동관련 조항은 ① 8시간 노동제의 원칙 확립 ② 최저임금제 확립 ③ 노동자의 단체교섭권 확인 ④ 노동자의 자주적 노동조합법 제정 ⑤ 공장의 경영 급(及) 관리에 노동자대표의 참여 ⑥ 직업중개기관의 공영(公營) ⑦ 소년 · 부인의 야간노동 급(及) 위험작업 금지 ⑧ 건강과 덕성을 손상할 부인노동 금지 ⑨ 유소년의 노동금지 등이었다.[66]

또한 한민당은 인민공화국과의 맹렬한 투쟁을 강조하였고, 청년 · 노동자 · 농민 · 근로계급으로서 청년단 · 노동조합 · 농민조합 · 협동조합 등을 조직하여 제휴할 것을 선언하였다. 여기서 노동조합의 목적은 노자협조를 위한 기능을 담당하는 것으로 이해하였다.[67]

---

66) 심지연, 앞의 책, 267쪽.
67) 함상훈, 「한국민주당의 정견」, 『대조』 1권 2호, 1946년 7월호(심지연, 『한국민주당연구』 I, 1982, 162~163쪽).

1946년 2월 중순경 시내 수표동에 있는 기독교예배당에서 노동조합을 결성하기 위한 예비회담(한국노동조합 주비위원회)이 개최되었다.[68] 이 과정에서 미군정은 전평이 공산주의의 지배하에 있다고 파악하여 독청이 우익노동단체를 결성하는데 적극 협력하였다.

　1946년 3월 10일 시천교당에서 김구·안재홍·조소앙·엄항섭 등 우익계 정치인들이 내빈으로 참석한 가운데 대한노총 결성대회가 개최되었다. 결성대회에서 위원장에 홍윤옥(洪允玉), 부위원장에 김구(金龜)·이일청(李一靑)을 선출하였고[69] 이승만·김구·김규식·안재홍·조소앙을 고문으로 추대하는 등 정치적 입장을 명확히 하였다. 채택된 선언문과 강령은 다음과 같다.

〈선언문〉
　일제의 기반(羈絆)과 질곡 속에서 민주광복의 정기를 성조(聖祖)로부터 물려받은 견골열혈(堅骨熱血)로 우리 노동자들은 해방된 단일민족으로서 공존동생권(共存同生權)을 갈망하며 회천(回天)의 위업(偉業)을 달성코자 총궐기하여 자주독립을 지향하면서 환희작약하였다. 이에 우리는 모든 번잡(煩雜)한 이론을 타파하고 민주정치하에 만민이 갈망하는 균등사회를 건설코자 전국적으로 이를 발휘토록 대한독립촉성노동총연맹(大韓獨立促成勞動總聯盟)을 결성하여 일로 매진(邁進)할 것을 정중히 선언한다.

〈강령〉[70]
1. 우리는 민주주의와 신(新)민족주의의 원칙으로 건국을 기(期)함.
1. 우리는 완전독립을 기(期)하고자 자유노동과 총력발휘로서 건국에

---

68) 김중열은 이 회합이 국민당을 배경으로 홍윤옥·김구·이일청 등의 주선에 의하여 이루어졌다고 하였다. 김중열, 앞의 책, 220쪽. 그리고 회합에서 구상한 노동조합의 명칭은 '한국노동조합'이었다.
69) 김중열, 앞의 책, 220쪽. 그 외 임원으로는 서북사무국장에 권영빈, 총무부장 김종율, 후생부장 김재희, 조직부장 배창우 등이다.
70) 『동아일보』 1946년 4월 8일자, 「대한독립노동총연맹이 결성되다」(국편, 『자료』 2, 362쪽).

헌신함.
1. 우리는 심신을 연마하여 진실한 노동자로서 국제수준의 질적 향상을 도모함.
1. 우리는 혈한불석(血汗不惜)으로 노자간(勞資間) 친선(親善)을 기(期)함.
1. 우리는 전국노동전선의 통일을 기함.

　선언문에 나타난 "모든 번잡한 이론"은 공산주의 이론, 맑스-레닌주의 노동조합이론을 말하는 것이라고 할 수 있다. 따라서 조직의 목적이 조선공산당과 전평에 대항하기 위한 것임을 명확히 내세운 것이었다. 그리고 선언문에서 균등사회 건설을 내세웠지만 김삼수가 지적한 바대로 그것을 실현하기 위한 구체적인 정책이 거의 없었다.[71] 강령에서 "혈한불석(血汗不惜)으로 노자간(勞資間) 친선을 기함"이라고 한 것은 대한노총이 노자협조주의를 지향했다고 볼 수 있다.

　강령의 첫 번째에 나오는 "민주주의와 신민족주의의 원칙으로 건국을 기함"이라고 내세운 것은 안재홍이 이끌고 있는 국민당 정책에서 영향을 받았음을 시사하는 것이다. 그런데 이를 두고 국민당의 전적인 주도에 의해 선언문과 강령이 작성되었다고 보는 것에는 문제가 있다. 이승만·한민당이나 한독당도 위 선언문이나 강령을 공감하고 있었으므로 우익정치세력의 합의에 의해 이루어진 것으로 보아야 할 것이다. 국민당이 1946년 4월 18일 한독당과 합동한 것도 신민족주의·신민주주의와 삼균제도·대한민국 건국강령이 일치하였으므로 합당할 수 있었다.[72] 또한 한민당의 정강이나 정책도 위 선언문이나 강령에 대립될 만한 내용은 없었다.

　결성대회에 참석했던 대표들은 노동자가 참석했다기보다는 청년운동을 하던 사람들이 거의 대부분이었다.[73] 당시 발족한 노동조합의 유일한

---

[71] 金三洙, 「韓國資本主義國家の成立とその特質 1945~1953년」, 동경대학 경제학연구과 박사학위논문, 1990, 110쪽.
[72] 안재홍선집간행위원회 편, 앞의 책, 117~118쪽(김인식, 앞의 논문, 286쪽에서 재인용).

직장대표는 용산공작소의 김재희(金濟禧)였으며, 경전에서 우익노조를 결성하려다 전평에 의해 해고를 당한 정대천·이상진 등 몇 사람에 불과하였다. 따라서 발족 당시의 대한노총은 노동조합의 형태를 갖추지 못하였으며, 노동자들에 의한 조직체가 아니었음을 알 수 있다. 대한노총은 그 모체였던 독청 '노동부'의 영역을 벗어난 것은 아니었다.74) 당시 전평 세력이 압도적으로 강했으므로 노동자를 우익진영으로 끌어들이는 것은 거의 불가능한 상태에 있었다고 할 수 있다.

대한노총이 결성되었다는 보도는 1946년 3월 10일 결성 이후 19일이 지난 『전국노동자신문』 1946년 3월 29일자가 가장 앞서고 있다. 그리고 『해방일보』 3월 31일자, 『한성일보』 4월 4일자, 『동아일보』 4월 8일자의 순으로 기사화되었다. 좌익 측에서는 "인민의 준열한 비난과 반격이 두려운 까닭이요, 기만행위가 폭로되는 까닭"에서75) 결성 직후에 보도를 하지 않았다고 했지만, 이렇게 보도가 늦어진 이유에 대해서는 의문이 남는다.

한편 대한노총의 결성에 대해서 전평 선전부에서는 "노동자가 아닌 반동자본가 사기한들이 모여서" 만든 것이었다고 비판하였다. 또한 "노동대중을 무력화시켜서 영원히 비애국적 악질 자본가들의 노예로 맨들려는 데" 목적을 두고 탄생된 것임을 지적하였다.76)

(2) 초기 조직

1946년 3월 10일 결성된 대한노총은 다음과 같이 조직을 구성하였다.

· 위원장 : 홍윤옥(洪允玉)　　· 부위원장 : 김구(金龜)·이일청(李一靑)

---

73) 노동운동회고 鼎談, 「대한노총결성전후」(1), 『노동공론』, 1971년 12월, 134쪽.
74) 中尾美知子·中西洋, 앞의 논문, 264~265쪽.
75) 『해방일보』 1946년 3월 31일자, 「노동조합이란 간판을 가진 '자본가조합'이 나왔다! 소위 '대한독립노동총연맹'의 정체에 대한 전평 선전부 발표」.
76) 『해방일보』 1946년 3월 31일자, 「노동조합이란 간판을 가진 '자본가조합'이 나왔다! 소위 '대한독립노동총연맹'의 정체에 대한 전평 선전부 발표」.

・서북사무국 : 권영빈(權寧彬)　　・총무부장 : 김종율(金鍾律)
・조직부장 : 배창우(裵昌禹)　　・후생부장 : 김제희(金濟禧)

홍윤옥과 김구는 대한노총 결성에 지대한 공헌을 하였던 자들로 이러한 공로를 인정받아 초대 위원장직과 부위원장직을 맡게 되었다. 홍윤옥의 정치적 배경으로 보아 대한노총을 결성하는 데 국민당의 영향력이 크게 작용하였던 것으로 보인다.[77]

결성 당시 대한노총은 서북사무국과 3개의 부서(총무부・후생부・조직부)를 두었다. 여기서 주목할 점은 중앙조직 부서 내에 일선에서 조직을 담당하기 위한 서북사무국을 두었다는 점이다. '서북(西北)'이라는 것은 관서(關西, 평안도), 해서(海西, 황해도)의 서(西)와 관북(關北, 함경도)의 북(北)을 맞붙인 것으로서 북한지역을 지칭한다.[78] 우익청년단체 중 서북이라는 머리글자를 붙인 서북청년회도 월남청년을 중심으로 조직한 단체이다. 서북청년회 활동 중에는 월남한 북한청년과 학생들에 대한 지원사업이 있었다. 즉 서북청년회는 기업 내 경영주들과 결탁하여 월남청년들을 소개해 주어 이들이 노조간부로 자리를 잡도록 하였다.[79] 물론 서북청년회의 결성시기와 비교하여 대한노총이 서북사무국을 설치한 시점이 앞섰다고 할 수 있으나, 통상적으로 우익청년단의 활동에서 그러한 사업을 담당했던 것으로 보인다. 특히 우익청년단 중 서북청년회의 전신이었던 평안청년회의 활동이 두드러졌다. 따라서 서북사무국은 우익청년단과 결합하여 월남청년들을 기업체에 소개하여 대한노총원으로 자리를 잡을 수 있도록 역할을 하였던 것으로 추측해 볼 수 있다. 이러한 서북사무국은 권영빈(權寧彬)이 국장으로서 역할을 담당하였으나 1946년 7월에

---

77) 안재홍은 대한노총에 후원금으로 183,700엔이라는 거액을 지원하였다. 한림대 아시아문화연구소, 『G-2 W/S』2, 149쪽.
78) 이경남, 앞의 책, 61쪽.
79) 이경남, 앞의 책, 88쪽.

폐지되었다.

대한노총은 결성된 지 두 달도 채 되지 않아 메이데이를 맞이하였다. 메이데이 행사는 전평과 대한노총에서 각기 따로 개최하였다. 해방 이후 처음 맞는 메이데이 행사를 위하여 대한노총은 「기념행사 준비위원회」를 구성하고 위원장에 홍윤옥(洪允玉), 부위원장에 김구(金龜)를 선출하였다. 준비위원회의 결의문 및 결의사항은 다음과 같다.[80]

〈결의문〉
대한의 노동자는 뭉쳐라! 철석같이 굳게 뭉쳐라! 우리의 살림은 우리의 손으로 우리나라는 우리의 힘으로 세우지 않아서는 안된다. 우리는 성스러운 태극기를 받들어 높이 들고 국제 노동일 5월 1일을 기념하자! 그리고 우리의 마음을 한층 더 굳세게 하자! 노동자는 육체노동자 뿐만 아니고 정신노동자도 노동자임을 알아야 하고 또 우리나라 백성은 일해야만 한다. 만민개로(萬民皆勞)의 정신에서 모두가 노동자다. 오늘의 조선은 프로혁명기가 아님은 물론이니 계급투쟁보다도 민족의 해결기요 자주독립임을 확실히 인식해야 한다. 우리 노동자는 좌(左)니 우(右)니 갈리우지 말고 한데 뭉치자! 그리하여 우리의 살길은 우리의 손으로 건설하자!

〈결의사항〉
一. 노동자는 우리 민족의 행복을 위하여 혈투하자!
一. 좌우로 갈리우지 말고 한덩어리로 뭉치자!
一. 일하자! 세우자! 우리 대한을!

위 결의문이나 결의사항을 놓고 볼 때 대한노총은 메이데이 행사를 기점으로 조직의 목표를 **변화시키고자** 하였던 것으로 보인다. 결의문에서 "조선은 프로혁명기가 아님은 물론이니 계급투쟁보다도 민족의 해결기요 자주독립임을 확실히 인식해야" 한다고 했으며, "노동자는 좌(左)니 우(右)니 갈리우지 말고 한데 뭉치자"고 하였다. 이러한 주장은 대한노총이

---

80) 『동아일보』 1946년 4월 23일자, 「대한독립노동총연맹, 국제노동일기념행사준비회를 결성하다」(국편, 『자료』2, 475~476쪽).

전평과의 대결만을 주요 목표로 삼은 것에서 방향을 변경한 것으로 해석할 수 있는 부분이다. 따라서 대한노총 내에는 노동문제에 관심을 갖게 되는 하나의 세력이 새로이 형성되어 가고 있었는데, 이것이 위원장 홍윤옥을 중심으로 한 국민당세력이었다.

그런데 조직 내에는 홍윤옥을 중심으로 한 국민당세력에 대항한 파벌이 존재하였다. 메이데이 행사가 끝난 후 전평 주최의 메이데이 행사와 대조를 이룰 정도로 노동자 동원에 실패했다는 책임을 지고[81] 홍윤옥이 위원장직에서 물러나게 되었지만, 그 실상은 파벌투쟁 과정에서 빚어진 것으로 보인다. 대한노총은 우익세력을 결집시키고자 의도된 조직이었으므로, 조직과정에서 이승만·한민당세력, 한독당세력, 구(舊)국민당세력 간의 파벌대립을 잉태하고 있었다.

구(舊)국민당세력, 한독당세력, 이승만·한민당세력 간의 파벌투쟁 과정에서 홍윤옥의 후임으로 조시원(趙時元)이 새 위원장으로 등장하였으며 부위원장에는 김구(金龜, 유임)·차고동(車鼓東)이 맡게 되었다.[82] 조시원이 위원장직을 맡게된 것은 홍윤옥계의 물밑작업에 의해 이루어진 것으로 보인다. 문한영의 증언에 의하면 구국민당세력이 힘이 약하여 한

---

[81] 1946년 5월 1일 대한노총 주최의 기념대회는 서울운동장 육상경기장에서 각 소속 노동단체 내빈 약 3,000명이 모인 가운데 개최되었다. 육상경기장에서 개최된 대한노총의 메이데이 행사와 대조적으로 서울운동장 야구장에서 열린 전평 주최의 메이데이 행사는 3만여 명이 모인 가운데 거행되었다. 이 같은 대조적인 양상은 좌익의 조직적 세력이 압도적으로 우세하였다는 것을 입증하는 것이다. 『조선일보』1946년 5월 3일자, 『동아일보』1946년 5월 1일자, 「메이데이 기념식이 서울운동장에서 거행되다」(국편, 『자료』2, 524~525쪽). 그러나 『전국노동자신문』 1946년 5월 1일자에서는 전평 주최의 노동절 행사에 20만 명의 노동자들이 참가하였다고 주장하였다. G-2보고서(『G-2 Periodic Report』, No. 219 ; 이하 『G-2 Periodic Report』는 『G-2 P/R』로 약칭)에는 대한노총이 약 2,000명, 전평이 10,000명이라고 기록되어 있다.

[82] 김영태, 「도큐멘타리 노동운동 20년소사」(2), 『노동공론』 1972년 8월호, 122쪽에서는 대한노총 부위원장 이일청이 공산당의 비밀프락치임이 탄로나 쫓겨났다고 되어 있으나, 1946년 7월 홍윤옥이 위원장으로 복위되었을 때 후생(공제)부장직을 맡게 되었음을 확인할 수 있다.

독당의 조소앙을 위원장으로 앉히고자 하였으나 조소앙이 "명색이 임정의 외교부장인데 노동단체의 위원장이 될 수 있느냐"면서 거절하였고, 조시원을 추천하였다고 한다.[83] 그러나 조시원체제는 1946년 6월 위원장 조시원과 부위원장 차고동의 사임으로 단명에 그치고, 다시 1946년 7월에 홍윤옥(위원장)·김구(부위원장)체제로 개편되었다.

당시 대한노총은 용산, 영등포, 인천지역에 조직을 갖고 있었고 그 외 지역에서는 거의 조직이 부재하였다. 대한노총은 초기에 조직화작업에서 성과를 거둘 수 없었는데, 이것은 결성 당시의 선언문과 강령에서 보았듯이 노동정책이나 이념의 결여에서 나온 것일 뿐만 아니라 활동 또한 부재하였기 때문이다. 대한노총 행사에서 우익지도자들의 연설은 노동자들의 권리를 강조하기보다는 오직 건국을 위한 생산활동에 나서도록 역설하였다. 이것은 노동조합의 기본적 성격이라 할 수 있는 대중성을 획득하는

---

83) 문한영 증언. 조시원은 한독당의 탁월한 이론가로 활동하였던 조소앙(趙素昻)의 실제(實弟)였다. 조시원의 일제시기 행적을 보면 1921년 원산청년회의 핵심멤버였다. 이향·김인수·유우석·한하연 등의 아나키스트 그룹과 함께 1926년 본능아연맹(本能兒聯盟)이라는 비밀결사를 조직하여 대중적 청년조직체인 원산청년회를 중심으로 사상계몽운동을 전개하였다. 1928년 상해에서 한인청년동맹 상해지부 집행위원회 정치·문화부 및 선전조직부 간부로 활동하였으며, 1930년에는 한국광복진선(韓國光復陣線)을 결성하였다. 1935년에는 조소앙·홍진 등과 함께 월간잡지 『진광(震光)』을 발행하였다. 1939년 10월 3일에는 임시의정원 경기도 의원에 선출되어 의정활동에 참여하였다. 1940년 5월에는 3당 통합운동에 적극 참여하여 한국독립당을 창당하여 그 중앙집행위원에 선임되었다. 1940년 9월 17일에 한국광복군이 창설됨에 따라 광복군 총사령부 부관으로 임명되었으며 총사령부가 중경(重慶)에서 서안(西安)으로 옮겨짐에 따라 서안으로 가서 부관처장 대리로 복무하였다. 또한 임시정부 선전위원회의 위원을 겸직하기도 하였다. 1943년에는 광복군 총사령부 군법실장(軍法室長)에 피임되어 항일활동을 전개하였으며, 광복군 정령(正領)으로 복무하였다. 차고동(車鼓東)은 일제시기 아나키스트로서 활동하였다. 조시원과 차고동은 대한노총에 거액을 기부하였던 데서 신임을 받은 것으로 보인다. 무정부주의운동사편찬위, 『한국아나키즘운동사』(전편), 형설, 1983, 245, 248, 276, 278, 386, 392쪽 ; 한림대아시아문화연구소, 『G-2 W/S』2, 154쪽 ; 보훈처 홈페이지(www.bohun.go.kr) 민족정기선양센타 애국지사 찾기 참조.

데 한계로 작용하였다. 대한노총 주최 메이데이 기념식에서 조소앙의 내빈축사나[84] 1946년 5월 26일 영등포에서 개최된 모임에서 우익지도자의 연사로 나온 엄항섭은 노동자들이 8시간 노동대신 하루에 16시간, 필요하다면 심지어 24시간 노동을 해야 한다고 역설하였다.[85]

조직적 열세를 만회하기 위한 조치로 홍윤옥과 김구는 1946년 6월의 시점에서 대한노총의 성격을 변화시키고자 하였다. 1946년 6월 초 조선소위원회(Korean Sub-Committee) 노동고문이 조선을 방문하여 조선소위원회 노동고문과 미군정 노동국 관리와의 회담이 있었다. 이때 홍윤옥과 김구는 대한노총의 정책을 다음과 같이 비판했다.[86]

1. 경영자와 교섭을 준비하지 않았다.
2. 조선독립이 성취된 후 연맹은 해산할 것이며, 기능을 정지시킬 것이다.
3. 연맹은 임금, 노동시간, 노동조건에 관한 정책을 공식화하지 않았다.
4. 연맹이나 지부는 임금에 관해서 경영자와 토의하지 않았고, 연맹은 임금인상을 위하여 압력을 행사하기를 원하지 않았다.
5. 연맹과 그 지부는 1일 노동시간, 1주일 노동시간, 그리고 기타 노동조건에 관해서 토의하지 않았다. 연맹의 원칙은 1일 노동시간과 1주일 노동시간을 제한하지 않아야 한다는 것이다. 필요하다면 하루에 24시간도 일해야 한다는 것이다.
6. 임금은 일반적으로 생활비를 커버할 수 있을 정도로 충분하다.
7. 연맹은 노동자의 어려움에 대해서 동정하지만 조선의 독립이 더 위기에 처해 있으므로 노동자들은 먼저 독립을 위해서 일해야만 하고 기타의 요구조건에 대해서는 자제해야 한다.

---

84) 조소앙은 건국을 위해 8시간 이상 노동해야 함을 역설하였다. 반면에 전평 주최의 메이데이 행사에서 박헌영은 "8시간 노동은 세계노동자의 공통된 요구이다. 이 요구와 아울러 우리들 노동자를 위한 정권수립을 위하여 싸워야 한다"는 요지의 축사를 하였다. 『조선일보』1946년 5월 3일자, 『동아일보』1946년 5월 1일자, 「메이데이 기념식이 서울운동장에서 거행되다」(국편, 『자료』2, 524~525쪽).
85) 한림대아시아문화연구소, 『G-2 W/S』2, 151쪽.
86) 한림대아시아문화연구소, 『G-2 W/S』2, 154쪽.

이처럼 홍윤옥은 대한노총의 노동정책에 대한 문제를 지적하고 아래와 같이 강령과 당면운동방침을 제출하였다.[87]

⟨강령⟩
1. 우리는 민주주의 원칙하에 완전 자주독립을 기함.
2. 우리는 자유노동으로서 경제재건과 산업발달에 공헌함.
3. 우리는 생활보장과 노동보험제의 확립을 기함.
4. 우리는 심신을 연마하여 진실한 노동자로서 국제수준의 질적 향상을 도모하기를 기함.
5. 우리는 전국 노동전선의 통일을 기함.

⟨당면행동강령⟩
1. 8시간 중심 노동제를 실시하라.
2. 유해 위험작업은 최저시간을 실시하라.
3. 14세 미만 남녀노동을 금지하라.
4. 부녀노동자의 산전 1개월과 산후 3개월 간의 휴가제를 실시하라.
5. 노동자의 일반적 생활을 보장하고 최저임금제를 확립하라.
6. 동일노동에 동일임금을 지불하라.
7. 숙련공은 산업발전상 우대하라.
8. 부인 산후의 휴가는 임금의 반액을 지불하라.
9. 노동자를 위한 주택과 문화(도서관, 오락기관), 후생(의료기관, 탁아소)기관을 고용주 부담으로 설치하라.
10. 노동자의 복리를 위한 단체계약을 확립하라.
11. 공장의 폐쇄와 해고를 절대 반대한다.
12. 노동자의 이익, 자유를 확보하기 위하여 운영에 대한 발언권을 확립하라.
13. 노동자의 유족과 실업, 상병자(傷病者)의 생활을 보장하기 위하여 노동보험제를 실시하라.
14. 언론·집회·결사·출판·신앙의 절대자유.
15. 20세 이상의 남녀 선거권과 24세 이상의 남녀 피선거권을 확립하라.
16. 세계노동조합연맹에 가맹하자.
17. 대한완전자주독립을 전취하자.

---

[87] 한림대아시아문화연구소, 『G-2 W/S』2, 150쪽.

결성 당시의 강령과 비교하면 "혈한불석으로 노자 간 친선을 기함"이라는 조항을 없앴으며, "생활보장과 노동 보험제의 확립을 기함"이라는 조항을 내세웠다. 당면행동강령으로 8시간 노동제, 최저임금제, 노동자의 기업운영에 대한 발언권 확립, 언론·집회·결사·출판·신앙의 절대자유 등을 주장하였다. 당면행동강령에서 보이는 8시간 노동제나 최저임금제는 국민당이나 한민당에서 노동정책으로 채택하고 있는 것이었다. 그리고 노동자의 이익, 자유를 확보하기 위하여 운영에 대한 발언권을 확립하라는 조항 또한 한민당이나 국민당에서 공통적으로 제기할 수 있는 것이었다. 한민당은 1946년 2월 4일에 발표하였던 정책세목에서 "공장의 경영 급(及) 관리에 노동자대표의 참여"를 제기하였다. 또한 국민당의 안재홍도 노동자들의 조직을 인정하였으며 이들이 기업경영에 참여할 수 있는 일정한 권한을 부여하였다.[88]

김삼수는 홍윤옥의 제안이 전평의 일반행동방침 가운데 「조선인민공화국 지지」, 「공장위원회(관리위원회)」, 「파업·시위의 절대자유」를 제외하고 거의 전평의 그것과 동일한 것으로 보았다. 따라서 전평의 「인민정권 수립」 전략에 근본적으로 반대하고, 자본주의국가의 수립을 내세우면서도 노동자의 노동제조건의 유지·개선을 중시하고 있는 점은 주목할 만하다고 하였다.[89]

---

88) 김인식, 앞의 논문, 201~202쪽.
89) 金三洙, 앞의 논문, 113쪽. 전평 결성대회 때 채택된 행동강령은 다음과 같다. (1) 노동자의 일반적 생활을 보장할 최저임금제를 확립하라. (2) 8시간 노동제를 실시하라. (3) 7일 1 휴가제와 년 1개월간의 유급휴가제를 실시하라. (4) 부인노동자의 산전산후 2개월간 유급휴가제를 실시하라. (5) 유해위험작업은 7시간제를 실시하라. (6) 14세 미만 유년노동을 금지하라. (7) 노동자를 위한 주택·탁아소·음악실·도서관·의료기관을 설치하라. (8) 노동자의 이익을 위한 단체계약권을 확립하라. (9) 해고와 실업을 절대 반대한다. (10) 일본제국주의의 매국적 민족반역자 및 친일파의 일체 기업을 공장위원회(관리위원회)에서 보관 관리권을 획득하라. (11) 실업·상병(傷病)·노폐(老廢)노동자와 사망한 노동자의 유족생활을 보장하는 사회보험제를 실시하라. (12) 착취를 본위로 한 일체 청부제를 반대하자. (13) 언론·출판·집회·결사·파업·시위의 절대자유. (14) 농

김삼수는 1946년 6월에 홍윤옥이 제시한 정책안은 대한노총의 정책으로서 채택되지 않았고, 후에 1947년 3월의 제1차 전국대의원대회에서 「강령」과 「당면일반행동강령」으로 채택되었다고 주장하였다.[90] 그런데 이것은 한국노총에서 펴낸 『한국노동조합운동사』의 내용을 의심 없이 받아들인 주장이다. 대한노총이 이러한 정책안을 받아들인 것은 1947년 3월 제1차 전국대의원대회 이전이었으며, 1946년의 전진한체제에서도 채택되고 있음이 확인된다.[91] 따라서 홍윤옥이 제시한 정책안을 놓고 이승만·한민당계와 한독당·구(舊)국민당계의 갈등관계에서 나온 것으로 보기가 어렵다.

　　한편 메이데이 행사 이후 대한노총 위원장에 선임되었으나 곧 대한노총을 탈퇴하였던 조시원은 1946년 8월 23일 한독당 조직개편 때에 조사부장에 임명되어[92] 활동하던 중 9월 1일에 한국노동자자치연맹을 결성하였다.[93] 대한노총 내에서 이승만·한민당계가 점차 주도권을 장악해가는 것에 대응하여 국민당계에서 전국근로자동맹, 전국노농조합총동맹[94]을 결성한 것과 마찬가지로 한독당계에서도 독자적으로 노동자세력을 규합하기 위하여 한국노동자자치연맹을 결성한 것이라 할 수 있다.

　　민운동을 절대지지하자. (15) 조선인민공화국을 지지하자. (16) 조선의 자주독립 만세. (17) 세계노동계급 단결 만세.
90) 金三洙, 앞의 논문, 113, 119쪽.
91) 『조선연감』(1947년판)을 보면 홍윤옥이 제시한 정책안과 거의 동일한 강령과 당면일반행동강령이 나와 있음을 확인할 수 있다. 그리고 『조선연감』(1947년판)에 나와 있는 대한노총의 부서 임원으로 위원장에 전진한, 부위원장에 조광섭·김헌이었던 것으로 보아 대한노총이 강령과 일반행동강령을 수정하였던 것은 1946년 6월에서 10월 사이로 보아야 할 것이다. 참고로 『조선연감』(1947년판)은 1946년 12월에 발행되었다.
92) 노경채, 「한국독립당연구」, 고려대학교 사학과 박사학위논문, 1991, 105쪽 ; 조선통신사, 『조선연감』(1947년판), 1946, 322쪽.
93) 『한성일보』 1946년 9월 1일자, 「한국노동자자치연맹을 결성」. 위원장 조시원(趙時元), 부위원장 임기○(林基○), 조직부장 박흥원(朴興遠) 등이었다.
94) 전국근로자동맹, 전국노농조합총동맹에 대해서는 후술한다.

「한국노동자자치연맹」이란 단체명에서 "자치"라는 용어는 일제시기 아나키스트로서 활동하였던 조시원과 깊은 관계가 있는 것으로, 무정부주의운동과 관련지어 생각해 볼 필요가 있다. 아나키스트들이 그들의 조직목표로써 표방한 것이 "자율"과 "자치"였으며,[95] 무정부주의 이데올로기는 1920년대 노동운동에서 일정한 기반을 갖고 있었다.[96] 따라서 "자치"라는 용어는 무정부주의적인 색채를 갖는 것이며, 노동운동에서 무정부주의적인 이념이 한국노동자자치연맹을 통해 계승되었을 것이다.[97]

3) 9월총파업과 전진한체제

1946년 9월 23일 정오를 기하여 부산 철도공장에서는 파업을 단행하였다. 24일 아침에는 이에 호응하여 서울에서도 일제히 파업을 단행하였다. 24일 경성공장 종업원들은 시위를 하고 용산역 광장에서 해산하였으나 기관구 종업원 1,000여 명은 농성을 계속하였다.[98] 9월총파업에서 한 가지 주목할 만한 점은 철도파업에 전평뿐만 아니라 대한노총 산하 조합원들도 참여함으로써 하층통일전선을 형성하였다는 사실이다.[99] 그런데

---

95) 무정부주의편찬위원회, 앞의 책, 1~2쪽.
96) 김경일, 『일제하 노동운동사』, 창작과비평사, 1992, 413쪽.
97) 『한성일보』 9월 1일자, 「한국노동자자치연맹을 결성」이라는 기사에 의하면, 한국노동자자치연맹은 "건국도상에 있어서 정치적 색채를 일체 떠나서 오로지 생산진흥에 이바지"하고자 결성되었으나, 별다른 조직적 성과가 없었다. 조시원은 이후 1946년 12월 조소앙과 함께 삼균주의청년동맹을 결성하여 부위원장으로서 조직을 지도해 나갔고, 1947년 5월 한독당 제6기 전당대표대회에서 노동부장에 임명되었다 : 노경채, 앞의 논문, 108, 111쪽 ; 『동아일보』・『서울신문』 1947년 5월 21일자, 「한국독립당의 신부서가 결정 발표되다」(국편, 『자료』4, 726쪽).
98) 『조선일보』 1946년 10월 2일자, 「철도종업원 총파업의 경과 밝혀짐」.
99) 한 연구에서는 극과 극의 두 조직의 조합원들이 노동조건에 호흡을 같이하여 일종의 하층통일전선을 형성하였다는 견해를 제시하였다. 서중석, 앞의 책, 449쪽. 실제로 전평의 이론가였던 김양재도 "지난 9월총파업시에 수많은 직장에서 수많은 미조직 노동자가 '쌀을 달라'는 요구를 내걸고 함께 궐기한 사실, 철도직

대한노총 지도부는 노동자들의 하층통일전선을 일거에 무너뜨렸다.

9월총파업이 일어나자 대한노총에서는 9월 24일 부서개편을 하였으며, 민족통일총본부 총재 이승만을 대한노총 위원장으로 추대하였다.[100] 26일에는 40여 청년단체가 결성한 파업대책위원회와 연합하여 전선파업대책협의회를 조직하였다.[101] 27일 이승만의 임석 아래 파업대책 토의대회를 개최하였다. 이어 대한노총은 파업에 반대하며 직장을 사수하겠다는 내용의 담화를 발표하였다.[102]

> 남조선 철도를 중심삼은 파업문제는 민생문제가 긴급한 때인 만큼 노동대중의 생활은 극히 동정할 바 있으나 민중의 기근을 이용하여 일부의 책동으로 일반을 부화뇌동시키는 것은 부당한 일이다. 진실로 국가민족을 사랑하는 노동대중은 침착 냉정하여 직장을 사수하며 진정한 합법적 수단으로 우리의 생활문제 해결을 도모하는 것이 건설부면을 맡은 노동대중에 바른 길인 줄 안다. 우리 대한독립노동총연맹의 50만 맹원은 일사보국의 정신으로 직장을 사수하여 건설일로로 매진코자 하는 바이니 대중은 우리 대한노총의 뒤를 밀어 주기를 바라는 바이다.

장의 「투쟁위원회」의 선거에는 파업 께끼꾼의 집단이 대한노총 가입자까지도 그 간부들의 의사를 무시하고 참가하였다는 사실 등은 이러한 것을 증명하는 실례"라며 정치적 견해를 달리하는 노동자, 광범한 미조직 노동자와의 통전을 주목하였다. 김양재, 앞의 책, 129~130쪽.

100) 노동운동회고 鼎談, 「대한노총결성전후」(1), 『노동공론』 1971년 12월호, 135쪽. 이승만이 9월총파업 당시 위원장으로 추대되었다는 주장과 다른 견해도 있다. 김사욱은 "정계의 가두풍문"에 지나지 않았다고 하였다. 김사욱, 『한국노동운동사』(상), 산경문화, 1979, 36쪽.

101) 『조선일보』 1946년 10월 2일자, 「대한독립노동총연맹과 파업대책위원회가 합하여 조직된 전선(全鮮)파업대책협의회는 군정당국과 파업해결을 협의하다」(국편, 『자료』3, 423쪽) ; 노동운동회고 鼎談, 「대한노총결성전후」(1), 『노동공론』 1971년 12월호, 135쪽.

102) 『조선일보』 1946년 10월 5일자, 「대한독립노동총연맹, 철도파업에 관해 담화 발표하다」(국편, 『자료』3, 444~445쪽).

9월총파업은 대한노총이 홍윤옥체제에서 이승만·한민당계의 전진한 체제로 전환하는 계기를 마련해 주었다. 9월총파업 수습과정과 대한노총 세력관계의 변화는 처음부터 미군정의 의도에 따라 진행되었다. 전평을 배제하고 대한노총을 육성시키겠다는 미군정의 의도는 9월총파업을 계기로 실행될 수 있었다.103) 1946년 10월 전평과의 본격적인 대결과 조직 확대에 따른 내부통제를 둘러싸고 강력한 인적구성이 필요하다는 견해가 제기되어 10월 중앙집행위원회에서 독청의 위원장이었으며, 민족통일총본부 노동부장으로 있던 전진한이 대한노총의 위원장에 선출되었다. 전진한이 위원장이 된 것은 전적으로 이승만에 의해 이루어진 것으로 보인다. 이승만은 9월총파업 당시 3일간 대한노총 위원장으로 있다가 물러나면서 전진한을 위원장으로 추천하였다. 국민당계의 홍윤옥을 배제하기 위한 의도였다.104) 또한 10월 중앙집행위원회에서 강령과 규약을 수정하였으며,105) 대한노총 간부진의 전면교체가 있었다. 수정된 강령 및 개편

---

103) 金三洙, 앞의 논문, 74쪽.
104) 노동운동회고 鼎談, 「대한노총결성전후」(1), 『노동공론』 1971년 12월호, 135쪽.
105) 김중열은 10월의 임시대회 이후부터 대한노총이 노동조합의 형태를 갖추게 되었다고 하였다. 그리고 이때 강령과 규약이 수정되었고, 노총가(연맹가)와 노총기가 제작되었다고 한다. 김중열, 앞의 책, 221~222쪽.
　〈노총기〉
　• 노총기는 백색 기지(旗地)에 원형을 그리고 그 둘레에는 공업의 상징인 치차(齒車) 22개를 표시.
　• 22개의 치차(齒車)는 동양철학에서 말하는 우주(宇宙), 생(生), 성(成), 변(變), 역(易)의 원리인 갑(甲)·을(乙)·병(丙)·정(丁)·무(戊)·기(己)·경(庚)·신(辛)·임(壬)·계(癸)의 십간(十干)과 자(子)·축(丑)·인(寅)·묘(卯)·진(辰)·사(巳)·오(午)·미(未)·신(申)·유(酉)·술(戌)·해(亥) 십이지(十二支)를 의미.
　• 치차(齒車) 가운데에 청색으로 넓은 횡선을 표시. 청색은 평화와 젊음을 의미하였고, 횡선은 남북통일을 의미.
　〈연맹가〉
　가사는 채규항(蔡奎恒)이 기초하고, 현제명이 작곡
　1. 동방이 밝아온다 모두 나가자. 삼천리 강산에 할 일이 많네. 피끓는 노동자여 힘을 뭉치세.

된 임원은 다음과 같다.

〈강령〉
1. 우리는 근로대중의 복리와 사회적 지위향상을 위하여 투쟁한다.
1. 우리는 국민경제 재건과 만민공생의 균등사회건설을 기한다.
1. 우리는 민주주의 자주독립국가로서 세계평화에 공헌한다.

〈임원〉
위 원 장 : 전진한   부위원장 : 조광섭, 김헌
사무부장 : 이각수   조직부장 : 안병성
선전부장 : 정재우   조사부장 : 김종원
청년부장 : 안준성   후생부장 : 박만서
부녀부장 : 문선호   문화부장 : 유익배

전진한의 충실한 옹호자 조광섭과 김헌이 부위원장직을 맡고, 결성 당시의 주요한 조직자였던 홍윤옥·김구가 임원명단에서 제외되었다. 개편된 인사들은 전진한과 그의 동료들에 의하여 완전히 독점되었다.[106] 전진한세력으로부터 냉대를 받은 구(舊)간부들, 즉 홍윤옥·유화룡(柳化龍) 등 12명은 지금까지의 노선이 진정한 노동계급 옹호의 길이 아니었다며

후렴 : 우리들은 산업전사 강철같이 단결하여. 이 나라를 건설하리 대한노총 만만세.
2. 대한의 주인공인 노동대중들. 내나라 바로잡고 돌집을 세워. 천하에 우리의 기 떨치게 하세.
3. 우리앞 가로막는 무리는 누구. 불의의 모든 것을 쳐서 부시고. 아름다운 낙토를 건설하리라.
　그런데 노총기는 구(舊)국민당계에서 만들었다는 설이 있다. 배창우는 대한노총의 선언문뿐만 아니라 노총기도 모두 국민당에서 만들었다고 회고하였다. 노동운동회고 鼎談, 「대한노총결성전후」, 『노동공론』 1971년 12월호, 136쪽.

106) 노동고문 Stanley W. Earl은 노동보고서에서 전진한체제가 성립된 1946년 10월부터 대한노총은 완전히 직업적인 정치가들의 지배를 받았다고 평가하였다. 그리고 그는 보고서를 작성하고 있던 1950년 4월의 시점까지도 대한노총이 직업적인 정치가들의 지배를 받고 있다고 하였다. Stanley W. Earl, 앞의 보고서.

10월 31일 대한노총에서 탈퇴하였다.[107] 이에 대하여 대한노총 측에서는 1946년 11월 5일 "노동자를 좀먹는 일부 반동분자들의 맹성을 촉구한다", "대한노총은 어디까지나 노동자의 복리향상을 목표로 민주주의 노동자의 결속체로서 매진할 것이다"라는 반박성명을 발표하였다.[108] 이때 김구는 홍윤옥과 행동을 같이하지 않은 것으로 보인다.[109]

위원장에 취임한 전진한은 10월 29일 중앙집행위원회 결의에 따라 「대한노총 소비조합」을 결성하는 등 협동조합 사업에 착수하였다.[110] 그러나 협동조합의 임원도 중앙집행위원회 간부들이 거의 독점하다시피 하였다.[111]

---

[107] 『동아일보』 1946년 11월 1일자, 「대한독립노동총연맹의 중앙상무위원 홍윤옥·유화룡 등 12명이 동 연맹을 탈퇴하다」(국편, 『자료』3, 695쪽).

[108] 『동아일보』 1946년 11월 7일자, 「대한독립노동총연맹에서 홍윤옥 외 11명의 탈퇴에 대하여 성명을 발표하다」(국편, 『자료』3, 739쪽).

[109] 김구(金龜)는 대한노총 결성 초기에는 구(舊)국민당세력과 연합하여 활동했지만 구(舊)국민당세력이 9월총파업 이후 전진한체제의 등장에 반대하여 대한노총을 탈퇴하는 시점에서는 같은 대열에 합류하지 않았다. 문한영의 증언에 의하면 김구는 처음에 민세파로 들어와서 활동했지만 홍윤옥과 위원장 다툼을 벌이다가 이승만파로 넘어간 인물이었다. 문한영 증언.

[110] 전진한은 협동조합운동에 관심이 많았다. 그는 협동조합과 노동조합은 궁극적으로 근로계층을 보호한다는 목표가 같기 때문에 양자 간의 유대강화를 바람직한 것으로 보았다. 대한노총의 위원장에 취임하자마자 전진한은 자신의 지론에 따라서 소비조합 사업을 전개하였다. 그러나 이것은 곧 실패로 돌아갔다. 그 실패이유에 대해 전진한은 노동자들이 경제적으로 힘이 없었던 것으로 보았다. 전진한, 「노동운동과 협동조합주의」, 『노동공론』, 1971년 1월호, 181쪽. 한국노총, 앞의 책, 302쪽 ; 전진한의 일제시기 협동조합 활동에 대해서는 임송자, 앞의 논문 참조.

[111] 한국노총, 앞의 책, 294쪽 ; 『동아일보』·『조선일보』 1946년 11월 13일자, 「대한노총, 소비조합을 창설하고 군정장관에게 협조요망 건의서 제출」. 소비조합의 사업요강은 다음과 같다.
  1. 직장소비조합은 노자협력체임을 요하며 경영은 민주적이며 비계급적이어야 할 것.
  1. 사업주는 공장생산품을 양심적 이윤을 가산한 가격으로 직장소비조합을 통하여 소비할 것.

전진한을 중심으로 한 이승만·한민당세력이 주도권을 장악해 가는 것에 대응해서 안재홍(安在鴻)을 배경으로 한 유기태(劉起兌)112)가 중심이 되어 1946년 10월 1일에「전국근로자동맹」을 결성하였다. 전국근로자동맹의 임원진은 고문 안재홍·박열(朴烈),113) 총무단 유기태 외 9명, 사무국장 신봉균(申鳳均), 선전부장 최영수(崔永秀), 조사부장 공석빈(公錫彬), 조직부장 이용식(李用植), 후생부장 김○호(金○鎬)였다.114)

　전국근로자동맹은 안재홍의 지도하에 조직되었다. 이 조직은 "근로자층을 총망라하여 전근로자의 이익을 옹호하는 한편 균등조국 결성에 적극적으로 이바지"할115) 목적으로 결성되었다고 한다.116)

　1946년 11월 24일에는「전국노농조합총동맹」이 새롭게 조직되어 경성

---

　　1. 직장소비조합은 공장생산품 판매와 종업원 생활필수품 구입에 대하여 이윤을 2/3 이내를 가산할 것.
　　1. 직장소비조합은 국민경제 안정을 위하여 판매구입은 중간상인을 배격하고 공공기관 혹은 기타 소비조합 및 직접 소비자와 생산자를 상대할 것.
112) 유기태는 국민당 조직부 차장이었으며 3당이 합당한 한독당의 농민부장(1946.4.18)이었다. 이후 한독당 조사부장(1947.5.19)을 지냈으며, 시국대책협의회 주비위원이었다.
113) 박열(朴烈)은 경북 문경 출생으로 1920년 1월 조선인고학생동우회 결성에 참여하여 계급투쟁을 선언한「동우회 선언」에 서명하였다. 1921년 11월 흑도회를 조직하고 기관지『흑도』를 발행했다. 1922년 1월 무정부주의자들을 중심으로 조직된 풍뢰회(뒤에 흑우회로 개칭) 결성에 참여했다. 그해 카네꼬 후미꼬(金子文子)와 결혼했으며, 비밀결사 불령사(不逞社)를 결성하고 기관지『후또이센징』(太い鮮人, 대담한 조선인)을 간행했다. 1923년 9월 황태자를 암살하려 했다는 혐의로 구속되어 사형선고를 받았으나 무기징역으로 감형되어 20여 년간 옥고를 치렀다. 1938년 3월 옥중에서 변절했다. 1945년 10월 아끼따(秋田)형무소에서 출옥했다. 강만길·성대경 엮음,『한국사회주의운동 인명사전』, 창작과비평사, 1996, 198~199쪽.
114)『독립신보』1946년 9월 22일자,「전국근로자동맹을 조직」;『한성일보』1946년 10월 1일자,「전국근로자동맹을 결성」;『한성일보』1946년 10월 5일자,「균등조국을 건설. 전국근로자동맹 결성」.
115)『한성일보』1946년 10월 5일자,「균등조국을 건설. 전국근로자동맹 결성」.
116) 한림대아시아문화연구소,『G-2 W/S』2, 375쪽에서는 전평에 대한 대항단체이며, 대한노총의 "자매"조직으로 평가하였다.

자치노조, 서울공인사출판노조 등이 이에 가입하였다.[117] 전국노농조합총동맹의 임원진은 고문 김규식(金奎植)·안재홍(安在鴻)·조소앙(趙素昻)·원세훈(元世勳), 위원장 미정(未定), 부위원장 유기태(劉起兌)·채규연(蔡奎淵), 수석총무 김ㅇ봉이(金ㅇ鳳)였으며, 강령은 아래와 같다.[118]

〈강령〉
1. 우리는 민족의식에 기(基)하여 만민공생(萬民共生)의 대이념(大理念)하에 신(新)민주주의를 고조하고 노동자·농민대중의 균등복리와 협동단결을 기(期)함.
2. 우리는 노동대중의 조직을 확대·강화하며 전국 노농전선 통일을 기(期)함.
3. 우리는 경제산업을 발흥재건(發興再建)하며 완전한 신(新)국가건설을 기(期)함.
4. 우리는 국제 노농대중과 친선 제휴하며 세계의 평화건설을 기(期)함.

전국근로자동맹이나 전국노농조합총동맹의 임원진에 대한 자세한 파악은 어렵지만 전국근로자동맹의 고문으로 박열이, 전국노농조합총동맹의 고문으로 조소앙이 포함된 것으로 보아 1946년 9월 1일 결성된 한국노동자자치연맹이 이러한 조직에 합류했을 가능성이 높다.

전국노농조합총동맹의 성격을 파악할 수 있는 자료는 거의 찾아볼 수 없다. 전국노농조합총동맹이 전국근로자동맹과 마찬가지로 안재홍의 영향하에 조직되었고, 두 조직이 모두 유기태에 의해 지도된 단체이므로 전국노농조합총동맹의 성격을 전국근로자동맹의 9월총파업에 대한 성명을 통해서 파악할 수밖에 없다. 전국근로자동맹은 9월총파업에 대해 다음과 같은 성명서를 발표하였다.[119]

---

117) 김영태, 「도큐멘타리 노동운동 20년 소사」(2), 『노동공론』 1972년 1월호, 164~165쪽.
118) 한국노총, 앞의 책, 301쪽.
119) 『한성일보』 1946년 10월 6일자, 「파업은 파괴적인 모략! 근로자는 건국의 前衛로」.

우리 전국근로자동맹은 금차 남조선 일대에 걸친 파업행위에 관하여서는 적색계열의 매국적 파괴적 정치모략임을 전민족과 더불어 확인하는 동시에 단호히 규탄하는 바이다. 현하 당국의 책임이 중차대함은 물론이려니와 건국대업을 앞둔 우리 3천만 민족이 전무후무한 대난관에 봉착한 차제에 핏줄을 같이 한 동족 간에 여사(如斯)한 매국노를 가짐을 진실로 통탄 분개하며 심히 부끄러워하는 바이다. 선량한 무산근로대중을 기만 농락하는 적색계열 불순분자를 소탕 배제치 않고서는 도저히 이 나라 이 민족의 영원한 행복과 번영이 있을 수 없는 것을 선언하는 바이다.

위 성명문은 9월총파업을 "적색계열의 매국적 파괴적 정치모략"으로 규정하였다. 그리하여 "선량한 무산근로대중을 기만 농락하는 적색계열 불순분자를 소탕 배제"하여야 한다고 주장하였다. 이러한 성명서를 통해 전국근로자동맹의 이념을 파악할 수 있다고 보는데, "전평타도"라는 점에서는 대한노총의 조직목표와 별반 다를 것이 없다. 그러나 "현하 당국의 책임이 중차대"하다고 하여 9월총파업이 일어난 주요원인으로서 미군정의 노동정책에도 비판을 가하고 있음을 엿볼 수 있다. 이는 전국근로자동맹이나 전국노농총동맹이 대한노총과는 성격을 달리하는 면을 보여주는 것이라 할 수 있다. 전국노농총동맹은 뚜렷한 활동을 전개하지 못하고 결국 명맥만 유지하다가 대한노총에 흡수되었다.

1947년 3월 17~18일 이틀 간 시천교당에서 대의원 668명 중 548명이 참석한 가운데 대한노총 제1차 전국대의원대회가 개최되었다.[120] 대회 첫날 전진한의 개회사, 김구(金九)를 비롯한 내빈 축사가 있은 다음 이승만 박사, 「트루만」 대통령과 4상회의에 보내는 메시지 낭독이 있었다. 대회 둘째 날은 「러취」 군정장관 대리의 축사가 있었고 이어서 국내정세보

---

120) 『경향신문』 1947년 3월 18일자·『동아일보』 1947년 3월 20일자, 「대한노총 제1회 전국대의원대회가 개최되다」(국편, 『자료』4, 432쪽) ; 『한성일보』 1947년 3월 18일자, 「대한노총 창립 1週 전국대회 개막」 ; 『한성일보』 1947년 3월 19일자, 「대한노총 전국대회. 제2일 성황리 개막」.

고와 중앙경과보고 및 지방경과보고가 있었다. 다음으로 토의사항에 들어가 ① 기본운동방침 ② 강령 규약 수정 ③ 임원개선 ④ 메이데이 준비 ⑤ 소비조합 강화 ⑥ 재정 ⑦ 기타 등에 대하여 토의하였다.[121]

대회에서 선출된 임원진은 다음과 같다.

- 위원장 : 전진한
- 부위원장 : 채규항, 유기태, 김종율
- 감찰위원장 : 조광섭
- 감찰부위원장 : 김영주, 김민
- 총무부장 : 이각수
- 사무부장 : 안병성
- 조직부장 : 배창우
- 선전부장 : 유익배
- 조사부장 : 김종원
- 청년부장 : 안준성
- 후생부장 : 박만서
- 부녀부장 : 문선호
- 문화부장 : 정재우

대회에서 채택된 선언문, 개정된 강령, 당면행동강령은 다음과 같다.[122]

〈선언문〉

…… 현하 조선에는 국권을 전단(專斷)할 만한 외국식자본가나 지주가 계급적으로 보아 극히 미약한 존재라는 것과, 국권이 있는 나라의 노동운동과 국권이 없는 나라의 노동운동은 질적으로 다르다는 것을 조선의 근로대중은 명심하여야 된다. 과거 일제시대의 노동운동은 필연적으로 민족투쟁의 성질을 가진 반제운동이란 것을 알아야 된다.

조선의 무산대중은 일본제국주의에서 해방된 금일에 있어 <u>편향적인 자본주의세력의 형성을 배제</u>하며 일방(一方)으로는 <u>계급독재적 정치조직을 배격</u>하여 자유로운 민주주의적 사회와 공존공영의 국민경제재

---

121) 「한성일보」 1947년 3월 19일자, 「대한노총 전국대회. 제2일 성황리 개막」.
122) 김중열, 「노동일화낙수」(1), 『노동공론』 1972년 4월호, 223~224쪽. 강령은 1946년 10월의 임시대회에서 채택한 것과 동일하다 ; 채규항, 『노농운동의 문헌』, 새글, 1947년, 116~120쪽. 제1차 전국대의원대회에서 17개 항목에 달하는 새로운 당면행동강령을 채택하였다는 김사욱의 주장은 잘못된 것이다. 앞에서 밝혔듯이 김사욱이 제시한 17개 항목의 당면행동강령은 1946년 6월에서 10월 사이에 채택된 것이다. 김사욱, 『한국노동운동사』(상), 산경문화, 1979, 37~38쪽.

건을 위하여 투쟁한다.

우리 근로대중은 총궐기하여 건설적 노동운동을 전개함으로써 완전자주독립 전취에 매진할 것을 맹서한다.

우리 조국의 중대위기를 타개하고 길이길이 자손만대의 번영을 염원하는 우리 근로대중은 독립운동과 노동운동을 병진 전개하는 동시에 국민경제를 좀먹는 악질모리배와 악질친일파를 숙청하며 외국의존의 사대사상을 배격하고 근로대중의 복리와 사회적 지위향상을 적극 도모하며 만민공생(萬民共生)의 균등사회제도를 수립하야 조선적인 민주주의 자유독립국가로서 세계평화에 공헌할 것을 엄숙히 선언한다.

〈강령〉
一. 우리는 근로대중의 복리와 사회적 지위향상을 위하여 투쟁함.
一. 우리는 국민경제재건과 만민공생의 균등사회건설을 기(期)함.
一 우리는 민주주의적 자주독립국가로서 세계평화에 공헌함을 기(期)함.

〈당면행동강령〉
1. 8시간 노동제 원칙 실시
2. 노동자의 생활보장을 위하여 최저임금제 실시
3. 직업희생보험 실업보험 질병보험제 실시
4. 정근자 특대(精勤者 特待)와 정기휴양제 실시
5. 14세 미만 남녀노동금지와 그 보호책 확립
6. 산업발전을 위하여 숙련공 기술자 과학자 우대
7. 公傷者(공상자)의 임금과 치료비 전액지불
8. 위험작업에 대하여 최저노동시간제 실시
9. 부녀노동자의 산전산후 2개월 유급휴가제 실시
10. 노동자의 단체계약권 확립
11. 노동자의 파업권 확립
12. 공장운영에 대한 노동자발언권 확립
13. 노동자의 주택 기타 후생시설을 고주(雇主)부담으로 완비
14. 노동자 농민의 교양기관 설치
15. 공장폐쇄 노동자 불법해고 반대
16. 생활필수품을 노농대중에게 우선 분배할 것
17. 노동을 취미화(趣味化)하도록 적절한 시설정비
18. 언론 집회 결사 출판 신앙의 절대자유

19. 실업자대책을 적극적 실시
20. 자유노동자의 공동숙박소 공설(公設)완비

　결성 당시의 선언문에서 "모든 번잡한 이론" 즉 공산주의 이론, M-L주의 노동조합이론을 타파한다고 한 것과 마찬가지로 여기에서도 "계급독재적 정치조직"을 배격한다는 주장을 내세우고 있다. 대한노총은 전평이 전개한 임금인상투쟁, 파업 등을 생산파괴 활동으로 간주하고 있었다. 따라서 선언문에 나타난 "건설적 노동운동"이란 전평이 전개한 노동운동 분쇄를 의미한다. "완전자주독립 전취에 매진"한다는 실제 의미도 이승만의 남한만의 단독선거에 의한 정부수립이었다. 지금까지의 대한노총의 이념이나 정책과 비교하여 제1차 전국대의원대회 선언문에서 제기된 것은 "편향적인 자본주의 세력의 형성을 배제"한다는 것과 "국민경제를 좀먹는 악질모리배와 악질친일파 숙청"이었다. 그리고 당면행동강령에서 "노동자의 파업권 확립", "실업자대책"을 제기하였다. 당면행동강령에서 눈에 띄는 것이 노동자의 단체계약권과 함께 제기된 파업권이었다.

　제1차 전국대의원대회에서 채규항,[123] 유기태가 부위원장으로 선출된 것은 전국노농조합총동맹을 대한노총으로 합류시키기 위한 자리 안배였다. 전국노농조합총동맹의 대한노총으로의 합류는 아마도 미군정 노동부가 실시하고자 했던 경전의 대표노조 선거를 계기로 이루어진 것으로 보인다. 정대천을 위원장으로 하는 경전자치노조가 1947년 1월 25일 전국노농총동맹에 가입함으로써 경전 내에서는 전국노농총동맹의 세력이 강했다. 따라서 대한노총 측에서 합병을 제의해 왔을 것으로 추정된다. 또한 대한노총 결성에 참가하였던 정대천이 전국노농총동맹에 가입하게 된 것은 전국노농총동맹을 대한노총 조직으로 개조하려는 의도도 작용했던 것으로 보인다.[124]

---

123) 채규항은 일제시기 조선노농총동맹 중앙집행위원, 조선공산당원, 조선공산당 조직준비위원회 조사부위원이었다. 강만길·성대경 엮음, 앞의 책, 483쪽.

대한노총과 전국노농조합총동맹은 1947년 4월 6일 "조선 노동자들의 생활을 향상하고 복리를 증진하기 위하여 강력한 조직으로 활발하고 건전한 노동운동을 전개하고자" 합류하게 되었다는 공동성명서를 발표하였다.[125]

1947년 4월 대표노조 선거를 계기로 이루어진 전국노농조합총동맹의 대한노총으로의 합류는 대한노총 내에서 내부갈등이 첨예화되는 계기가 되었다. 즉 이 시기는 "반(反)전평투쟁을 통한 전평분쇄"라는 목표가 어느 정도 달성되었으므로 자기세력 확보에 주의를 집중시킬 수 있었다. 따라서 전국노농총동맹의 대한노총으로의 합류는 전진한·유기태·채규항이라는 3파전을 만들게 되는 계기로 작용하였다. 그런데 유기태, 채규항은 대한노총 내에서 그다지 영향력을 발휘하지는 못했던 것으로 보인다. 그것은 미군정의 지지와 이승만의 후광을 받고 있던 전진한세력의 막강함에 눌려있었기 때문이다. 이러한 점은 이후의 과정, 즉 대한노총 산하에 있던 농민총국이 분리되어 대한노총으로 독립하면서 노농의장단제를 채택한 사실에서 명확히 드러난다.

대한노총은 9월총파업 이후 세력확장을 강력히 추진하여 1947년도 메이데이 행사에서는 1946년의 기념행사 때보다 훨씬 많은 인원을 동원할 수 있었다.[126] 이날 전진한 위원장은 "우리는 해방민족으로서의 진정한 자유와 권리를 갖지 못하고 다시 외래독점자본으로부터 제2의 해방이 요

---

124) 정대천이 전국노농총동맹에 가입했을 때 김두한이 정대천을 찾아와서 "대한노총은 당신들이 만들어 놓고 실제 가담은 회색분자인 노농총동맹에 하니 그 이유가 무어냐"고 따져 묻자 정대천은 "내가 갖고 있는 복안(腹案)은 기막힌 것이야"라고 답변을 하였다. 여기에서 정대천이 구상하였던 "복안"은 전국노농총동맹을 대한노총으로 개조하기 위한 계획일 것으로 추측된다. 노동운동회고 鼎談, 「대한노총 결성전후」(3), 『노동공론』 1972년 2월호, 188쪽.
125) 『동아일보』·『조선일보』 1947년 4월 9일자, 「대한노동총동맹과 전국노동조합총동맹이 합류키로 하고 공동성명서를 발표하다」(국편, 『자료』4, 525~526쪽).
126) 『동아일보』 1947년 5월 3일자, 「제62회 메이데이(노동절) 기념행사가 거행되다」(국편, 『자료』4, 628~29쪽).

망되며 배전의 투쟁으로서 최후의 승리를 획득하자"는 요지의 개회사를 하였다. 이어 채규항 부위원장의 격려사, 이승만의 내빈축사, 이승만의 대미외교 성공에 대한 감사문 낭독, AFL(미국노동총동맹)127) 회장 그린에게 보내는 메시지 낭독이 있었다. 또한 다음과 같은 대회 결의문 낭독이 있었다.

- ○ 민주주의 임시정부 수립
- ○ 최저임금제 실시를 관철하자
- ○ 8시간 노동제 완전 실시
- ○ 피압박 약소민족 해방의 관철을 주장하자
- ○ 자본주의 중압의 배격과 국가경제 착취의 모리배를 박멸하자
- ○ 공장폐쇄와 해고를 절대반대하자
- ○ 우리는 건설적 운동으로 생산에 만전을 기하자
- ○ 일체 독재와 파괴를 배격하자
- ○ 노동자는 공장을 농민은 농촌을 사수하자
- ○ 봉건적 착취의 탐관오리를 숙청하자
- ○ 매국적 찬탁분자를 배격하자
- ○ 근로대중의 힘으로 38선을 철폐하자
- ○ 3·8이북 노동자 동지를 구호하자
- ○ 우리 근로대중은 굳게 총단결하자

1946년 메이데이 행사에서 "만민개로의 정신에서 모두가 노동자"이며 현시기는 "계급투쟁보다는 민족의 해결기"라고 주장한 것과 대조적으로 "최저임금제", "8시간 노동제", "공장폐쇄와 해고 절대반대"를 내세웠다. 그러나 이들의 주장이 실천활동과 얼마나 연결되었는가에 대해 검토해 본다면 극히 회의적이다. "최저임금제"나 "8시간 노동제" 주장은 자신의

---

127) AFL(미국노동총동맹)은 세계노련에 참가하기를 거부, 공산주의자와 어떠한 협력도 반대하였다. 1949년 12월 세계노련에서 탈퇴한 영국의 TUC, 미국의 CIO, 네덜란드의 NVV 등의 노동조합과 합류하여 국제자유노련(ICFTU)을 결성하였다. 소련과학아카데미 세계경제·국제관계연구소 편, 권혁대·박형준 옮김, 『세계노동운동사』(상), 태암, 1989, 44쪽 ; 한국노총, 앞의 책, 273~274쪽.

조직이 노동자조직임을 강조하기 위한 허위적인 것이었다.

대한노총이 노동자를 위해서 "8시간 노동제"나 "최저임금제"를 관철시키기 위해 기업주나 군정당국과 투쟁한 적은 미군정기 전기간을 통하여 거의 없었다. 그들은 일관되게 전평타도운동에만 전념하였다.

위 결의문에서 "모리배 박멸"을 외치고 있지만 당시 대한노총 내부 임원들은 그들의 사욕을 채우기 위해 모리배와 결탁하거나 군정과 협력하는 등 극심하게 부패해 있었다. 대한노총 임원들은 공공연히 경영주(관리인)에게 접근하였고, 노동자들의 정당한 요구를 압박하는 데에 관리자와 적극적으로 협력했다. 또한 군정으로부터 필수품을 특별배급 받아서 그것을 노동자들에게 분배한다는 구실하에 상품을 팔아 자신들의 사욕을 채웠다.[128]

이러한 대한노총 임원들의 부패상에 대해 김구(金龜)는 다분히 헤게모니 장악을 위해서였겠지만 적극적인 비판자로 나서서 1947년 6월 중앙집행위원회에 문제를 제기하기도 하였다. 중앙집행위원회에서 그는 "고위공직자, 경영주 또는 첩이 있는 노총임원들의 자격을 박탈해야 한다"는 내용의 결의안을 제출하였다. 그러나 결의안 채택에 의해 자격을 박탈당하게 될 범주에 드는 전진한의 지지자들은 김구의 노력을 좌절시켰다.[129]

6월의 중앙집행위원회 모임이 있고 나서 위원회에서의 충돌은 계속되었다. 1947년 7월 충돌을 피하기 위한 노력에서 위원회는 위원장을 대체하여 최고위원회를 설치하기로 결정하였다. 그리하여 전진한·유기태·조광섭·박중정 등이 최고위원이 되었다.[130]

1947년 8월 30~31일 대한노총 산하에 있던 농민총국이 분리 독립하여 대한독립촉성농민총연맹(이하 대한농총)을 결성하였다.[131] 결성대회에

---

128) Stanley W. Earl, 앞의 보고서.
129) Stanley W. Earl, 앞의 보고서.
130) Stanley W. Earl, 앞의 보고서.

서 채택된 선언문과 강령은 1947년 3월 17~18일에 열린 대한노총 제1차 전국대의원대회에서의 그것과 동일하다. 다만 강령에서 "근로대중"을 "농민대중"으로 단어만 바꾸었을 뿐이다.131) 대한농총의 주요임원은 다음과 같다.

- 고문 : 이승만(李承晩)·김구(金九)
- 위원장 : 채규항(蔡奎恒)
- 감찰위원장 : 최상석(崔相錫)
- 총무부장 : 이평림(李平林)
- 조직부장 : 심운곡(沈雲谷)
- 조사부장 : 주일웅(朱一雄)
- 재정부장 : 이석주(李錫柱)
- 부녀부장 : 보류
- 부위원장 : 김은석(金恩錫)
- 감찰부위원장 : 박경용(朴慶容)
- 선전부장 : 황문성(黃文星)
- 훈련부장 : 강관오(康寬五)
- 후생부장 : 이방엽(李邦燁)
- 청년부장 : 송일성(宋日成)

결성대회에서는 대한노총과 대한농총은 동일노선 유지, 긴밀한 유대강화를 위해 두 조직을 강력하게 통솔 지도할 노농(勞農)의장단이라는 집단지도체제 실시에 합의하고, 의장단을 선출하였다. 집단지도체제에 따라 대한노총 조직도 다음과 같이 개편하였다.

- 집단지도체제(노농의장단) : 전진한(錢鎭漢)·박중정(朴重政)·
  유기태(劉起兌)·채규항(蔡奎恒)·김구(金龜)·
  조광섭(趙光燮)·김은석(金恩錫)
- 감찰위원장 : 김종율
- 조직부장 : 김구
- 조사부장 : 조광섭
- 총무부장 : 박중정
- 선전부장 : 조인현
- 부녀부장 : 정동립

대한농총으로의 분리·독립은 전진한계와 채규항계의 갈등에 의해 이

---

131) 『동아일보』 1947년 9월 6일자, 「대한농민총연맹이 결성되다」(국편, 『자료』5, 288쪽).
132) 채규항, 앞의 책, 71~73쪽, 91~95쪽. 대한노총 행동강령은 채규항, 같은 책, 73쪽 참조 ; 『한성일보』 1947년 9월 3일자, 「대한농민總聯 결성」.

〈표 1-6〉 대한노총 조직임원(1946.3~1948.1)

	1946.3	1946.5	1946.7	1946.9	1946.10	1947.3	1947.8	1948.1
위원장	홍윤옥 (洪允玉)	조시원 (趙時元)	홍윤옥 (洪允玉)	홍윤옥 (洪允玉)	전진한 (錢鎭漢)	전진한 (錢鎭漢)		전진한 (錢鎭漢)
부위원장	김구 (金龜), 이일청 (李一靑)	김구 (金龜), 차고동 (車鼓東)	김구 (金龜)	김구 (金龜), 김중열 (金重烈)	조광섭 (趙光燮), 김헌 (金憲)	채규항 (蔡奎恒), 유기태 (劉基兌), 김종율 (金鍾律)	집단③ 지도 체제	황기성(黃基成), 김종율(金鍾律), 김구(金龜), 김영 주(金永柱)[김종율 (金鍾律), 김구(金 龜), 선우기성(鮮 于基聖)]
서북사무국	권영빈 (權寧彬)	권영빈 (權寧彬)						
감찰위원장				조광섭 (趙光燮)		조광섭 (趙光燮)	김종율 (金鍾律)	조광섭(趙光燮)
감찰 부위원장				김종율 (金鍾律), 김영주 (金永柱)		김영주 (金永柱), 김민 (金民)		정대천(丁大天), 안병성(安秉星)
총무부장	김종율 (金鍾律)	이각수 (李珏秀)	김헌 (金憲)	김헌 (金憲)		이각수 (李珏秀)	박중정 (朴重政)	유화룡(柳化龍) [미정]
사무부장					이각수 (李珏秀)	안병성 (安秉星)		
조직부장	배창우 (裵昌禹)	배창우 (裵昌禹)	안병성 (安秉星)	안병성 (安秉星)	안병성 (安秉星)	배창우 (裵昌禹)	김구 (金龜)	유익배(柳益培)
선전부장			배창우 (裵昌禹)	배창우 (裵昌禹)	정재우 (鄭在優)	유익배 (柳益培)	조인현 (趙寅鉉)	배창우(裵昌禹) [박용덕(朴容德)]
조사부장		김종원 (金鍾元)	안종선	김종원 (金鍾元)	김종원 (金鍾元)	김종원 (金鍾元)	조광섭 (趙光燮)	진유성(陳有成) [김종원(金鍾元)]
청년부장		안준성 (安準成)	김종원 (金鍾元)	안준성 (安準成)	안준성 (安準成)	안준성 (安準成)		김종원(金鍾元) [안준성(安準成)]
후생(공제) 부장	김제희 (金濟禧)		이일청 (李一靑)	정희섭 (鄭熙燮)	박만서 (朴晩緖)	박만서 (朴晩緖)		안준성(安準成) [김자훈(金子勳)]
부녀부장		황기성 (黃基成)	나신애	황기성 (黃基成)	문선호 (文善鎬)	문선호 (文善鎬)	정동립 (鄭同立)	정혜천(鄭惠天)
문화부장		윤홍구 (尹弘九)	안준성 (安準成)	윤홍구 (尹弘九)	유익배 (柳益培)	정재우 (鄭在優)		[홍현동(洪顯東)]

제1장 보수적 노동운동의 형성 ▪ 81

〈표 1-6〉 계속

	1946.3	1946.5	1946.7	1946.9	1946.10	1947.3	1947.8	1948.1
섭외부장①			유익배 (柳益培)					
신협부장②			김두섭					

※ 다음과 같은 자료를 바탕으로 필자가 재구성한 것이다.
 (1) 한국노총, 『한국노동조합운동사』, 1979 (2) 조선통신사, 『조선연감』(1947년판) (3) 한림대아시아문화연구소, 『G-2 Weekly Summary』2, 147쪽 (4) 『노동공론』에 나오는 고일하 자료 (5) 『동아일보』 1947년 5월 3일자(국편, 『자료』4, 628~629쪽). (6) 『한성일보』 1947년 5월 3일자, 9월 13일자.
※ ① 섭외 : Public Relation
　② 신협 : Cooperative
　③ 집단지도체제 : 전진한(錢鎭漢)·유기태(劉基兌)·박중정(朴重政)·채규항(蔡奎恒)·조광섭(趙光燮)·김구(金龜)·김은석(金恩錫) 등.
※ [ ] 안은 『조선일보』 1948년 1월 23일자(국편, 『자료』6, 137쪽)에 의함. [ ] 안의 부위원장 선우기성(鮮于基聖)은 황기성(黃基成)의 오기(誤記)임.

루어진 것으로 지적되고 있다.[133] 이후 대한농총의 활동상에 대해서는 거의 알 수 없으나, 대한노총에서 채규항계가 분리·독립한 것은 정치적 기반을 마련하기 위한 전진한계와 채규항계 사이의 알력 속에서 이루어진 것으로 보인다. 내부 알력의 해결책은 노농의장단제라는 분가(分家)형태의 형식적인 분리·독립이었다.

대한노총 제2차 전국대의원대회는 1948년 1월 10일부터 이틀간에 걸쳐 대의원 863명이 참석한 가운데 개최되었다.[134] 이때의 조직체제는 최고위원제에서 위원장제로 변경되었다. 대회에서 선출된 임원은 위원장 전진한(錢鎭漢), 부위원장 김종율(金鍾律)·김구(金龜)·김영주(金永柱)·황기성(黃基成),[135] 감찰위원장 조광섭(趙光燮), 감찰부위원장 정대천(丁

---

133) 노동운동회고 鼎談, 「대한노총결성전후」(2), 『노동공론』 1972년 1월호, 183쪽.
134) 『서울신문』 1948년 1월 11일자, 「대한노총 제2회 전국대의원대회가 개최되다」(국편, 『자료』6, 51쪽). 대한노총 제1차 전국대의원대회는 1947년 3월에 개최되었으므로, 제2차 대회는 1948년 3월로 예정되었다. 그런데 5·10선거에 대비하여 앞당겨 1948년 1월에 개최하였다.

大天)·안병성(安秉星)이었다.

전국대의원대회가 개최되기 전, 전진한세력은 김구와 그의 동료들이 선거에 참가하는 것을 막기 위하여 경찰에게 김구와 안병성에 대하여 체포영장을 내도록 하여 1948년 1월 4일에 체포영장이 나왔다. 김구와 안병성은 도피하다가 선거가 시작되었을 때 그의 지지자와 함께 대회장에 나타났다. 이때 김구는 부위원장에 선출되었는데 이는 전진한이 김구의 선거 참여를 막을 정도로 충분한 영향력이 없었던 것을 의미한다.[136]

대회에서 토의된 사항은 (1) 노동조건의 개선과 조직의 확장 (2) 소비조합의 시설 확장 (3) 재정 (4) 노동소식지 발행 (5) 경영자 측에 대항하는 방법 (6) 조합 내 회원이 있는 무명의 청년회와의 관계 (7) 선거지원을 위한 위원회 조직 (8) 전력 관리(보존) (9) 연맹 내 공업과 농업그룹 간의 협동 (10) 산업별 조직구조의 재편성, 연맹 규약의 개정 (11) 유엔한국임시위원단에게 보낼 메시지 채택 등이었다.[137]

1948년 메이데이 행사는 미군정이 전평 측의 행사를 불허했으므로 대한노총만이 기념행사를 가졌다.[138] 이날 대회에 참석하였던 군정장관 딘 소장은 "해방 후 여러분은 갖은 난관을 과감히 극복하고 직장을 사수하여 준 데 대하여 치하하여 마지않는다. 오는 5월 10일은 조선 역사상 가

---

135) 『조선일보』 1948년 1월 23일자, 「대한독립노동총연맹의 상무집행위원회, 부서를 개편 발표하다」(국편, 『자료』6, 137쪽)에는 부위원장에 김종율(金鍾律)·김구(金龜)·선우기성(鮮于基聖)으로 나와 있다. 그러나 『미군정활동보고서』에는 황기성으로 되어 있다. United States Army Military Government in Korea, 「South Korean Interim Government Activities」 No. 27, 1947.12, 106쪽(『미군정활동보고서』 5권, 원주문화사, 1990, 325쪽). 아마도 선우기성은 황기성을 오기(誤記)한 것으로 보인다.

136) Stanley W. Earl, 앞의 보고서.

137) United States Army Military Government in Korea, 「South Korean interim Government Activities」 No. 27, 1947.12, 106쪽(『미군정활동보고서』5권, 원주문화사, 1990, 325쪽).

138) 『서울신문』·『동아일보』 1948년 5월 3일자, 「대한노동조합총연맹 주최 63회 노동절 행사가 개최되다」(국편, 『자료』7, 5쪽).

장 중요한 날이니 여러 맹원들은 전폭적 협력을 주기 바란다"는 요지의 축사를 하였다. 또한 조병옥도 "이번 총선거에 있어서는 진정한 애국자를 선출하여 주기 바란다"며 5·10선거의 지지를 당부하였다.139)

3. 대한독립촉성노동총연맹의 조직체계

1) 조직확장과 조직현황

대한노총은 결성 당시 노동조합으로서 면모를 갖추지 못하였다. 명칭에서 "총연맹"이라고 내세웠지만 한 개의 연맹체도 조직하지 못했다. 결성된지 두 달이 지나서야 대한노총 영등포지구연맹(1946.5.26 / 위원장 : 조광섭(趙光燮))이 결성되었다. 한 개의 연맹체도 조직하지 못한 채 대한노총 결성을 선포한 것은 상황의 급박함에서 비롯된 것이다. 해방 직후 노동운동에서 좌익계가 주도하고 있었고, 모스크바삼상회의 결의 문제로 인한 첨예한 좌우대립의 와중에서 우익 측에서는 반탁운동을 이끌어갈 대중조직의 필요성을 절감하였다. 이에 우익노동단체를 급조하지 않을 수 없었다.

대한노총은 반공운동의 필요에 의해 출범한 것으로, 1946년 당시 전평에 비하면 노동자 대중 속에 광범한 기반을 구축하지 못한 채 하나의 정

---

139) 『대동신문』 1948년 5월 3일자(한국노총, 앞의 책, 293~294쪽에서 재인용-). 이 날 채택된 결의문은 다음과 같다.
  1. 8시간 노동제를 실시하라.
  2. 공장폐쇄와 해고를 절대 반대한다.
  3. 우리의 생활을 확보하는 최저임금제를 확립하라.
  4. 우리 노동자의 권리와 사회적 지위향상을 위하여 적극 투쟁하자.
  5. 우리의 발언권을 확립하기 위하여 우리의 대표들을 국회에 보내자.
  6. 탐관오리, 악질모리배, 정치 브로커를 숙청하자.
  7. 재일동포의 반제투쟁을 적극 지원하자.
  8. 우리 노동자의 힘으로 남북통일을 완성시키자.

치단체로 활동하였다.140) 대한노총이 결성되고 난 후에 조직확장에 주력한 곳은 철도계통으로 영등포에 있던 용산공작소와 동양방직이었으며 그 다음으로 경성전기였다.141)

조직확대는 1946년의 메이데이 행사 이후에야 본격적으로 이루어졌다고 볼 수 있다. 전평에 압도되어 메이데이 행사는 부진을 면치 못하였고, 홍윤옥 위원장이 도의적 책임을 지고 사임하게 되었다. 이때 대한노총 조직확장의 필요성을 절감하였다.

1946년 5월 12일 독립전취국민대회가 있었다. 대회가 끝난 후 일부 청년단원들이 좌경언론지인 조선인민보, 조선중앙일보 및 조선공산당, 전평, 조선민주청년동맹(민청) 등의 사무실을 습격하였다. 바로 그날 철도 경성공장의 대한노총 조직 준비위원 40여 명은 대한노총운수부 경성공장 지부연맹 창립대회를 개최하여 위원장에 이우면(李遇冕)을 선출하였다.142) 이것이 바로 전국 철도노조의 전신이라고 할 수 있다.143) 메이데이 행사 이후 여러 곳에서 조직이 이루어졌는데, 대한노총 조선주조오류동공장 지부(1946.5.8), 대한노총 운수부경성공장 분회(1946.5.12), 대한노총 영등포지구연맹(1946.5.26) 등의 결성이 그것이다. 그러나 9월총파업 전까지 뚜렷한 성과는 없었다. 1946년 8월에 전평의 한철과 문은종이

---

140) 김윤환·김낙중, 『한국노동운동사』, 일조각, 1970, 127쪽.
141) 회고담, 「대한노총결성전후」(1), 『노동공론』, 1971년 12월호, 135쪽.
142) 김영태, 「도큐멘타리 노동운동 20년 소사」(1), 『노동공론』 1971년 12월호, 123쪽. 결성대회에서는 다음과 같은 5개 항의 결의문을 채택하였다.
 1. 조국광복과 균등사회국가 건설에 노력함.
 1. 혈한불석(血汗不惜)으로 생업일로(生業一路)를 매진함.
 1. 노동자의 완전해방을 위하여 진정한 노동운동을 전개함.
 1. 사대사상과 파괴적 행동을 배격하고 건설적인 사상과 행동을 견지함.
143) 전국철도노동조합, 앞의 책, 19~20쪽. 『동아일보』 1946년 5월 15일자를 보면 운수부경성공장원들이 13일 종업원대회를 열어 동(同) 공장 안에 있던 전평계통 노조를 해체하고 대한노총에 가입하기로 하여 철도국 3,000여 명의 노동자들이 이에 가입하였다고 보도하였다. 그러나 이러한 보도가 허위기사였음을 『해방일보』 1946년 5월 17일자에서 밝히고 있다.

대한노총의 조직원을 3,000~4,000명밖에 되지 않는다고 평가할 정도로 조직이 크게 확장되지는 못했다.144) 9월총파업 전까지 대한노총의 조직 진척상황을 보면 아래와 같다.145)

> 대한노총 조선주조오류동공장 지부(1946.5.8)
> 대한노총 운수부경성공장 분회(1946.5.12, 위원장 이우면(李遇冕))
> 대한노총 영등포지구연맹(1946.5.26, 위원장 조광섭(趙光燮))
> 대한노총 영등포연맹 용산공작소 분회(1946.6.5)
> 대한노총 도시제사 분회(1946.7.6, 위원장 전영배)
> 대한노총 조선피혁 분회(1946.7.12)
> 대한노총 인천자유노조 지부(1946.7.13, 위원장 유창우(柳昌禹))
> 대한노총 조선제분 분회(1946.8.3, 위원장 채경석(蔡競錫))
> 대한노총 인천지구연맹(1946.9.1, 위원장 유창호)
> 대한노총 유한양행 분회(1946.9.4)
> 대한노총 해상연맹(1946.9.20, 위원장 방치규(方致規))

9월총파업은 대한노총이 조직을 확장하는 하나의 분기점이었다. 1946년 9월 23일부터 전평의 전국적 총파업이 전개되자 대한노총은 전평과의 대결을 통해 조직을 상당한 정도로 확장하였다. 또한 대한노총은 10월항쟁이 발발하자 이를 계기로 지방조직의 확대를 절감하고 경상도반·강원도반·호남반으로 대표를 나누어 파견하면서 전평파괴활동과 더불어 지방조직에 착수하였다.146) 이때 대표로 파견된 사람은 유익배·조성홍·조정범·김재성·신동권·정재호·최병일·오차진 등이었다.

대한노총 기관지 『노동자농민』(창간호)에는 창립 1주년 기념행사를 개최하였던 영등포연맹 산하 조직이나 개최 예정인 대한노총 지구연맹,

---

144) 한림대아시아문화연구소, 『G-2 W/S』2, 152쪽.
145) 한국노총, 앞의 책, 281~282쪽;『한성일보』1946년 6월 7일자, 「勞總 龍工分會 組織」; 정근식, 「해방직후 전남지역의 노동운동」, 『전남 사회운동사 연구』, 한울, 1992, 132쪽.
146) 노동운동회고 鼎談, 「대한노총결성전후」(2), 『노동공론』1972년 1월호, 183쪽.

지부조직을 소개하고 있다. 따라서 이 자료를 통해 9월총파업 이후의 조직상황에 대해 부분적으로 파악할 수 있다. 영등포연맹 산하 각 분회의 창립 1주년 기념식을 거행한 곳은 삼공제약·동방합금·대한방직·조선탄닝·조선자동차 등이며 개최예정인 지구연맹이나 지부조직은 대전연맹·청주부연맹·운수부연맹·서울기관구분회·삼척지구연맹 등이다.[147)]

  9월총파업과 10월인민항쟁이 진압된 후 좌익진영은 엄청난 타격을 받았으며, 전평의 지도자가 대량 검거됨에 따라 대한노총 조직은 급부상하였다. 대한노총은 미군정당국에서 인정받는 노동단체로서 전평의 총파업투쟁을 저지하고 미군정에 적극 협력함으로써 한국노동운동에서의 좌익세력 타도에 기여한 주요세력으로 평가받았다. 그러나 전평의 조직중추가 무너졌다고는 하나 하부조직의 활동가들은 여전히 현장노동자들에게 강력한 영향력을 행사하고 있었으므로 대한노총이 쉽사리 영향력을 행사할 수는 없었다. 특히 전평은 경남·경북·전북·전남에서 강력한 세력으로 남아 있었다.[148)] 1946년 11월 현재 세력분포를 볼 때 전평이 246,777명의 조합원을 보유한데 반해 대한노총은 57,228명의 맹원을 보유하고 있었다.(〈표 1-7〉 참조)

  대한노총은 철도파업에 대한 파괴를 성공적으로 이끌었고, 이를 통한 전평세력이 약화된 틈을 타 조직확대에 박차를 가하게 되었으나 철도부문을 제외하고 거의 모든 부문에서 대한노총의 진출에 강력한 저항이 일어났다. 또한 대한노총 조직의 불완전성으로 인해 조직을 확장하는데 많은 애로를 겪게 되었다. 경찰의 지원 감소도 조직확장의 장애가 되었다. 1947년 2월 2일 CIC보고에 의하면 경찰의 도움에 의한 특권을 이용하여 조직을 확장하던 것이 경찰의 지원 감소에 의해 인천산업지역에서 세력이 약화되었다고 한다. 또한 9월총파업 이후 대한노총으로 들어갔던 많

---

147) 『노동자농민』(제1호) 1947년 10월 25일자.
148) RG 338 #39 「History of the Department of Labor」(신복룡 편, 『분단사자료집』 III-3에 수록).

은 전평원들이 다시 전평조합원으로 돌아오기도 했다.[149]

대한노총의 본격적인 진출은 1947년 3·22총파업으로 전평조직이 다시 한번 큰 타격을 입은 이후에야 실현되었다.[150] 이 시기 전평세력의 약화는 세계노동조합연맹 대표가 1947년 3월말 남한에 도착했을 때, 거의 대부분의 전평 지도자들이 감옥에 수감되어 있거나 법망을 피해 은신해 있었다는 기록을 통해서 파악할 수 있다.

3·22총파업 이후 전평세력이 약화된 틈을 타 대한노총은 지방에 중점을 두면서 본격적으로 조직확장 사업을 하였다. 전남지역의 경우 1947년 3월 15일 전남도연맹 결성에 이어 4월 19일 약림공장 분회가 결성되었다. 뒤이어 1947년 5월 전남여객에 분회가 결성되었고, 7월에는 화순탄광에서도 탄광연맹이 결성되었다.[151] 또한 1947년 5월 17일 목포지구연맹이 결성되었다.[152] 충청도 지역의 경우 1947년 4월 20일 충청남도연맹이 조직되었으며[153] 10월에는 청주지구연맹이 결성되었다.[154]

조직확장 사업에서 특히 주목되는 점은 1947년 10월 좌익세력 소탕을 위해서 약 200명으로 구성된 건설대의 영남지방 파견이다. 이에 앞서 1947년 6월에는 부산부두노조를 결성하였다.[155] 1947년 10월 6일 건설대가 부산에 도착하였고, 건설대의 힘으로 10월 13일 부산철도국 산하 각 현업기관과 부산공장이 합병하여 운수부연맹 부산지구지부(위원장, 신홍영(申弘榮))를 결성하였다.[156] 이 운수부연맹 부산지구지부에 합병

---

149) 한림대아시아문화연구소, 『G-2 P/R』3, 488쪽.
150) 노동운동회고 鼎談, 「대한노총결성전후」(1), 『노동공론』, 1971년 12월호, 136쪽에서 배창우는 1946년 10월까지만 하여도 대한노총의 조직확장이 미약하였으며, 3·22총파업 이후에 완전 조직에 들어갔다고 회고하였다.
151) 정근식, 앞의 논문, 134쪽.
152) 전국부두노조, 『전국부두노동운동백년사』, 1979, 129~130쪽.
153) 한림대아시아문화연구소, 『G-2 P/R』4, 87쪽 ; 『G-2 P/R』5, 170쪽.
154) 한림대아시아문화연구소, 『G-2 P/R』5, 84쪽.
155) 전국부두노조, 위의 책, 130~135쪽.

하였던 부산공장은 11월 5일 부산공장특별지부로 분리·조직되었고, 부산지구지부는 부산지부로 개칭되었다.157) 대한노총 운수부연맹은 1948년 1월 30~31일 36개 지부를 대표하는 234명이 참석하여 대표자대회를 개최하였으며 위원장에 김민(金民), 부위원장에 김용학·조진춘을 선출하였다.158)

또한 건설대의 영남지방 파견 결과 1947년 11월 마산에 지구연맹이 결성될 준비를 갖추고 있었다.159) 12월 2일에는 대구지구연맹을 결성하기 위해서 대한노총원 55명을 대구에 파견하였다.160) 그리고 12월 10일에서 28일 사이에는 5개 이상의 지부를 설립하였는데 춘천 반도제지공장, 마산철도(12.11), 대구수송회사(12.13) 등이 그것이다.161)

조직확장에서 주목할 점은 「대표노조선거」라는 방식에 의해 진행된 경우이다. 두 차례의 총파업으로 경전 내에서 전평 세력이 급속히 약화되자 투표방식으로 대표노조를 선정하는 것이 유리하다고 판단한 대한노총은 노동부 당국과 접촉하여 대표노조선거 실시를 승인 받았다. 1947년 4월 11일 노동부장 이대위는 경전운수부 종업원을 대표하여 단체교섭을 행사할 노동조합 선거를 4월 19일 실시할 것을 공포하였다. 대표노조선거에서 대표권을 획득한 노동조합은 전종업원을 대표하는 노동조합으로서 회사 측과 교섭할 수 있는 권한이 있으며 만일 교섭권을 가진 노동조

---

156) 『노동자농민』 1947년 10월 25일자. 부산철도공장에서 대한노총 부산지부를 조직할 당시에 경찰은 조직임무를 띠고 파견된 대한노총원을 좌익세력으로부터 보호하였다. 한림대아시아문화연구소, 『G-2 P/R』5, 77쪽.
157) 전국철도노동조합, 앞의 책, 28~30쪽.
158) United States Army Military Government in Korea, 『South Korean interim Government Activities』 No 28. 1948.1, 107쪽(『미군정활동보고서』5권, 1990년, 326쪽).
159) 한림대아시아문화연구소, 『G-2 P/R』5, 112, 266~267쪽.
160) 한림대아시아문화연구소, 『G-2 P/R』5, 288쪽.
161) 한림대아시아문화연구소, 『G-2 P/R』5, 357쪽.

합에서 제시한 요구조건이 만족하지 못할 경우에는 군정법령 19호에 의해 노동조정위원회에 회부하도록 되어 있었다.162)

단체교섭 선거요강이 공포되자 전평 산하 경전종업원노동조합은 러취 군정장관을 방문하고 투표에 관하여 항의서를 제출하였으며, 테러에 대한 대책이 없는 한 투표를 거부하겠다는 성명을 발표하였다. 그러나 결국 선거는 대한노총 경전노조만이 참가한 가운데 강행되었다. 대한노총 경전노조는 미군정의 유리한 법적 절차에 힘입어 대표노조 선거에 의한 합법적인 대표성을 획득하여 전평세력을 몰아내고 조직을 확장하였다.163) 대표노조 선거방식은 운수부 해원노조에서도 채택되어 1948년 3월 5일에서 7일에 걸쳐 단체교섭권투표가 실시되었다. 그 결과 대한노총 해원노조가 대표노조로 결정되었다.164)

이상과 같이 대한노총은 전평의 9월총파업, 3·22총파업을 조직확장의 기회로 삼았으며, 1947년 후반부터는 좌익세력 소탕을 위한 건설대의 활약으로 조직확장에 박차를 가할 수 있었다. 조직확장에는 우익청년단, 친일경찰의 물리력이 상당한 역할을 했다. 또한 우익정치인도 자금지원 등의 방법으로 조직확장을 지원했으며, 미군정의 대한노총 육성정책과 전평 탄압정책은 대한노총의 지위를 확고부동하게 만들었다. 이 과정에

---

162) 김사욱, 앞의 책, 62~63쪽.
163) 김사욱, 앞의 책, 61~65쪽. 투표실시 결과는 투표자격자 4,291명 중 총투표자는 3,805명이었으며, 대한노총 경전노조(지지표)가 3,260표 조합부정 394표 기권 151표였다.
164) 노동부에는 1948년 3월 5~7일(3일간)에 걸쳐 실시할 것을 공고하였다. 노동부 공고에 의하여 2월 28일까지 단체입후보신청을 하도록 되어 있었는데 대한노총 해원노조에서는 2월 28일 입후보등록을 마쳤으나 전평 산하 조선해원동맹은 신청 마감일까지 등록하지 않았다. 선거결과 대한노총 해원노조를 지지하는 표수는 69%였다. 이로써 운수부 소속 2,871명의 해원을 대표하는 단체교섭권은 대한노총 해원노조가 획득하였다. 김사욱, 앞의 책, 66~68쪽. 한국노총, 앞의 책, 285쪽 ; United States Army Military Government in Korea, 「South Korean interim Government Activities」 No.29, 1948.2, 96쪽과 No.30, 1948.3, 93쪽(『미군정활동보고서』5권, 556쪽, 784쪽).

서 해방 후 혁명적 열기를 수렴하여 거대한 규모로 결집되었던 전평은 급속도로 와해되어 갔다. 그러나 전평의 방대한 세력이 쉽사리 소멸되지는 않았다. 김중열이 "전평의 최후의 아성이었던 상동광산이 정부수립 후인 1949년에 함락됨으로써 전평은 전국적으로 일소되었다"고[165] 한 바와 같이 전평은 정부수립 이후에도 잔존해 있었다.

대한노총의 조직확장 사업을 통하여 이루어진 조직현황에 대하여 전평과 비교하여 보면 〈표 1-7〉과 같다.

전평세력이 9월총파업, 3·22총파업 등으로 조직세가 약화되었고, 이후 전평이 불법화되어 비합법적으로 전환되었다고는 하지만 전평세력의 약화가 곧 대한노총의 조직강화를 의미하지는 않는다. 다만 대한노총이 조직을 확장하는데 유리한 분위기를 조성시켜 주었을 뿐이다.

노동부 통계에 따르면 1947년 9월말 현재 대한노총 산하 노동조합 수는 221개, 조합원 수는 39,786명이었다. 반면 전평 산하 노동조합은 13개, 조합원 수 2,465명에 불과하였다고 하는데 이러한 수치는 사실과 부합되지 않을 가능성이 상당히 크다. SWNCC 376이 추산한 수치는 1947년 9월 현재 대한노총 9만, 전평 8만으로 세력이 비등한 것으로 파악하였다. 또한 과장된 수치이며 가족까지 포함한 통계이기는 하지만 전평은 1947년 9월말 520,825명의 조직을 갖고 있다고 주장하기도 하였다.

대한노총 자체 내에서는 1946년 5월 21일과 1946년 6월 30일 사이에 110,000명에서 468,160명으로 증가하였고, 1946년 6월 30일과 1947년 1월 1일 사이에 468,160명에서 544,678명으로 증가하였다고 주장하였다. 1946년 6월 30일 현재 110,000명이라는 터무니없는 과장된 수치는 차치하더라도 1946년 5월 21일과 6월 30일 사이에 350,000여 명이라는 회원이 증가하였다는 주장은 도저히 신뢰하기 어렵다. 대한노총은 1946년의 메이데이 행사 이후 좌익세력 탄압을 위한 조직확장의 필요성을 절감하

---

165) 김중열, 앞의 책, 224~225쪽.

여 노동자대중 속으로 침투해 들어갔으나 그 성과는 미비했다는 사실에 입각해 본다면 더더욱 신빙성이 없다. 또한 1946년 6월 30일부터 1947년

〈표 1-7〉 대한노총 조직현황(1946~1948년)

근거	시기	대한노총	전평	기타
미군정 및 과도정부 노동부	1946.11	(68) 57,228	(111) 246,777	
	1947.8.31	(236) 46,373[1)]		(44) 9,269[1)]
	1947.9	(221) 39,786[2)]	(13) 2,465	(28) 4,908[2)]
	1947.12.31	(277) 84,363[3)]		
	1948.1末	(422) 62,438[4)]		
각 노동단체 자체 수치	1945.11.5		217,073[5)]	
	1945.12.31		553,408[6)]	
	1946.2.15	10만	574,475[7)]	
	1946.5.21	110,000[8)]		
	1946.6.30	468,160[9)]		
	1946.7.17	약 50만[10)]		
	1947.1.1	544,678[11)]		
	1947.4末	약 50만[12)]	354,417[13)]	
	1947.9末		520,825[14)]	
	1947년末	850,000[15)]		
	1948.2		483,6??[16)]	
	1948.6	1,091,195[17)]		
CIC A. Bunce SWNCC 376	1947.4	30만	20~30만	
	1947.4	10만	8만	
	1947.4	9만	8만	

※ 위 도표는 김삼수, 전현수가 작성한 것을 토대로 필자가 다시 보충한 것이다. 괄호 안의 수치는 조합 수를 나타낸다. 金三洙, 「韓國資本主義의 成立과 그 特質 1945~1953년 —정치체제·노동운동·노동정책을 中心으로 하여—」, 동경대학 경제학 연구과 박사학위논문, 1990, 116쪽 ; 전현수, 「조선노동조합전국평의회의 조직과 활동」, 서울대학교 국사학과 석사학위논문, 1992, 19쪽.

※ 출전 : 1) 『조선경제통계요람』, 175쪽 / 2) 『조선경제연보』, III-156쪽 / 3) 『미군정활동보고서』 5권, 557쪽 / 4) 『제2회 남조선노동통계조사결과보고』, 10쪽 / 5) 전평대회 회의록 / 6) 『현대일보』 1946년 9월 3일자 / 7) 『해방조선』 I, 192~193쪽 / 8) 『분단사자료집』VI, 320~323쪽 / 9) 『분단사자료집』VI, 320~323쪽. 『G-2 Weekly Summary』 2, 149쪽 / 10) 『G-2 W/S』2, 149쪽. SWNCC 376, 「Treatment of Workers Organization」 1947.4, 8쪽 / 11) 『분단사자료집』VI, 320~323쪽 / 12) 박지향, 「한국노동운동과 미국 1945~1950」, 123쪽 / 13) 『조선연감』(1948년판), 261쪽 / 14) 『조선연감』(1948년판), 261쪽 / 15) 「History of the Department of Labor」, 27쪽 / 16) 『조선경제통계요람』, 173쪽 / 17) 『분단사자료집』VI, 320~323쪽.

1월 1일까지의 증가는 특별히 놀랄만한 것은 아닐지라도 468,168명이나 544,678명이라는 숫자도 매우 과장되었다고 볼 수 있다.

대한노총은 대체적으로 지방조직사업을 완료한 1947년 말경이 가장 조직세가 강력했을 것으로 보인다. 따라서 1947년 말 미군정의 통계에 의한 대한노총의 조합원이 84,363명이므로 미군정기 전기간을 통하여 대한노총의 세력이 최전성기였던 때의 조직회원이 10만을 넘지 못했을 것으로 평가된다. 이것은 대한노총의 조직적 한계를 단적으로 드러내는 것이라 할 수 있다.

2) 조직체계

일반적으로 노동조합의 조직구조를 나타내는 조직형태는 직업별 조합, 산업별 조합이 있으며 부차적인 형태로 기업별 조합, 지역별 조합, 일반노동조합 등이 있다.[166] 직업별 조합은 동일한 직업 또는 직종의 노동자를 그가 소속된 기업이나 공장에 관계없이 지역적·전국적으로 조직한다는 원리를 갖고 있다. 순수한 형태는 단일한 직업·직종의 노동자로 구성된다. 산업별 노동조합은 직종이나 직업에 관계없이 동일산업에 종사하는 모든 노동자를 소속기업을 불문하고 일괄 조직한다는 원리를 갖고 있다. 산별 노조는 동일산업의 모든 노동자를 단결시키는 것이 관건이기 때문에 노동자생활을 전체적으로 개선하고 보장하기 위한 '생활임금' 사상과 동일노동 동일임금의 원칙에 의거하여 산업별 동일요구를 내걸고 당해 산업 노동자 임금의 최저임금 수준을 일제히 인상한다는 전술을 취한다.

기업별 조합은 기본적으로 하나의 기업에 소속된 노동자를 직종과 직계에 상관없이 전원 조직하는 것으로, 이 조합의 주체는 특정 기업에 소

---

[166] 한국사회연구소, 『노동조합조직 연구』, 백산서당, 1989, 17쪽. 이하 노동조합 조직형태에 관한 설명은 같은 책, 16~21쪽에서 정리하였다.

속된 노동자이다. 개별 자본과 직접적 단체교섭을 행하며 직장을 근거로 한 파업도 수행한다. 또한 이들 노조가 횡단적으로 모여 산업별 협의체조직을 구성하기도 한다. 일반노동조합은 직업·직종·산업에 관계없이 모든 노동자를 조직한다는 원리를 갖고 있다. 그러나 현실적으로 모든 노동자를 무원칙하게 조직하는 것은 아니다. 역사적으로 직업별 조합으로부터 배제되어 왔던 제조업 이외의 교통·운수·유통·건설 등의 분야에 걸친 광범한 미숙련 노동자가 자주적으로 산업·직업에 상관없이 광범위한 단일조직을 결성한 데서 비롯되었다. 기업별 조합은 노동조합조직의 역사적 발전과정에서 주요한 지위를 차지하지 못하였지만 우리나라에서는 지배적인 조직형태로 자리잡고 있다. 이 조합의 주체는 특정 기업에 소속된 노동자이다.

지역별 조직은 직종의 구별 없이 각 사업장 단위 노동조합을 조직한 후 그 노동조합을 망라하여 지역별 연맹 혹은 기타 명칭의 연합체를 조직하고 그러한 연맹체를 재망라하여 시, 도연합체를 구성하며 각 시·도연합체가 모여 전국적인 중앙조직체를 구성하는 형태이다.[167] 이러한 제도는 미개발지역이나 노동운동 초창기에 대내적인 노동조건의 개선보다도 대외적인 환경조성이 필요한 경우에 채택하였다.

대한노총은 전평에 대항하기 위한 대중조직의 필요성을 절감한 우익정치인들에 의해 조직된 것으로 위로부터 하향적인 방식으로 결성되었다. 먼저 연맹체를 결성하고, 우익청년단체의 전평파괴 활동을 통해 조직을 확장하는 방식을 취했다.

대한노총 조직은 지역별 체제를 근간으로 했다. 즉 각 직장에 지부·분회의 단위노조를 조직하고, 행정구역에 구애됨이 없이 한 지역에 있는 단위노조를 결합하여 산업지역에 「지구연맹」을 조직하는 방식을 취했다. 그리고 지구연맹에 대한 지도를 위하여 시(市)·도(道)연맹을 따로 두었

---

167) 김중열, 앞의 책, 32쪽.

다.168) 중앙조직은 각 시·도연맹을 기간조직으로 하는 것이 아니었다. 시·도연맹에는 대의원 자격과 지구연맹에 대한 통솔권만을 부여한 반면 지구연맹을 조직의 기반으로 삼았다.

이러한 조직방식은 전평 타도의 기치를 들고 나온 조직임을 선명히 부각시키는 것이라 할 수 있다. 즉 지역별 체제는 각 지역에서의 공동행동을 효율적으로 할 수 있으며, 지역별로 조직되어 있던 청년단과의 협력관계를 원활히 유지할 수 있게 할 목적에서 채택된 것이다. 이는 김중열이 "대한노총이 출발할 당시에는 공산세력이 하도 강력하였기 때문에 산업별조직 보다는 지역별 조직으로 발족하는 것이 모든 국민이 공히 보다 조직적으로 참여할 수 있다고 생각하여 그렇게 하였던 것"이라고 회고한 사실에서 확인된다.169) 따라서 대한노총의 지역별조직은 공산주의 세력 타도, 전평 타도라는 정치적 목적에서 채택한 것이라 할 수 있다.170)

산업별 조직과 직업별 조직이라는 '노동조합'으로서의 기능을 발휘하기 위한 조직원칙의 결여는 대한노총의 성격이 그대로 반영된 것이다.171) 그런데 제1차 전국대의원대회에서 산업별조직과 지역별조직을 병행하는 방식을 채택했다. 산업별 조직은 20개 산업별로 분류되었는데 금속·화학·식료·피복·광산·출판·섬유·봉급·이발·세염(洗染)·토

---

168) 김중열, 앞의 책, 223쪽.
169) 노동운동회고 鼎談, 「대한노총결성전후」(5), 『노동공론』 1972년 4월호, 185쪽.
170) 전평의 조직형태는 '전국적으로 정연한 산업별 조직으로 체계화·강력화'할 것을 지향했다. 산업별 노동조합은 원래 자본주의의 독점화단계에 대응하여 기업별 노조의 분파주의적·경제주의적 한계를 극복한 계급적이고 대중적인 조직형태로서, 산업별 동일요구의 쟁취와 획득된 산업별 기준을 전국적으로 구체화하는 데 유리하다. 또한 광범위한 반숙련·미숙련 노동자를 기초로 한 대중적 성격 때문에 파업 등을 통한 대중투쟁의 수단을 이용하기 쉽고, 동시에 정치투쟁으로 전환을 용이하게 해 준다는 장점을 가지고 있다. 김금수, 「한국 노동조합운동의 현단계적 상황과 발전을 위한 과제」, 『한국 노동운동의 이념』, 정암사, 1988, 150쪽 ; 한국노총, 『한국노동조합의 정치활동』, 1990, 85쪽.
171) 金三洙, 앞의 논문, 110쪽.

건·염업·임업·우마차·교통·가공·자유·점원·예기(藝技)·합동 등이었다.172) 그런데 산업별 조직체제의 경우 그것은 외형적·형식적인 틀을 벗어난 것은 아니었다.

이러한 조직체계는 1948년 1월 제2차 전국대의원대회에서 규약수정에 의해 변경되었다. 제2차 전국대의원대회에서 수정된 규약 제4조의 내용은 다음과 같다.

> 제4조 본 총연맹은 민주주의적 중앙집권제에 의함.
> (가) 특수한 직역에 관하여는 총연맹 직할하에 전국적 단일연맹제를 취함
> (나) 각 지역에는 당해 지역 내의 각 직장조합을 통합하여 지구연맹을 조직하며 각 도 내의 지구연맹을 통합하야 각 도연맹을 조직하고 각 도 연맹은 총연맹의 관할하에 치함. 단, 특수지역에는 특별지구연맹을 치하고 차(此)를 총연맹에 직속케 함.
> (다) 각 지역 내에 산업별로 노동조합위원회를 조직하야 지구연맹 관할하에 치(置)하고 각 도 내에 산업별로 노동조합위원회를 조직하야 도연맹 관할하에 치(置)하며 산업별로 노동조합 전국위원회를 조직하야 총연맹 관할하에 치(置)함.

개정된 규약에 의하면, 총연맹－도연맹－지구연맹－직장조합(분회 : 필자)을 중심축으로 잡았다. 그리고 지구연맹과 도연맹 관할하에 각 지역 내에 산업별로 노동조합위원회를 조직하도록 하였다.173) 즉 대한노총은 산업별 위원회라는 부수적인 기구를 두고 있을 뿐이며, 조직의 중심체제는 사업장 내지 기업별 노조를 단위노조로 하고 이를 각 지구 내지 각 도로 조직하는 지역별 노조였다.174)

위와 같은 조직체계는 지역별 조직체계를 벗어난 것이 아니었다. 이러

---

172) 김중열, 「노동일화 낙수」(1), 『노동공론』 1972년 4월호, 225쪽.
173) 한국노총, 앞의 책, 303쪽.
174) 이우현, 「건국초기 한국노동조합의 조직적 특성」, 『경제논총』 19, 2000, 48쪽.

한 조직체계는 정부수립 후 혁신파에 의해 비판받았다. 즉 1948년 10월 4일 혁신위원회는 「혁신선언」을 발표하였는데, "산업 혹은 직업에 기초를 두지 않는 무정견한 지역적 조직체는 각 지역의 할거로 말미암아 명령계통의 확립과 노동자의 무기인 전국적 단결을 저지하고 있다"고 비판하였다.

1948년 1월 제2차 전국대의원대회에서 수정된 규약에 의하면 기관조직은 ① 전국대의원대회 ② 중앙집행위원회 ③ 중앙상무집행위원회 ④ 중앙감찰위원회 ⑤ 기획원으로 구성되었다. 기관조직의 기능을 정리하면 아래와 같다.

〈1〉 전국대의원대회
① 강령 규약의 수정
② 중요운동방침 결정
③ 중앙집행위원, 정부(正副)위원장, 중앙감찰위원, 감찰정부(正副)위원장 선출
④ 건의안 토의
⑤ 기타 필요사항 결의

〈2〉 중앙집행위원회
① 중앙상무집행위원 선출 및 각 부서조직
② 전국대의원대회 결의사항 집행 및 대회 휴회 중 긴급사항 결의
③ 차기대회에 부의(附議)할 의안(議案) 작성
④ 결산 승인 및 예산 심의

〈3〉 중앙상무집행위원회
① 중앙집행위원회 결의사항 집행 및 제안건 처리
② 중앙집행위원회 휴회 중 그 기능의 대행
③ 쟁의대책위원회 및 기타 필요한 전문위원회 설치, 그 위원의 선정

〈4〉 중앙감찰위원회
① 총연맹의 일체 집행기관을 감찰하여 중앙집행위원장 및 각종 회의에 보고

② 각종 회의에 발언권이 있으나 결의권은 없음

〈5〉 기획원
① 위원장의 자문에 응하고 중요운동방침 및 일체 기획안을 제공 또는 건의
② 일체 회의에 발언권이 있으나 결의권은 없음.

기관조직을 도표로 나타내면 〈그림 1-1〉, 〈그림 1-2〉와 같다. 정기대의원대회는 매년 3월 중에 중앙집행위원장이 이를 소집하였으며, 임시대

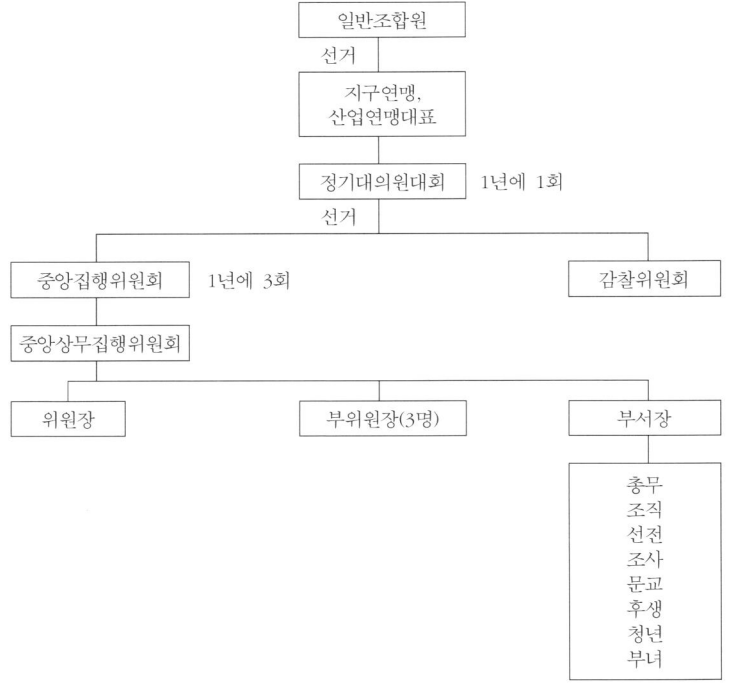

〈그림 1-1〉 1948년 대한노총 조직 I

※ 출처 : WNRC, RG 332 #39 「History of the Department of Labor」(신복룡 편, 『분단사자료집』 III-3권에 수록).
※ 필자가 1948년 1월 대한노총 제2차 전국대의원대회에서 수정된 규약에 의거하여 약간 수정하였음.

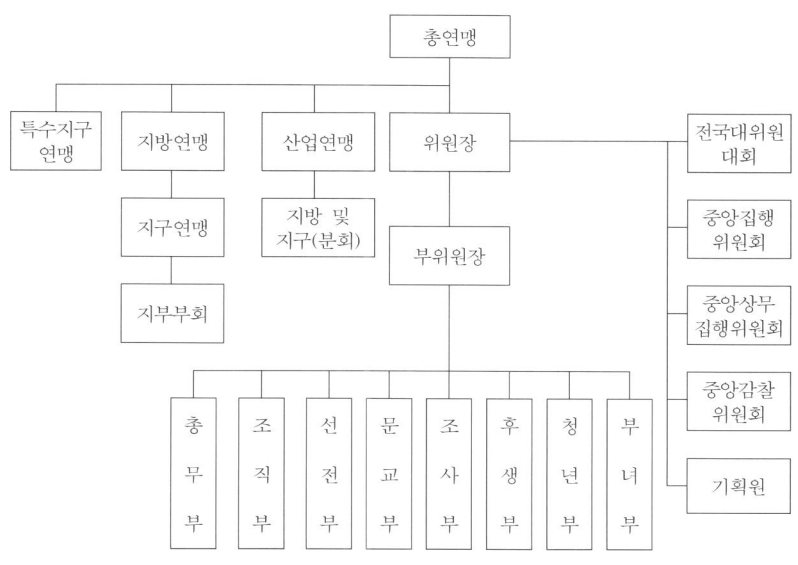

〈그림 1-2〉 1948년 대한노총 조직 II

※ 제2차 전국대위원대회에서 수정된 규약(한국노총, 『한국노동조합운동사』, 303~304쪽)에 의거하여 필자가 작성.

의원대회는 중앙집행위원 반수 이상의 요청이 있을 때 위원장이 소집하였다. 중앙집행위원회는 매년 4월, 8월, 12월에 정기적으로 중앙집행위원장이 소집하였고, 중앙집행위원 반수 이상의 요구가 있거나 또는 중앙집행위원장이 필요하다고 인정할 때 중앙집행위원장이 이를 소집하였다. 중앙상무집행위원회는 위원장이 필요하다고 인정할 때, 또는 위원 반수 이상의 요청이 있을 때 위원장이 이를 소집하였으며, 중앙감찰위원회는 감찰위원장이 필요하다고 인정할 때 또는 감찰위원 1/3 이상의 요구가 있을 때 감찰위원장이 이를 소집하였다.

중앙집행위원회 위원으로는 중앙집행위원장 1인, 중앙집행부위원장 약간 명, 중앙집행위원 약간 명으로 구성되었고, 중앙상무집행위원회에는 중앙상무집행위원 약간 명을 두었다. 감찰위원회에는 중앙감찰위원장

1명, 감찰부위원장 약간 명, 감찰위원 약간 명으로 구성되었으며, 기획원에는 위원 약간을 두었다.

중앙상무집행위원회에는 총무부, 조직부, 선전부, 문교부, 조사부, 후생부, 청년부, 부녀부 등을 두었다. 각 부서는 부장 1인, 차장 1인, 부원 약간 명으로 구성되었다.

4. 조선노동조합전국평의회의 와해

1) 후원세력

대한노총은 미군정·우익정치인·우익청년단·경찰 등의 적극적 원조로 일관되게 전평 타도운동을 전개하였다. 우익정치인들은 설립 초기부터 재정적 원조를 하였으며[175] 지방순회 방문이나 공장시찰 등을 통해서 대한노총이 조직확장을 하도록 적극 지원하였다. 특히 미소공위 결렬 이후 이승만의 남부지방 순회는 일반대중에게 일정 정도 호응을 얻었을 것으로 보인다.[176] 또한 조소앙과 안재홍이 한독당 지부 결성을 위한 인천 방문에서 공장지역 시찰계획을 세웠던 것도 대한노총 초기 조직사업을 위한 일환이었을 것이다.[177]

또한 미군정 노동조정위원회의 위원 5인 중에서 김도연·김준연·홍성하는 한민당의 인사였으므로 한민당세력이 대한노총에 미친 영향력은 컸다고 볼 수 있다. 대한노총은 또한 이승만의 노선을 추종했으며, 이승만의 영향을 강하게 받은 단체였다. 이승만의 독촉국민회의 임원들 중 대

---

175) 미군정 공보부에 의해 작성된 자료에 의거한 우익정치인들의 대한노총 지원상황을 보면, 이승만 230,000엔, 안재홍 183,700엔, 차고동 151,646엔, 기타 8,415엔이었다. 한림대아시아문화연구소, 『G-2 W/S』2, 149쪽.
176) 한림대아시아문화연구소, 『G-2 P/R』2, 319쪽.
177) 한림대아시아문화연구소, 『G-2 P/R』2, 222쪽.

한노총의 중앙지도부에서 활동하던 사람으로 전진한(錢鎭漢)·채규항(蔡奎恒)·황기성(黃基成) 등이 있다.

대한노총이 활동하는데 도움을 주었던 세력으로 경찰을 빼놓을 수 없다. 하지 중장의 경제고문이었고 미소공위 미국 측 대표 중의 한사람이었던 번스의 다음과 같은 말에서 명확히 드러난다.[178]

> 두 파(우익과 좌익) 사이의 분쟁에서 경찰은 대한노총이(우익의 노동자 조직) 활동하는 지역에서는 경찰이 장악하여 대한노총을 지원하는 행동을 취하였다. 다른 한편 전평은 엄중한 감시의 표적이 되었고 선전전단을 배포한 노조원을 체포하거나 파업 행위 뒤에 노동자들을 일제 검거하는 등 강력하게 처벌하였다.

고도로 중앙집중화되어 있으면서 획일적·폐쇄적이었던 국립경찰은 친일파의 우익에 의해 장악되어[179] 항상 반혁명세력에 의해 이용되었다. 미군정이 기존의 경찰구조와 한국인 경찰관들을 재활용하고자 했던 이유는 응집력 있고 좌익에 철저히 대항할 만한 다른 세력이 없었기 때문이었다.[180]

한민당원이었던 조병옥과 장택상이 각기 미군정 경무부장과 수도경찰청장으로 있었다는 것은 대한노총이 전평과의 대결에서 유리한 위치를 차지하도록 하였다. 경찰의 주요임무 또한 좌익세력 파괴·와해였으므로 대한노총과 경찰과의 관계는 공조체제를 유지할 수 있었다. 경찰은 전평과 대한노총과의 대립·충돌이 발생할 경우 좌우를 막론하고 노동단체의 유혈사태를 방지하겠다고 선언하였지만 언제나 대한노총을 비호하였다.

---

178) 리차드 로빈슨, 정미옥 옮김, 『미국의 배반』, 과학과 사상, 1988, 119쪽.
179) 1946년 11월 군정한미관계자 회의에서 매그린은 일제하 남북한에 있던 한국인 경찰 8,000명 가운데 5,000명이 미군정 경무부에 재임용되었으며, 그들이 경찰의 '핵심부대'라고 보고했다. 친일경력을 가진 경찰의 수(1946년 11월 현재)에 대해서는 커밍스, 『한국전쟁의 기원』(상), 청사, 1986, 280쪽 참조.
180) 커밍스, 위의 책, 275쪽.

조병옥은 그의 회고록에서 "경전노조사건, 용산철도노조사건, 인쇄노조사건 등에 대한 강력한 조치를 취하는 반면 전평을 해체시키는 데 성공했으며 전평 대신의 민족진영의 노동단체로서 대한노총을 육성시키는 근본방침을 세워 민주주의사회에서의 노동자의 자유와 권익을 위하여 우익노동운동가들로 하여금 진정한 노동운동을 전개하도록 하였다"[181]고 하였다. 경찰세력이 대한노총을 육성하는 데 주력하였음을 밝히고 있는 대목이다.

대한노총과 경찰의 밀착관계는 대한노총원이 경찰 업무를 대신하는 것으로도 나타났다. G-2보고서에 의하면 인천·부평·소사지역 경찰서에서는 1946년 10월 27일~11월 2일 좌익세력의 공격에 대비, 우익청년그룹과 노동조합원 약 600명을 모집하여 방위병이나 정찰병으로 이용했다고 한다.[182] 경찰은 또한 우익세력의 테러활동에는 암묵적 지지 내지는 원조를 하였다. 좌익과 우익 사이의 충돌에서 우익단체가 공격자였을 경우, 이들의 행위에 대해서 묵인해 주었다.[183] G-2보고서에는 경찰들이 우익분자들의 테러행위를 너그럽게 봐주기 때문에 많은 좌익세력이 두려워하고 있다고 기술하기도 하였다.[184] 이상과 같이 우익정치인이나 경찰의 대한노총 지원은 미군정의 적극적인 비호에 의해서 가능하였다.

미군정의 대한노총 지원·육성방안은 대한노총 내 이승만·한민당세력이 헤게모니를 장악할 수 있도록 적극적인 조치를 취하는 것으로 나타났다. 초기 대한노총은 국민·한독당세력과 이승만·한민당세력 간의 분열이 잠재해 있었다. 이승만·한민당세력은 홍윤옥·김구체제에 대항하여 헤게모니를 장악하고자 기회를 엿보고 있었다.[185] 이것은 미군정의

---

181) 조병옥, 『나의 회고록』, 어문각, 1963, 156~157쪽.
182) 한림대아시아문화연구소, 『G-2 P/R』3, 175쪽.
183) 한림대아시아문화연구소, 『G-2 P/R』3, 464쪽.
184) 한림대아시아문화연구소, 『G-2 P/R』4, 15쪽.
185) 대한노총 내에서 이승만·한민당세력이 헤게모니를 장악하고자 시도하였다는

계획과 일치하는 것이었다.

1946년 8월 미군정 공보부(Department of Public Information)는 대한노총에 대해 다음과 같이 평가하였다.[186]

> 노총은 애국심에 기초해 왔고, 전평의 "비애국심", "당노선"을 이용해 왔다. 만일 좌익과 전평이 민족주의의 결여 때문에 조선인에게 더 불신임을 받게 된다면 노총은 이득이 될 것이다. …… 만일 노총이 계속 지도력을 결여하고, 적어도 경영주와 교섭하는 지위를 확립하는 것에 하나의 테스트·케이스를 시도하지 못한다면 조선노동자로부터 실제적인 지지를 유지하거나 획득할 수 없을 것이다.

즉 미군정은 대한노총의 지도력 결여에 대해서 지적하면서 노동자대중으로부터 지지를 획득하기 위해서는 하나의 테스트·케이스를 시도하여야 한다고 보았다. 미군정의 평가를 통해서 볼 때, 대한노총 내에서 한민당·이승만세력이 지도력을 획득하는 것이 대한노총을 육성하는 방안이라고 미군정이 인식했다고 볼 수 있다. 이러한 미군정의 계획을 실행시킬 수 있는 좋은 계기가 되었던 것이 9월총파업이었다. 9월총파업이 일어나자 하지는 이에 대한 수습을 이승만과 의논했고, 이승만은 전진한을 내세워 철도파업을 해결하도록 하였다.[187]

것은 미군정 공보부(Department of Public Information)에 의해 작성된 자료를 통해서 알 수 있다. 한민당에 관계했던 전용순의 대한노총에 대한 평가에서 "노총은 지도력을 결여했지만 8월 말에 변화가 기대될 수 있다. 나는 조직(대한노총 : 필자)을 재조직하도록 요청을 받았다"고 하였다. 한림대아시아문화연구소, 『G-2 W/S』2, 152쪽.

186) 한림대아시아문화연구소, 『G-2 W/S』2, 155쪽.
187) 9월총파업이 폭발하자 대한노총 내에서는 전평과의 대결을 위해서는 초기 대한노총의 조직자인 홍윤옥·김구 등의 소장파 지도부로서는 그 사명을 다하기 어렵다는 견해가 대두되었다. 따라서 9월 24일 부서를 개혁하여 이승만을 위원장으로 추대하였다. 이승만은 9월총파업의 수습을 위해 3일간 재직하였다고 한다. 『조선일보』1946년 10월 2일자, 「대한독립노동총연맹과 파업대책위원회가 합하여 조직된 조선파업대책협의회는 군정당국과 파업해결을 협의하다」(국편, 『자료』3, 423쪽) ; 한국노총, 『한국노동조합운동사』, 1979, 294쪽.

1946년 7월 23일에 공포한 법령 97호도 대한노총에 대한 지원·육성을 염두에 둔 것이었다. 법령 97호는 1946년 들어 노동쟁의가 급증하여 이에 대한 정책적인 대응이 필요하였으며, 미군정의 노동억압정책이 조선 내에서는 물론 워싱턴으로부터도 많은 비판을 받았기 때문에 나오게 된 것이다.[188] 또한 6월 24일의 북조선임시인민위원회 노동법령 발표와도 무관하지 않은 것으로 보인다.[189]

법령 97호「노동문제에 관한 공공정책·노동부 설치」는 제1조에서「민주주의적 노동조합의 발전을 장려할 사(事)」,「노동자는 자율적 노동조합을 통하야 노동연합회를 조직하고 가입하며, 타(他)노동조합을 원조하고 우(又)는 원조를 수(受)하는 권리가 있는 동시에 고용주가 기(其) 대리인의 간섭을 수(受)치 않고, 고용계약의 기간 급(及) 조건을 협정할 목적으로 자기가 선택한 대표자를 지명할 권리가 유(有)함」이라고 명시하였다. 또한 제2조에서「노동정책을 달성하고 조선경제의 기능을 조정하기 위하야 노동부를 자(玆)에 조선정부 내에 설치함…… 노동부는 조선경제의 유능한 기능을 조장하고 조선의 임은(賃銀)노동자의 복지를 조성, 증진, 발전시키며 기(其) 노동조건을 개량하고 유리한 고용에 대한 기회를 진척시킴을 목적으로 함」이라고 밝히고 있다.[190]

여기서 제1조의 "민주주의적 노동조합", "자율적 노동조합"이란 조선

---

188) 박지향,「한국 노동운동과 미국 1945~1950」,『경제사학』, 1992년 12월, 119쪽. 미군정은 1946년 4월 연합군 최고사령부(GHQ/SCAP)에게 전반적 노동법의 입안을 위한 자문을 요청하였는데 이에 따라 구성된 조선소위원회의 노동고문 2명이 6월초 한국을 방문, 2주일간 조사한 끝에 보고서를 제출했다. 조선소위원회는 노동조직의 발전에 관계되는 군정의 제법령이 노동조합을 장려하기 보다는 억제하는 기능을 해왔다고 판단하여 새롭고 급격한 변화가 필요하다고 결론지었다. 박지향, 같은 논문, 127~128쪽.
189) 박진희, 앞의 논문, 43쪽. 북한의 노동정책에 대해서는 이진순,「해방 후 북한의 노동정책(1945~1950)」, 성균관대학교 사학과 석사학위논문, 1999 참조.
190) 군정청법령 제97호 1946년 7월 23일,「법령 97호(노동문제에 관한 공공정책공포 노동부설치)가 공포되다」(국편,『자료』2, 942~943쪽).

공산당과 연계된 전평이라기보다는 우익 측의 대한노총을 의미한다.[191] "노동연합체", "다른 노동조합"이라는 표현은 전평에 집중해 있는 노동자 조직을 우익 측의 대한노총 중심으로 재편성하기 위한 중간단계로서 복수노동조합의 존재를 암암리에 장려하고 있는 미군정의 태도를 드러내는 것이었다.[192] 또한 주목할 점은 "자기가 선택한 대표자"라는 표현이다. 왜냐하면 이것이 이후 경전이나 운수부 해원노조에서 「대표노조선거」라는 전술을 등장시킨 수단이 되었기 때문이다. 제2조에서 언급된 노동부의 설치는 미군정의 정책을 관철시키기 위하여 기존의 부분적이고 단편적인 노동정책을 통합하여 보다 체계적이고 효율적으로 대응하기 위한 것이었다.

미군정이 의도했던 법령 97호의 목적은 9월총파업, 10월인민항쟁 이후 더욱 분명해졌다. 그것은 1946년 12월 9일 통첩 「노동조합 등에 관한 질의 응답에 관한 건」[193]에 나타나 있다. "민주주의적 노동조합"의 정의에 대해 "민주주의 원칙에 입각하여 조직 운영되는 노동조합을 지칭함이니 즉 기(幾)개인의 독단이나 강압으로 조직되지 않고 조합원 총의로 조직되어 조합원 전체의 지지를 받는 조합원 전체를 위한 조합으로 기개(幾個)조합원의 독단으로 운영됨이 없이 조합원 총의에 의하여 운영되는 노동조합"이라 하였다. 또한 "노동조합이란 본래 노동자가 노동조건의 유지 개선 기타 노동자의 지위향상을 도모할 목적으로 조직되는 단체 또는 그 연합"이므로 노동조합의 정치운동을 허용할 수 없다고 하였다. 여기에서 "조합원 전체의 지지를 받는"이라는 표현은 법령 97호에서의 "자기가

---

191) 신광영은 민주주의라는 개념은 공산주의에 반대되는 것으로 파악되었고 이것은 모든 군정자료에 나타나는 공통적인 특징이라며 민주주의적 노동조합은 우익 측의 대한노총을 의미한다고 주장하였다. 신광영, 「남한과 일본에서의 노동정책 비교연구」, 『경제와 사회』 1989년 여름·가을 합본호, 179쪽.
192) 성한표, 「9월총파업과 노동운동의 전환」, 『해방전후사의 인식』2, 한길사, 1985, 367쪽.
193) 남조선과도정부노동부 편, 『노동관계법령집』(부록), 32~35쪽.

선택한 대표자"라는 표현과 함께 미군정의 '종업원 투표에 의한 전평 제거'를 예고해 주고 있다. 미군정은 이제 정치운동을 하는 단체나 그 연합은 노조로 인정할 수 없다고 선언함으로써 전평을 정면으로 부인하였다.194) 이에 대해 전평은 1946년 8월 9일 담화를 발표하여 법률 97호가 '민주주의 노동조합의 발전을 장려"라는 명분으로 테러단체인 대한노총을 육성시키겠다는 미군정의 의지가 집약되어 나타난 것임을 명확히 하였다.195)

2) 행동대원들

전평타도 활동의 직접적인 행동대원이었던 대한노총 하부조합원은 (1) 조직을 확장하는 과정에서 우익청년단원이 대한노총에 가입한 자, 그리고 우익청년단의 소개를 받아 취업한 자들 (2) 공장주 측의 회유·협박에 넘어간 노동자들 (3) 전평세력에 반감을 가지고 있던 각 공장, 직장 내의 직장(職長), 관리자 등으로 구성되었다. 우선 첫 번째 유형의 경우부터 살펴보자.

대한노총은 우익청년단과 연합하여 지부조직을 결성하였으므로 조직과정을 통하여 우익청년단원이 대한노총에 들어와 맹원으로 활동하였을 것으로 보인다. 대한노총 동양방적(인천)노조의 경우 결성과정에서 평안

---

194) 성한표, 앞의 논문, 367쪽.
195) 『청년해방일보』1946년 8월 15일자, 「인천동방쟁의 해결에 당국의 무성의를 지적. 전평서 성명서 발표」. 담화내용은 다음과 같다.
　　대한노조는 어디까지나 노동자의 이익을 위한 노동자 자신의 것이 아니고 반동적 정상과 결탁한 반동적 기업가 관리인이 자기의 모리적 욕망을 충족시키기 위해 이용기관으로 만든 테러단체인 것이 엄연한 사실이다. 그런데 이를 우리 전평과 동등시하거나 또는 조장한다는 것은 실로 괴이한 사실이다. 이는 우리 전평의 분회활동이 여러 가지 제약을 받고 있다는 사실과 관련해 볼 때 최근 발표한 군정청의 노동정책이란 민주주의 노동조합의 발전을 장려한다면서 결국 대한노조의 활동을 장려한다는 것으로 이해할 수밖에 없다.

청년회의 결정적 도움을 받았다. 이 평안청년회원 중에서 대한노총 동양방적 노조와 관계를 맺었던 사람으로 김광일(金光一)·박청산(朴靑山)·김관호(金觀浩) 등이 있다.196) G-2보고서에 의하면, 1948년 3월 부산에서 대한노총은 서북청년단의 원조하에 지부를 결성하였는데, 이때 서북청년단의 대표가 간부자리에 선출되지 않은 것에 불만을 품고 분열을 일으켰다고 하였다.197) 이를 통해 우익청년단원이 대한노총에 들어갔음이 입증된다.

우익청년단은 대한노총과 기본목적이 동일했으므로 청년단원이 대한노총의 노조간부가 되는 일은 극히 자연스런 과정이었다. 공산주의에 강한 반감을 갖고 있었고, 해방 이후의 심각한 실업으로 인하여 일자리를 찾지 못한 월남청년들이 우익청년단의 소개로 각 공장에 들어가 공장주 측에서 요구하는 대한노총원이 되었을 것이라는 점 또한 쉽게 추측할 수 있다. 이와 관련하여 『해방조선』은 반동기업가의 전평 분회 파괴공작을 다음과 같이 설명하고 있다.198)

> 건청 대한노조 특히 북조선에서 쫓겨온 테러분자를 공장 내에 채용하여 기밀비로 매수하고, 공장 내에 경찰권을 주어서 분회원을 위협, 인권유린, 폭언과 폭행, 풍기문란으로 도전적인 방해를 계속한다.
> 분회원들은 한편으로는 협박하고, 한편으로는 매수함으로써 대한노조에 가입할 것을 강제하며, 분회에서 제출한 요구조건을 거절하고, 대한노조로 하여금 요구조건을 제출시켜 승인하여 줌으로써 노동자를 기만하고, 분회를 파괴한다.

한편 우익청년단이 자체적으로 대한노총 조직을 결성하여 청년단 간부가 대한노총 산하조직의 지부장을 맡은 경우도 있다. 대표적인 사례가 광

---

196) 선우기성, 앞의 책, 679~680쪽.
197) 한림대아시아문화연구소, 『G-2 P/R』5, 648쪽. 『G-2 P/R』6, 10쪽.
198) 민주주의민족전선편, 『해방조선』II, 과학과사상, 1988, 419쪽.

복청년회(이하 광청)이다. 광청은 이원계선으로 조직되었는데, 그 하나는 대한노총 철도연맹 이리지부이고 다른 하나는 광청운수부 특별지회였다. 광청운수부 특별지회 부위원장이었던 강갑수는 철도노조 이리지부장을 겸직했다. 광청운수부 특별지회는 9월총파업이 일어나자 이리지역에서 파업분쇄에 적극 가담하였다. 제2차 미소공위가 열린 1947년 여름 군산·이리지역에서 전개된 반탁시위도 광청과 대한노총 철도연맹이 주도하였다.[199]

둘째로 대한노총을 조직하는 데에는 노동자들을 회유·협박하는 방법이 광범히 사용되었다. 대한노총에 가입하지 않을 경우 해고시키겠다는 위협과 대한노총에 가입한다면 임금인상 등의 특권을 제공하겠다는 술책이었다. 『해방일보』는 대한노총이 "악덕자본가와 기만배들과 공모해서 공장노동자들을 기만"하고 있음을 지적하였으며, 화재로 집과 옷과 양식을 잃은 50호 왕십리 주민들에게 "대한노총에 가입하면 집을 사주고 돈을 빌려 준다"고 선전하고 있음을 폭로하였다.[200] 1946년 6월 영등포 한성피혁에서는 전평분회를 파괴하기 위해 170명의 종업원을 강제로 대한노총에 가입시켜 대한노총 분회를 결성하였다. 그러나 대한노총 분회가 결성된지 채 열흘도 안된 6월 21일 종업원들은 대한노총 가입이 폭력에 의하여 강제당했다는 점을 폭로하고 대한노총을 탈퇴하였다.[201]

노동자들을 협박하여 강제로 대한노총에 가입시키려고 한 사례는 영등포 삼영제과, 오류동 조선주조공장에서도 찾아볼 수 있다. 삼영제과에서는 공장주 측에서 테러단을 조직하여 전평계 노조원을 강제 해고시키고, 종업원을 대한노총에 가입시키려고 하였으며, 조선주조에서는 "대한노

---

199) 이경남, 『분단시대의 청년운동』(하), 1989, 61~63쪽.
200) 『해방일보』 1946년 3월 31일자, 「노동조합이란 간판을 가진 자본가조합이 나왔다! 소위 대한독립노동총연맹의 정체에 대한 전평 선전부 발표」.
201) 『전국노동자신문』 1946년 7월 5일자, 「반동 대한노총을 공장에서 축출. 한성피혁에서 전원 탈퇴」.

련(대한노총 : 필자)에 들지 않으면 배급을 주지 않는다"고 위협을 하며 노동자들에게 대한노총에 가입할 것을 강요하였다.202) 이상의 사례에서 알 수 있듯이 대한노총은 노동자들의 생활상의 절박한 문제를 이용하여 이들을 회유하거나, 강제적인 방법으로 노동자들을 조직하고자 하였다.

9월총파업 과정에서 파업에 가담한 노동자들 중에서 회유·협박에 의해 대한노총에 가입한 자들이 있었다. 경인지역에서 9월총파업이 수습되자 파업에 가담한 1,700여 명이 체포되어 조사를 받았다. 이때 대한노총 수습위원회가 보장하는 사람들을 석방시켜 주었는데, 이 과정에서 노동자들은 대한노총에 가입할 것을 강요받았다. 가입하지 않을 경우 해고하겠다는 협박에 의해 노동자들은 대한노총원으로 포섭된 것으로 보인다. 이러한 추정은 9월총파업 이후 노동자들이 대한노총에 가입했다는 기사에 의해 입증되고 있다.203)

대한노총원 중에서 강제적으로 가입된 노동자가 있었다는 사실은 『전국노동자신문』을 통해서도 확인 가능하다. 전평 위원장 허성택은 『전국노동자신문』을 통해 "반동의 무장폭압에 어찌할 수 없이 강제적으로 「대한노조」(대한노총 ; 필자)에 들어간 노동자들에 대하여 전평은 언제든지 아량 있는 태도로 전평 산하 조합원과 같은 대우를 할 것이며 다만 상층부의 옳지 않은 반역적 지도자에 대하여는 무자비한 투쟁을 전개하여 그 음모를 군중에게 폭로하고 고립시켜야 할 것"이라고 했다.204)

노동자들을 대한노총원으로 강제 가입시켰던 사례는 3·22총파업 이후에도 나타나고 있다. 즉 『노력인민보』는 영월마차탄광노동자들이 3·22총파업 이후 대한노총에 강제 가입되었으나 대한노총의 비행과 지탄을 견디지 못하여 500여 명이 대거 탈퇴성명을 내고 전평 산하로 복귀하였

---

202) 『전국노동자신문』 1946년 5월 24일자, 「폭행 끗테 해고. 삼영제과 종업원 투쟁에 궐기」.
203) 『한성일보』 1946년 10월 5일자, 「無義한 파업을 중지. 대한노총 가입 殺到」.
204) 『전국노동자신문』 1947년 1월 28일자.

다고 보도하였다.205) 영월마차탄광노동자들의 이러한 행동에 대해 대한노총은 마차지서장과 야합하여 탈퇴한 노동자, 성명서 초안자 등 20여 명을 검거 혹은 가택수색 등의 방식으로 대응했다.

셋째로, 대한노총원은 전평세력에 반감을 가지고 있던 각 공장, 직장 내의 직장(職長), 관리자 등으로 구성되었다. 이러한 사실은 대한노총이 노동조합이 아니라 공장주 측의 이익을 대변하는 반(反)노동자단체라는 점을 단적으로 드러내는 것이다. 경성전기의 경우 해방되기 15년 전부터 근무하던 정대천을 중심으로 우익노조가 결성되었다. 그리고 동양방적(인천)도 간부사원이 핵심이 되어 대한노총 동양방적 인천공장노조를 조직하였다. 또한 부산의 한 방직회사에서는 사장이 곧 노조위원장이고 그 회사 청년단장인 경우도 있었다.206) 9월총파업, 3·22총파업으로 전평이 약화된 기회를 틈타 대한노총은 각 공장, 직장에서 관리자 및 직장(職長)을 통하여 세력을 장악해 갔다. 관리자 및 직장(職長)들에게 위원회를 구성하게 하고, 각 공장의 단위조직 내부에서 그들에게 지도부를 맡기는 방식을 취했다. 대한노총의 공장지도부는 거의 대부분 관리직 사원들로 구성되었다.207) 그 단적인 예를 영등포의 기린맥주공장(생맥주 부서의 직장), 동양방직공장(직포 부서의 관리자 정승태), 수원의 도가니주식회사, 영등포의 용산주물공장, 다복면주식회사(공장 총관리자인 남조연) 등에서 볼 수 있다. 이상과 같은 대한노총의 인적구성의 특성으로 인하여 노동조직을 표방하였지만 실제적인 노동활동은 불가능하였다. 대한노총의 주된 활동은 우익청년단과의 연합을 통한 전평타도 활동이었다. 대한노총은 전평타도 활동으로 조직을 확장하였으며, 우익세력의 정치노선에 충실한 조직으로 기능하였다.

---

205) 『노력인민보』 1947년 7월 25일자, 「대한노총 탈퇴한다고 경찰이 노동자를 검거」.
206) 박지향, 앞의 논문, 136쪽.
207) Stewart Meacham, 「Korean Labor Report」(김금수, 『한국노동문제의 상황과 인식』, 풀빛, 1986에 번역 수록), 267~268쪽.

3) 사례

이승만·한민당 노선을 추종하며 미군정, 경찰, 우익정치인, 우익청년단의 적극적인 원조로 대한노총은 일관되게 전평타도운동을 전개하였다. 전평이 거의 와해된 1948년 초기까지 대한노총의 중앙집행위원회, 대표자회의 중요결의 및 집행사항을 보면 전평과의 조직투쟁을 중요한 문제로 다루고 있다.

우익청년단과 대한노총의 노동자들에 대한 테러와 폭력, 전평파괴 활동에 대항하여 전평에서는 1946년 5월 자위단을 조직하였다. 전평은 "자위단은 무질서한 테러나 무장폭동을 하자는 것이 아니고 노동자의 자위를 위한 조직이며 엄격한 조직적 규율을 토대로 하여 행동하는 조직체"라고 밝혔다. 그리고 1946년 1월 전평 지령 제6호로 지시한 자위단의 임무에 대해 다시 한번 강조하였다.[208]

대한노총 활동은 전평세력이 강력하였던 경방·경전·동양방적(이하 동방)·철도경성공장 등에서 집중되었다. 이러한 곳에서 대한노총은 미군정·우익청년단·기업주 측과의 긴밀한 협조관계 속에서 전평타도 활동을 전개하였고, 그 과정에서 조직을 확대하였다.

---

208) 김양재, 『노동조합교정』, 1947(1987년 돌베개 복간), 37쪽, 71쪽. 자위단의 임무는 다음과 같다.
   1. 모든 운동, 예컨대 산업건설운동 같은 것을 전개할 때에는 '돌격대'로서 생산증강의 선두에 서고
   2. 사업주와의 투쟁에 있어서 그들의 주구인 반동 폭력단이 날뛰는 것을 막아서 투쟁을 승리로 인도하며
   3. 일상 기업 내에서 분회의 활동을 방해하는 반동분자의 망동을 방지하고
   4. 시위행진이나 혁명적 제단체의 사무소가 반동분자에게 습격당할 위험이 있는 경우에는 그것을 방위한다.

(1) 사례1 : 경성방직

8·15 직후 경성방직(이하 경방) 1,400여 노동자들은 근로조건의 개선을 위하여 공장주 김연수를 상대로 투쟁하였다.[209] 1945년 8월 31일 종업원대회를 열고 다음과 같은 요구조건을 제출하여 투쟁하였다.

> 1. 야근철폐, 8시간 노동제 실시
> 2. 직원과의 물자차별 배급철폐
> 3. 식사개선
> 4. 오락, 위생시설 완비
> 5. 면회자유, 기숙사 개선
> 6. 일년분의 임금상여금 지불과 장차의 생활보장
> 7. 교육시설 완비
> 8. 공장관리는 공장관리위원회에 맡겨라

이 경방파업에 대해서 전평에서는 "경방은 조선부르주아의 대표적 기관인 만치 이 투쟁의 승패는 곧 전조선 노동계급의 승패에 관련되는 것이며 금후 조선노동계급의 시험이 될 것"이라며 조선의 노동계급 전체가 힘을 총집결하여 이 투쟁에 원조하기를 호소하였다.[210]

공장주 측에서 이들의 요구를 묵살하려 하자 노동자들은 노동조합과 공장관리위원회를 조직하고[211] 공장관리를 목표로 투쟁을 전개하였다. 공장주 측은 군정청 광공국 차장과 미군헌병을 출동시켜 권력과 무기로 탄압을 하였다.[212] 또한 9월 17일에는 직공의 요구는 돈이 없어서 들어

---

209) 『전국노동자신문』 1945년 11월 1일자, 「지구전에 들어간 경방투쟁」, 『해방일보』 1945년 10월 25일자, 「우리 전민족의 반역자 김연수를 매장하라」.
210) 『전국노동자신문』 1945년 11월 1일자, 「지구전에 들어간 경방투쟁」.
211) 자주관리조직의 명칭은 사업장에 따라 서로 달랐다. 「공장관리위원회」(경성방직), 「관리위원회」(인천알미늄공장), 「운영회」(조선화물자동차), 「종업원자치회」(화신산업), 「관리운영위원회」(조선피혁공장) 등이다. 성한표, 「8·15 직후의 노동자자주관리운동」, 『한국사회연구』 2, 한길사, 1984, 262쪽.

줄 수 없고, 원료 식량부족으로 공장을 폐문하겠다고 위협하며 직원 5명을 해고시켰다.

김연수가 휴업을 선언하였음에도 불구하고, 노동자들은 공장폐쇄 명령은 건국을 방해하는 반역적 행위임을 지적하고, 공장위원회 운영 밑에 자발적으로 조업을 하였다. 이때 생산성이 크게 향상되었다.

경방은 전평의 세력이 강력한 곳이었으므로 공장주 측은 전평파괴에 부심하였고, 이들은 1946년 8월부터 경찰이나 우익청년단체와 결탁하여 전평제거에 보다 적극적으로 나서게 되었다. 1946년 8월 경방 노동자들이 작업을 멈추고 임금보전을 위하여 의복을 배급해 달라는 요구를 내걸고 싸움을 전개하자 공장주 측에서는 10인의 교섭위원들을 절도죄로 신고하여 사태를 수습하려는 기만적인 정책을 사용하여213) 교섭위원들을 공장 밖으로 내몰았다. 이 사건은 경방 내 전평 파괴활동의 서곡에 불과하였다.

1946년 8월 21일 경방 전평분회를 파괴하기 위한 우익청년단의 테러가 발생하였다.214) 경방 상무 이준묵(李俊黙)215)과 협조하여 서북청년회원 약 200여 명의 테러단을 동원하여 공장을 습격하였고, 공장주 측은 종업원을 강제 해고하거나 경찰에 넘겨 구금하도록 하였다.216) 이 사건

---

212) 공장주 측에서 공산주의자가 배후에서 직공을 조종하여 폭동을 일으킬 준비를 하고 있다고 미군정에 허위보고를 하여 군정청 광공국 차장이 공장을 방문하였던 것이다.
213) Stewart Meacham, 「Korean Labor Report」(김금수, 『한국노동문제의 상황과 인식』, 풀빛, 1986에 번역수록), 263쪽.
214) 『전국노동자신문』 1946년 8월 30일자, 「야수적 착취와 테로 도량에 경방노동자 천오백 궐기」. 공장장 김병운(金炳雲)의 집에서 경방 상무 이준묵이 공장장 임건백(林建伯)과 노무주임 조완수(趙完洙)를 불러서 테러단을 대줄터이니 노조파괴를 하라고 지시하여 테러가 발생하였던 것이다.
215) 이준묵은 1946년 6월경 상무취체역에 선임되었다. 만주의 삼양사 농장시절부터 노무관리에 밝은 사람으로 알려져 있어 전평세력에 의한 분규를 해결하기 위해 발탁되었다. 경방70년편찬위, 『경방 70년』, 1989, 135~136쪽.
216) 『전국노동자신문』 1946년 8월 30일자, 「야수적 착취와 테로 도량에 경방노동

의 직접적인 원인에 대해서 『전국노동자신문』은 8·15기념으로 광목 1 통씩을 배급해 달라는 노동자들의 요구에 대하여 회사 측에서 테러단을 공장에 넣어 폭행사건을 일으킨 것이라고 설명하였다. 반면 『조선일보』· 『동아일보』에서는 전평 산하 노조원들이 공장에 취직된 서북청년 직공들의 작업을 방해한 것에 분개하여 동향사람들이 나서서 들고 일어난 것이라고 하였다.[217] 테러단을 진두지휘한 김성주(金聖柱, 평청)·반성환(潘星煥, 함북청)·장창원(張昌元, 함북청) 등은 폭력행위 혐의로 수도경찰청에 연행되었으나 장택상 수도경찰청장은 '폭력사태의 원초적 도발자는 전평'이라고 판정하여[218] 이들을 격려해 주었다고 한다.

우익청년단의 테러에 맞서 1,500명의 노동자들은 8월 29일 ① 공장에 폭력단을 들인 이준묵 상무를 배격한다 ② 면회자유와 대우를 개선하라 ③ 임금을 올려라 ④ 유급공휴일 휴가제 ⑤ 광목을 배급하라는 요구사항을 내걸고 총궐기하였다.[219] 이날 오후 5시경부터 시위를 시작하였으나 결국 파견된 경찰대에 의해 수십 명이 연행되어 취조를 받았다.[220]

1947년 3월 31일 세계노련(World Federation of Trade Union) 대표단이 공장 내의 노동자의 생활실태와 노조 활동상황을 조사하기 위하여 경방을 방문하였다.[221] 그러나 공장주 측의 기숙사 시찰 방해와 테러단의 폭행으로 부득이 조사가 중지되었다.[222] 당시 우익청년단과 대한노총원

자 천오백 궐기」.
217) 『조선일보』 1946년 8월 22일자·『동아일보』 1946년 8월 23일자, 「경성방직 양평공장의 서북청년직공 및 그 동향인 백여 명과 동 공장 전평 산하 노조원 150여 명 사이에 충돌사건이 발생하다」(국편, 『자료』3, 170~171쪽).
218) 이경남, 앞의 책, 1989, 56쪽.
219) 『전국노동자신문』 1946년 8월 30일자, 「야수적 착취와 테로 도량에 경방노동자 천오백 궐기」.
220) 『독립신보』 1946년 8월 31일자, 「경성방직 직공파업. 임금인상과 필수품 배급 요구코」.
221) 세계노련에 대해서는 한국노총, 『한국노동조합운동사』, 1979, 273~274쪽 참조.
222) 『전국노동자신문』 1947년 4월 8일자, 「독립 겁내는 반동테로. 통탄! 공장시찰

의 테러사건이 빈발하고 있던 상황이 경방 내에서도 예외가 아님을 입증하는 사례이다.

경성방직에 대한노총 조직이 결성된 시기는 세계노련대표단이 경방을 시찰하고 일본으로 떠난 지 이틀이 지난 1947년 4월 5일이었다.[223] 그간 전평세력과 대결하고자 회사 측에서 1946년 10월 간부노동조합을 결성하였지만[224] 전평세력의 강세로 활동이 지지부진하였다. 결국 1947년 4월 5일에 이르러서야 대한노총 조직이 결성될 수 있었다. 대한노총 경성방직 지부는 위원장에 강규성, 부위원장에 손태원과 이정희를 선출하고, 그 외 행동부서를 두었다.[225]

경방에서는 1947년 7월 27일 인민대회에 참석하였다는 구실로 8명의 노동자들을 해고시켰다. 이에 대한 진상을 조사하고자 경방을 방문한 기자들에게 대한노총원들은 협박·방해를 하였다.[226] 또한 7월 29일 전평에서 8명의 노동자 해고에 항의하기 위해 스트라이크로 맞섰으나 회사 측에서는 21명의 대한노총원을 고용하여 소란이 일기도 하였다.[227] 1947년 후반기 경성방직에서는 전평이 9월총파업, 3·22총파업 등으로 세력이 상당히 약화되었던 반면에 대한노총의 힘이 강력했다. 경방 내 전평세력이 거의 제거되자 대한노총 경방분회에서는 그들 세력이 노조임을 과시하기 위한 일환으로 공장주 측과 대립하여 노사분규를 일으켰다. 즉 1947년 9월 경방 영등포공장에서는 '청부식 임금제'를 채택했는데,[228]

방해」.
223) 『노동자농민』 1947년 10월 25일자.
224) 경방70년편찬위, 『경방 70년』, 1989, 130쪽.
225) 경방70년편찬위, 위의 책, 135쪽.
226) 『노력인민』 1947년 8월 1일자, 「무단해고 반대코 경방여직공 농성항쟁」.
227) General Headquaters Commander-in-Chief Far East, 『United States Army Military Activities in Korea』 No 22. 1947.7, 103쪽(『미군정활동보고서』4권, 원주문화사, 1990, 195쪽).
228) 경방이 채택한 청부식 임금제는 가족수당을 종전에는 부양가족 1인당 4원이던

그 실시과정에서 대한노총 경방지부에서 새로운 임금제에 반발했던 것이다. 회사 측과 대한노총과의 대립은 폭력사태를 수반했고 회사 측에서는 분회장 7명을 해고시키는 것으로 대응했다. 경방쟁의는 1948년으로 넘어가 1월 7일 큰 소동으로 발전했다.[229] 이날 오후 1시경 대한노총 영등포지구위원회 소속 40여 명이 경방 영등포공장으로 몰려와 간부들을 포위하고 해고근로자들을 무조건 복직시킬 것을 요구하였다. 이때 영등포지구연맹 위원장 조광섭이 연행구속됨으로써 1월 8일 영등포지구의 100여 개 공장이 일제히 파업에 돌입하자 당국은 조광섭을 석방시켰다. 그러나 대한노총 경방 노조간부들이 장기간 구속되고 미군정청은 포고령 제5호를 선포하여 파업자체를 범죄로 규정하였다. 결국 이 파업은 실패로 끝났다.[230]

(2) 사례2 : 경성전기

경성전기주식회사(이하 경전)에서는 8월 15일 이후 노동자 5,300명[231]이 〈경전파업단〉을 결성하고, 일본인 경영자에 대해서 생활보장금 요구 파업을 전개했다. 회사는 일단 노동자들에 의해 접수되었지만, 9월 13일에는 미군정 당국이 다시 이것을 접수하고 미국인 사장을 보내왔기 때문에, 이후 투쟁의 상대는 직접 미군정으로 되었다.[232] 9월 14일 파업단과 군정 당국자 간의 협상이 이루어져 450만 원의 생활수당을 쟁취하였다. 종업원조합을 결성하여 일상투쟁을 전개하였고, 이후에도 경전종업원조

것을 15원 인상하였으며, 구제도에서 출근일에 한하여 고정급으로 일당 40원씩 지급하던 것을 신제도에서는 작업성적에 따라 산출하여 지급하는 것이었다.
229) 경방70년편찬위, 앞의 책, 136~137쪽.
230) 김영태, 「도큐멘타리 노동운동 20년 소사」(2), 『노동공론』 1972년 1월, 175쪽.
231) 당시의 경전사원은 7,000명이었다. 회고담 「대한노총 결성전후」(3), 『노동공론』 1972년 2월, 187쪽.
232) 中尾美知子, 「해방과 전평노동운동」, 『한국자본주의와 임금노동』, 화다, 1984, 187쪽.

합을 중심으로 투쟁을 전개해 나갔다. 종업원조합은 11월 5일 전평결성대회 참가 이후 '전평 조선전기노동조합 경전종업원조합'으로 칭하고 전평의 중추세력을 이루었다.233)

한편 회사 측에서는 종업원조합에 대항하는 우익노조를 결성하기 위한 계획을 세우기 시작하였다. 이들은 때를 기다리다가 1946년 1월 3일 열린 시민대회를 계기로 활동을 개시하였다. 이들은 경전 전차과장 이하 간부로서 1월 3일 민족통일자주독립시민대회에 종업원들이 참석하지 못하도록 방해하였으며, 1월 12일 반탁국민대회에는 매수 등의 방법으로 참석을 강요하였고 1월 23일 미소공위환영위원회 주최로 열린 미소대표 환영시민대회 참석을 방해하였다.234)

이들을 뒷받침하여 적극적으로 우익노조의 결성에 앞장섰던 사람들은 정대천을 중심으로 한 그룹이었다. 정대천은 해방되기 15년 전부터 경전에서 근무하던 직원이었다.235) 이들 그룹은 1월 25일 협동조합 결성이라는 명목하에 전평규탄대회를 개최하여 노조를 해체하고자 하였다.236) 노조간부를 수위실에 감금시키고 1,500여 명의 노동자들을 집합시켜 협동조합에 관해서는 한마디도 없이 노조를 해체시키자고 촉구하였다. 이에 대해 노조 측과 노동자들은 "반동분자를 타도하라!" "조합은 두 개나 있을 수 없다!" "우리조합을 사수하자!"고 외치며 들고 일어나 결국 종업원조합 해체계획은 좌절되었다.237)

이후 주동자 정대천 등 14명이 해고를 당하였다.238) 이들 해고된 14인

---

233) 中尾美知子, 「미군정의 노동정책과 노동운동의 전개」, 『한국현대사』1, 1985, 268쪽.
234) 『해방일보』1946년 2월 1일자, 「경전종업원 결속코 반동적 음모를 분쇄」.
235) 노동운동회고 鼎談 「대한노총 결성전후」(3), 『노동공론』1972년 2월, 187쪽.
236) 『해방일보』1946년 2월 1일자, 「경전종업원 결속코 반동적 음모를 분쇄」: 『전국노동자신문』1946년 2월 16일자, 「경전종업원 조합 반동음모를 분쇄」.
237) 『전국노동자신문』1946년 2월 16일자, 「경전종업원 조합 반동음모를 분쇄」.
238) 노동운동회고 鼎談 「대한노총 결성전후」(3), 『노동공론』1972년 2월, 188쪽.

조는 정대천(丁大天), 김삼문(金三文), 문여광(文汝光), 박효원(朴孝遠), 김태윤(金泰潤), 이병덕(李秉德), 원갑손(元甲孫), 김동호(金東鎬), 안병호(安秉浩), 신두철(申斗徹), 이봉수(李鳳守), 그리고 임(林)모와 송(宋)모 등이다.[239] 이러한 결과를 가져온 것은 당시 경전 내에서 전평세력이 압도적이었기 때문이다. 이들 정대천을 따르던 사람들은 대한노총 결성대회에 참가하였고, 이후 이들은 지속적으로 전평과 투쟁을 전개하며 경전노조를 결성하기 위한 준비를 하였다.

정대천 등은 해고된 지 10개월 만에 복직되었다.[240] 정대천 등의 복직은 9월총파업의 여파로 경전종업원조합의 약화라는 유리한 상황에서 이루어진 것이다. 1946년 10월 1일 경전 전차과 3,000여 종업원의 파업에 경찰대가 파견되어 종업원조합 위원장 이하 200여 명을 검거하였으며, 무장경관대 대한노총 서북청년회 등의 테러단은 무력과 폭력을 사용하여 파업을 분쇄시켰다.[241] 경전 직원 정대천은 전평세력이 약화된 틈을 타 1946년 11월 22일 경전자치노조를 결성하였다. 당시 위원장 정대천은 '자치노조'라고 명칭을 붙인 것은 대한노총에도 전평에도 관여하지 않겠다는 신념의 표현이었다고 한다.[242] 이 경전자치노조는 1947년 1월 5일 전국노농총동맹 산하에 가맹하였다가 다시 4월 6일 대한노총 경전노조로 다시 탄생하였다.[243]

이와 같이 경전에는 전평 산하의 종업원조합과 대한노총 경전노조의

해고날짜는 1946년 2월 18일쯤이었다.
239) 노동운동회고 鼎談 「대한노총 결성전후」(3), 『노동공론』 1972년 2월, 189쪽.
240) 이들은 1946년 9월총파업 직후인 10월 17일 미군정당국의 중앙노동조정위원회의 결정에 의하여 복직발령과 동시에 해직기간의 급료를 일시불로 지급받았다. 김낙중, 『한국노동운동사 해방후편』, 청사, 1983, 84쪽.
241) 박헌영, 「10월인민항쟁」(심지연, 『대구10월항쟁연구』, 청계, 1991년에 수록), 94쪽.
242) 노동운동회고 鼎談 「대한노총 결성전후」(3), 『노동공론』 1972년 2월, 188쪽.
243) 경성전기주식회사, 『경전 60년연혁사』, 1958, 38쪽.

2개의 단체가 존재하게 되어 상호 대립·투쟁이 격심하였다. 3·22총파업으로 전평세력이 크게 약화된 틈을 타 미군정 노동부는 이 기회에 대한노총의 기반을 견고하게 만들고자 계획을 세웠다. 앞서 설명한 바와 같이 미군정 노동부의 계획은 경전노동자들이 그들을 대표하는 노동조합을 투표에 의하여 선택하도록 하는 것이었다. 노동부는 1947년 4월 9일 경전대표노조선거 실시방침을 발표하였고, 4월 11일 군정청 노동부장 이대위는 "경전운수부 종업원들을 대표하여 단체교섭권을 행사할 노동조합을 선거에 의하여 결정할 것이며 이 선거를 4월 19일에 실시한다"고 발표하였다.244)

투표실시 방침에 대해 1947년 4월 14일 전평대표와 경전종업원조합 대표는 군정장관을 방문하고 선거방침에 대한 항의서를 제출하고245) 노동부장을 만나 직장 내의 테러대책을 요구했다. 그러나 이러한 요구는 거부되었다. 이에 경전종업원조합과 전평에서는 성명서를 발표하여 선거에 참가하지 않을 것임을 밝혔다.246) 그리하여 4월 19일에 시행될 선거에 대한노총만이 등록하게 되어 결국 대한노총만을 대상으로 하는 일방적 선거에 그치게 되었다.247) 경전종업원조합에서 선거를 거부하자 대한노총은 정대천을 중심으로 테러단을 동원하여 "대한노총에 투표하지 않으면 죽인다"고 협박, 폭행을 일삼는 등 선거운동을 전개하였다.248)

전평세력의 선거반대운동과 이에 대응한 테러단의 협박, 폭행이 난무하는 분위기 속에서 결국 투표는 예정대로 강행되어 4월 19일 선거가 실

---

244) 『전국노동자신문』 1947년 4월 15일자, 「경전 總意의 從組 무시코 대표노조선거 기도」.
245) 『독립신보』 1947년 4월 16일자, 「투표선거는 무의미. 경전종업원조합서 성명 발표」.
246) 『전국노동자신문』 1947년 4월 15일자, 「테로단과 선거는 절대 거부. 경전 從組 성명 요지」.
247) 『독립신보』 1947년 4월 19일자, 「경전노조선거에 대한노총만 등록」.
248) 『전국노동자신문』 1947년 4월 22일자, 「테로로 예비운동」.

시되었다. 선거결과는 다음과 같이 대한노총이 총투표자 중 85%를 획득하여 6개월간 경전종업원에 대한 단체교섭권을 인정받게 되었다.[249]

    총유권자 4,149명
    투표자 3,805명
    대한노총 경전노조 3,260명
    조합부정자 394표
    기권자 344표
    무효표 151표

이 투표에서 드러나는 바와 같이 전평의 세력은 상당히 약화되었다. 우익청년단원과 대한노총원의 테러, 협박 등에 못이겨 선거를 하였다는 것을 감안하더라도 대한노총 경전노조를 지지한 3,260표와 기권자 344표라는 숫자는 엄청난 차이가 있다. 다시 말하면 경전종업원조합 세력이 344표를 크게 벗어나는 것은 아니었다고 볼 수 있다.[250] 이것은 경전 내 전평세력이 1946년 9월총파업, 1947년의 3·22총파업을 통하여 상당한 세력을 잃었다는 것을 드러내는 것이다.

투표가 끝나자 경전종업원조합에서는 대표노조선거에 의한 단체교섭권은 하등의 가치없는 공문서에 지나지 않는다고 성명서를 발표하여 그 부당성을 지적하는 동시에 철회를 주장하였다.[251]

단체교섭권투표라는 명목으로 기업체 안에서 전평세력을 몰아내는 방

---

249) 『동아일보』 1947년 4월 20일자, 「대한노총 경전노조가 경전노동자의 대표단체로 결정되다」(국편, 『자료』4, 576~577쪽).
250) 김낙중은 이 투표에서 기명(記名)투표였기에 경전노동자들의 대한노총 지지는 당연했다고 하였다. 김낙중, 『한국노동운동사 해방후편』, 청사, 1982, 85쪽. 그러나 『한성일보』 1947년 4월 18일자에는 비밀투표로 진행될 것이라 하였다. 경전 대표노조선거가 기명투표로 실시되었다고 판단할 수 있는 자료를 찾아볼 수 없다.
251) 『독립신보』 1947년 4월 27일자, 「무가치한 단체교섭권. 경전종업원조합서 성명 발표」.

법은 경전에서의 투표실시가 처음이었다. 대표노조선거를 계기로 전국노농의 대한노총으로의 합류가 이루어져 우익노동단체의 통일이 실현되었고, 전평을 합법적으로 배제하는 전례를 남기게 되었다. 이같은 대표노조 선거방식은 미군정의 대한노총육성방안으로 이전부터 계획해 왔던 것이다. 이와 관련하여 법령 제97호에서 "자기가 선택한 대표자……"라는 문구를 재음미해 보아야 할 것이다.

단체교섭권을 인정받은 대한노총 경전노조는 6월 9일 경전 관리자와 단체교섭에 들어갔으며,252) 대한노총 경전노조는 8월 중순 단체계약을 체결하고 노사 쌍방대표로서 노자위원회를 구성하였다. 이 노자위원회는 임금·노동시간·노동조건 기타 노동문제를 해결하는 기관이었다. 노자위원회에서 14일 이내에 문제해결을 보지 못했을 때에는 노동조정위원회로 노동문제가 넘겨지도록 되어 있었다.253)

대한노총 경전노조는 또한 1947년 6월 16일 제1회 정기대의원대회를 열고 정대천을 위원장으로 하여 조직을 재정비하였고 감찰위원회를 집행부 내에 설치하여 내부에 잔존하는 전평 소탕활동을 전개하였다.254) 이러한 활동의 결과로 경전에서 거의 100%가 우익이라고 G-2보고서가 기술할 정도로 전평세력은 쇠퇴하였다.255)

그러나 전평세력이 완전히 소멸되지는 않았으며, 직장에서 추방된 전평원들의 산발적인 투쟁이 진행되었다. 1947년 8월 6일 대한노총 경전노조에서 발표한 성명에서 "지난 25·26 양일에 걸쳐 전평계 종업원들이 취업 중인 직장에 침입하여 우리 노조원에 폭행을 가하고 간판을 떼어버

---

252) 『동아일보』 1947년 6월 11일자, 「경성전기주식회사의 노동쟁의의 조정성안이 마련되다」(국편, 『자료』4, 835쪽).
253) 『동아일보』 1947년 11월 29일자, 「해방 후 최초로 경전노자위원회 발족 활동 개시」(국편, 『자료』5, 1972, 749쪽).
254) 김삼수, 앞의 논문, 124쪽.
255) 한림대아시아문화연구소, 『G-2 P/R』5, 224쪽.

렸다"고 한 것으로 보아 전평세력이 잔존하고 있었음을 파악할 수 있다.

(3) 사례3 : 동양방적(인천)

미군정은 1945년 10월 22일 동양방적(이하 동방)의 관리인으로 최남(崔楠)을 임명하였다. 최남은 일제시대 때 요정 국일관과 초기 백화점 형태였던 부녀상회를 경영한 굴지의 상인이었다.[256] 동방 인천공장에서의 노동쟁의는 노동자들이 1946년 메이데이 행사에 참가했다는 이유로 회사 측에서 5월 5일(일요일)에 일을 하라고 명령한 데서 발단되었다. 5일 노동자 측에서 작업을 거부하자 경영주는 의식적으로 태업을 한다는 이유로 경찰에 연락하여 노조분회 간부 윤한수, 김정애 외 7명(여공 4, 남공 3)을 검거하도록 하였다.

노조간부가 검거된 틈을 타 회사 측은 노동자들에게 대한노총에 가입할 것을 강요하였다. 그러나 노동자들은 "악질모략을 타도하라"고 외치며 그 당시 결성식을 하고 있던 민청의 도움을 받아 경찰 측과 교섭한 결과 전원이 석방되었다.

다음 날 경영주 측에서는 다시 대한노총 결성식을 비밀리에 거행하려 하였다. 결성대회장에는 노동자는 불과 신입사원 몇 명에 지나지 않았고, 회령에서 이동경찰을 지낸 인사계 수석 주모(朱某) 외 15명이 모여서 진행하고 있었다. 이것을 알아챈 전평원들은 인천평의회와 연락하고 노동자와 같이 결성대회장에 가서 회합의 내용을 추궁하는 한편 그 반동성을 폭로하여 결국 해산시켰다.[257]

동방에서는 전평을 분쇄하는 데에 경영주와 경찰이 일체가 되어 전평 노조원을 검거, 탄압함과 동시에 노동자들을 회유하여 대한노총을 결성하는 방식을 이용했다. 그러나 이 방식은 실패하게 되는데 그 이유는 다

---

256) 동일방직주식회사, 『동일방직사사』, 1982, 48쪽.
257) 『전국노동자신문』 1946년 5월 10일자, 「용감한 인천동방 노동자. 반동노조 모략을 분쇄」.

음과 같다. 동방 내 대다수 노동자들은 전평 산하 노조에 결집되어 있었고, 노동자들은 대한노총에 대해서 "이승만 김구일파가 노동자의 단결을 분열시키기 위한 이름만 가진 유령단체"라는 인식을 가졌다. 또한 회사 측의 회유에 대응해 노동자들은 "무엇으로 또 우리를 속이려느냐"는 반응을 보였다. 따라서 동방에서의 전평세에 의해 대한노총 결성계획은 처음부터 좌절되었다.

한편 회사 측은 검거되었다가 석방된 위원장 윤한수, 노조원 김정애에게 서울 본사로 전근명령을 내렸다. 이 두 사람은 전근명령을 거부하여 결국 해고당했다. 그리하여 전 종업원들은 악질공장장·사무원·사감 배격, 해고자 복직이라는 조건을 내걸고 투쟁을 전개하였다.[258] 5월 25일부터 쟁의가 본격화되었다.[259]

1946년 5월 25일 종업원들이 10개 항의 요구조건을 내걸고 파업을 개시한 것에 대해 경영주 측에서는 무장경관 MP(헌병)를 동원하여 종업원들을 기숙사에 감금시키고 폭력을 행사하였다. 결국 동방 인천공장 파업은 6월 25일 일단락되었다.

경영주 측은 지난 5월 대한노총을 결성하고자 했던 계획의 실패에 뒤이어 다시 대한노총을 결성하고자 시도하였다. 결국 8월 3일 영등포 대한노총원 및 인천 평양청년회원 700명이 동원된 가운데 대한노총 동방 인천공장노조가 결성되었다.[260] 이날 위원장에 채경석(蔡競錫), 부위원장에 김병학(金秉鶴)·최정환(崔正煥)·김정신(金正信)을 선출하였다.[261]

---

258) 『전국노동자신문』 1946년 5월 17일자, 「해고를 즉시 취소하라. 인천동방 철저투쟁」; 『해방일보』 1946년 5월 17일자, 「노동자를 노예시하는 악덕공장장을 축방(逐放)하라. 인천동방 여공은 이렇게 싸우고 있다」.
259) 1946년 5월 25일부터 6월 25일까지의 쟁의과정에 대해서 자세히 정리한 것으로 김삼수, 앞의 논문, 57~59쪽 참조.
260) 『동아일보』 1946년 8월 10일자, 「동양방적회사 종업원 전평을 탈퇴하고 대한노동조합총연합회에 가맹하다」(국편, 『자료』 3, 25쪽) ; 『청년해방일보』 1946년 8월 15일자, 「인천동방쟁의 해결에 당국의 무성의를 지적. 전평서 성명서 발표」.

대한노총 동방 인천공장노조는 공장 내에서 전평파괴를 목적으로 간부 사원과 경비대원이 중심이 되어 조직한 신우회(信友會)가 핵심이 되었다.262) 대한노총 동방 인천공장노조는 이때부터 본격적으로 좌익세력을 몰아내는 전위대가 되어 활약하였다.263) 동방 인천공장의 대한노총 결성에서 두각을 나타냈던 평안청년회의 김광일(金光一)·박청산(朴靑山)·김관호(金觀浩)는 이때부터 동양방적 인천공장과 관계를 맺게 되었다.264)

(4) 사례4 : 조선피혁(영등포)

서울 영등포 소재 조선피혁공장(종업원 1,300명)은 일제시기 군수공장이었다. 해방 후 사무원 10명, 공원 25명으로 조직된 관리운영위원회가 일본인으로부터 정식으로 공장을 인수하여 10월 8일부터 조업을 개시하였다. 조선피혁(이하 조피)은 관리위원회가 경영권을 장악한 대표적인 경우였다. 노동자의 자주관리에 의한 경영은 순조롭게 진행되었다. 주휴제·8시간 노동제가 실시되고, 병원·이발소·소비조합 등 후생시설이 정비되었으며, 폐물기계를 수선 활용하여 생산율이 해방 전과 비교하여 약 2배의 성과를 달성하였다.265) 또한 1946년 4월 1일의 직장대회에서는 미소공위에 "임시정부수립에는 노동자도 적극적으로 참가시킬 것"이라는 결의문을 보내는 등 정치투쟁에도 적극적인 자세를 보였다.266)

그런데 종업원들의 총의로 지지를 받고 있던 사장 박인덕이 파면되고,

---

261) 『동아일보』 1946년 8월 10일자, 「동양방적회사 종업원 전평을 탈퇴하고 대한노동조합총연합회에 가맹하다」(국편, 『자료』 3, 25쪽).
262) 『독립신보』 1946년 8월 3일자, 「인천동방 고소 內訌」.
263) 동일방직주식회사, 『동일방적사』, 1982, 54쪽.
264) 선우기성, 앞의 책, 679~680쪽.
265) 中尾美知子, 「해방과 전평노동운동」, 『한국자본주의와 임금노동』, 화다, 1984, 227쪽.
266) 中尾美知子, 위의 논문, 227쪽.

1946년 4월 10일 군정청 명령으로 새 관리인 조균훈(趙均勳), 보조인 부장환(夫章煥)이 파견되었다. 새로 파견된 조균훈과 부장환은 공장관리위원회를 해체하고 신간부를 다수 임명하였으며, 임금 대신 주던 현품지급을 중지시켰다. 이러한 비민주적인 운영에 대해 노동자들은 관리위원회 해체 반대, 제품을 중간상인에게 거치지 말고 직접 사회단체 소비조합 등에 줄 것, 제품의 반출은 정당한 수속을 밟을 것 등을 요구하였다.[267)

투쟁은 같은 계열기업의 조선탄닝으로도 확대되어 진행되었다. 5월 6일에는 신관리인이 군정청 명령이라고 하여 전원 해고명령을 발표하였으나 전종업원이 일치단결하여 항쟁함으로써 해고 취소되었고, 노동자대표를 이사진에 참가시키라는 주장이 승인되었다. 그러나 8일에는 이러한 협정을 무시하고 "전원을 해고한다. 이력서와 서약서를 가지고 오는 자에게 한하여 새로이 채용하겠다"고 발표하였다. 이에 대해 노동자들은 강경한 태도로 그 불신행위에 항의한 결과 관리인 측 부장환, 조균훈과 종업원 측 조선피혁 추교선, 김홍진, 탄닝 측 최영렬이 회담하여 다음과 같이 합의를 보게 되었다.[268)

　　一. 조업을 계속하라.
　　一. 구속된 우(禹)군 송(宋)양의 석방에 노력하라.
　　一. 서약서 이력서 제출문제는 취소할 것으로 종업원은 생산증진의
　　　　책임을 진다.
　　一. 벽에 붙인 관리인의 발표는 8일 오후 4시까지 모두 뗀다.

위와 같이 영등포 조피 공장관리인 부장환은 전노동자들의 지지를 받고 있던 전(前)관리인 박인덕의 뒤를 이어 들어온 후 노동자들을 해고시

---

267) 『전국노동자신문』 1946년 4월 26일자, 「조선피혁에 또 파란. 일치단결 신관리인에 반성 요구」.
268) 『전국노동자신문』 1946년 5월 10일자, 「자주관리에 종지부 찍고 조피 분쟁 遂해결」.

키겠다고 위협하면서 조피를 비민주적으로 운영해 나갔다. 6월 1일 또다시 부장환은 노동자 송대근(宋大根), 박영순(朴榮淳)을 해고시켰으며 단체계약권에 의해 공장관리위원회에서 결정한 임금을 인하시키려고 하였다. 이러한 처사에 대해 노동자들은 6월 중순 ① 무조건 해고 반대 ② 송(宋)·박(朴) 두 동무 즉시 복직 ③ 임금깎기 절대반대 등 요구조건을 내걸고 투쟁하였다.[269]

한양섭의 회고에 의하면 이 당시 부장환은 조피 내에서 대한노총계 노조를 결성, 육성하려 노력하였고 이를 위해 노동부를 여러 번 찾아 다녔다고 한다.[270] 결국 이러한 노력에 의해 1946년 7월 12일 대한노총 조선피혁분회가 결성되었다.[271] 이에 따라 조선피혁 내에서 대한노총원과 전평조합원 사이에 갈등이 심하게 노정되어 폭력사태가 빈발하였다. 가장 첨예하게 드러난 사건은 8월 중순 대한노총원이 조선피혁 수위총무 송규철(宋圭喆)을 숨지게 한 것이었다. 이 사건은 수위총무 송규철이 사무(社務)로 인하여 회사트럭을 정식수속을 밟지 않고 사용한 것을 트집잡아 대한노총원이 집단적으로 폭행하여 일어난 것이다.[272]

1946년 10월 이후 조피 내에서 전평세력은 크게 약화되고, 이에 따라 전평 간판이 내려지고 대다수 노동자들이 대한노총에 가맹하였다. 1947년 2월 4일 노동자 중 200여 명이 그대로 전평 산하에 있다가 재기를 목적으로 종업원대회를 개최하려고 했다. 이에 대한노총에서는 종업원대회를 저지하고자 응원대를 동원시켜 공장종업원 3명을 납치·구타하는 등

---

269) 『전국노동자신문』 1946년 7월 5일자, 「농락으로 생산방해. 조선피혁 관리인에게 투쟁전개」.
270) 회고담, 「대한노총 결성 전후」(2), 『노동공론』 1972년 1월, 179쪽.
271) 노동운동회고 鼎談, 「대한노총 결성전후」(2), 『노동공론』 1972년 1월, 179쪽 ; 『동아일보』 1946년 7월 16일자 「대한노동조합총연맹 조선피혁주식회사분회의 결성식이 거행되다」(국편, 『자료』2, 885쪽).
272) 『전국노동자신문』 1946년 8월 23일자, 「살인단화한 대한노총. 조피 민청원을 타살」.

테러를 감행하였다.273) 종업원대회에 수도경찰청을 비롯한 각 경찰서에서 2,000명이 동원되었다. 결국 전평계 종업원 약 230명의 검거로 일단락되었다.274)

(5) 사례5 : 경성 철도공장

철도국 경성공장 심사과(審査課)에 있던 보전(普專) 출신의 홍현기(洪鉉基)는 임도제(任道濟)275)와 더불어 경성공장에 근무하는 김병제(金秉濟),276) 문교식(文敎植), 박경모(朴敬模), 정태수(鄭太壽), 유천수 등의 동조자를 규합하여 1945년 10월 19일 경성공장 종업원대회를 개최하였다. 종업원 대회에서 운수부 경성공장 종업원동맹을 조직하였다. 이후 점차적으로 경성기관구를 비롯한 각 현업기관에 조직을 확대하였다. 또한 11월 5일 중앙에 조직된 전평에 가입하고 그 조직체계에 따라 전평 경성공장분회로 개편하였다.277)

이러한 상황에서 전평을 파괴하기 위해 철도국 경성공장에 건국청년회원, 국민당청년부원 등이 침투해 들어갔다. 이들은 외부와 부단히 연락하면서 철도노조의 발전을 방해하고 파괴하였다. 이들은 1945년 12월 말 모스크바삼상회의 결의에 따른 신탁통치문제가 발생하게 되자, 이러한 기회를 틈타 노조에 반감을 가지고 있던 공장간부와 결탁하여 철도노조를 해체하려는 계획을 세웠다. 1946년 1월 7일 공원들을 선동하여 공원대회를 열고, 외부의 테러단체와 연락하여 약 300명의 테러단을 동원하

---

273) 『독립신보』 1947년 2월 8일자, 「영등포 공장가에 '테로' 전평과 대한노총원이 충돌」.
274) 『조선일보』·『동아일보』·『서울신문』·『경향신문』 1947년 2월 8일자, 「조선피혁회사의 조선노동조합전국평의회 계통 종업원들이 경찰과 충돌」(국편, 『자료』 4, 215~216쪽).
275) 경성기관구에 근무하였으며, 뒤에 남로당 철도책임자가 되었다.
276) 후에 전향하여 대한노총 경성공장 노조위원장이 되었다.
277) 전국철도노동조합, 앞의 책, 12~13쪽.

여 경성공장분회 사무실을 습격·파괴하였다.278) 그리고 1946년 5월 12일에는 대한노총운수부 경성공장지부연맹 창립대회를 개최하고 위원장에 이우면(李遇冕)을 선출하였다.279)

대한노총 경성공장지부연맹 결성 당시 대한노총에 가입한 노동자는 많지 않았을 것으로 보인다. 그런데 『동아일보』는 운수부 경성공장원들이 5월 13일 종업원대회를 열었는데, 이때 전평계통 노조를 해체하고 종업원 총의로 3,000여 명의 노동자들이 대한노총에 가입하기로 결정하는 성명서를 발표했다는 기사를 게재하였다.280) 그러나 이 기사는 허위기사였다.281) 9월총파업 당시 경성공장은 3,700명의 노동자 중 대한노총원은 800명 정도였다. 또한 철도공장에 인접하고 있던 경성기관구는 6백여 명의 노동자가 집결하고 있는 곳이었으며 전평의 요새지였다. 따라서 이 기관구에서는 전평의 세력이 강력해서 대한노총은 주간에만 간판을 걸고 밤에는 철거하는 등 조직이 미약한 상태였다.282)

9월총파업283) 수습을 계기로 대한노총에서는 전국적 철도조직의 시급성을 절감하여, 10월 13일 경성통신구에서 경성공장·기관구·통신구·본국(本局) 등의 대표자 30여 명이 회합하고 대한노총운수부연맹 창립준비위원회를 구성하여 전국적인 철도노동조합의 연맹체 조직에 착수하였다.284) 1947년 1월 18일 용산 부우회관에서 대한노총운수부연맹 창립대

---

278) 『해방일보』 1946년 1월 12일자, 「철도노조 불상사. 쌍방 화해로 원만 해결」; 『전국노동자신문』 1946년 1월 16일자.
279) 전국철도노동조합, 앞의 책, 19~20쪽.
280) 『동아일보』 1946년 5월 15일자, 「운수부철도국원들이 종업원대회를 개최하여 대한독립노동총연맹에 가입할 것을 결의 후 성명서를 발표하다」(국편, 『자료』 2, 598쪽).
281) 『해방일보』 1946년 5월 17일자, 「대한노총을 분쇄하라 모략기사에 속지말라. 철도노조 성명서 발표」.
282) 전국철도노동조합, 앞의 책, 20~22쪽.
283) 9월총파업에서의 대한노총이 전개한 반전평활동에 대해서는 별도로 설명할 것이다.

회가 개최되었다. 대회에서 초대위원장에 오차진(吳次陳), 부위원장에 조진춘(趙鎭春)·김용심(金龍心)·김동형(金東兄)이 선출되었다. 대회에서 발표한 성명서의 내용은 다음과 같다.285)

> 우리 운수부 대한노총은 작년 5월 이후 운수부 경성공장을 위시하여 철도파업 이래 애국(愛國) 애족(愛族) 애로(愛勞)에 열렬한 동지의 노력과 분투로써 금일과 같은 거대한 결성식을 맞이하게 되었다. ……(중략)…… 국가의 맥인 운수부 철도기관에도 일부 파괴분자가 잠입하여 갖은 모략과 선동으로서 철도동맥을 단절시키려고 하나 우리는 민족지상의 명령으로써 이를 완전히 절멸시킬 것을 맹서한다.……

서울에서 결성된 대한노총 운수부연맹은 지방조직 확장에 나섰다. 특히 좌익세력이 강했던 경남지방에서의 〈건설대(建設隊)〉의 활약이 두드러졌다. 즉 1947년 10월 초에 대한노총 운수부연맹은 당시 위원장 김민(金民), 부위원장 조진춘(趙鎭春)을 위시하여 건설대 200여 명이 악대를 앞세우고 영남지방의 조직에 나섰다. 대한노총 운수부연맹에서는 건설대를 부산에 파견하기 전에 "국제정세가 험악한 이때 노동운동이 정치적 도구로 이용당하고 있으니 우리 대한노총이 영남폭동사건의 근거지인 부산 대구방면에서 느끼는 바가 크다. 그들이 만약 유순한 종업원에게 모략과 음모를 일삼는 경우에는 정의단을 내릴 것을 아끼지 않는다"는 격문을 발표했다.286) 1947년 10월 6일 건설대가 부산에 도착하였고, 건설대의 힘으로 10월 13일 부산철도국 산하 각 현업기관과 부산공장이 합병하여 〈운수부연맹 부산지구지부〉(위원장 신홍영(申弘榮))를 결성하였다.287) 이 운수부연맹 부산지구지부에 합병하였던 부산공장은 11월 5일 부산공

---

284) 전국철도노동조합, 앞의 책, 25쪽.
285) 김영태, 「도큐멘타리 노동운동 20년 소사」(2), 『노동공론』 1972년 1월, 169쪽.
286) 『한성일보』 1947년 10월 8일자, 「대한노총 운수부연맹 檄 발표」.
287) 『노동자농민』 1947년 10월 25일. 부산철도공장에서 대한노총 부산지부를 조직할 당시에 경찰은 조직임무를 띠고 파견된 대한노총원을 좌익세력으로부터 보호하였다. 한림대아시아문화연구소, 『G-2 P/R』 5, 77쪽.

장 특별지부로 분리·조직되었고, 부산지구지부는 부산지부로 개칭되었다.[288]

대한노총 운수부연맹은 1948년 1월 30~31일 대표자대회를 개최했다. 이 대표자회의에는 36개 지부를 대표하는 234명이 참석했으며, 위원장에 김민, 부위원장에 김용학·조진춘을 선출하였다.[289]

(6) 사례6 : 9월총파업

미군정기 대한노총의 반전평활동은 9월총파업에서 유감없이 발휘되었다. 대한노총은 9월총파업이 일어나자 9월 24일 파업대책을 협의하고 28일에 확대회의를 열어 우익정당·사회단체·청년단체 등과 협력하여 전평의 총파업투쟁을 반대하고 직장복귀투쟁을 전개하기로 하였다.[290] 확대회의에서 철도파업수습대책위원회를 구성하였고, 심장섭(沈章燮)이 위원장이 되었다.

수습대책위원회는 영등포연맹의 용산감투대, 조선피혁, 광복청년회와 합동으로 파업본부인 경성기관구에 돌입하기로 하였다. 대한노총은 노동

---

[288] 전국철도노동조합, 앞의 책, 28~30쪽.

[289] United States Army Military Government in Korea, 「South Korean Interim Government Activities」 No 28. 1948.1, 107쪽(『미군정활동보고서』5, 1990, 326쪽.

[290] 『조선일보』1946년 10월 2일자, 「대한독립노동총연맹과 파업대책위원회가 합하여 조직된 전선파업대책협의회는 군정당국과 파업해결을 협의하다」(국편, 『자료』3, 423쪽) ; 전국철도노동조합, 앞의 책, 22쪽 ; 로빈슨은 9월 28일 "조선의 철도노동자들이 급진세력의 선동으로 남조선 정부와 남조선 인민에 대하여 비합법 투쟁을 벌이게 된 것에 대해 매우 유감스럽게 생각한다……공산주의 선동자들에 의해 조장되었다는 믿을 만한 정보를 가지고 있다……"는 하지중장의 성명을 통해서 우익노조가 좌익의 동기를 의심하게 되어 철도파업 참가에서 직장복귀로 돌아섰다고 주장하고 있다. 리차드 로빈슨, 정미옥 옮김, 앞의 책, 147~148쪽. 그러나 철도파업에서 하층통전이 형성되었던 것은 대한노총 내의 하부조합원들이 노동자적 입장에서 같이 파업에 동참하였던 것이며, 직장의 복귀 명령을 내린 것은 노동자들의 파업이나 단체행동권에 대해서 거의 부정적인 입장을 가지고 있던 대한노총 상층지도부였다.

자들에게 일자리로 돌아가도록 대대적인 선전캠페인을 벌였다. 9월 28일 서울에서 발견된 대한노총 선전부라고 서명되어 있는 삐라에서는 한국의 모든 민중의 이익을 위하여 일을 계속해야 한다고 노동자들에게 촉구하였다. 또 다른 삐라에서는 철도파업이 공산당에 책임이 있다고 비난하였으며, 이 파업은 민중들을 가장 비참한 조건으로 몰아넣을 것이라고 비난하였다.[291]

대한노총은 청년단원들과 함께 수도경찰청장 장택상이 지휘하는 약 3천명의 경찰관과 철도경찰이 용산역·통신구·보선구·기관구·용품고·경성공장의 모든 외곽선을 포위하여 압축해 들어가고 있는 것에 가세하여 농성장에 돌입하여 파업단과 격돌, 파업단을 강제 해산시켰다.[292] 경성지방에서는 파업노동자들이 10월 1일부터 직장에 복귀하였는데 파업에 가담한 자 중의 1,700여 명이 체포되어 조사를 받았다.[293] 그 가운데서 노총수습위원회가 신원을 보장하는 사람 600여 명을 10월 8일 1차 석방시켰으며, 그로부터 3차에 걸쳐서 단계적으로 석방시켰다.[294]

---

291) 한림대아시아문화연구소, 『G-2 P/R』3, 53~54쪽.
292) 전국철도노동조합, 앞의 책, 23쪽. 이때 용산파업현장을 습격한 청년단체는 대한민청·서청·국청·독청 등이다. 당시의 상황에 대해서 대한민청 유진산의 경호책이었던 조희창은 "우선 철도파업이 중심지인 용산역 기관구가 제1목표로 정해졌어요. 전반적인 작전계획은 수도청의 장택상 청장이 총지휘했죠. 경찰병력 3천명 동원에 우익청년단체 2천여 명이 가세하기로 한 겁니다. 우리 대한민청과 서청·국청·독청·대한노총 등이 제각기 수백 명씩 출동했어요. 대한민청은 김두한 감찰부장을 선두로 해서 이른바 싸움이라면 둘째가기를 싫어하는 정예대원이었으므로 때를 만났다고 오히려 기뻐했죠"라고 회고하였다. 이경남, 『분단시대의 청년운동』(상), 삼성문화개발, 1989, 246쪽.
293) 『조선일보』 1946년 10월 4일자, 「3일 현재 철도파업으로 검거된 자가 1천 7백여 명에 달하다」(국편, 『자료』3, 444쪽) ; 『한성일보』 1946년 10월 1일자, 「4천 경관 무장포위 파업단과 충돌 혈전. 질풍적 활동으로 천칠백명 검거」.
294) 김윤환·김낙중, 『한국노동운동사』, 일조각, 1970, 128~129쪽 ; 김사욱, 앞의 책, 26~27쪽.

(7) 사례7 : 3·22총파업 및 2·7총파업

1947년 3·22총파업에서도 대한노총은 전평을 와해시키는 데 한몫을 하였다. 철도의 경우 9월총파업으로 완전히 붕괴되어 파업을 영도할 핵심조직이 존재하지 못하였고, 대한노총운수부연맹의 결성으로 대한노총 조직에 의해 장악되어 있던 상태였다. 대한노총 경전노조(위원장 정대천)의 파업 저지활동에 의해 총파업 이튿날부터 철도는 정상운행되었다. 또한 각 지방에서도 부산지구연맹을 비롯하여 대구지구연맹·인천지구연맹·운수부연맹·해상연맹 등이 파업을 저지하는 데 전력을 다하였다.[295]

1948년 초가 되어 남한에 단독정부를 세우겠다는 미국의 정책은 구체화되고 유엔한국위원단이 내한하게 된다. 이에 대하여 전평은 유엔한국위원단의 내한을 반대하는 2·7구국투쟁을 전개하였다. 전평의 핵심조직인 조선해원동맹은 1948년 2월 7일 오전 7시를 기해 총파업을 단행하였다. 이에 대해 대한노총 해원노조와 부산지구연맹은 파업을 파괴하기 위해 각 선반에 침투하여 파업주동자를 색출하였다. 이 파업을 분쇄하기 위해 대한노총 해원노조에서는 김서규·김사욱이 지휘하였고, 선박침투공작은 김호진에 의해 수행되었다. 부산지구연맹은 송원도·배창우에 의한 지휘로 파업을 저지시켰다.[296] 이 외에도 대한노총은 남로당과 전평이 5·10선거를 저지하기 위해 전개한 5·8총파업 투쟁에 대항하여 활약하였다. 대한노총은 5·10선거를 선봉에 서서 지지하였다. 대한노총은 이승만의 미국방문과 그 대미외교의 성과(즉 단독정부 수립)를 가장 적극적으로 지지했던 단체 중의 하나였다.

---

295) 김사욱, 앞의 책, 45~46쪽.
296) 김사욱, 앞의 책, 49~50쪽.

〈소결〉

해방 후 광범한 노동자대중의 혁명적 열기를 바탕으로 1945년 11월 5일 전평이 결성되었고, 전평의 주도하에 노동자대중은 자주관리운동, 공장관리운동, 산업건설운동 등을 전개하였다. 전평은 노동자대중의 일상적 경제투쟁을 기반으로 한 정치투쟁을 전개하면서 미군정기 노동운동을 주도하였다. 미군정기 최대 규모의 노동운동은 1946년 9월총파업과 1947년 3월총파업이었지만 심각한 생활난에 처한 노동자들의 불만이 반영되어 노동쟁의가 빈번하게 일어났다.

대한노총은 전평에 의해 주도되고 있는 노동운동을 우익정치가들의 정치노선 및 반공논리로 와해시키기 위한 목적에서 독청을 모체로 1946년 3월 10일 결성되었다. 대한노총 조직과정에서 주목할 점은 우익청년단체를 징발하였다는 점이다. 우익청년단체를 활용하지 않고서는 우익노동단체를 결성할 만한 기반이 부재하였기 때문이었다. 또한 해방 이후 극심한 혼란 속에서 전개되었던 노동자자주관리운동이 광범한 민중의 지지를 받게 된 동시에 그 운동을 목적의식적으로 견인해 내려는 전평에 대해서 대다수 노동자들의 반응이 호의적이었기 때문이다.

대한노총은 결성 당시 선언문에서 균등사회 건설을 내세웠지만 그것을 실현하기 위한 구체적인 정책이 거의 없었다. 강령에서 "혈한불석(血汗不惜)으로 노자간(勞資間) 친선을 기함"을 내세움으로써 노자협조주의를 지향했다고 볼 수 있다.

대한노총 내부에는 한독당계, 구국민당계, 이승만·한민당계 등 정치적 배경을 달리하는 세력이 존재하였다. 초기 조직화 과정에서는 이승만·한민당계의 전진한, 구국민당계의 홍윤옥, 한독당계의 김구(金龜) 등이 중심이 되었다. 결성 초기 홍윤옥·김구체제로 유지되다가 1946년 9월총파업을 계기로 전진한체제가 들어섬으로써 이승만·한민당계가 주도권을 장악하였다. 전진한체제의 주도권 장악에 맞서 전국근로자동맹, 전국노농조합총동맹이라는 군소노동단체가 결성되었으나 이들 단체는 대한노총에 흡수되거나 곧 소멸함으로써 확고한 전진한체제가 유지되었다.

미군정, 우익정치인, 우익청년단, 경찰 등은 반공·반전평이라는 공통의 목표하에서 대한노총을 적극적으로 지원하였다. 우익정치인들은 대한노총 설립 초기부터 재정적 원조를 하였으며, 지방 순회방문이나 공장시찰 등을 통해서 대한노총이 조직확장을 하도록 적극 지원하였다. 한민당원이었던 조병옥과 장택상이 각기 미군정 경무부장과 수도경찰청장으로 있었다는 것은 대한노총이 전평과의 대결에서 유리한 위치를 차지하도록 하였다. 경찰의 주요임무 또한 좌익세력 파괴·와해에 있었으므로 대한노총과 경찰은 공조체제를 유지할 수 있었다. 미군정은 법령 제97호를 통해 대한노총을 육성시키겠다는 의도를 명확히 하였으며, 전평에 집중해 있는 노동자조직을 우익 측의 대한노총 중심으로 재편성하기 위한 중간단계로서의 복수노동조합의 존재를 암암리에 장려하였다.

대한노총은 결성 당시 세력이 미약했으나 점차 미군정, 우익정치인, 우익청년단, 경찰 등의 적극적인 지원에 의해 세력을 확장해 나갔다. 그리고 전평 주도에 의한 9월총파업과 3·22총파업은 대한노총이 세력확장을 하는 데 유리한 조건을 제공해 주었다. 1946년 9월총파업 과정에서 대한노총은 전평과의 대결을 통해 조직을 상당한 정도로 확장하였다. 또한 이때부터 지방조직을 확대하였다. 대한노총의 본격적인 진출은 1947년 3·22총파업으로 전평조직이 다시 한번 큰 타격을 입은 이후에 실현되었다. 이러한 과정에서 해방 후 혁명적 열기를 수렴하여 거대한 규모로 결집되었던 전평은 급속도록 와해되어 갔다.

대한노총은 위로부터 하향적인 방식으로 결성되었으며, 조직체계는 지역별체제를 근간으로 했다. 이러한 조직방식은 전평타도의 기치를 들고 나온 조직임을 선명히 부각시키는 것이라 할 수 있다. 즉 지역별체제는 각 지역에서의 공동행동을 효율적으로 할 수 있으며, 지역별로 조직되어 있던 청년단과의 협력관계를 원활히 유지할 수 있게 할 목적에서 채택된 것이다. 전평 타도 활동의 직접적인 행동대원이었던 대한노총 하부조합원은 (1) 조직을 확장하는 과정에서 우익청년단원이 대한노총에 가입한 자, 그리고 우익청년단의 소개를 받아 취업한 자들 (2) 공장주 측의 회유·협박에 넘어간 노동자들 (3) 전평세력에 반감을 가지고 있던 각 공장, 직장 내의 직장(職長), 관리자 등으로 구성되었다. 이러한 인적구성의 특성으로 인하여 노동조직을 표방하였지만 노동자에 의한 노동자조직이 아니었다. 조직의 목적은 경성방직, 경성전기, 동양방적(인천), 조선피혁(영등포), 경성 철도공장 등에서 보는 바와 같이 우익청년단과의 연합을 통한 반전평 활동이었다. 특히 9월총파업, 3·22총파업에서 대한노총의 반전평 활동은 유감없이 발휘되었다.

대한민국 정부와 대한노동총연맹

1. 정부수립 이후 보수적 노동운동의 내부갈등

1) 유임지지파와 유임반대파

대한민국 정부수립에 의해 전평이 와해·소멸된 상황에서 대한노총은 남한에서 지배적인 위치를 차지하였다. 그러나 정부수립이라는 상황을 맞이하여 새로운 국면에 직면하였다. 반공·반전평이라는 공동의 목표를 갖고 적극적인 지원자로 나섰던 우익정치세력 및 자본가들의 태도가 달라지기 시작하였고, 우익청년단과의 갈등관계도 표면화되었다. 또한 조직 내 파벌대립이 심화되었다.

미군정기 대한노총 내에는 여러 정치세력이 분열·대립하고 있었지만 반공투쟁, 좌익제거라는 공동의 목표 때문에 파벌대립이 격한 양상을 띠지는 않았다. 그러나 미군정기에 잠재되었던 파벌대립은 정부수립 후 극단적으로 표출되었다.

정부수립 후 대한노총은 두 개의 파벌로 분열되었다. 9월총파업 수습과정에서 위원장으로 등장하여 주류파로 자리를 잡았던 전진한파(유임지지파)와 이에 대항한 비주류파(유임반대파·혁신파·3월파)가 그것이다.[1]

전진한이 이승만정부의 초대 사회부장관에 임명됨으로써[2] 그때까지 맡고 있던 대한노총 위원장직을 겸임할 것인지가 중요한 문제로 떠오르게 되었다. 전진한의 대한노총 위원장직 겸임문제를 놓고 유임지지파와 유임반대파로 분열되었다. 유임반대파는 미군정기 한독당·국민당을 배경으로 하는 세력으로 이들은 유기태, 김구(金龜)를 중심으로 집결되었다. 이들 세력은 전진한의 사회부장관 취임과 대한노총 위원장 유임에 대해 비판하면서 세력확보의 돌파구를 마련하고자 하였다.

전진한의 유임문제를 놓고 격돌을 벌인 것은 1948년 8월 26~27일 양일간 개최된 대한노총 임시대의원대회에서였다. 임시대의원대회는 정부수립 후 대한노총의 행동방향을 결정짓는 대회인 만큼 중요한 의미를 갖는다. 임시대의원대회에는 전국 총대의원 1,114명 중 1,100명이 참석하였다.[3]

---

1) 대한노총 내의 파벌은 이합집산이 극심했으므로 뚜렷이 구분하기가 어렵다. 1948년 8월의 임시대의원대회~1950년 전국대의원대회까지 크게 주류파와 비주류파로 분류할 수 있다. 주류파는 전진한을 중심으로 한 세력이다. 비주류파는 시기와 상황변화에 따라 유임반대파, 혁신파, 3월파로 구분된다. 그런데 기존의 연구에서는 주류파=유임지지파=4월파, 비주류파=유임반대파=3월파로 등치시켰다. 또한 후자를 혁신파로 명명하였다. 그러나 이러한 등식이 절대적인 것은 아니다. 임시대의원대회에서는 유임지지파와 유임반대파로 분열되었으나 김구를 중심으로 한 세력이 혁신파를 형성하여 혁신위원회를 구성하였을 때 유임반대파가 모두 합세한 것은 아니었다. 즉 김구를 중심으로 한 유임반대파의 일부가 혁신위원회를 조직한 것이었으며, 유기태를 중심으로 한 일부세력은 혁신위원회에 가담하지 않았다. 그러나 또다시 김구와 유기태세력은 1949년 전국대의원대회를 앞두고 공동전선을 형성하였다. 1949년 전국대의원대회를 통해 대한노총은 3월파와 4월파로 분열되었다.

2) 전진한의 입각소식은 8월 4일 이화장에서의 발표를 통해 알려졌다. 『서울신문』·『경향신문』·『조선일보』·『동아일보』 1948년 8월 5일자, 「각료 임명」(국편, 『자료』 7, 710~711쪽).

3) 1948년 1월 제2차 전국대의원대회에서 수정된 규약에 의하면 대의원선출은 "각

이 대회에서는 미군정기에 사용하던 대한독립촉성노동총연맹이라는 명칭을 대한노동총연맹으로 개칭할 것을 결의하였고,[4] 선언, 강령 및 행동강령을 개정하였다. 대회에서 개정된 선언, 강령 및 행동강령은 아래와 같다.[5]

〈선언〉

기반(羈絆)과 질곡(桎梏) 속에서 민족광복의 정기를 성조(聖祖)로부터 물려받은 견골열혈(堅骨熱血)로 우리 노동자들은 해방된 단일민족으로서 공존공생권을 갈망하여 회천위업(回天偉業)을 촉성코저 총궐기하며 자주독립을 완수한 우리는 환희작약하였다.

이에 우리들은 모든 번잡한 이론을 타파하고 민주정치하에 만민이 갈망하는 균등사회를 건설코저 전국적으로 이를 발휘토록 대한노동총연맹을 결성하여 일로매진(一路邁進)할 것을 정중히 선언한다.

〈강령〉

1. 우리는 노동대중의 복리와 사회적 지위 향상을 위하여 투쟁한다.
2. 우리는 국민경제 재건과 만민공생의 균등사회 건설을 기한다.
3. 우리는 민주주의적 자주 독립국가로서 세계평화에 공헌함을 기한다.

〈행동강령〉

1. 8시간 노동제 실시
2. 노동자의 일반 표준생활을 보장할 수 있는 생활 확보를 위하여 최저임금 실시
3. 직업희생보험 실업보험 질병보험제 실시
4. 정근자 특대와 정기 휴양제 실시
5. 14세 미만 남녀 노동 금지와 그 보호책 확립

특수직역연맹 각 도연맹 및 특별지구연맹의 연맹비율에 의하여 선출"된다고 규정되어 있다. 한국노총,『한국노동조합운동사』, 1979, 303~306쪽.

4) 김영태,「도큐멘타리 노동운동 20년 소사」(3),『노동공론』1972년 2월호, 170쪽. 그런데 1948년 1월 제2차 전국대의원대회에서 수정된 규약 제1조에 "본 총연맹은 대한독립노동총연맹이라 칭함"이라고 되어 있다. 아마도 대한노총의 명칭은 대한독립촉성노동총연맹(1946.3.10)→대한독립노동총연맹(1948.1)→대한노동총연맹(1948.8)으로 변화한 것으로 보인다.

5) 전국철도노동조합,『철로30년사』, 1977, 41쪽.

6. 산업발전을 위하여 숙련공 기술자 과학자 우대
7. 공상자(公傷者)의 임금과 치료비 지불
8. 부녀 노동자의 산전 산후 2개월 유급 휴가제 실시
9. 노동자의 단체계약권 확립
10. 노동자의 파업권 확립
11. 공장 운영에 대한 노동자의 발언권 확립
12. 노동자의 주택 기타 문화 후생 시설과 탁아소 설비를 고용주 부담으로 완비
13. 노동자의 문맹퇴치와 교양기관 설치
14. 공장 폐쇄와 노동자 불법해고 절대 반대
15. 생활 필수품을 노동대중에게 우선 분배
16. 언론, 출판, 집회, 결사, 신앙 및 거주의 자유, 직업선택의 자유 확립
17. 실업자 대책을 적극적으로 실시
18. 자유노동자 공동 숙박소의 공설(公設) 완비
19. 기업 측 사정에 인한 휴양일과 불가항력에 의한 노무 중지일에 대한 정상임금 지불

선언문은 1946년 3월 10일 결성 당시의 것을 약간 수정한 것으로 보인다. 결성 당시 선언문 중에서 "자주독립을 지향하면서"라는 것을 "자주독립을 완수한 우리는"으로 수정한 것과 조직의 명칭으로 "대한독립노동총연맹"을 "대한노동총연맹"으로 수정한 것 외에는 내용상 변한 것은 없다. 문제는 결성 당시 선언문보다는 1947년 3월의 제1차 전국대의원대회에서 채택된 선언문이 약간의 진보적인 성격을 담고 있는데, 무엇 때문에 결성 당시 선언문으로 회귀했는지 알 수가 없다. 즉 제1차 전국대의원대회의 선언문에서 제시한 "편향적인 자본주의 세력의 형성을 배제"한다는 것과 "국민경제를 좀먹는 악질모리배와 악질친일파 숙청"이라는 것을 빼놓고, 결성 당시의 두루뭉실한 선언문을 채택했을까에 대한 의문이 남는다.

강령 및 행동강령은 1947년 3월의 제1차 전국대의원대회의 것과 거의 동일하다. 8시간 노동제, 최저임금제, 14세 미만 남녀 노동금지 등과 함께 노동자의 단체계약권, 파업권 확립을 주요하게 내세웠다. 다만 제1차

전국대의원대회에서 채택된 행동강령과 비교하여 본다면 "위험작업에 대하여 최저노동시간제 실시", "노동을 취미화(趣味化)하도록 적절한 시설정비"를 삭제하고 대신에 "기업 측 사정에 인한 휴양일과 불가항력에 의한 노무 중지일에 대한 정상임금 지불"을 삽입하였다.

1948년의 임시대의원대회는 정부수립에 맞추어 적극적으로 대한노총의 행동방향을 결정짓겠다는 의도를 갖고 개최된 대회가 아니었다. 사실 이 대회에서 초미의 관심사는 전진한의 위원장 유임여부였다. 노동문제의 주무장관이 위원장을 겸임할 수 있는가에 대해 유임을 지지하는 주류파와 유임을 반대하는 김구(金龜)를 중심으로 하는 세력이 서로 헤게모니를 장악하겠다는 목적을 갖고 대회에 임했다. 이 대회에서 김구를 중심한 세력은 전(錢)위원장의 유임은 대한노총을 관제 노동조합화하는 것이라며 적극 반대하였다.[6]

반대파들은 김구(부위원장)·김관호(金觀浩, 경기도연맹 부위원장)·정송모(鄭松模, 경남도 감찰위원장)·한승룡(韓昇龍, 인천연맹 감찰위원장) 등을 중심으로 한 서울지구 대의원과 인천지구 대의원, 부산지구 대의원들로 구성되었다.[7] 이들 반대파는 전(錢)위원장의 유임은 관제 노동조합화하는 것이라고 이를 반대하며 총퇴장하여 임원개선이 중지될 수밖에 없었다. 반대파가 퇴장한 뒤에 겸임을 찬성하는 대의원들은 전진한을 위원장에 유임시키기로 하고 부위원장에는 유기태·김종율·주종필을,

---

[6] 김구는 이날 대회에서 "노동조합은 정부가 지배하는 조직이 되어서는 안되며, 정부의 지배는 노동자들의 억압을 의미"한다는 내용의 발언을 하면서 전진한의 유임을 적극 반대하였다. Stanley W. Earl, 「Report on Korean Labor」 1950. 4.8, 8쪽(한림대아시아문화연구소, 『미군정기정보자료집 노동관련보고서(1945.9~1950.4)』에 수록).

[7] 이찬혁에 의하면 김구(金龜)·정송모(鄭松模)·안병성(安秉星) 등의 소장층에서는 위원장직과 장관직의 겸임은 도저히 용납될 수 없다는 강경한 주장을 내세웠으며 일부 노장층의 박중정(朴重政)·주종필(朱鍾馝) 등도 이에 동조, 원칙적으로 양직(兩職)의 분리를 시인하였으나 소극적 태도를 벗어나지 못하였다고 회고하였다. 이찬혁, 「3월파·4월파」, 『노동공론』 1974년 1월호, 123쪽.

감찰위원장에는 조광섭을 선출하였다.[8]

대회에서의 위임에 따라 8월 28일 소집된 중앙집행위원회는 김구·김관호·정송모·한승룡 등 반대파에 대하여 제명을 결의하였다.[9] 이날 중앙집행위원회는 제명결의서를 발표하여 "대회결의에 불복종하고 회장(會場)을 교란 퇴장한 자는 종전부터 맹원의 가면을 쓰고 온 파괴반동분자이며 노총의 진정한 사명을 잃고 산업재건을 방해하는 자들"이라고 유임을 반대하고 퇴장한 반대파들을 비난하였다.[10]

2) 전국혁신위원회

전진한 위원장 유임문제를 놓고 격렬하게 반대하다가 결국 제명처분을 당한 김구를 중심으로 유임반대파 일부는 혁신파를 형성하였다. 혁신파는 1948년 8월대회에 대해 '유회선언'을 하였으며 1948년 8월 31일 대한노총 전국혁신위원회(이하 혁신위원회)를 조직하였다. 혁신위원회는 대표위원 안병성(安秉星)·김구·박경용(朴慶容)·정송모(鄭松模)·배창우(裵昌禹), 기획대표위원 안병성 외 4명, 총무대표위원 박경용 외 4명, 선전대표위원 배창우 외 4명, 조직대표위원 김구 외 4명, 연락대표위원 정송모 외 4명이었다.[11]

김구를 중심으로 혁신위원회가 구성됨으로써 전진한 지지파와 반대파 사이의 대립은 극렬하였다. 전진한 지지파와 반대파(혁신파) 사이의 대립

---

8) 김영태, 「도큐멘타리 노동운동 20년 소사」(3), 『노동공론』1972년 2월호, 170쪽.
9) 한국노총, 앞의 책, 1979, 368쪽 부록 4-1.
10) 유임반대파 일부가 대회장을 퇴장하였다. 대한노총 중앙집행위원회는 유임반대파 일부에 대해 "반동분자"라고 비난하였다. 유임반대파 중 일부는 김구를 중심으로한 세력에 적극적으로 동조하지 않았으며, 유임반대파로 알려진 유기태는 임원에 선출되었다.
11) 『한성일보』1948년 9월 3일자, 「대한독립노동총연맹 前부위원장 金龜, 혁신위원회를 조직」(국편, 『자료』8, 167쪽) ; 한국노총, 앞의 책, 918쪽.

투쟁은 성명전을 통해 상대방을 공격하는 형태로 나타났다. 혁신파에서는 9월 7일 "우리는 모든 자본적 봉건적 지배세력에 대하여 과감한 투쟁을 전개하고 새로운 사회에서의 노동대중의 권리와 이익을 전취하고자 궐기하였고 또 투쟁한다"는 성명서를 발표하였다.[12] 반면 전진한 지지파는 "전씨의 사회부장관 겸임은 노동운동에 아무런 지장을 가져오지 않을 것이며 오히려 노총의 이념을 정치면에 구현하는 가장 좋은 기회가 될 것이며 이런 예는 불국(佛國) 기타 구미 각국에서도 많이 볼 수 있다"며 전진한 위원장 유임에 아무런 문제가 없다는 내용의 성명서를 발표하였다.[13] 1948년 11월 전진한은 사회부장관으로서 대한노총 분규와 실업자 대책에 대해 기자와 문답하는 자리를 통해서 "노동단체에서 조각에 들어가라 함으로써 노동운동에서 물러가야 한다는 것은 언어도단의 말일 것이다. 나는 노동자 내각이 조직되어도 지당타고 생각한다"라고 자신의 견해를 표명하였다.[14]

혁신위원회에는 경전노조·운수부연맹·서울철도공장분회를 비롯하여 각 지방노조에서도 이에 가담하였다.[15] 또한 대동청년단도 혁신파의 주장이 지당하다는 요지의 담화를 발표하여 혁신파에 힘을 실어 주었다.[16] 그런데 얼마 안 있어 인천연맹위원장 안병성과 부산연맹 위원장

---

12) 『서울신문』 1948년 9월 9일자, 「대한독립노동총연맹 전국혁신위원회, 성명을 발표」(국편, 『자료』8, 280쪽).
13) 『대한일보』 1948년 9월 10일자, 「대한독립노동총연맹, 전진한위원장 유임에 문제없다는 성명을 발표」(국편, 『자료』8, 305쪽).
14) 『독립신보』 1948년 11월 12일자, 「전진한 사회부장관, 대한노동총연맹 분규와 실업자 대책문제 등에 대하여 기자와 문답」(국편, 『자료』9, 127쪽).
15) 『조선일보』 1948년 8월 31일자, 「金龜 前대한독립노동총연맹 부위원장을 중심으로 전진한 위원장 유임반대운동 전개」(국편, 『자료』8, 133쪽) ; 『호남신문』 1948년 9월 1일자, 「대한독립노동총연맹 분열 위기」(국편, 『자료』8, 158쪽).
16) 『대한일보』 1948년 9월 11일자, 「대동청년단, 대한독립노동총연맹의 혁신파지지 성명을 발표」(국편, 『자료』8, 339쪽). 대동청년단에 대해서는 선우기성, 『한국청년운동사』, 금문사, 1973, 731~746쪽 참조.

송원도가 혁신위원회로부터 이탈하였다.[17]

　1948년 10월 4일 혁신위원회는 〈혁신선언〉을 발표하였다.[18] 혁신선언은 미군정기 대한노총 활동에 대한 자기반성에서 나온 것이라고 할 수 있다. 그런데 혁신선언에서 과거 3년간 대한노총이 독립전취운동에서 혁혁한 공적을 세운 반면에 노동조합운동에서 치명적인 오류를 범했다고 평가하였다. 여기에서 "독립전취운동"이란 이승만의 단독정부수립운동을 의미하는 것이다. 대한노총이 이승만의 단독정부수립노선 승리에 기여하였다고 자화자찬하는 것을 통해 볼 때 혁신파도 이승만의 정치노선에 충실했음을 드러내는 것이다. 따라서 대한노총 초기에 한독당계로 분류되던 이들 세력이 남한만의 단독선거에 반대하여 남북협상에 참여하였던 한독당세력과 동일한 길을 걷지 않았음이 확인된다.

　혁신선언에서 제기된 것으로 미군정기 대한노총이 밟았던 오류는 ① 산업 혹은 직업에 기초하지 않은 지역적 조직체 ② 조합비 기타 의무금의 남비(濫費)와 재정적 곤란을 해결하기 위해 경영자와 정당에 아부함 ③ 조합교육사업 특히 하부조직 간부의 지도감독을 태만히 함 ④ 단결권과 단체교섭권의 원활한 행사를 하지 못함 ⑤ 간부들은 노동조합운동을 출세 혹은 호화로운 생활의 방도로 인식 ⑥ 간부의 정부 혹은 정당 요직 겸임 등이었다.

　혁신선언과 함께 혁신파가 제시한 당면혁신요강은 대한노총사상 중요한 의미를 지닌다. 당면혁신요강의 내용은 다음과 같다.[19]

　　1. 지역별 조직을 산업별 직업별 조직으로 재편성하되 건실한 단위조합을 기초로 한 민주적 중앙집권제를 확립할 것.
　　2. 어용조합적 혹은 관제조합적 성격을 결산하여 자율적 노동조합을

---

[17] 『국민신보』 1948년 9월 24일자, 「대한독립노동총연맹 혁신위원회, 대한노총에 복귀한다는 성명을 발표」(국편, 『자료』8, 443~444쪽).
[18] 혁신선언의 내용은 한국노총, 앞의 책, 368~370쪽 부록 4-2 참조.
[19] 한국노총, 앞의 책, 370쪽 부록4-2.

건설할 것.
3. 비민주적 조합 운영방침을 개선하여 노동조합의 역원 및 상임위원회를 비밀투표 기타 민주적 방법으로 선출함으로써 조합운영의 민주화를 도모할 것.
4. 무책임한 조합 재정운영 방침을 개선하여 노동조합의 회계를 공개하고 입회비 조합비 부과금 및 그 징수 관리 사용보고 등을 민주적 방법으로 처리할 것.
5. 조합교육에 대한 수수방관적 태도를 청산하여 조합원에게 민주주의 및 노동조합의 활동과 목적에 관한 성인교육을 적극 실시할 것.
6. 정치운동에 참가하되 노동조합의 제일주의적 목적을 망각한 정당적 행동을 청산하여 어떠한 일당 일파의 도구화됨을 절대 배격할 것.
7. 모호한 태도를 청산하여 스스로 부패 간부의 발본적 숙청을 단행할 것.
8. 적색분자의 지하운동에 대한 비조직적 투쟁방법을 개선하여 과감한 조직적 투쟁방침을 수립 실시할 것.

이상과 같이 혁신파는 ① 산업별 직업별 조직으로 재편성 ② 관제조합 청산 ③ 노동조합의 민주화 ④ 조합재정운영 방침 개선 ⑤ 조합교육 ⑥ 일당일파의 도구화 절대배격 ⑦ 부패간부 숙청 ⑧ 적색분자에 대한 비조직적 투쟁방법 개선 등을 당면혁신요강으로 내세웠다. 당면혁신요강의 내용은 전진한파가 1946년 9월총파업 이후 대한노총의 주류파로서 자리를 잡게 되었을 때 전진한파에 의해 밀려났던 구(舊)간부들이 한때 제기한 것이었다.[20] 1947년 6월의 중앙집행위원회에서 김구(金龜)가 주장한 것이기도 하다.[21]

---

[20] 1946년 10월의 중앙집행위원회에서 대한노총 간부진의 전면교체가 있었는데 전진한파가 완전히 독식했다. 이에 전진한세력으로부터 밀려난 구(舊)간부들 즉 홍윤옥, 유화룡(柳化龍) 등은 대한노총의 노선이 "진정한 노동계급 옹호의 길이 아니었다"고 주장하면서 대한노총에서 탈퇴하였다.
[21] 김구(金龜)는 중앙집행위원회에서 "고위 공직자, 경영주 또는 첩이 있는 노총임원들의 자격을 박탈해야 한다"는 결의안을 제출하였다. 그러나 결의안의 채택에 의해 자격을 박탈당하게 될 범주에 드는 전진한의 지지자들이 김구의 노력을 좌절시켰다.

또한 조직체계로서 산별체제 구상은 1947년의 제1차 전국대의원대회에서 나온 것이었으며, 이 대회에서 산업별 조직과 지역별 조직을 병행하는 방식을 채택하였다. 그런데 관제조합 청산이나 일당일파의 도구화 절대배격, 적색분자에 대한 비조직적 투쟁방법 개선이라는 당면혁신요강은 처음으로 제기된 것이다. 새롭게 제기된 당면혁신요강은 전진한의 사회부장관과 대한노총 위원장 유임을 반대하기 위해 제기한 것이다. 여기서 주목할 점은 마지막 항목에 해당하는 적색분자에 대한 투쟁방침에 관한 것이다. 이는 혁신파세력도 반공투쟁이라는 것에는 주류파와 목표가 일치하였음을 드러내는 것이었다.

혁신파와 주류파의 파벌대립은 헤게모니 쟁탈을 주목적으로 벌어진 것이었지만, 대한노총을 민주적으로 개혁하고자 했다는 점은 긍정적으로 평가할 만하다. 혁신파는 1949년 1월 영등포에서 정화위원회(Clearing Committee)를 구성하여 조광섭의 횡령을 고발하였다. 1949년 4월 인천지역 혁신위원회는 인천지구 노동조합 위원장이며, 또한 하역업 청부업자인 유경원을 횡령죄로 고발하는 등 대한노총 간부들의 부패에 저항하여 투쟁을 전개하였다.[22]

그런데 기존 연구는 혁신위원회의 주장을 과도하게 평가하였다. 조창화는 경제적 노동조합주의를 한층 강화시킨 것이라고 주장하였다.[23] 과도한 평가는 김삼수의 연구에서 두드러지게 나타나고 있다. 김삼수는 『미군정노동부사』의 기록을 인용하여 전진한의 유임을 지지하는 세력은 영등포조직으로서 주된 지지세력은 청년단체였으며, 반(反)전진한세력은

---

22) Stanley W. Earl, 앞의 보고서, 36쪽.
23) 조창화, 「한국 노동조합운동에 관한 사적고찰」, 동국대학교 박사학위논문, 1974, 114쪽. 조창화는 3월파, 4월파의 분쟁은 직접적으로 전진한 위원장의 겸직문제를 중심으로 한 헤게모니 쟁탈전이 그 계기가 되었지만 보다 근본적인 원인은 미군정기 반공정치투쟁을 주요 목표로 활동했던 비본질적인 운동노선에서 탈피하여 새로운 운동방향을 모색해야 할 시대적 요청에 영향을 받은 것이었다고 평가하였다. 조창화, 같은 논문, 106~107쪽.

철도연맹, 부산과 인천의 지역연맹, 서울시지역연맹이었다고 주장하였다. 그리하여 노동조합(유기태파) 대 청년단(전진한파-이승만정부)의 대립·분열 구도가 형성되었다고 하였다.24) 더 나아가서 대한노총의 파벌투쟁은 단순한 파벌투쟁이 아니라 조직운영 및 정책에 대한 근본적인 대립에 뿌리를 두고 있다고 평가하였다.

김삼수는 이러한 대한노총의 내부분열을 유임반대파=노동조합주의, 유임지지파=관제조합주의 사이의 분열·대립으로 도식화하였다. 그는 이러한 내부분열은 미군정기부터 이어져 왔던 혁신파의 노동조합주의와 주류파의 회사조합주의의 대립에서 나온 것으로 보았다.25) 또한 혁신파는 전국적인 산업별·직업별조직 및 조합운영의 자주·민주화를 명확히 표명했지만 주류파는 노자협조노선을 취하고 있는 것으로 보고 〈표 2-1〉과 같이 대한노총의 세력을 유형화하였다.26)

이러한 김삼수의 주장은 혁신위원회 혁신선언에 근거한 것이다. 그러나 혁신선언의 내용을 그대로 받아들여 이들이 진정으로 대한노총을 개혁하고자 노동조합주의를 지향한 반면 주류파는 회사조합주의에 머물러 노동보국, 반공건국(노동제조건의 개선요구도 불가)을 목표하고 있었다고 주장하는 것에는 문제가 있다. 이러한 과도한 주장을 함으로써 결국 헌법에 포함시킨 이익균점권 조항도 중간파의 민족공동체구상에서 나온 것으로 보았다. 또한 혁신파는 조직구조로서 산업별 조합을 지향한 반면에 주류파는 지역별 조직을 고수했다고 보았다. 이에 대한 반론은 제2장 3절 2)조직체계에서 다룰 것이다.

---

24) 金三洙, 「韓國資本主義の成立とその特質 1945~53년 -정치체제·노동운동·노동정책を中心として-」, 동경대학 경제학 연구과 박사학위논문, 1990, 182쪽.
25) 김삼수가 사용하고 있는 "회사조합주의"라는 용어는 노동자들의 권익을 옹호하면서 조직을 신장시키는 것이 아닌 권력의 지원을 받아 조직을 확장하는 반(反)노동조합주의를 의미한다. 김삼수, 위의 논문, 138쪽 참조.
26) 金三洙, 위의 논문, 139-1쪽.

〈표 2-1〉 대한노총 혁신파와 주류파

	조직유형	목표	조직구조
혁신파	노동조합주의	노동제조건의 유지 개선 (자율적·민주적인 노동조합)	전국조합·산업·직업별조합 (민주집중제)
주류파	회사조합주의	노동보국, 반공건국 (노동제조건의 개선요구도 불가)	전국조합-지방·지역별조합 -공장분회(적색분자 배제) 우익청년단조직

3) 3월파와 4월파

정부수립 이후 김구는 전진한세력에 대항하여 헤게모니를 장악하기 위해서 유기태를 중심으로 한 구(舊)국민당세력의 도움이 절실히 필요하였다. 이에 김구는 유기태를 중심으로 한 구국민당세력과 연합하였다. 유기태 또한 전진한세력과 대항하기 위해서는 김구를 중심한 세력이 필요하였다. 김구와 유기태는 1948년 8월의 임시대의원대회에서 전진한위원장 유임반대라는 공통의 입장을 갖고 있었다. 그러나 김구를 중심으로 한 세력이 혁신위원회를 조직하고 혁신선언을 하였을 때 유기태는 김구세력으로부터 한발짝 물러나 있었다.

김구(金龜)와 유기태는 다시 1949년 3월의 전국대의원대회를 앞둔 2월경에 전진한에 대항하는 단일전선을 형성하였다. 단일전선에 참가한 사람들은 김구·유기태·안병성·조상길·김필 등이었다. 이들은 다가오는 대의원대회의 위원장 후보로 유기태를 선출하였다.

1949년 3월 25~26일 양일간 견지동에 있는 시천교당에서 제3회 전국대의원대회가 개최되었다. 총대의원 483명 중 427명이 참석한 이 대회는 전진한을 중심으로 하는 세력과 유기태·김구를 중심으로 한 세력이 첨예하게 대립하고 있었다.[27]

대회에서 전진한 위원장의 유임문제를 놓고 격돌했던 내부분열 상황을

---

27) Stanley W. Earl, 앞의 보고서, 10쪽.

해소하기 위하여 조소앙(趙素昻)·김약수(金若水) 등 외부인사를 위원장으로 추대하여 대한노총 개편의 일대전기로 하자는 의견도 있었다. 그러나 "우리 노동자 또는 노동운동자를 중심으로 하는 노총의 본질에 어그러지는 것"이라면서 내부 인사 중에서 임원을 선출해야 된다는 긴급동의를 만장일치로 가결하였다.[28]

김구는 12명의 경호를 받으며 대회에 참석하였다. 그는 노동조합 임원들이 정치에 몰두하고 있는 것을 비난하였고, 노동조합이 정부지배를 받고 있다고 비난하였다. 대회에서 김구 측 지지자의 긴급동의가 있었는데, 김구의 제명처분 무효를 주장하였다.[29]

임원선거에서 전진한·유기태·김중열 3인의 후보자를 내세워 위원장 선거를 진행한 결과 유기태(劉起兌)가 당선되었다.[30] 또한 부위원장에는 주종필(朱鍾駜)·김구(金龜)·안병성(安秉星)이 선출되었다.[31] 감찰위원장에는 박중정(朴重政), 감찰부위원장에는 송원도(宋元道)·박진(朴進)이 선출되었고, 감찰위원회 고문으로 전진한(錢鎭漢)이 추대되었다.[32]

유기태의 위원장 당선과 제명처분을 당하였던 김구가 복권되어 부위원

---

28) 『동아일보』 1949년 3월 27일자, 「대한노동총연맹 제4회 정기대의원대회, 유기태를 위원장으로 선출」(국편, 『자료』11, 272~273쪽) ; 김영태, 「도큐멘타리 노동운동 20년 소사」(3), 『노동공론』 1972년 2월호, 172쪽.

29) Stanley W. Earl, 앞의 보고서, 10쪽.

30) 위원장 입후보자는 전진한, 유기태, 김중열 3인이었으며, 투표결과는 전진한 198표, 유기태 219표, 김중열 2표였다. 『동아일보』 1949년 3월 27일자, 「대한노동총연맹 제4회 정기대의원대회, 유기태를 위원장으로 선출」(국편, 『자료』11, 272~273쪽) ; 한국노총, 앞의 책, 348쪽.

31) 주종필(운수부연맹 위원장)·안병성(감찰위원회 부위원장)은 대의원대회에서 부위원장에 선출되었으며, 일시 제명처분을 당하였던 김구는 27일 중앙집행위원회에서 부위원장으로 추대되었다. 『동아일보』 1949년 3월 27일자, 「대한노동총연맹 제4회 정기대의원대회, 유기태를 위원장으로 선출」(국편, 『자료』11, 272~273쪽) ; 『동아일보』 1949년 3월 30일자, 「대한노동총연맹, 위원장 선거결과를 놓고 분규」(국편, 『자료』11, 273쪽).

32) 한국노총, 앞의 책, 348쪽.

장에 추대되었다는 것은 유기태·김구세력이 전진한을 패배시킬 수 있을 정도로 강력했음을 보여준다. 대한노총의 임원진은 유기태·김구세력에 의해 독점되었으며 전진한파로 지칭되던 인사들은 일단 배제되었다.[33]

전진한이 대회에서 유기태에게 패배한 것은 사회부장관 사임사건과 무관하지 않은 것 같다. 전진한은 1948년 12월 19일 전(前) 청총 위원장이며 대한청년단 최고지도위원인 유진산이 자신의 관사에서 수도경찰청 무장 경관대에게 검거된 것을 계기로 사회부장관직을 내놓았다. 대한노총 위원장의 사회부장관 겸직은 "노총의 이념을 정치면에 구현하는 가장 좋은 기회"라며 노동운동 발전에 노력하겠다던 그가 유진산 검거 다음 날 사표를 제출하는 돌출 행동을 보였던 것이다.[34] 이러한 감정적인 결단은 1949년 3월대회에 영향을 미쳤을 것으로 보인다.[35]

유기태·김구에 의해 패배한 전진한파는 3월대회를 부정하고 4월에 대회를 재소집하였다. 이에 따라 유기태·김구의 3월파와 전진한의 4월파로 분열되었다. 위원장직 경쟁에서 낙선한 전진한이 "민주적이고 자유로운 노동운동의 발전"을 역설하고 "본인은 한사람의 맹원으로 백의종군하겠다"[36]는 퇴임사를 했음에도 3월대회를 부정한 것은 4월파가 정당성 면에서 취약했음을 드러내는 것이다. 전진한 지지파인 대한노총 영등포연맹을 비롯한 각 연맹은 3월대회를 부정하는 성명서를 발표하는 등 신임 중앙간부의 존재를 부인하였다.[37]

---

33) 김영태, 「도큐멘타리 노동운동 20년 소사」(3), 『노동공론』1972년 2월호, 172쪽.
34) 임송자, 「牛村 錢鎭漢의 협동조합 및 우익노조 활동」, 『한국민족운동사연구』36, 2003, 79~80쪽.
35) 김영태는 1949년 3월 대회에서 전진한을 패배로 이끌었던 주된 요인으로 전진한의 사회부장관 사임으로 연결시켜 설명하였다. 김영태, 「도큐멘타리 노동운동 20년 소사」(3), 『노동공론』1972년 3월호, 172쪽.
36) 이찬혁, 「3월파·4월파」, 『노동공론』1974년 1월호, 125쪽.
37) 『동아일보』1949년 3월 30일자, 『연합신문』1949년 3월 29일자, 「대한노동총연맹, 위원장 선거결과를 놓고 분규」(국편, 『자료』11, 273~274쪽).

전진한 지지파에서 대회를 부인한 명분은 대의원 선정에 문제가 있다는 것이다. 즉 철도연맹에서 전국철도맹원에게 배정된 대의원 수 57명을 인수(人數) 비율에 의해 공정하게 배정하지 않고 대의원 42명을 중앙에서 임의로 선출하고 전(全) 맹원의 3/4을 가진 지방연맹에는 15명을 배정했다는 것이다. 이와 함께 제명처분을 당한 자, 직장을 갖지 않은 비(非)맹원 가두유랑(街頭流浪)분자 다수를 대의원으로 선정하였다는 것이다. 이러한 이유를 내세워 조속한 시일 내에 합법적 대회가 구성될 때까지 신임 중앙간부의 존재를 부인한다고 하였다. 3월대회를 부정하는 성명서 발표에 참여한 연맹은 다음과 같다.[38]

- 영등포연맹 전업연맹
- 경전(京電)노동조합
- 서울동대문연맹
- 강원도연맹
- 충청남도연맹
- 충청북도연맹
- 전라남도연맹
- 전라북도연맹
- 경상북도연맹
- 철도연맹 부산지구
- 철도연맹 마산지구
- 철도연맹 대구지구
- 철도연맹 대전지구
- 철도연맹 부산공작창지구
- 철도연맹 삼랑진지구
- 철도연맹 삼척지구
- 철도연맹 순천지구
- 철도연맹 경주지구
- 철도연맹 이리지구
- 철도연맹 춘천지구

전진한파(4월파)는 전국대회를 재소집하였다. 4월 21일, 22일 양일간에 걸쳐 시천교당에서 대의원 481명 중 363명이 참석한 가운데 열렸다. 그리하여 대회에서 3월대회를 무효로 선언하자는 긴급동의를 만장일치로 가결하고 임원선거에 들어가 위원장에 전진한을 선출하였다.[39] 부위원장에 김중열(金重烈)·홍양명(洪陽明)을, 그리고 감찰위원장에 조광섭(趙光燮)을 각각 선출하였다.[40] 4월대회에서는 또한 송원도(宋元道, 부산

---

[38] 『연합신문』 1949년 3월 29일자, 「대한노동총연맹, 위원장 선거결과를 놓고 분규」(국편, 『자료』11, 273~274쪽).
[39] 『서울신문』 1949년 4월 22일자, 「대한노총 전진한측, 전국대회를 재소집하여 前대회가 무효라고 선언」(국편, 『자료』11, 574~575쪽).
[40] 이찬혁, 「3월파·4월파」, 『노동공론』 1974년 1월호, 126쪽.

지구 연맹 위원장 대리), 박경용(朴慶容, 인천지구연맹 위원장), 김철수(金喆洙, 인천지구연맹 부위원장) 등 3명을 조직의 반동자로 규정하고 제명하는 징계조치를 취했다.[41]

전진한파의 대회 재소집에 대응하여 3월파는 위원장 유기태 명의로 3월대회를 충실히 이행할 것을 표명하면서 행동강령을 발표하였다.[42] 3월파가 제시한 행동강령은 1948년 8월의 임시대의원대회 때와 거의 동일하다. 그런데 농민을 고려한 조항을 삽입함으로써 내용이 약간 변화하였다. 즉 1948년 8월의 임시대의원대회 때 채택된 행동강령 중에서 "노동자의 문맹퇴치와 교양기관 설치"와 "생활필수품을 노동대중에게 우선 분배"라는 조항이 "노동자·농민의 교양기관 설치", "생활필수품을 영농대중에게 우선 배급"으로 바뀌었다. 이는 5월로 예정된 1950년의 총선거를 겨냥하여 농민을 포섭하려는 의도에서 나온 것으로 보인다. 주목할 점은 1948년 8월의 임시대의원대회 때 채택된 "노동자의 파업권 확립"이라는 조항이 삭제되었다는 것이다.

전진한파의 4월대회 재소집에 따라 결국 대한노총은 동일한 명의하에 2인의 위원장이 존재하게 되었다. 3월대회에서 위원장으로 선출된 유기태를 중심으로 하는 세력(3월파)과 4월대회에서 위원장에 선출된 전진한을 중심으로 하는 세력(4월파)으로 분열된 것이다. 4월파는 대회 다음날 23일에 영등포 소재 용산공작소 노조의 감투대(敢鬪隊)와 경전노조의 전위대(前衛隊)를 동원하여 동일빌딩(일제시기 동일은행 건물) 3층에 있는 노총사무실에 들어가 3월파의 임직원을 축출하고 회관점거를 위한 실력전을 벌였다. 다음날 24일에는 3월파에서 철도연맹 경성공장 서울공작창 전위대 300~400명과 서울시연맹 조합원 100여 명이 회관을 탈환하기 위

---

41) 한국노총, 앞의 책, 349쪽.
42) 『조선중앙일보』 1949년 4월 22일자, 「대한노총에서 행동강령 발표」; 『서울신문』 1949년 4월 22일자, 「대한노동총연맹, 최저임금제 등 행동강령을 발표」(국편, 『자료』11, 575쪽).

해 출동, 용산공작소 감투대 및 경전전위대와 일대 결전이 일어났다.43)

이러한 3월파와 4월파 사이의 실력대결에 대해 5월 14일 이승만은 유기태, 김구의 "3월파가 합법적인 것이니 노동회관도 유씨파에게 개방"하라고 사회부 노동국장에게 하명하기도 하였다.44) 또한 조선전업 분규가 단전파업으로 파문이 커졌을 때에도 이승만은 전업회사 측과 사회부장관, 대한노총 3월파 위원장 유기태와 부위원장 김구를 불러 조선전업노동조합을 인정하도록 하였다.45) 이러한 사실은 이승만이 3월파를 지지하고 있다는 것을 드러내는 것이었다. 이승만의 노골적인 3월파 지지에 대한 4월파의 불만을 무마하려고 했는지 이승만은 정부대변인을 통해 "지난 14일 대통령께서 전업회사 측과 노총간부를 불러 파업중지를 요청하는 동 석상에서 대한노총 내부분열에 대하여 그것이 내용으로 어떤 관계가 있어 분열되었는지 자세히 알기 전에는 말할 수 없으나 아무쪼록 쌍방이 서로 양보하고 협조하여 합동하기를 요망한 것뿐이오 결코 어느 한편을 지지하거나 반대한 것이 아니며 더욱 대통령께서는 이에 대한 오해가 없이 노총은 애국 애족하는 건설단체이니만치 하루바삐 서로 양보하고 합동하기를 기대하고 있다"는 내용의 담화를 발표하였다.46)

3월파와 4월파의 분열은 7월 20일 이승만의 중재로 봉합될 때까지 지속되어 서로 원색적인 비난과 테러, 성명전으로 이어졌다. 이러한 분열에 대해 사회부는 양측의 경위를 조사하고 조정을 도모하였으나 해결을 보지 못하였다.47) 7월 14일 이승만 대통령은 3월파와 4월파 각 5인을 경무

---

43) 이찬혁, 「3월파·4월파」, 『노동공론』, 1974년 1월호, 126쪽.
44) 『동아일보』 1949년 5월 17일자, 「유씨파가 합법적. 대통령 노총분규에 언급」.
45) 서중석, 『조봉암과 1950년대』(상), 1999, 501쪽.
46) 『동아일보』 1949년 5월 22일자, 「양파 협조 요망. 노총분규에 정부 談」.
47) 사회부장관은 1949년 6월 29일 "양측에 대하여 공정한 조정의 노력을 하여 보겠으며 이에 대하여 대통령 각하와도 상의한 바 있으니 적당한 시기가 올 것이다"라고 하였다. 『동아일보』 1949년 6월 30일자, 「노총분규는 조정 노력. 중국 피난민은 불원 還送. 李사회장관 談」.

대로 초청하여 양파의 의견을 청취하였으며, 15일 중에 타협회의를 갖고 다시 경무대로 집합할 것을 지시하였다.[48] 그리하여 7월 20일 양파 대표 5인이 또다시 경무대로 집합하였는데 급기야 이승만 대통령의 조정에 의해 일단락 되었다.[49]

이승만 대통령이 제시한 분쟁 해결방법은 양파를 합동하고, 최고위원제를 채택하는 것이었다. 이에 3월파와 4월파는 각각 5명의 최고위원을 선출하였다. 합동서약서의 내용은 다음과 같다.[50]

> 대한노총이 두 부분에 갈리면 노동사회 전체에 타격일 뿐 아니라 건국 초대(初代)에 위기를 양성할 것이므로 이에 참석한 3월대회와 4월대회 양측 대표자들도 여기 모여서 총재와 사회부장관 앞에서 협의한 결과로 노총에 분열을 피하며 국가대업에 공헌키 위해서 양측에 다소 의견과 관계를 다 초월하고 진심으로 합동해서 노총을 더 진전시키며 민생의 발전을 도웁기로 서로 맹서하고 총재의 지휘를 받아 우리와 우리의 동지를 모두 합동해서 다시는 이에 대하여 이의나 쟁론이 없이 정신과 조직적 통일을 완성하기로 공동 협정하고 자(玆)에 공포한다.

합동서약서에 서명한 3월파 최고위원은 유기태·주종필·안병성·박중정·김구였으며, 4월파 최고위원은 전진한·조광섭·김중열·김태룡·신동권이었다.[51] 1949년 9월 1일에는 새로이 개편된 최고위원제에 맞추어 대한노총 중앙본부 신임 집행부 임원을 다음과 같이 결정하였다.[52]

---

48) 『동아일보』 1949년 7월 16일자, 「대한노총 분규. 不日內 해결」.
49) 『동아일보』 1949년 7월 22일자, 「분규타협 강구. 勞總共同委會 조직」.
50) 『동아일보』 1949년 7월 23일자, 「대한노동총연맹 내분, 이승만 대통령의 중재로 봉합」(국편, 『자료』13, 212쪽).
51) 김영태, 「도큐멘타리 노동운동 20년 소사」, 『노동공론』1972년 2월호, 173쪽 ; 한국노총, 앞의 책, 349쪽.
52) 『한성일보』 1949년 9월 2일자, 「대한노동총연맹 중앙본부, 신임 집행부 임원을 결정」(국편, 『자료』14, 2~3쪽).

〈임원〉
· 총무국 책임위원 : 유화룡(柳化龍)
· 조직부 책임위원 : 이득영(李得榮), 유익배(柳益培)
· 선전부 책임위원 : 안인호(安仁浩), 김광준(金光俊)
· 조사부 책임위원 : 정재우(鄭在優), 김종원(金鍾元)
· 쟁의부 책임위원 : 정규선(丁奎善), 이정섭(李正燮)
· 훈련부 책임위원 : 황인수(黃仁秀), 임규성(林圭成)
· 감찰부 책임위원 : 박태순(朴泰順), 김영호(金榮虎)

최고위원은 3월파에서 5명, 4월파에서 5명으로 총 10명으로 구성되었다. 3월파는 3월대회에서의 위원장 유기태, 부위원장 주종필·김구·안병성, 감찰위원장 박중정이 최고위원이 되었다. 4월파는 4월대회에서의 위원장 전진한, 부위원장 김중열·김태룡, 감찰위원장 조광섭, 감찰부위원장 신동권이 최고위원이 되었다. 최고위원의 자리안배는 3월파와 4월파를 대등하게 안배하였다고 볼 수 있다.

그런데 조직부서에서는 상황이 약간 달라지는 모습을 보인다. 조직부서는 총무국·조직부·선전부·조사부·쟁의부·훈련부·감찰부 등 7개 부서로 구성되었는데, 각각 두 명씩의 부서 책임위원을 두었다. 조직부 책임위원에 이득영(3월파?)·유익배(4월파), 선전부 책임위원에 안인호(3월파)·김광준(4월파), 조사부 책임위원에 정재우(4월파)·김종원(3월파)이 선정되어 3월파와 4월파를 고르게 안배했지만, 총무국 책임위원은 4월파의 유화룡 한명이 선정됨으로써 4월파에 유리한 자리분배가 이루어진 것으로 보인다. 훈련부 책임위원으로 선정된 황인수는 4월파였는데, 또 다른 책임위원으로 선정된 김영호가 3월파였는지를 확인할 수 없다. 또한 쟁의부 책임위원에 정규선, 이정섭, 감찰부 책임위원 박태순, 김영호에 대한 파벌은 확인할 수 없다. 3월대회에서 임원으로 선출된 김항(사무국장)·배창우(선전부장)·이방화(훈련부장)·송원도(감찰부위원장)·박진(감찰부위원장)·김영주(감찰부위원장)가, 4월대회에서 임원으로 선출된 홍양명(부위원장)·우갑린(사무국장)·정혜천(부녀부장)·정대천(감찰부위원장)이 통합된 조직의 임원에서 배제되었다.

정부수립 이후부터 끊임없이 야기된 내부분열이 대한노총 총재이기도 했던 이승만 대통령의 지시에 의해 미봉적으로나마 해결되었다는 것은 대한노총의 성격을 드러내는 것이기도 하다.[53] 이승만은 대한노총 창립 이후부터 줄곧 고문이나 총재로 있었다. 정부가 수립되어 이승만이 대통령이 되었어도 대한노총은 이승만을 총재로 추대하였다. 그리하여 총재 즉 대통령의 지시나 유시에 의해 내부분열이 봉합되고 조직이 바뀌는 기가 막히는 현상이 연출된 것이다. 대한노총이 조직의 규약으로서 채택한 "본 연맹은 민주주의적 중앙집권제에 의함"[54]이라는 조항은 완전히 허구적인 것이었다.

대한노총 중앙조직 내에서 3월파, 4월파라는 분열의 소용돌이 속에서 노동자들의 권익옹호는 도외시 당하고 있었다. 이와 같은 파쟁은 하부조직에 영향을 줌으로써 대한노총은 정부수립 후 처음으로 맞는 노동절 기념행사조차 제대로 치를 수 없었다. 철도노조의 대교통부 투쟁이나 조선전업의 노조결성에도 적지 않은 해독을 주었다. 3월파가 주도권을 잡고 있었던 철도연맹에서는 교통부의 현업공무원의 조직분규책동에 4월파의 일부가 가세함으로써 노동조합의 대교통부투쟁을 곤란하게 만들기도 하였다.[55] 조선전업노조 결성을 위한 투쟁에서 양 파 중 어느 한 파가 원조하면 다른 한 파는 뒤로 은근히 이를 못마땅하게 여겨 투쟁에 지장을 주

---

53) 이 대통령의 유시와 지시, 특명이 대한노총의 활동을 좌우했다. 조선전업 분규에 관하여 일부 지상에서 대통령의 담화를 게재하였는데, 이에 대해 공보처에서 대통령의 구체적 지시와 특명이 없었다고 해명하는 해프닝이 벌어지기도 했다. 『동아일보』1949년 5월 19일자, 「공보처, 조선전업회사 노동쟁의와 관련해 보도된 대통령 담화가 사실무근이라고 담화 발표」(국편, 『자료』12, 237쪽).
54) 1948년 1월 제2차 전국대의원대회에서 수정된 규약 제4조에는 "본 연맹은 민주주의적 중앙집권제에 의함"이라고 명시하였다. 한국노총, 앞의 책, 303쪽.
55) 전국철도노동조합, 앞의 책, 1977년, 36쪽 ; 조창화, 앞의 논문, 106쪽.

는 경우가 있었으며, 심지어는 4월파의 간부가 전업쟁의를 적당하게 해결해 준다는 구실하에 서민호 사장과 금전거래를 하기도 하였다.[56]

4) 전진한체제의 확립

1949년 7월 이승만 지시에 의해 3월파, 4월파라는 내부대립이 봉합되었지만 이것으로 내부분열이 제거된 것은 아니었다. 오히려 전진한과 유기태 사이의 대립관계가 증폭되었다. 혁신위원회 김구(金龜)는 더욱더 전진한파에 대항하는 목소리를 높여나갔다. 1950년 3월의 대의원대회를 앞두고 김구는 좌익 혐의로 체포되어 대회가 열리기 전날인 3월 9일에 석방되었다. 김구는 지난 1년간 노동조합문제에 관여하지 말라는 경찰의 압력을 받기도 하였다.[57]

1950년 대한노총 전국대의원대회는 이승만의 지시에 의해 최고위원제로 바꾸었던 조직을 그대로 유지하느냐, 아니면 새롭게 위원장제로 하느냐의 문제 즉 기구개편을 둘러싼 분열이 예고된 만큼 세간의 주목을 끌었다. 또한 5·30 선거를 앞두고 진행되었으므로 토의의 주제는 선거문제가 중심이 되었다.

1950년의 전국대의원대회가 중요한 의미를 갖고 있다는 인식하에 사회부장관은 대회를 앞둔 1950년 2월 24일 대한노총 간부회를 개최하여 파벌의 분열을 막아보려고도 하였다. 이는 선거를 앞두고 내부분열을 야기한다면 다가오는 선거에서 대한노총을 적극 활용하기 어렵다는 판단에서였다. 이날 간부회에서 대한노총의 기구개편을 둘러싸고 전진한은 위원장제도를 주장하였고, 유기태는 최고위원제를 주장하였다. 결국 의견의 합치점을 찾지 못하고 유회되어[58] 기구개편 문제는 전국대의원대회

---

56) 조선전업노동조합, 『전업노조 10년사』, 1959, 166쪽.
57) Stanley W. Earl, 앞의 보고서, 11쪽.
58) 『서울신문』 1950년 2월 24일자, 「사회부장관 주재로 대한노동총연맹 간부회의

의 안건으로 넘어가게 되었다.

1950년 전국대의원대회는 3월 10~11일 시천교당에서 대의원 409명 참석하에 개최되었다.59) 이 대회는 5월 30일 민의원선거를 앞두고 진행되었고, 정치적으로도 내각책임제를 골자로 하는 개헌문제가 대두하는 등 정국이 어수선한 분위기 속에서 치루어졌다.

대회에서는 그간에 야기되었던 3월파와 4월파 간의 조직분쟁의 진행 및 수습 경과가 보고되었다. 그리고 대한노총의 지도체제를 최고위원제로 할 것이냐 아니면 다시 위원장제로 환원할 것이냐 하는 문제를 두고 토의가 벌어졌다. 결국 내부 화해의 잠정적 수단이었던 최고위원제가 부결되고 위원장제가 다시 채택되었다.60)

임원선거에서 재적 대의원 409명 중 322명의 찬성으로 전진한이 위원장에 선출되었다. 부위원장 안병성(安秉星)·홍양명(洪陽明)·조용기(趙龍基), 감찰위원장 박중정(朴重政), 감찰부위원장 정대천(丁大天)·김구(金龜)였으며, 유기태(劉基兌)는 최고 고문으로 추대되었다.61)

이로써 대한노총은 3월파 4월파로 양분되어 혼란을 겪다가 과도적인

를 개최」(국편, 『자료』16, 475쪽).

59) 한국노총, 앞의 책, 352쪽 ; 김영태, 「도큐멘타리 노동운동 20년 소사」(4), 『노동공론』 1972년 3월호, 173~174쪽.

60) 한국노총, 앞의 책, 352쪽 ;『공업신문』 1950년 3월 14일자, 「대한노동총연맹, 제5회 전국대회를 개최하고 임원을 개선」(국편, 『자료』16, 620쪽). 조직상으로는 최고위원제보다는 위원장제가 강력하다는 의견이 다수를 점하여 최고위원제를 부결하고 위원장제를 다시 채택하였다. 김영태, 「도큐멘타리 노동운동 20년 소사」, 『노동공론』 1972년 3월호, 174쪽.

61) 『동아일보』 1950년 3월 13일자, 「위원장에 전진한씨. 노총 正副委長 개편」 ; 한국노총의 『한국노동조합운동사』에는 위원장 전진한, 부위원장 안병성·홍양명·조용기, 사무국장 황인수(黃仁秀), 사무국 부국장 유화룡(柳化龍), 조직부장 유익배(柳益培), 선전부장 김광준(金光俊), 조사부장 김종원(金鍾元), 감찰위원장 박중정, 감찰 부위원장 김구·정대천, 감찰위원회 사무국장 김관호(金觀浩)였다고 한다. 한국노총, 앞의 책, 352쪽. 전진한이 위원장에 선출된 것은 공무원법 및 귀속재산처리법 수정투쟁 등에서의 맹활약이 주효했다고 볼 수 있다.

현상으로 최고위원제가 출현하였으나 이번 대회를 계기로 다시 위원장제로 환원되어 조직상의 체제를 일단 갖추었다. 조직개편에서 유기태는 최고고문으로 밀려났으며, 김구(金龜)는 감찰부위원장직에 만족해야 했다.[62] 부위원장 안병성은 이전에 혁신위원회 임원이었으며 부위원장을 대가로 전진한 지지로 돌아설 때까지 김구와 함께 활동하였다. 부위원장 홍양명은 1949년 4월대회에서 부위원장에 선출되었으나 1949년 7월 3월파, 4월파의 합동과정에서 배제된 인물이었다.[63]

대한노총에서 중요한 직책 중의 하나가 감찰부장이었다. 의약품을 취급하는 유한무역회사의 관리인이자 고용주였던 박중정이 이러한 직책을 맡게 되었다. 감찰부장은 일반적으로 노동조합의 복지를 체크하는 직책이었지만 중요한 업무는 노동자들의 좌익사상을 조사하는 것이었다.[64]

대회에서 통과된 결의사항은 ① 국회의원선거에 가능한 한 대한노총의 후보를 많이 내도록 할 것 ② 대한노총 선전운동에 전력을 다할 것 ③ 대한노총 규약 수정을 고려할 것 ④ 대한노총 총재의 통제와 감독하에 노동훈련원을 설립할 것 ⑤ 노동자들을 훈련시키고 관리하기 위해 직장방위대를 편성할 것. 이 직장방위대는 대통령과 국방장관의 지휘하에 둘 것 ⑥ 대한노총 본부에 낼 조합비(의무금)는 매달 회원당 20원으로 할 것. ICFTU(국제자유노동조합연맹, International Confederation of Free Trade Unions)에 낼 조합비(의무금)는 집행위원회의 결의에 의해 중앙노동조합으로부터 집행위원회가 모금할 것 ⑦ 노동조합 게시판에 "투쟁"

---

[62] 김구는 1950년 3월 15일 대한노총 서울시연맹 대의원대회에서 위원장에 선출되었다. 『동아일보』 1950년 3월 18일자, 「노총 서울시연맹 위원장에 金龜씨」.
[63] Stanley W. Earl은 홍양명이 위원장 전진한과 절친한 사이였으며 공보국장과의 밀접한 관련이 있었기에 부위원장으로 선출되었다는 견해를 제시하였다. Stanley W. Earl, 앞의 보고서, 13~14쪽. 홍양명(1906~?)의 본명은 홍순기(洪淳起)이며, 일제시기 카프 동경지부 중앙집행위원, 고려공청 회원이었다. 홍양명의 일제시기 및 해방 직후 행적에 대해서는 강만길·성대경, 『한국사회주의운동 인명사전』, 창작과 비평사, 1996, 552쪽 참조.
[64] Stanley W. Earl, 앞의 보고서, 14쪽.

이라는 문구를 썼다는 이유로 체포된 목포의 노동조합원 석방을 요청하는 청원서를 내무장관, 법무장관, 검찰총장에게 보낼 것 등이었다.[65]

대회 이후 곧바로 열린 3월 12일의 대한노총 집행위원회에서는 혁신위원회에 속했던 대한노총원의 완전한 추방을 결의했다.[66] 전진한 지지파에 의해 혁신위원회세력은 점차 대한노총에서 축출되었고, 이후 김구는 남한공작대사건에 연루되어 대한노총에서의 활동이 불가능해졌다.[67] 이러한 과정에서 전진한이 중심세력으로 자리잡아가고 있었다. 대한노총에서 전진한 중심체제가 확고히 자리를 잡을 수 있었던 것은 한국전쟁이라는 계기를 통해서였다. 한국전쟁 과정에서 김구, 유기태가 피살·납치됨으로써 전진한체제에 대항하였던 세력이 소멸하게 되었다.

2. 한국전쟁기 조직변화

1) 조직파괴와 조직변화

1950년 한국전쟁으로 인하여 대한노총 조직은 상당수 파괴되었다. 노조간부들은 뿔뿔이 이산하였고 노동자들은 전쟁에 동원되었다. 전시 상

---

[65] Stanley W. Earl, 앞의 보고서, 14쪽 ; 정용욱 편, 『JOINT WEEKA』3권, 1950. 4.7, 278쪽.

[66] Stanley W. Earl, 앞의 보고서, 14쪽.

[67] 『조선일보』1950년 3월 23일자, 「서울지방검찰청, 북한정치보위국 남한공작대사건의 진상을 발표」(국편, 『자료』16, 725~726쪽). 1950년 3월 22일 서울지방검찰청에서 발표한 바에 의하면 김구는 북한정치보위국 남한공작대사건에 연루되었다. 남한공작대사건은 북한정치보위국 대(對)남한 공작대원으로서 월남하여 관공리 및 남한의 방공단체에서 활동하고 있는 사람들을 이용하여 정보를 수집하여 이북에 보고하다가 검거되었던 사건이다. 대한노총 관계자로서 이 사건에 연루된 자는 김구와 대한노총 서울조직부장 김성규(金聖奎)였다. ; 1950년 3월의 남한공작대사건에 이어 4월에는 대한정치공작대사건이 터져 나왔다. 이 사건은 내각책임제 개헌을 추진한 세력에게 타격을 가하여 다가올 총선에 영향을 미치게 하려는 의도에서 기획되었다가 터져 나온 사건이었다. 이 사건에 대해서는 서중석, 『한국현대민족운동연구』2, 역사비평사, 1996, 91~94쪽 참조.

황에서 대한노총은 일선노동자와 거의 단절되어 존재하였다. 조직 자체가 몇몇 간부들에 의해 정치적으로 이용되기도 하였다.[68] 부산으로 후퇴한 연맹은 부산지구 노동조합에 임시사무실을 설치하였으나 혼란과 무질서 속에서 노동조합으로서 업무수행을 할 수가 없었다.[69]

대한노총도 전쟁 중 진행된 인민재판과 역재판에 휩쓸려 많은 희생자를 내었다. 전향을 가장하여 대한노총에 침투했던 전평원에 의해 대한노총원이 살해된 경우도 있었다. 대한노총 임원에 대한 피살·납치 등에서 주목되는 것은 전쟁이 일어나자 대한노총 서울시연맹원 일부가 '남조선악질반동분자 색출위원회'에 가담하여 대한노총의 주요간부를 납치하여 처단하는 데 일익을 담당했다는 점이다.[70]

대한노총은 조직적으로 전쟁기간 중 별다른 활동을 하지 못하였다. 피난하지 못한 대한노총원들이 개별적으로 반공활동을 하였다.[71] 그리고 대한노총원과 그 가족의 생계를 위해 대한노총은 1950년 7월경 전시근로의용단을 조직하여 후방에서 고령-청도 간의 도로포장공사를 하였다. 이러한 활동의 목적은 UN군이 진군하는 데 편의를 제공하기 위한 것이었으나[72] 10여 일 만에 대구에서 후퇴함으로써 근로의용단은 자연 해소되었다.

전쟁 중 대한노총 산하조직으로서 조직적으로 반공활동을 펼친 사례는

---

68) 김영태, 「도큐멘타리 노동운동 20년 소사」(4), 『노동공론』 1972년 3월호, 176~177쪽.
69) 전국철도노동조합, 앞의 책, 45쪽.
70) 노동운동회고 鼎談, 「대한노총결성전후」(5), 『노동공론』 1972년 4월호, 188~189쪽. 전평 위원장 허성택의 비서로 있던 김규(金圭, 본명 : 김성균)는 전향하여 대한노총 서울시연맹에 들어갔는데, 그는 전쟁 중 '남조선악질반동분자 색출위원회'의 위원장이 되어 대한노총 중요간부를 처벌하는 활동을 하였다.
71) 노동운동회고 鼎談, 「대한노총 결성 전후」(5), 『노동공론』 1972년 4월호, 188~189쪽. 철도연맹 간부였던 곽학송(郭鶴松)은 수색에서 노동조합 간부를 중심으로 '태극단(太極團)'을 조직하여 타공활동을 하였다.
72) 노동운동회고 鼎談, 「대한노총 결성 전후」(5), 『노동공론』 1972년 4월호, 190쪽.

동해지구해상연맹에서 찾을 수 있다. 1948년 3월 28일 결성된 동해지구해상연맹은 방계조직으로 해상방위대를 조직하였다. 해상방위대는 대장·부대장과 4개 참모, 5개 지구대로 편제되었는데[73] 전쟁 중 해상방위 임무를 담당하였다.[74] 동해지구해상방위대에 이어 경남해상방위대가 1950년 7월에 조직되어 해상루트를 타고 피난민으로 위장하여 침투하는 간첩색출 작업과 전남지방으로부터 밀려들어오는 피난선박의 질서유지 활동을 하였다. 동해지구해상방위대와 경남지구해상방위대는 1951년 7월에 해산되었다.[75]

한편 9·28 서울 수복에 이어 북한을 점령한 상태에서 일부 대한노총원이 점령지역에서 공장을 접수하는 등 정부의 점령정책을 수행하였다. 1950년 10월에는 대한노총의 기구도 개편하였으며,[76] 임원을 다음과 같

---

[73] 동해지구해상방위대의 편제 및 간부진은 다음과 같다.
고문 김동덕(金東德), 대장 박진(朴進, 동해지구해상연맹 부위원장), 부대장 한대익(韓大翼, 동해지구해상연맹 쟁의부장), 부대장 박태양(朴泰陽, 동해지구해상연맹 선전부장), 행정참모 박태양(朴泰陽), 작전참모 허영준(許榮俊, 동해지구해상연맹 조직부장), 정보참모 이정환(李正煥, 동해지구해상연맹 총무부장), 경리참모 이해원(李海源, 동해지구해상연맹 재정부장), 제1지구 대장(포항) 박진(朴進), 제2지구 대장(강구) 박중달(朴重達, 강구지구해상연맹 부위원장), 제3지구 대장(구룡포) 김운기(金雲基, 구룡포지구해상연맹 부위원장), 제4지구 대장(감포) 김종대(金鍾大, 감포지구해상연맹 재정부장), 강원지구대(묵호) 이흥봉(李興鳳, 묵호지구해상연맹 부위원장). 전국해원노동조합, 『전국해원노동조합사』, 1973, 47~48쪽.

[74] 전국해원노동조합, 위의 책, 47쪽. 해상방위대는 해군의 지휘·감독을 받았으며, 해상방위대의 경비는 각 어업조합 위판(委販)수수료에서 1푼을 공제하여 충당하였다. 동해지구 해상연맹 조직이 이원화됨으로서 해상연맹의 노동조합운동은 침체될 수밖에 없었다.

[75] 경남지구해상방위대의 간부진은 대장 백진환(白鎭煥, 해군예비역소령, 해군 추천), 부대장 장덕영(張德榮, 해상연맹 추천), 작전참모 변용상(邊龍相, 해상연맹 추천), 행정참모 김규철(金奎喆, 대장 추천), 정보참모 김영옥(金永玉, 경남도경 추천)이었다. 전국해원노동조합, 앞의 책, 50~51쪽.

[76] 『동아일보』 1950년 11월 1일자, 「8일 대회 원만 진행 희원, 이대통령 노총 지도자에 권고」.

이 선출하였다.

〈임원〉
· 위원장 : 전진한
· 부위원장 : 조용기 · 조광섭 · 주종필 · 김헌
· 사무국장 : 유화룡
· 총무부장 : 김헌(겸)
· 선전부장 : 조연현
· 조사부장 : 김영주
· 쟁의부장 : 주종필(겸)
· 후생부장 : ○○식
· 서무부장 : 김건진
· 문교부장 : 백종덕
· 감찰위원장 : 박중정
· 감찰부위원장 : 정대천 안준성
· 감찰사무국장 : 김관호
· 감찰서무부장 : 박태순
· 북선조직파견선도위원 책임위원 : 김헌 김영주 백종덕
· 북선조직파견선도위원 : 조광섭 주종필 정대천 김영주

북선조직파견선도위원 신설은 점령지역에서 조직적인 활동을 펼치기 위한 것으로 보인다. 물론 자료상의 한계로 구체적인 사실을 밝히기는 어렵다. 다만 철도연맹 위원장이었으며 북선조직파견 선도위원이었던 주종필이 UN군과 함께 대한노총에서 파견하는 이북조직의 제1진으로 출발하였다는 기록만 있을 뿐이다.[77] 대한노총이 위와 같이 조직개편을 하였어도 결국 1·4후퇴에 따라 대한노총도 제주도로, 부산으로 다시 피난할 수밖에 없어 별다른 활동을 하지는 못하였다.

한국전쟁의 발발로 1951년 3월에 개최되어야 할 제5차 전국대의원대회는 각급 조직의 붕괴와 간부들의 피난 때문에 개최될 수 없었다. 부득이 임시방편으로 각 도 및 산별대표자 회의를 개최하였다. 회의에서 재편성된 조직과 임원은 위원장 전진한(錢鎭漢), 부위원장 조광섭(趙光燮)·조용기(趙龍基)·주종필(朱鍾馝), 감찰부위원장 정대천(丁大天)·송원도(宋元道), 감찰사무국장 김관호(金觀浩), 총무부장 유화룡(柳化龍), 조직부장 유익배(柳益培), 선전부장 홍현동(洪顯東), 조사부장 이득영(李得英)이었다.[78]

---

77) 전국철도노동조합, 앞의 책, 47~48쪽.

2) 내부갈등과 대립

유기태 · 김구가 전쟁 중 피살 · 납치됨으로써 그동안 전진한에 대항하던 세력은 소멸되었다. 그러나 대한노총은 조선방직쟁의(이하 조방쟁의) 및 1951년 12월 23일 자유당 결성을 계기로 분열되었다. 조방쟁의의 과정에서 정화위원회파(이하 정화파)와 조방대책위원회파(이하 조방파)로 분열되었다. 대한노총 정화위원회는 원외자유당의 영향을 받으면서 정치파동에 이용되었다. 당시 원외자유당은 조선방직회사 내에 민의동원본부를 두고「딱벌떼」·「백골단」·「민족자결단」등 관제민의단체를 만들어 테러 · 습격 · 데모 등을 벌이고 있었으며 이와 같은 단체에 노조원을 참칭(僭稱)하는 사이비노조원들이 대다수 동원되었다.[79]

1951년 12월 15일부터 1952년 3월 13일까지 전개된 조방쟁의는 한국 노동운동사상 중요한 의미를 갖는다.[80] 조방쟁의는 대한노총이 내부혁신과 더불어 새로운 방향을 모색할 수 있는 계기가 될 수도 있었다. 그러나 대한노총의 지도자들은 조방쟁의를 헤게모니쟁탈을 위한 하나의 수단으로 이용하였다.[81]

이러한 분열 속에서 1952년에 정기대의원대회가 개최되었다. 조방쟁의 및 자유당 결성을 계기로 분열된 대한노총의 파벌싸움은 정기대의원대회에서도 그대로 재현되었다. 전진한을 중심으로 하는 조방파는 5월 27일에, 주종필 · 조광섭을 중심으로 하는 정화파는 5월 31일에 대회를

---

78) 한국노총, 앞의 책 353, 919쪽. 『철로30년사』에는 부위원장으로서 유일한 후퇴자인 조용기 이외에 김헌(金憲), 조광섭, 주종필을 보선하고 공석중인 감찰부위원장(납북) 후임에 송원도를 보선한 것으로 되어 있다. 전국철도노동조합, 앞의 책, 51쪽.
79) 김영태,「도큐멘타리 노동운동 20년 소사」(6),『노동공론』1972년 5월호, 154쪽.
80) 조선방직쟁의의 역사적 의의에 대해서는 서중석, 앞의 책, 502~505쪽 참조.
81) 조선전업노동조합, 앞의 책, 153~155쪽.

개최하기로 결정하였지만 이승만은 "대한노총 전국대회를 오는 5월 31일에 개최한다 하여 이를 내가 승인하였는 바 또다시 일부에서 5월 27일에 개최한다는 말이 있으니 이는 내가 모르는 일이다"라며 5월 31일 이외의 대회를 인정하지 않겠다는 담화를 발표하였다.82) 대한노총 대회소집 권한은 위원장 전진한에게 있었지만, 이승만의 월권은 아무런 문제가 되지 않았다. 그리하여 전진한을 중심으로 한 조방파에서는 31일 대회만을 승인하였다는 이승만의 담화가 발표되자 5월 27일 대회를 중지하기로 결정하였다.83)

한편 사회부장관은 27일 대통령을 방문하고 대한노총 대회문제에 관하여 협의하였으며,84) 사회부차관 김용택(金容澤)은 27일과 31일의 두 대회를 인정하지 않겠다고 언명하는 동시에 쌍방대표와 타협하여 6월 9일 두 개의 대회를 합동하여 거행하기로 하였다고 담화를 발표하였다.85) 그러나 주종필·조광섭을 중심으로 한 정화파는 총재 이승만 대통령의 지시대로 31일 대회를 개최하여 임원을 선출하였다. 최고위원 이진수(李鎭洙)·조광섭(趙光燮)·주종필(朱鍾馝)·조용기(趙龍基)·박중정(朴重政), 감찰위원장 김영주(金永柱), 감찰부위원장 윤효량(尹孝亮)·정병두(鄭炳斗)·박길동(朴吉童), 사무국장 주종필(朱鍾馝, 겸임), 총무부장 최병일(崔炳日), 조직부장 박진(朴進), 선전부장 최용수(崔龍洙), 쟁의부장 김관호(金觀浩)였다.86)

---

82) 『동아일보』 1952년 5월 27일자, 「정통은 31일 대회뿐. 노총대회 분열에 李총재 談」.
83) 『동아일보』 1952년 5월 28일자, 「전씨파 노총대회 간부회서 중지」.
84) 협의한 내용에 대하여 공식적으로 발표하지 않았지만, 사회부 노동국에서 "이 총재는 31일 대회만을 인정한다는 담화를 취소하겠다고 말한 동시에 두 개의 대회 중 합법적인 것을 인정하여 대회를 하라"고 하였다고 비공식적으로 언명하였다. 『동아일보』 1952년 5월 29일자, 「두 개의 대한노총. 이총재 담화를 취소? 전씨파 대의원 다시 대회 준비」.
85) 『동아일보』 1952년 5월 30일자, 「대한노총 6월 9일에 개최. 양파 합동대회로 결정」.

정화파는 ① 새로 영입한 국회의원 이진수 ② 전진한 중심의 주류파에 속했으나 전진한과 결별한 조광섭, 조용기 등 ③ 3월파에 속했던 인물 주종필, 박중정 등으로 구성되었다. 이진수는 제헌의원을 거쳐 5·30선거에서 당선된[87] 정치인으로 대한노총에서 영입한 인물이었다. 조광섭은 1946년 5월 26일에 결성된 대한노총 영등포지구연맹 위원장이었으며, 1946년 8월부터 대한노총 감찰위원장을 지낸 인물이었다. 1949년 4월대회에서 감찰위원장에 선출된 것으로 보아 4월파에 속했다. 주종필은 1947년 8월에 창립된 대한노총 운수부연맹 감찰위원장이었다. 1948년 8월의 임시대의원대회에서 부위원장이 되었으며, 3월파 부위원장이었다. 주종필은 1949년 3월부터 대한노총 철도연맹 위원장을 역임하였다. 조용기는 1950년 3월의 전진한체제하에서 부위원장을 지냈다. 박중정은 3월파 감찰위원장을 지낸 인물로 5월 31일의 대회(정화파 개최)에서 최고위원에 임명되었는데, 6월 9일의 대회(조방파 개최)에서는 감찰위원장에 임명되었다.

한편 전진한을 중심으로 하는 조방파는 사회부장관의 지시에 의해[88] 6월 9일 대의원대회를 개최하였다.[89] (부산)시내 동아극장에서 411명의 전국대의원이 참석한 가운데 거행되었다.[90] 대회에서 선출된 임원은 위원장 전진한(錢鎭漢), 부위원장 조경규(趙瓊奎)·임기봉(林基奉)·김중열(金重烈), 사무국장 이종남(李鍾南), 감찰위원장 박중정(朴重政), 감찰부

---

86) 한국노총, 앞의 책, 919쪽.
87) 중앙선거관리위원회, 『대한민국선거사』 제1집, 1073, 1094쪽.
88) 사회부는 분열을 막아보고자 5월 27일 개최 측과 5월 31일 개최 측의 쌍방을 초청하여 협의하였다. 그 결과 쌍방에서 대회일자 결정을 사회부에 일임하게 되어, 사회부에서는 6월 9일로 통일하여 개최하도록 지시하였다.『동아일보』1952년 6월 2일자,「31일 대회는 심히 유감. 崔사회부장관 노총 분열에 담화」.
89)『동아일보』1952년 6월 9일자,「금일 노총대회. 시내 동아극장서 거행」.
90)『동아일보』1952년 6월 10일자,「두 개의 노총 귀추 주목. 정통파 위원장에 전씨 재선. 어제 반대파의 대회 방해는 실패」.

위원장 정대천(丁大天)·송원도(宋元道), 총무부장 유화룡(柳化龍), 조직부장 이강연(李康演), 선전부장 강완모(姜琓模), 문화부장 양재천(梁在泉), 청년부장 백관옥(白寬玉)이었다.[91]

조방파는 1946년 9월총파업 이후부터 대한노총 위원장을 역임하였던 전진한이 중심이 되었으며, 여기에 5·30선거에서 당선된 조경규, 임기봉이 가세하였다.[92] 임기봉은 대한노총 목포지구 부위원장이었다. 전진한이 5·30선거에서 낙선하였지만, 1952년에 실시된 보궐선거에서 당선됨으로써 조방파는 국회의원이 3명이 되었다.

결국 대한노총은 완전히 둘로 분열되었다. 정화파가 최고위원제를 채택한 반면 조방파에서는 위원장제를 채택하였다. 이러한 대한노총의 분열을 박(朴)사회부장관은 "이론적인 대립이라기보다 감정적인 대립"의 결과라고 보았다.[93]

그런데 이는 단순한 감정적 대립이 아니었다. 앞에서도 본 바와 같이 이승만권력에 대항하고자 했던 일파와 이승만권력에 영합하고자 했던 세력 간의 대립이었다. 대한노총을 권력에 예속시키느냐, 권력으로부터 자유로운 활동을 보장받느냐를 가르는 투쟁과정에서 나온 것이었다. 따라서 이전의 파벌대립과는 양상을 달리하였다. 즉 단순한 헤게모니쟁탈전이 아니었다. 6·9대회에서 개편된 인사들 중에 주목되는 인물로 전진한, 임기봉, 조경규를 들 수 있다. 이들은 국회의원으로서 1953년에 제정 공포된 노동관계법 제정과정에서 적극적인 활동을 하였다.

한편 나카오 미치코(中尾美知子)는 조방파와 정화파의 대립은 1949년의 3월파와 4월파의 분열에서 발단이 되었다고 주장하였으나[94] 이는 잘못

---

91) 한국노총, 앞의 책, 919쪽.
92) 중앙선거관리위원회, 앞의 책, 1098~1099쪽.
93) 『동아일보』1952년 10월 17일자, 「난민을 재조사. 노총분열 방지에 진력. 사회부장관 談」.
94) 中尾美知子, 「1951~52년 조선방직쟁의―현대한국 노사관계의 스타트라인―」,

된 분석이다. 앞에서 밝힌 바와 같이 정화파에는 전진한의 주류파에 속했으나 전진한과 결별한 조광섭, 조용기 등이 참여하였으며, 3월파에 속했던 인물 주종필, 박중정 등도 가담하였던 것이다.

이러한 대한노총 중앙조직의 분열에 대해 일부 하부조직은 반감 내지 반발을 보였다. 1952년 3월의 철도연맹 전국대의원대회에서 주종필이 위원장에 재선되지 못했던 것은 주종필이 정화위원회에 가담한 사실 때문이었다. 이 대회에서 주종필은 정화위원회에 가담한 것에 대해 비판을 받았다.[95] 또한 해상연맹은 1952년 8월 31일 개최된 전국대의원대회에서 결의문을 채택하였는데, 대한노총 중앙조직의 분열상에 대해 "분열의 총책임자 세칭 전진한 주종필 양씨의 그 어느 파에도 속하지 않을 것이며 다만 노총통일에 솔선수범하고 해상노동자의 이익과 복지를 위하여 투쟁할 것"을 결의하였다.[96]

3) 전국통일대회

조방파와 정화파라는 대한노총의 분열상을 타개하고자 노동행정의 주무부서 장관인 사회부장관은 10월 7일 지역 및 특수연맹 대표자들을 소집하였다. 이 자리에서 '통일수습대책위원회'를 구성하여 전국대회를 10월 28일에 열기로 결정하였다. 그런데 통일수습대책위원회가 전국대의원대회를 개최하여 전진한과 주종필을 제명처분하겠다고 성명한 것을 계기로 대한노총은 세 갈래로 갈라지고 말았다. 전진한과 주종필 양측에서는 통일수습대책위원회가 소집하는 대회는 비합법적임을 지적하였고, 반면 통일수습대책위원회에서는 밑으로부터 우러나오는 것이라고 역설하면서

고려대학교 사학과 석사학위논문, 1989, 44쪽.
95) 전국철도노동조합, 앞의 책, 56~57쪽. 이 대회에서 철도연맹위원장으로 국회의원 임기봉(林基奉, 목포해상 노조 출신)이 선출되었다.
96) 전국해원노동조합, 앞의 책, 51~52쪽.

합법적인 소집이라고 응수하였다.

통일수습대책위원회는 전진한을 배제하려는 이승만의 의중을 읽고 사회부 주도로 추진된 조직이다. 전진한이 10월 21일 발표한 성명서에 의하면, 9월 중순경 사회부 노동국장을 만났을 때 "본인(전진한 : 필자)이 이 대통령에게 도저히 용납되지 못하니 노총위원장을 사퇴하라"는 암시를 받았으며, 10월 7일 통일수습대책위원회 집회에 초청장이 왔으나 집회 전날 사회부에서 이를 취소하고 출석을 거부하였다고 주장하였다. 또한 통일수습대책위원회는 주종필을 제거하기 위한 목적에서도 추진되었는데, 그 결성 절차가 정당했는지 의문시된다. 철도연맹 감찰위원장이며, 정화위원회 측 감찰부위원장인 정병두(鄭炳斗)는 "완전한 통일위원은 양측에서 동일한 숫자의 대의원이 선발되어 상호의 이익과 오해를 타파하는 것만이 노총의 진정한 발전을 도모할 것"으로 생각한다고 주장함으로써 통일수습대책위원회를 부정하였다.[97]

통일수습대책위원회가 소집할 예정인 28일의 전국대의원대회는 준비 관계상 11월 8일로 연기되었다. 주종필 측에서 통일추진위원회를 결성함으로써 수습대책위원회마저 두 개로 분열 대립하게 되어 결국 이 둘을 통합하는 것이 우선적인 문제로 떠올랐기 때문이다. 결국 통일수습대책위원회와 통일추진위원회는 10월 30일 사회부장관실에서 연석회의를 갖고 두 개의 위원회를 해체하였다. 연석회의 자리에서 '전국통일대회 준비위원회'를 조직하였고, 11월 8~9일 통일대회 개최에 합의를 보았다.[98]

연석회의에서 합의한대로 부산 동아극장에서 대한노총 전국통일대회가 개최되었다. 대회에서 최고위원 3인 선출제의 규약심의를 놓고 논전이 벌어졌으나 약간 명으로 수정하자는 철도연맹 측의 동의가 채택되었

---

97) 『동아일보』 1952년 10월 22일자, 「노총분열의 진상. 양파 전진한씨 주종필씨 주장은 이러하다」.
98) 『동아일보』 1952년 11월 1일자, 「노총 통합 의연 난색. 錢, 朱 양파 대립 계속. 新통일위의 8, 9일 대회 소집 계기. 전씨파는 반대, 주씨파는 찬성」.

다. 이어 최고위원을 선출하는 과정에서 5·31대회와 6·9대회의 간부에 대한 피선거권 박탈여부 문제로 격론이 벌어졌으나 기존 간부의 선거권 박탈문제는 부결되었다. 최고위원에 송원도(157표), 조경규(132표), 이진수(129표)가 당선되었고, 감찰위원장에는 박중정(朴重政)·김영주(金永柱) 등이 후보자로 추천되었으나 양인의 사퇴로 결국 김두한(金斗漢)에게로 돌아갔다.[99] 11월 9일 통일대회에서 선출된 임원은 다음과 같다.

〈임원〉
· 최고위원 : 이진수(李鎭洙) 송원도(宋元道) 조경규(趙瓊奎)
· 사무국장 : 양재범(梁在範)   · 감찰책임위원 : 김두한(金斗漢)
· 총무부장 : 윤효량(尹孝亮)   · 조직부장 : 변용상(邊龍相)
· 선전부장 : 강완모(姜玩模)   · 후생부장 : 백관옥(白寬玉)
· 회계부장 : 유화룡(柳化龍)   · 국제부장 : 이근영(李根英)
· 교육부장 : 김사욱(金仕郁)   · 부녀부장 : 김선희(金仙熙)
· 쟁의부장 : 한승룡(韓承龍)   · 조사부장 : 김말룡(金末龍)

대회에서 개편된 인사들을 보면 조방파에 속했던 인물들이 대거 간부로 임명되었다. 조방파에서 송원도·조경규가 최고위원이 되었으며, 선전부장·후생부장·회계부장·조사부장·쟁의부장도 조방파에서 차지하였다. 반면 정화파는 이진수가 최고위원에 선출되었다. 정화파는 최고위원 3석 중 1석을 차지하였으며 총무부장에 윤효량이 선출되었다.

최고위원에 선출된 송원도는 조방노조를 결성하는 데 적극적으로 측면지원을 했던 자로서 조방쟁의 당시 부산지구연맹 위원장이었다.[100] 쟁의

---

[99] 『동아일보』 1952년 11월 11일자, 「노총분쟁 일단락. 전국통합대회 종료. 최고위원에 宋, 趙, 李 3씨 피선」 ; 한국노총, 앞의 책, 919쪽 ; 송원도는 통합대회에서의 부장선거는 3명의 최고위원이 각기 세 사람의 부장을 분담해서 추천 선출하였다고 회고하였다. 그리고 유독 조직부장은 중요한 자리라고 해서 최고위원들이 서로 조금도 양보를 하지 않아서 결국 제비뽑기로 결정하여 변용상이 조직부장이 되었다고 한다. 노동운동회고 鼎談, 「대한노총결성전후」(7), 『노동공론』 1972년 6월호, 208쪽.

부장에 임명된 한승룡은 인천지구연맹 감찰위원장으로 있다가 부산에 피난 내려와 조방에 적을 두고 있었으며, 조방쟁의 과정에서 파면당한 경력을 갖고 있었다.101) 사무국장 양재범은 전국광산노조 위원장으로서 조방쟁의에 격려문과 원조금을 보내왔다는102) 안종우의 회고로 보아 조방파를 적극 지지한 인물이었다. 조사부장 김말룡은 경북연맹 쟁의부장이었다.103)

이상의 결과에서 확인되는 바 이승만 대통령의 지시대로 전진한·주종필이 제거되었으나, 대한노총이 이승만의 정치적인 의도대로 통합되지는 않았다. 비록 조방쟁의는 실패했더라도 조방쟁의에 적극적이었던 인사들이 대한노총의 중앙임원으로 대거 등용되었다.

그런데 여기서 문제로 남는 것은 왜 주종필마저 제거하려고 했는가에 대한 의문이다. 이승만이 1952년 10월 31일 「대한노총 통일을 위하여 지도자에게 권고」라는 담화에서 "모든 분파행동하는 사람은 앞으로 누구일지라도 다 삭제하고 단순히 노총 안에서 직접 일하는 사람만이 여기 참가해서 대회를 진행하여야 하고 다소간 분규 있는 곳은 쌍방이 협의하여 원만을 이루되 그 분쟁을 대회에다 부쳐서 전체의 통일을 방해해서는 못 쓸 것이다"104)라고 하여 분파행동을 하는 사람은 모두 제거하겠다고 표명하였다. 그렇더라도 주종필은 전진한과 달리 이승만의 정치노선에 충실했던 자였다.105) 대한노총 중앙본부에서 제거된 주종필은 노동관계

---

100) 안종우, 「조방쟁의」(상), 『노동공론』 1972년 8월호, 115, 119쪽.
101) 안종우, 「조방쟁의」(상), 『노동공론』 1972년 8월호, 119~120쪽 ; 한승룡은 1951년 12월 13일 파면되었다. 中尾美知子, 앞의 논문, 42쪽.
102) 안종우, 「조방쟁의」(하), 『노동공론』 1972년 9월호, 161쪽.
103) 中尾美知子, 앞의 논문, 42쪽.
104) 공보처, 『대통령이승만박사담화집』, 1953, 103쪽.
105) 주종필은 대한노총 철도연맹 위원장이었다. 대한노총 철도연맹은 1947년 1월 18일 대한노총 운수부연맹으로 출발하여 1949년 3월 전국대회에서 개칭한 것이었다. 주종필은 미군정기 1947년 8월부터 대한노총 운수부연맹 감찰위원장

법 제정·공포에 의한 1953년의 철도연맹 재조직과정에서도 김주홍에게 위원장자리를 내주고 말았다.

이승만 대통령은 1952년 11월 8일 대한노총 전국통합대회에 다음과 같은 메시지를 보냈다.106)

> ……내가 우리나라의 대다수 노동자 농민을 위주하여 자유당을 조직한 것도 기왕에 천대받던 이 노동대중이 정치상으로 민족 대다수로 모아 한덩어리를 만들어서 큰 세력을 이루어 가지고 외적을 방어하자는 것이요, 그 안에 각각 직능이 다른 사람들을 그 부분대로 모아 단체를 만들어 먼저 자체 내에서 공고하게 통일을 세워 보자는 것인즉 우리 전민족이 먼저 이것을 실천해서 모든 국민이 각각 힘쓰도록 해야 될 것입니다.……
> 단결을 이룬 후에는 자유로 투표하여 직접 일하는 노동자 중에서 3인을 뽑아 천거하면 그중에서 1인을 택하여 1년 동안 자유당 중앙위원의 책임으로 시무케 할 것이니 투표하여 천거하기 바라는 바입니다.……

이승만에 의해 제거된 전진한은 대한노총 통일대회가 종료된 11월 10일 "관권과 금력에 의하여 강제로 소집된 불법대회이며 대부분이 유령단체의 대표가 날조한 유령대의원의 대회"였다며 대한노총 통일대회를 부정하는 담화를 발표하였으며, "앞으로 진정한 노동운동의 정신을 수호하면서 비표면적으로 노동운동을 전개할 것을 선언"한다고 하였다.107)

통일대회에서 최고위원으로 선출된 이진수(李鎭洙), 송원도(宋元道), 조경규(趙瓊奎)와 감찰책임위원인 김두한(金斗漢)은 제각기 정치적 발언

직을 맡아오다가 1949년 3월의 정기대의원대회에서 위원장에 선출되어 이승만에 의해 제거되기까지 위원장으로서 활동하였다. 그는 조방쟁의에서 정화파의 중심인물이었으므로, 이승만의 정치노선에 충실했던 자였다.
106) 공보처, 앞의 책, 104~105쪽 ; 『동아일보』 1952년 11월 10일자, 「피선후 자유당 간부, 노총대표 선출에 대통령 서한」.
107) 『동아일보』 1952년 11월 11일자, 「대표 대부분 유령. 전진한씨 관권 간섭 비난」.

권을 강화하기 위해 서로 반목·대립하였다. 이러한 일례는 부산부두노동조합을 둘러싸고 일어난 심각한 분열에서 드러난다. 한국전쟁기 수도가 서울에서 부산으로 옮겨지고 대한노총의 정치적 세력판도가 부산부두노동조합의 주도권 장악에 따라 좌우되었다. 따라서 대한노총 본부의 정

〈표 2-2〉 대한노총 조직임원(1948.8~1950.3)

	48.8~49.3	49.3~49.7(3월파)	49.4~49.7(4월파)
총재	이승만	이승만	이승만
위원장	전진한	유기태	전진한
부위원장	유기태, 김종율, 주종필	주종필, 김구, 안병성	김중열, 홍양명, 김태룡
사무국장	우갑린	김항	우갑린
감찰위원장	조광섭	박중정	조광섭
감찰부위원장	김영주, 정대천	송원도, 박진, 김영주	정대천, 신동권
총무부장	유화룡	안인호	유화룡
조직부장	주종필(겸직)	유익배	이득영
선전부장	이태○	배창우	김광준
문화부장	안준성		정재우
조사부장	김종원	김종원	
훈련부장	백종덕	이방화	황인수
청년부장	윤홍구		
부녀부장	정혜천		정혜천
	49.7.19~50.3		50.3~
총재	이승만	총재	이승만
최고위원	유기태, 주종필, 전진한, 조광섭, 김 구, 박중정, 김중열, 신동권, 안병성, 김태룡	위원장	전진한
		부위원장	안병성, 홍양명, 조용기
		사무국장	황인수
총무국책임위원	유화룡	감찰위원장	박중정
조직부책임위원	이득영, 유익배	감찰부위원장	김구, 정대천
선전부책임위원	안인호, 김광준	감찰사무국	김관호
조사부책임위원	정재우, 김종원	총무부장	유화룡
쟁의부책임위원	정규선, 이정섭	조직부장	유익배
훈련부책임위원	황인수, 임규성	선전부장	김광준
감찰부책임위원	박태순, 김영호	조사부장	김종원

〈표 2-3〉 대한노총 조직임원(1950.10~1952)

50.10~		51.3~	
위원장	전진한	위원장	전진한
부위원장	조용기, 조광섭, 주종필, 김헌	부위원장	조광섭, 조용기, 주종필
사무국장	유화룡	감찰부위원장	정대천, 송원도
감찰위원장	박중정	감찰사무국장	김관호
감찰부위원장	정대천, 안준성	총무부장	유화룡
감찰사무국장	김관호	조직부장	유익배
감찰서무부장	박태순	선전부장	홍현동
총무부장	김헌(겸임)	조사부장	이득영
선전부장	조연현		
조사부장	김영주		
쟁의부장	주종필(겸임)		
후생부장	○○植		
서무부장	김건진		
문교부장	백종덕		
북선조직파견선도위원 책임위원	김헌, 김영주, 백종덕		
북선조직파견선도위원	조광섭, 주종필, 정대천, 김영주		
1952.5.31(정화파)		1952.6.9(조방파)	
최고위원	이진수, 조광섭, 주종필, 조용기, 박중정	위원장	전진한
감찰위원장	김영주	부위원장	조경규, 임기봉, 김중열
		사무국장	이종남
		감찰위원장	박중정
감찰부위원장	윤효량, 정병두, 박길동	감찰부위원장	정대천, 송원도
사무국장	주종필(겸임)	총무부장	유화룡
총무부장	최병일	조직부장	이강연
조직부장	박진	선전부장	강완모
선전부장	최용수	문화부장	양재천
쟁의부장	김관호	청년부장	백관옥

〈표 2-4〉 대한노총 조직임원(1952.11.9)

1952.11.9~			
최고위원	이진수, 송원도, 조경규	사무국장	양재범
감찰책임위원	김두한	총무부장	윤효량
조직부장	변용상	후생부장	백관옥
회계부장	유화룡	국제부장	이근영
교육부장	김사욱	부녀부장	김선희
쟁의부장	한승룡	조사부장	김말룡

치적 · 조직적 · 발언권을 확보하겠다는 야심을 품은 중앙간부들은 제각기 부산부두노동조합을 발판으로 조직침투작업을 지속하였다.[108]

부산부두노동조합은 김희봉(金熙鳳), 윤효량(尹孝亮), 안필수(安弼洙)의 3파세력으로 분열되어 있었다. 이러한 조직적 분쟁이 가장 치열하던 시기는 1952년이었다. 최고위원 송원도, 이진수, 조경규와 감찰책임위원 김두한은 부산부두노동조합의 조직적 주도권을 확립하기 위해 노력하였다. 김두한 · 조경규는 김희봉파에, 이진수는 윤효량파에, 송원도는 안필수파와 연결하여 파벌대립을 일삼았다.[109] 이러한 3파세력의 주도권 쟁탈전으로 노동문제는 뒷전으로 밀리게 되었다.

3. 조직체계

1) 조직 재정비

미군정기 전평과의 대결을 통해 남한에서 전평을 몰아낸 대한노총은 대한민국 정부수립 후 조직을 재정비하였다. 그러나 여기에는 상당한 진통이 따랐다. 미군정기 반전평운동에서 기업주 측과의 공조체제는 전평

---

108) 부산부두노동약사편찬위원회, 『부산부두노동약사』, 1969, 49~51쪽.
109) 부산부두노동약사편찬위, 위의 책, 51쪽.

이 소멸·와해됨으로써 무너지기 시작했다. 정부가 수립된 시점에서 기업주 측으로서는 대한노총이 그리 달가운 존재는 아니었다. 대한노총의 조직을 재정비 내지는 확대하는 데에 기업주 측의 완강한 반대가 있었다. 그럼에도 정부수립 후 새로운 국면을 맞이하여 대한노총은 산하 노동조합을 재정비하였으며, 각지에서 노동조합이 새로이 결성되었다.

1947년 3월 총파업 이후부터 조직 활동이 활발하였던 광산부문에서는 1948년 5월 10일 은성탄광, 7월 27일에는 화순탄광, 그리고 12월 5일에는 상동중석광산(재건)에서 대한노총계 노동조합이 결성되었다. 그리하여 대한노총 전국광산노동조합연맹이 결성되는 1949년 4월 27일에 이르는 기간에 도계·장성·철암·영월·화순·상동·문경·은성에 8개의 대한노총계 노동조합이 조직되었다.110) 그리고 1950년 3월 12일 개최된 전국광산노동조합연맹 대의원대회에 경주노조가 참석한 것으로 보아111) 전쟁 전까지 광산부문에서는 9개의 노조가 존재했다고 볼 수 있다.

전업부문의 경우 1949년 2월 12일 조선전업노조를 결성하여 4개월간 노조의 합법성 쟁취투쟁에 나섰다.112) 조선전업노조가 결성되기 전인 1948년 6월 18일에 결성된 전북지구 섬진강수력발전소노동조합은 조선전업노조가 결성되자 1949년 3월 25일 조선전업노조에 편입되었다. 또한 1948년에 결성된 영월발전소노동조합이 1949년 10월 5일 조선전업노조에 편입되었다. 조선전업노조 결성과 더불어 기술부분회·사무부분회가 결성되었고, 뒤이어 1950년 2월 28일 청평분회, 3월 12일 수색분회, 3월

---

110) 전국광산노동조합, 『광로20년약사』, 1969, 13쪽. 광산부문에서의 우익 노동조합의 효시는 1945년 11월 10일에 조직된 상동중석광산이다. 이후 우익 노동조합 조직이 추진되었는데, 1947년 2월 10일 강원도 도계노조가 조직된 데 뒤이어 장성(강원), 문경, 철암에도 대한노총에 속하는 노조가 조직되었다. 그리고 1947년 4월 27일에는 영월탄광에도 대한노총계 노조가 조직되었다. 전국광산노동조합, 같은 책, 11~12쪽.
111) 전국광산노동조합, 위의 책, 17~18쪽.
112) 조선전업노동조합, 위의 책, 168~173쪽.

15일 부평분회가 잇달아 결성되었다.[113] 1950년 3월에는 당인리분회, 대전변전소분회가 결성되었다.[114]

　철도부문의 경우 1947년 1월 대한노총운수부연맹으로 출발하였는데 1949년 3월 대한노총철도연맹으로 개칭하였다. 교통부에서는 공무원법 통과를 추진하면서 철도연맹의 붕괴책으로 현업원조합을 조직하였으나 결국 대통령의 지시에 의해 현업원조합은 제거되었다.[115]

　위와 같이 정부수립 후 새롭게 정비된 조직은 한국전쟁에 의해 상당수 파괴되었다. 파괴된 조직을 복구하는 작업은 전쟁이 소강상태에 들어선 시기에 진행되었다. 전업노조의 경우 1951년 7월부터 조직수습 및 재건을 위한 준비에 착수하여 부산화력발전소에 사무실을 설치하고 본격적인 운동을 전개하였다. 그리하여 7월 중순에 부산화력발전소분회를 재조직하였고, 1952년 3월까지 기술부분회·총무부분회·보성강분회·영월화력발전소분회·섬진강분회·대구송변전소분회·상주개폐소분회·부평송변전소분회·청평발전소분회·당인리화력발전소분회 등 12개 분회가 조직을 정비하였다. 또한 보성강수력발전소분회(1952.4.5), 화천수력발전소분회(1952.9.26), 괴산건설사무소분회(1953.2.8) 등 신설된 곳도 있었다.[116]

　1950년 9월 28일 서울이 수복되자 철도연맹 위원장 주종필은 UN군과 함께 대한노총에서 파견하는 이북조직의 제1진으로 출발하고, 주종필 위

---

113) 조선전업노동조합, 앞의 책, 305~327쪽. 수색변전분회는 처음에 조선전업노동조합 서울변전소분회로 불려지다 이후 수색변전소로 개칭되었다.
114) 조선전업노동조합, 앞의 책, 319, 331쪽.
115) 전국철도노동조합, 앞의 책, 36~39쪽. 이대통령은 1949년 8월 13일 공보처를 통하여 "반공에 공이 큰 철도노동조합은 공무원법 공포에 불구하고 해산되지 않으며 종전과 같이 계속할 수 있다"는 담화를 발표하였으며, 9월 18일 철도 50주년 기념식에 참석하고 돌아오면서 현업원조합의 간판을 가리키면서 철거를 지시하였다.
116) 조선전업노동조합, 앞의 책, 227~248, 316쪽.

원장의 직무공백을 부위원장이 수행하였다. 다른 산업별연맹과 도연맹과 마찬가지로 1·4후퇴로 인해 1951년의 정기대의원대회는 개최할 수 없었다. 철도노조가 언제부터 조직복구 작업을 했는지는 알 수는 없으나 전업노조와 마찬가지로 전쟁이 소강상태에 접어든 시기에 진행된 것으로 보인다. 한편 1952년 3월 7~8일의 철도연맹 전국대회에 영등포공작창, 인천공작창 노동조합이 참석한 것으로 보아 철도노조에서도 재조직과 함께 몇몇 곳에서 분회가 신설되었음을 추정할 수 있다.[117] 1953년 6월 5일 철도연맹 전국대의원대회가 개최되기 전까지 철도노조의 조직은 지역별 21개 지구노동조합, 4개 공작창노동조합이 있었다.[118]

광산연맹의 경우도 조직정비와 함께 1952년 경남 울산과 충북 단양에 광산연맹 산하의 노동조합이 새로 결성되었고, 11월 1일에는 옥방에도 노동조합이 결성되어 전국 광산연맹 산하의 노동조합 수는 11개 단체로 증가하였다. 기업주들은 조직확대를 저지하려고 파괴행위를 감행하였다. 1952년 충남 청양광산의 간부와 덕대들이 노조결성에 대하여 부당하게 간섭한 사건과 1953년 4월 2일부터 대한석공 측이 감행한 화순탄광노조에 대한 파괴행위는 대표적인 것이었다.[119]

그러나 부산부두노동조합은 상황이 달랐다. 전쟁으로부터 직접적인 피해를 받지 않았기에 조직도 파괴되지 않았다. 그런데 부산부두노동조합은 전쟁으로 수도가 부산으로 옮겨지고 대한노총의 정치적 세력판도가 부산부두노조의 주도권장악에 따라 좌우될 수 있었으므로 그 어느 조직

---

117) 전국철도노동조합, 앞의 책, 47~56쪽.
118) 전국철도노동조합, 앞의 책, 1977년, 62쪽. 철로의 조직은 지역별로 나누어서 서울·청량리·춘천·인천·수원·천안·제천·수색·청주·대전·이리·김천·순천·광주·목포·부산·마산·경주·대구·안동·삼척의 21개 지구노동조합과 직장별로 서울을 비롯한 인천·영등포·부산 등의 4개 공작창노동조합을 합친 전국 25개 노조로 되어 있었으며 그 아래의 분회는 각 현장소속별로 되어 있었다.
119) 전국광산노동조합, 앞의 책, 19쪽.

보다도 파벌대립이 심하였다. 대한노총 본부의 정치적·조직적 발언권을 확보하겠다는 야심을 품은 중앙간부들은 제각각 부산부두노동조합을 발판으로 조직적 침투를 시도하였다. 그리하여 조직정비는커녕 헤게모니쟁탈전만이 지속되는 상황이었다.[120]

이상에서 본 바와 같이 부산부두노동조합을 제외한 대한노총 산하조직들은 정부수립 후 전평 소멸을 계기로 조직을 재정비하거나 새롭게 결성하고자 하였다. 그러나 전쟁으로 인해 조직이 파괴되어 업무를 보지 못하다가 전쟁이 소강상태에 접어든 1951년 7월부터 서둘러 조직을 재정비하기 시작하였다.

2) 조직체계

대한노총의 조직은 미군정기에 이어 정부수립 이후에도 지역별체제를 근간으로 하였으나 지역별체제만을 고수하지는 않았다. 앞서 보았듯이 산업별체제의 필요성은 미군정기에도 주장된 바 있고 실제로도 제1차 전국대의원대회에서 지역별체제와 산업별체제의 병행을 채택하기도 하였다. 그러나 지역별체제와 산업별체제의 병행이라는 조직원칙을 채택하였을지라도 거의 외형적인 틀을 벗어나지는 못하였다.

정부 수립 후 대한노총 내에서 가장 먼저 조직체계에 대하여 문제를 제기한 세력은 혁신파였다. 혁신파는 이전의 지역별 조직체계를 산업별·직업별 조직으로 개편하여야 한다고 주장하였다. 즉 이들 혁신파는 1948년 10월 4일에 발표한 혁신선언에서 "산업 혹은 직업에 기초를 두지 않는 무정견(無定見)한 지역적 조직체는 각 지역의 전횡적 할거로 말미암아 명령계통의 확립과 노동자의 무기인 전국적 단결이 저지되고 있다"면서 지역별 조직체제를 비판하였으며, 당면혁신강령의 첫 번째 항목으로써 "지역적 조직을 산업별 직업별 조직으로 재편성하되 건실한 단위조

---

[120] 부산부두노동약사편찬위, 앞의 책, 49~51쪽.

합을 기초로 한 민주적 중앙집권제를 확립할 것"을 주장하였다.121)

혁신파가 제기한 산업별 조직체계는 1949년 3월의 전국대의원대회에서의 규약수정에 의해 채택되었다. 그러나 대한노총이 산업별 조직체계를 채택한 것은 혁신파의 활동으로 이루어진 것은 아니었다. 1949년의 시점에서 대한노총의 대다수가 산업별 조직체계의 필요성을 인식하였다고 보여진다. 그리고 대의원대회에서 산업별 조직체계를 채택하자는 제안은 전진한계에서 나왔다. 즉 대회에서 규약개정안 상정은 광산노조 대의원들에 의해 이루어졌는데, 이들 광산노조 대의원들은 전진한의 영향하에 있었다.

지역별로 조직되었던 광산노조대표들은 정부나 관계관청에 광산노동자들의 참상을 진정하였고, 이에 대한 개선을 호소하는 과정에서 개별적으로 교섭하는 것에 한계를 느껴, 전국적인 광산노조의 필요성을 인식하였다. 이러한 인식은 1949년에 본격적으로 조직체계 개편에 대한 논의로 이어졌다. 그리하여 1949년 3월 대한노총 전국대의원대회에 참석하기 위해 상경한 각 광산노조 대의원들은 전국광산연맹 창립을 위한 준비회의를 열었고, 준비회의에서 합의된 산업별 노조결성안을 대회에 상정하여 통과시켰다.122)

광산노조가 전진한의 영향하에 있었다고 추정하는 근거는 산업별 조직체제로 조직을 개편하고자 했던 중심인물인 광산노조 위원장 김중열이 전진한과 막역한 사이였고, 대한노총 내에서 전진한파에 속하는 인물이었다는 점이다.123) 전국광산연맹 초대 위원장으로 있던 김중열이 신병으로 입원하게 되자 대한노총 최고위원이었던 전진한이 대표권을 위임받았

---

121) 한국노총, 앞의 책, 369~370쪽.
122) 김영태, 「도큐멘타리 노동운동 20년 소사」(4), 『노동공론』 1972년 3월호, 171쪽.
123) 김중열은 대한노총이 3월파, 4월파로 분열되었을 때 4월파의 부위원장이었으며, 전진한과 친밀한 사이였다. 대담(對談), 「노동운동의 어제와 오늘」, 『노동공론』 1975년 3월호, 150쪽.

으며, 1950년 3월 12일 전국광산연맹 대의원대회에서 제2대 위원장에 선출되었다.[124] 이러한 사실을 상기할 때 광산연맹은 전진한의 4월파가 주도하고 있었다고 볼 수 있다. 따라서 혁신파세력이 산업별 조직체계를 주장한 반면에 전진한을 중심한 세력은 지역별 조직체계를 고수하고자 했다는 감삼수의 주장은 재고되어야 할 것이다.

1949년 3월의 전국대의원대회에서 산업별로 노조를 결성하자는 규약 개정안이 통과됨에 따라 1949년 4월 27일 경전노조 회의실에서 광산연맹이라는 산업별연맹이 처음으로 창립되었다.[125] 김중열은 산업별노조로서 광산연맹의 결성에 대해 "광산연맹이 결성될 당시에는 이미 좌익세력을 타도할 만한 조직력을 대한노총이 갖게 되었으며 이만한 기반을 잡게 된 마당에서는 대한노총으로서도 노동운동의 본질적인 방향을 잡고 나가지 않을 수가 없었습니다. 말하자면 산만한 지역별 조직보다는 산업별 조직으로 기반을 구축할 때 진정한 노동운동을 효율적으로 행할 수 있다고 생각하였던 것"이라고 회고하였다.

광산연맹의 창립을 필두로 부두노조, 조양사노조가 산업별 연맹화 하고 있었다.[126] 그리하여 대한노총의 조직체계는 지역별노조와 산업별노조의 2원적 구조를 갖추었다. 〈그림 2-1〉은 1951년 7월 현재 지방연맹과 산업연맹을 기본축으로 하는 대한노총의 조직을 나타내는 것이다. 그런데 대한노총 조직체계가 산업연맹과 지방연맹을 기본축으로 체계화되었더라도 산업별연맹이 실제로 기능을 하였는가에 대해서는 극히 회의적이다. 대한노총의 지역별·산업별 조직구조는 형식적인 조직체계였을 뿐 산업별조직이 실제적인 기능을 하지는 않았다. 따라서 여전히 대한노총의 중심적인 조직구조는 지역별체제였다고 할 수 있다.

---

124) 전국광산노동조합, 앞의 책, 16~17쪽.
125) 노동운동회고 鼎談, 「대한노총 결성전후」(5), 『노동공론』 1972년 4월호, 185쪽.
126) 김삼수, 앞의 논문, 258쪽.

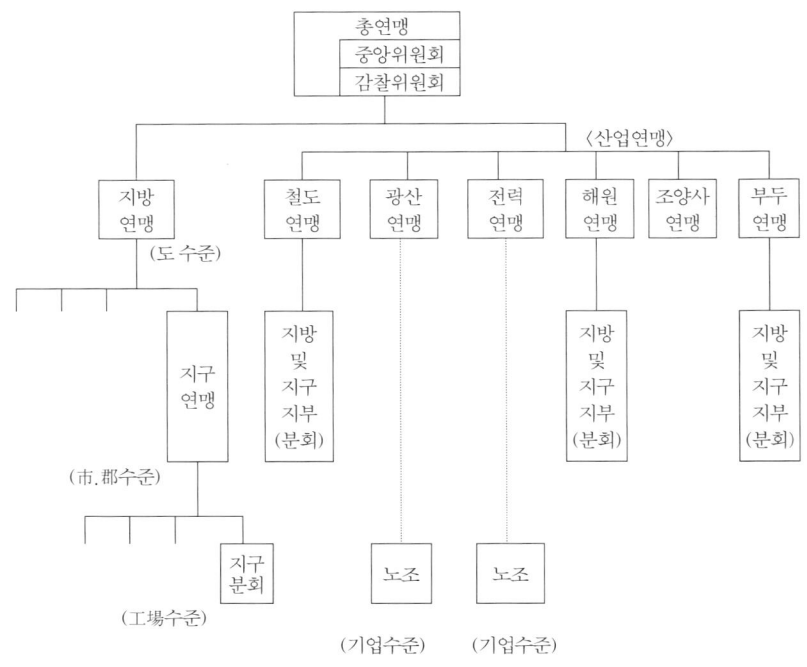

〈그림 2-1〉 1951년 대한노총 조직(1951년 7월 현재)

※ 출처 : 金三洙, 「韓國資本主義の成立とその特質 1945~1953년 —정치체제·노동운동·노동정책を中心として—」, 동경대학 경제학 연구과 박사학위논문, 1990, 258-1쪽.

3) 조직현황

노동조직의 현황에 대한 정확한 통계는 존재하지 않는다. 정부의 공식적인 통계나 대한노총에서 주장하는 통계는 신뢰도가 떨어진다. 특히 대한노총에서 주장하는 통계는 대한노총 전국대의원대회에서 자파세력의 대의원 수를 확보하기 위해서 의도적으로 과장되었다고 볼 수 있다. 대한노총에서의 파벌싸움이 치열해질수록 이러한 과장은 극심했을 것으로 추정된다.

국제무대에 파견된 대한노총 지도자들도 조합원 수를 터무니 없이 과장하였다. 1949년 ICFTU(국제자유노련) 런던회의에 대한노총 대표로 참석한 전진한은 대한노총의 회원을 300만 명이라고 주장하였다. 전진한은 ICFTU가 회원수를 사정(査定)할 예정이라는 것을 알아차리고 800,000명으로 낮추었지만[127] 이러한 수치 또한 과장된 것이다. 미군정기 전 기간을 통하여 대한노총의 세력이 최전성기였던 때의 조직회원이 10만을 넘지 못했으므로 정부 수립 후에도 10만을 약간 넘는 정도로 추산할 수 있다.

〈표 2-5〉와 〈표 2-6〉은 지역별 조직세를 파악할 수 있는 자료이다.

〈표 2-5〉 지역별 노동조합 및 노동조합원 수(1949년 3월 31일 현재)

시도별	노동조합 수	노동조합원 수		
		남	여	계
서울	104	12,084	6,284	18,468
경기	134	10,932	4,683	15,615
충북	20	776	302	1,078
충남	18	843	732	1,575
전북	29	646	267	913
전남	95	1,299	4,642	5,941
경북	144	8,246	2,670	10,916
경남	133	10,197	5,885	16,082
강원	38	6,085	451	6,536
제주	-	-	-	-
계	715	51,108	26,016	77,124

※ 출처 : 한국은행조사부, 『경제연감』(1955년판), Ⅰ-188쪽.

〈표 2-6〉 지역별 노동조합 및 노동조합원 수(1949년 5월 현재)

시도별	조합 수	조합원 수
서울	167	28,516
경기	149	16,541
충북	11	2,261
충남	44	10,820
전북	54	2,491
전남	13	12,546
경북	117	14,918
경남	87	26,879
강원	41	12,690
계	683	127,618

※ 출처 : 조선은행조사부, 『경제연감』(1949년판), 1949년, Ⅰ-73쪽.

127) Stanley W. Earl, 앞의 보고서, 13쪽.

〈표 2-5〉는 1949년 3월 31일 현재를 기준으로 하였다. 〈표 2-6〉은 1949년 5월 현재를 기준으로 한 것으로 시기적으로 얼마 차이가 나지 않는데도 불구하고 조합 수 및 조합원 수에서는 많은 차이를 보이고 있다. 숫자에서 차이는 있어도 도별 조직세는 충북과 전북만 순위가 다를 뿐 다른 지역은 동일하다. 즉 지역별 조직세는 서울 1위, 경남 2위, 경기 3위, 경북 4위, 강원 5위를 차지하고 있다.

〈표 2-7〉은 1948년부터 1953년까지의 노동조합 및 조합원 수를 나타낸 것이다. 여기서 1948년의 통계치는 공업별 노동조합 및 조합원 수를 나타낸 것으로 철도, 광산, 교통, 통신, 부두 등에서의 노동조합은 제외되었으므로 비교의 대상으로 설정할 수 없다. 『美軍政期情報資料集 노동관련보고서』에 수록된 것으로 1950년 4월 11일에 작성된 「Organized labor in the Republic of Korea」라는 보고서에 의하면 1948년 정부수립 직후의 대한노총 회원을 산업노동력 220,000명 중 약 110,000명으로 보고 있다.[128] 따라서 〈표 2-7〉에 제시된 1948년의 수치는 제외시킬 필요가 있다. 〈표 2-7〉에 의하면 1949년에 683개 128,018명을 보이고 있으며, 1950~1952년에는 전쟁으로 인하여 통계치가 존재하지 않는다.

〈표 2-7〉에서 보는 바와 같이 1949년에 683개, 128,018명이던 것이

〈표 2-7〉 노동조합 및 조합원 수(1948~1953년)

연월말 현재	조합 수	조합원 수		
		계	남	여
1948	391	46,682	29,691	16,991
1949	683	128,018	-	-
1950	-	-	-	-
1951	-	-	-	-
1952	-	-	-	-
1953	194	112,731	88,500	24,231

※ 출처 : 한국은행조사부, 『경제연감』(1956년판), 290쪽.
※ 『대한민국통계연감 1954』, 1955, 214~215쪽에서는 1953년의 조합 수가 202개로 되어 있다.

128) 「Organized labor in the Republic of Korea」 1950.4.11, 4쪽(한림대아시아문화연구소, 『미군정기정보자료집 노동관련 보고서』에 수록).

1953년에는 194개, 112,731명으로 감소한 것을 알 수 있다. 그런데 조합원 수는 15,287명 감소한 데 반하여 조합 수는 489개나 감소하였다. 이는 전쟁 중 많은 노동조합이 파괴되었고, 전쟁이 소강상태를 보이면서 점차 조직정비를 해 나가면서 군소노동조합이 소멸했음을 단적으로 드러내는 수치이다.

한국전쟁기인 1950~1952년의 조직현황을 파악하기는 곤란하지만 김삼수의 연구와 「주한미대사관 일등참사관 Robert W. Tucker가 미국무부에 보낸 반연간(Semi-Annual) 보고서(1958.8.28)」[129]를 통하여 개략적인 파악이 가능하다.

김삼수는 1951년 노동조합 수는 233개이었으며, 조합원 수는 108,993명이라는 통계수치를 제시하였다. 그는 조합원의 과반수는 전쟁의 직접적 피해를 입지 않은 임시 수도 부산을 포함한 경남에 소재하고 있었다고 하였다.[130] 그리고 「주한미대사관 일등참사관 Robert W. Tucker가 미국무부에 보낸 반연간(Semi-Annual)보고서(1958.8.28)」에서는 1950년에 130,000명이었던 것이 한국전쟁으로 인하여 1953년에는 112,000명으로 감소되었다고 하였다. 아마도 이러한 수치가 비교적 실제와 유사한 것으로 보인다.

4. 대한노동총연맹의 활동상

1) 노동계를 압박하는 요인들

대한민국 정부수립과 더불어 전평은 거의 소멸했고, 남한에서의 노동조합은 대한노총 산하에서만 존재할 수 있는 상태가 되었다.[131] 대한노

---

129) 「주한미대사관 일등서기관 Robert W. Tucker가 미국무부에 보낸 반연간 (Semi-Annual)보고서(1958.8.28)」(NARA, 『Records of the Department of State internal affairs of Korea 1955~1959』)
130) 金三洙, 앞의 논문, 258쪽.

총은 전평세력이 제거된 상황에서 새롭게 진로를 모색해 나가야 했다. 그러나 미군정기 노동조합운동 본연의 임무를 포기하고 반공·반전평 활동에 주력하던 면모를 일신하여 노동조합 운동에 충실한 조직으로 거듭나기에는 여러 가지 난관에 부딪칠 수밖에 없었다.

대한노총은 결성과정에 우익정치인이 깊숙이 개입하여 노동단체로서 본래의 기능을 다하지 못하였다. 노동문제보다도 우익정치인 특히 이승만-한민당 노선에 충실한 정치단체로서 기능을 하였다. 또한 대한노총의 조직과정 및 조직확대 과정에서 우익청년단체의 타공활동이 커다란 역할을 하였다. 노동자들에 의해 자율적으로 조직된 것이 아니라 외부 정치세력의 개입에 의해 하향적으로 조직되었으므로 내부에 침투한 정치세력들 간의 파벌대립이 극심하였다. 이러한 요인은 내부의 비민주화로 직결되었으며, 정부수립 이후에도 그대로 이어져 왔다.

대한노총이 노동단체로서 제대로 기능하려면 미군정기 대한노총 구성원으로 많은 비중을 차지하였던 우익청년단을 제거할 필요가 있었다. 그러나 정부수립 이후에도 조직 내에는 우익청년단원이 그대로 자리를 차지하고 있었다. 또한 미군정기 반전평·반공이라는 공동의 목표하에 대한노총과 우익청년단과의 공조체제가 유지되었지만 정부수립이라는 새로운 상황에서 기업 내 우익청년단의 존재는 노동활동에 커다란 장애로 작용하였다. 즉 우익청년단원은 기업주 측과 밀착하여 노동활동을 탄압하는 데 일익을 담당하였다. 1949년 10월 29일 사회부 노동국장 전호엽(全浩燁)의 다음과 같은 발언은 이와 같은 상황을 잘 대변해 주고 있다.132)

> 현재 각 생산기관을 운영하고 있는 기업자들은 대부분이 과거 일제시대부터 해오던 사람들인 만큼 해방 이후 그들이 말로는 노동자의 이

---

131) 김낙중, 『한국노동운동사 -해방후편-』, 청사, 1982, 122쪽.
132) 『동아일보』 1949년 10월 30일자, 「노조발전 노력, 全노동국장 談」.

익을 옹호한다 하더라도 실지에 있어서는 이전과 비슷한 방법을 그대로 답습하고 있는 편이 많으며 간혹 무슨 일이 생기면 외부의 세력으로서 도리어 노동자를 억누르는 일이 있다.
　또한 현재 각 직장에는 대개 노동조합 이외에 청년단 부인회 등이 조직되어 있다. 이로 말미암아 여러 가지 제재와 간섭을 받게 됨으로 노동조합의 정상적 발전에 많은 장애를 주고 있다. 따라서 될 수만 있으면 이러한 청년단운동은 직장 내에서 하지 않도록 하여 진정한 노동조합운동의 발전을 도모함으로써 노동자의 기본적 권리를 극력 옹호하는 동시에 그들의 대우를 개선하여 생활을 안정시킴으로써 노동자의 공산주의화를 방지하여야 할 것이다.

이와 같이 좌익세력이 남한에서 물러간 시점에서 대한노총과 우익청년단과의 공조체제는 파괴되어 가고 있었음에도 우익청년단은 여전히 각 직장, 공장에 남아 노동조합 활동을 압박하고 있었다. 그런데 노동국장의 발언에서 "노동자의 공산주의화를 방지"한다는 목적에서 "노동자의 기본적 권리를 극력 옹호"하여야 한다는 대목이 주목된다. 이는 진정한 의미의 노동조합운동을 기대한 것이 아니었음을 드러내는 것이었다. 이러한 인식은 대한노총 주요간부들에게서 공통적으로 나타나는 것이기도 하였다.
　한편 미군정기에 각 직장에 조직되었던 청년단이 노동조합으로 재조직된 경우도 있었다. 이러한 사례는 조선전업 노조 결성과정을 통해서 찾을 수 있다. 『자유신문』 1949년 2월 20일자에는 "과거 동사(同社, 조선전업 : 필자)의 종업원 조직체였던 민족청년단이 대한청년단으로 합류되자 이를 발전적으로 해체하고 대한노총 전업연맹을 결성하려고"[133) 했다는 기사가 나오고 있다. 또한 기업주 측에서도 적극적으로 노동조합을 파괴하기 위한 일환으로 청년단을 조직하는 경우가 있었다. 조선전업 사장 서민호는 대한청년단을 회사에 도입하여 자신이 단장으로 취임하였으며, 대한청년단을 이용하여 조선전업노조 위원장 최용수와 부위원장 김문규

---

133) 조선전업노동조합, 『전업노조 10년사』, 1959, 177쪽에서 재인용.

에게 폭행을 가하는 등 노조파괴활동을 하였다.[134]

청년조직들은 노동조합 지부가 있는 영월탄광 같은 곳에 조직되었고, 이곳의 노동자들은 청년조직에 가입할 것을 강요당했다.[135] 이에 대해 노동국장 전호엽은 청년단이 노동조합의 합법적인 기능을 방해하고 있음을 비난하였지만[136] 적극적인 대책을 마련하지 못하고 있었다.

미군정기 대한노총과 우익청년단과의 공조체제라는 유산이 정부수립 이후에도 그대로 이어져 대한노총 간부는 대한청년단의 간부직을 겸직하고 있었다. 대한노총 위원장 전진한은 우익청년단체를 통합하여 1948년 12월 19일 결성된 대한청년단의 최고지도위원으로 있었다.[137] 그리고 1950년 1월 7일에 개최된 대한청년단 제1회 전국대회에서는 각 직장에 있는 대한노총과 대한청년단 간부와의 관계에 대하여 다루었는데, 양 단체가 병존하는 것으로 논의되었다.[138]

위와 같이 대한노총과 대한청년단과의 조직적인 연계가 이루어지고 있었지만, 실제적으로는 노동조합과 청년단 사이의 갈등관계는 점차 심화되었다. 노동조합과 청년단 사이에는 ① 이권획득을 둘러싼 갈등 ② 노사분쟁이 있을 경우 대한청년단이 사측을 대변하여 적극적으로 간섭하는 것에서 빚어지는 갈등 ③ 노동자들에게 강제로 대한청년단 가입을 강요하는 것에서 일어난 갈등 등이 빈번히 일어났다.

이권획득을 둘러싼 갈등관계는 특히 부두노조에서 하역작업권을 둘러싸고 일어났다. 이러한 상황에 대해 ECA 노동고문단장은 대한청년단으

---

134) 조선전업노동조합, 앞의 책, 164쪽, 230쪽.
135) Stanley W. Earl, 「Report on Korean Labor」 1950.4.8, 16~17쪽.
136) Stanley W. Earl, 위 보고서, 16쪽 ;『동아일보』1949년 1월 30일자,「노조발전 노력. 全노동국장 談」.
137) 선우기성,『한국청년운동사』, 금문사, 1973, 762~763쪽. 전진한이 어느 시기까지 최고지도위원이었는지에 대해서는 확인하지 못하였다.
138)『서울신문』1950년 1월 9일자,「대한청년단, 전국대회를 개최」(국편,『자료』16, 49~50쪽).

로 구성된 회사에서 인천 부두노조의 하역작업권을 가로채고 있는 것에 대해 국무총리에게 강력하게 항의하기도 하였다.[139]

노사 분쟁이 있을 경우 대한청년단은 사측을 대변하여 적극적으로 간섭하는 경우도 있었다. 일례로 조선전업과 조선전업노동조합 사이의 노사 분쟁에서 대한청년단은 전업회사를 대변하여 적극적으로 개입하였다. 1950년 1월 17일 전업노조 부위원장이 부당하게 해고되자 복직요구 운동이 일어났는데, 전업회사 청년지부는 『서울신문』을 통해 노조부위원장 복직요구에 대해 노골적으로 비난하였으며 노동조합원을 공산주의자로 몰아부쳤다. 또한 전업회사에서의 청년단 지부 지도자는 전업회사의 관리자이기도 하였다. 이렇듯 청년단은 노사 분쟁이 일어날 때마다 관리자를 대변하여 노동조합 활동을 방해하였다.[140]

광산지역의 경우, 모든 광부들은 대한청년단에 소속되어야 했고, 매달 100원의 회비가 임금에서 공제되었다.[141] 이들 광부들은 교대근무 후 훈련과 파수 업무에 종사하기 위해 소집되기도 하였으며, 훈련에 참가하지 않았을 경우 300원(하루 임금)의 벌금을 물어야 했다. 광산지역의 청년단장은 또한 광산 관리인이었다.[142]

노동조합과 청년단 사이의 갈등관계가 악화되자 대한노총은 청년단을 직장에서 몰아내는 운동을 전개하였다. 1949년 2월 19일 중앙집행위원회를 개최하여 "대한노총 조직이 있는 직장에는 대한청년단 조직을 거부할

---

139) Stanley W. Earl, 앞의 보고서, 17쪽. 당시 대한청년단은 정부로부터 외자총국 소관 사업인 ECA(경제협조처) 원조 하역작업을 배당 받아 회사를 창설·운영하여 재정에 충당하였다. 『서울신문』 1949년 11월 21일자(하유식, 「이승만정권 초기 대한청년단의 조직과 활동」, 부산대학교 사학과 석사학위논문, 1996, 24쪽에서 재인용).
140) Stanley W. Earl, 앞 보고서, 17~18쪽.
141) 당시 광산노동자들의 평균임금은 대략 한 달에 10,000원이었으며, 임금은 두세 달 체불되는 게 다반사였으므로, 광부들에게 의무금 100원은 상당한 부담이었다.
142) Stanley W. Earl, 앞의 보고서, 24쪽.

것"을 결의하였다.143) 감찰위원장 조광섭은 청년문제에 대하여 "청년운동이 자기 한계를 넘어서 노임·노동조건 등에 관한 노동운동의 사업범위를 침해하려는 데 알력과 대립이 조성되는 것이니 청년운동 지도자는 모름지기 노동운동에서 명백하게 청년운동을 분리시켜 자기 독자적 세계를 개척해 주기를 요망한다"고 피력하였다.144) 1949년 3월 전국대의원대회에서 청년문제에 관한 건을 중심적인 안건으로 토의한 것도145) 청년단과의 갈등관계가 심각하였음을 드러내는 것이다.

1950년 4월 대한노총은 국제자유노련 시찰단의 내한을 계기로 직장 내 청년단 문제를 해결하고자 국제자유노련 환영준비위원회를 결성하고, 4월 8일 전국 맹원들에게 격려문을 발표하여 청년단을 직장 내에서 몰아내고자 하였다. 발표문의 내용은 다음과 같다.146)

> 먼저 해결하지 않으면 안 될 중대문제는 청년단에 관한 문제이니 원칙상 이 문제는 시비곡절을 초월하여 시급히 낙착을 보지 않으면 안될 것이다. 직장에 노동조합 이외의 단체가 존재하고 노동조건 기타 노동자의 공동복리에 관하여 노동조합이 엄연히 존재함에도 불구하고 타(他)단체가 간섭한다는 것은 민주국가에서는 그 유례가 없는 사실이며 청년단 측의 고집으로 말미암아 지금에까지 지연되었던 것도 오로지 자유노련 시찰단의 내한에 기하여 이 문제는 기필코 해결하여야 할 것이다.

그러나 이러한 운동이 얼만큼 성과를 거두었는지는 자료상 한계로 인하여 확인하기 어렵다. 대한노총이 직장·공장 내 청년단문제를 해결하

---

143) 『연합신문』 1949년 2월 22일자, 「대한노동총연맹, 중앙집행위원회를 개최하고 대한청년단 조직거부를 결의」(국편, 『자료』10, 603쪽).
144) 『서울신문』 1949년 3월 9일자, 「대한노동총연맹의 노동운동관」(국편, 『자료』11, 104쪽).
145) 『동아일보』 1949년 3월 27일자, 「대한노동총연맹 제4회 정기대의원대회, 유기태를 위원장으로 선출」(국편, 『자료』11, 272~273쪽).
146) 『동아일보』 1950년 4월 9일자, 「자유노련 시찰단 내한을 환영. 환영위서 성명」.

기 위한 방안으로 고안한 것이 "직장방위대" 편성이었다. 1950년 3월 전국대의원대회에서 통과된 결의사항을 보면 "노동자들을 훈련시키고 관리하기 위해 직장방위대를 편성할 것"이라는 내용이 나온다. 직장방위대는 대통령과 국방장관의 지휘하에 두는 것으로 구상되었다. 그러나 직장방위대를 편성하겠다는 구상은 얼마 안 있어 전쟁이 발발함으로써 유야무야된 것으로 보인다.

1949년 6월 결성된 국민보도연맹147)의 존재도 노동활동을 압박하는 주요 요인이 되었다. 국민보도연맹에는 미군정기 건국준비위원회, 치안대, 인민위원회와 전평, 전국농민조합총연맹이나 농민조합, 조선청년총동맹이나 조선민주청년총동맹, 조선민주애국청년동맹, 조선부녀총동맹 등의 단체나 각종 문화예술단체, 조선공산당, 남로당 및 당국에 의하여 좌익계로 지목된 정당에 들어가 있었거나 잠깐이라도 들어간 적이 있었던 사람들이 가입하게 되어 있었다.148)

국민보도연맹에 가입한 노동자계급에 대한 통계는 없으나 서울지역의 경우 전평에서 2,272명, 출판노조에서 296명의 노동자가 집단으로 전향하였다.149) 1950년 3월 국민보도연맹은 철도연맹을 결성함으로써 전평 소속의 철도노조원 5천여 명을 포섭하였으며,150) 국민보도연맹은 많은

---

147) 선우종원, 『사상검사』, 계명사, 1992, 167쪽. 국민보도연맹은 해방 후 이승만 정권이 정권유지를 위해 고안해 낸 좌익포섭단체였다. 조직의 대외적 명목은 "개선의 여지가 있는 좌익세력에게 전향의 기회를 주겠다"는 것이었으나, 그 목적은 민족진영 등 반정부세력을 단속, 통제하는 데 두었다. 김기진, 『끝나지 않은 전쟁 국민보도연맹』, 역사비평사, 2002, 19쪽 ; 국민보도연맹은 법에 근거해서 만들어진 단체가 아니었다. 일제가 준전시체제로 들어가면서 1936년에 공포한 조선사상범보호관찰령, 1937년에 만든 '사상보호단체'인 대화숙, 1938년에 출범한 시국대응전선사상보국연맹 등을 상기시키는 조직이었다. 서중석, 『조봉암과 1950년대』(하), 역사비평사, 1999, 602쪽.

148) 서중석, 위의 책, 602~603쪽.

149) 김무용, 「한국노동자계급의 경험과 집단기억, 저항과 순응의 공존」, 『역사연구』 제10호, 2002년 6월호, 33쪽.

150) 한지수, 「국민보도연맹의 결성과 성격」, 숙명여자대학교 한국사학과 석사학위

공장에 지부를 갖고 있었다. 여기에는 과거 전평원으로 활동하였던 노동자들이 국민보도연맹원으로 가입했을 것으로 추정된다.151) 또한 가입강요에 의해 좌익활동과 무관하였던 노동자들도 다수 포함되었을 것으로 보인다.

국민보도연맹과 노동조합 사이에도 상당한 마찰이 있었다. 국민보도연맹을 직접 입안하였던 오제도는152) "대한노총은 노동자들의 복지와 안전을 위한 운동이기에 우리는 그 점에서 어떠한 마찰이 없다"고 발언하였지만 국민보도연맹은 노동조합 활동에 많은 간섭을 하고 있었다. 보도연맹 지부는 청년단과 같은 방식으로 공장에서 연맹원들을 훈련하였다.153)

이상과 같이 대한청년단과 국민보도연맹은 직장·공장 내에서 노동활동을 제어하거나 파괴하였다. 이에 사회부에서는 1949년 10월 이래 대통령 명령으로 각 도시에 통첩하여 대한노총을 제외한 어떠한 단체를 막론하고 직장에서 철거하도록 지시하였다. 그러나 1950년 3월의 시점에서도 이러한 지시가 제대로 이행되지 않고 있었다.154)

이러한 노동상황과 함께 노동활동을 제약했던 가장 심각한 요인은 대한노총 내 파벌관계였다. 중앙조직의 파벌투쟁으로 인해 정부수립 후 전개된 노동조합 결성 투쟁, 노동관계법 제정 투쟁, 공무원법(초안) 수정투쟁은 소기의 성과를 거두지 못했으며, 오히려 악영향을 미친 경우도 많았다. 특히 전쟁 중에 일어난 조방쟁의는 노동운동의 향배를 가름하는 획기

논문, 1995, 35쪽.

151) 1950년 3월 현재 전체 보도연맹원 수는 35만여 명에 이르렀는데, 이 가운데 전평에 가입했던 철도노조 조합원 5천여 명도 포함되어 있었다고 한다. 『한겨레신문』 1990년 6월 24일자(정영태, 「노동조합 정치참여의 역사와 평가」, 『인하대 사회과학연구소 논문집』 제9집, 1990년 6월, 188쪽에서 재인용).

152) 오제도는 1988년 12월 월간지 『말』과의 인터뷰에서 그는 자신이 안을 내놓았다고 밝혔다(김기진, 앞의 책, 20쪽에서 재인용).

153) Stanley W. Earl, 앞의 보고서, 22쪽, 24쪽.

154) 『공업신문』 1950년 3월 18일자, 「사회부, 직장에 대한노동총연맹 이외 조직을 불허」(국편, 『자료』16, 681쪽).

적인 것이었지만, 대한노총 내 파벌 대립과 부패한 간부들의 행태에 의해 좌절의 비운을 맞게 되었다. 또한 정부수립 이후 처음으로 맞는 1949년의 메이데이 행사도 3월파와 4월파의 내부대립으로 중지되었다.[155] 대한노총의 파벌대립은 조선전업 노조결성투쟁 과정에서도 나타나게 되어 노동활동에 해독을 안겨다 주었다.

2) 입법활동과 대한노동총연맹

(1) 헌법제정과 이익균점권

파벌대립에 의해 소기의 성과를 거두지는 못했지만, 대한노총이 전개한 헌법제정 과정에서의 활동, 공무원법 수정투쟁, 귀속재산처리법 수정투쟁, 노동관계법제정 촉진운동 등은 미군정기와 대조되는 활동으로 주목할 만한다. 이는 미군정기 반공·반전평활동에 집중하였던 것에서 점차 노동활동으로 조직의 방향을 잡아가려는 노력의 일환이었다. 사실 미군정기 주요 투쟁목표였던 전평이 사라진 시점에서 이러한 활동은 조직의 존립상 중요하였다.

1948년 5·10선거에 따라 5월 31일 국회가 개원되었다. 6월 2일에는 헌법기초위원회를 구성하여 제헌헌법 제정에 착수하였다.[156] 헌법제정 과정에서 대한노총의 활동 중 두드러진 점은 '노동자의 이익균점권 확보투쟁'이었다. 대한노총은 국회에서 제정될 헌법에 근로자의 권익을 옹호

---

[155] 메이데이 행사가 중지된 데 대하여 대한청년단에서는 다음과 같은 담화를 발표하여 대한노총을 비판하였다. "대한민국정부수립 이후 처음으로 맞이하는 메이데이를 노동단체의 내부분열로 인하여 그 기념행사를 중지한다는 것은 유감지사 아니할 수 없으며 반동적 행위로 민족진영의 분열을 초래한다는 것은 이해하기 곤란한 것이다. 물론 치안문제도 부수겠으나 그렇다고 해서 노동자의 유일한 명절을 묵살한다는 것은 언어도단이다" 김영태, 「도큐멘타리 노동운동 20년 소사」(4), 『노동공론』 1972년 3월호, 170쪽.

[156] 金三洙, 앞의 논문, 140쪽.

할 수 있는 조항을 삽입토록 하는 투쟁을 전개하였다. 개원된 국회에서 헌법 초안을 심의하자 대한노총 위원장 전진한 외 9명은 1948년 6월 14일 다음과 같은 사항을 헌법조문에 삽입하여 균등사회를 이룩하자고 주장하였다.157)

1. 근로자의 단결, 단체교섭과 파업, 기타 단체행동의 자유는 법률의 범위 내에서 보장된다.
2. 노령, 병약, 기타 근로능력의 상실 또는 실업으로 인하여 생활을 유지할 능력이 없는 자는 법률의 정하는 바에 의하여 국가의 보호를 받을 권리가 있다.
3. 광물, 기타 중요한 지하자원 수력, 수리, 산림, 기타 경제상 이용할 수 있는 모든 자연력은 국유로 한다.
   공공필요에 의하여 일정한 기간 그 개발 이용을 특허하거나 또는 특허를 취소함은 법률이 정하는 바에 의하여 차(此)를 행한다.
4. 노동과 기술은 자본으로 간주한다. 관 공 사영 일체 기업체에 속한 노동자는 임금 이외에 당해 기업체의 이윤 중에서 최저 30% 이상 50% 이내의 이익배당을 수(受)할 권리가 있다.
5. 관 공 사영 일체의 기업체에 속한 노동자는 당해 기업체의 운영에 참여할 권리가 있다. 각 기업체 내에 노자협의회를 구성하여 운영에 관한 중요사항을 협의하여 노자협의회의 판정 없이는 노동자의 해고, 정직, 기타 처분은 하지 못한다. 노자협의회에 관한 사항은 국민경제회의의 결의를 통하여 법률로써 정한다.
6. 농지는 농민에게 한하여 분배하되 그 대상은 해(該)농지의 연생산량의 25%를 5개 년간 정부에 납입함으로써 그 소유를 획득한다.
   농지의 분배방법, 소유권의 한도, 소유권의 내용과 한계는 법률로서 정하되 한세대의 농민이 3정보 이상의 농지를 소유함을 부득한다.
7. 자본과 무역은 국가의 통제하에 둔다. 차(此)에 관한 사항은 법률로서 정한다.
8. 국민경제회의는 경제와 사회문제에 관한 기본정책에 관하여 내각의 자문에 응하며 그 입안한 바를 내각에 건의한다.

위 노농8개 조항은 1947년 5월 21일 재개된 미소공위에 제출한 임시정

---

157) 김사욱, 앞의 논문, 295~296쪽.

부수립대책협의회(이하 임협)의 답신서와 유사하다.[158] 1항은 "법률의 범위 내에서"라는 유보조항을 달았지만 단결권·단체교섭권·단체행동권과 더불어 파업권을 확보하고자 했다. 파업권은 1947년 3월의 대한노총 전국대의원대회에서 채택된 당면행동강령에 포함된 것이었다. 또한 1948년 8월 임시대의원대회에서도 당면행동강령으로 채택된 것이다. 미소공위 답신서 임협안에는 "노동조합의 단체교섭권과 파업권"이 포함되어 있었다.[159] 파업권은 민주주의민족전선(민전)안·시국대책협의회(시협)안·남조선과도입법의원(입의)안에는 없는 조항이었다.

4항, 5항은 노동자의 공장운영에 대한 조항이다. 대한노총은 그간 공장운영에 대한 발언권 확립을 주장해 왔다. 1946년 6월 홍윤옥이 제기한 정책안에는 "노동자의 이익, 자유를 확보하기 위하여 운영에 대한 발언권을 확립하라"는 조항이 있으며, 1947년 3월의 전국대의원대회에서도 당면행동강령으로 "공장운영에 대한 노동자 발언권 확립"을 채택하였다. 미소공위 답신서 임협안에는 "기업가 본위의 방법을 개선하고 노무자 및 기술자 대표에게 경영방침에 협의할 기회를 허여하여 경영, 자본, 기술, 노무의 적극적 공동협력"이라는 내용이 포함되어 있다.[160] 노농8개 조항 중 4, 5항은 대한노총의 당면행동강령이나 미소공위 임협안에서 공장운

---

[158] 임협은 한민당이 미소공위와 협의하기로 당론을 확정하고 난 후, 한민당이 주도적으로 결성한 단체였다. 여기에 가담한 단체는 조선민주당이 있으며, 사회단체로는 대한노총·독촉부인회·조선상공회의소·토건협회·청년조선총동맹·천주교회·불교총무원 등이 있다. 송진혁, 「미군정과 제헌헌법 제정과정에 관한 연구」, 성균관대학교 법학과 석사학위논문, 1990, 52쪽. 임협에 대한노총이 가담하였으므로 노동문제에 대한 답신서 작성에서는 대한노총의 의견이 반영되어 나타났을 것으로 보인다.

[159] 설의식, 『임시정부수립대강』, 새한민보사, 1947, 31쪽.

[160] 설의식, 위의 책, 29쪽. 공장운영에 대한 노동자 기술자의 참여는 시협안·입의안에서도 보여진다. 시협안과 입의안에서는 "생산조직은 종래의 기업가본위의 방법을 양기(揚棄)하고 노동자 기술자에 대하여 어느 정도 발언권을 허여함으로써 3자협조의 정책을 취한다"라고 되어 있다. 설의식, 위의 책, 62~63쪽, 90쪽.

영에 대한 노동자의 발언권·협의권을 주장하던 것에서 보다 구체화시킨 것이었다. 그리하여 "기업체의 이윤 중에서 최저 30% 이상 50% 이내의 이익배당"을 노동자가 받을 권리가 있다는 것을 헌법에 삽입시키고자 하였으며, 기업체 내에 노자협의회를 구성하여 노동자가 공장운영에 참여할 권리를 헌법에서 보장받고자 하였다.

노농8개 조항은 대한노총 산하 각 노조로부터 지지를 받았다. 대한노총 및 산하 노조들은 6월 16일 "대한노총에서 제출한 노동헌장은 노동자를 임금 노예의 처지에서 해방시키며 농민을 농노의 환경에서 해방시키는 최저의 물질적 조건을 보장하는 것"이라는 내용의 성명서를 발표하고, 노동헌장 통과를 위해 투쟁할 것을 선언하였다.161)

이에 반해 상공회의소는 대한노총의 제안에 대해 7월 1일에 「노자문제에 관한 대한노총과 농총 등의 제의에 관한 비판서」를, 7월 7일에는 「이익배당 균점제에 대한 비판」이라는 문건을 국회에 제출하였다. 또한 7월 6일에는 「근로자의 이익분배 조항」에 대한 성명서를 발표하였다.162) 7월 19일에 개최된 전국상공업자 대표자대회에서는 이익배당 균점제를 개폐한다는 결의문을 채택하였으며, 노자협조에 대한 성명서를 발표하였다.163)

한편 대한노총 제안에 대해 6월 29일 전평에서는 "모든 중요산업은 친일파 모리배와 자본가들이 독점하고 있는 오늘 남조선의 사회경제도 고정화시키며 더욱 공고히 하고 강화시키는 야망은 그들이 발표한 헌법초안에서 여지없이 폭로되고 있다"는 내용의 성명서를 발표하였다.164) 그

---

161) 『조선일보』 1948년 6월 17일자, 「노동헌장을 채택하라. 대한노총 등 대국회투쟁 성명」; 김영태, 「도큐멘타리 노동운동 20년 소사」(3), 『노동공론』 1972년 2월호, 167쪽.
162) 대한상공회의소, 『대한상공회의소 3년사』, 1949, 200~217쪽.
163) 대한상공회의소, 위의 책, 389~393쪽.
164) 『조선중앙일보』 1948년 7월 6일자, 「대한노총 제안 비판. 전평에서 견해를 비판」.

리고 북조선과 같이 모든 진보적 노동법령 등 민주주의 제반 기본개혁이 실시됨으로만 노동자 농민은 자본가와 지주로부터 완전히 해방될 수 있다고 주장하였다.

제헌국회에서 노동문제에 관한 조항 즉 제17조(근로의 권리와 의무)와 제18조(근로자의 단결, 단체교섭과 단체행동의 자유)를 심의하는 과정에서 격전이 벌어졌다. 제17조, 18조는 우리나라 산업국책의 기본을 결정하는 주요한 조문이기 때문에 대한노총·대한농총·조선상공회의소 기타 여러 단체에서 수많은 건의서가 들어왔고 국회의원이 제출한 수정안만도 7, 8개(수정동의안을 낸 의원수 80여 명)에 달하였다. 특히 문제가 된 것은 근로자의 기업이익균점권이었다. 이 문제는 7월 3일 두 차례 회의를 다 소비하고도 결론을 얻지 못해 다음 회의(7월 5일)에 가서야 겨우 「영리를 목적으로 하는 사기업에 있어서는 근로자는 법률의 정하는 바에 의하여 이익의 분배에 균점할 권리가 있다」는 조문을 신설하기로(제18조 제2항) 결말을 지었다.[165] 제헌헌법 제17조와 제18조의 내용은 다음과 같다. 제17조(근로의 권리의무, 근로조건의 기준, 여자와 소년의 근로의 보호) 모든 국민은 근로의 권리와 의무를 가진다. 근로조건의 기준은 법률로써 정한다. 여자와 소년의 근로는 특별한 보호를 받는다. 제18조(근로자의 단결권, 이익균점권) 근로자의 단결, 단체교섭과 단체행동의 자유는 법률의 범위 내에서 보장된다. 영리를 목적으로 하는 사기업에 있어서 근로자는 법률의 정하는 바에 의하여 이익의 분배에 균점할 권리가 있다.[166]

헌법에 이익균점권조항이 포함될 수 있었던 것은 대한노총 독자적인 활동의 결과물이 아니었다. 이는 당시의 사회상황을 반영하여 나온 것이며, 대한노총의 주장이 국회 내 무소속 구락부 의원들의 노력에 의해 받

---

[165] 유진오, 『헌법기초회고록』, 일조각, 1980, 94쪽.
[166] 유진오, 위의 책, 250쪽.

아들여진 것으로 볼 수 있다.[167]

김삼수는 대한노총의 노농8개 조항이 혁신파의 발안(發案)에 의한 것이었다고 주장하였다. 김삼수는 첫째 전진한이 한민당과 이승만 사이에서 양다리를 걸치고 있었던 자이며 후에 비주류파(혁신파)에 의해 "8개조 노농헌장을 헌법에 삽입하는 문제에 있어서 그가 철두철미 비굴하였고 무능하였다"고 비판받았다는 사실, 둘째 국민당과 전국노농의 〈민족공동체〉구상을 혁신파가 이어받아 노농8개 조항을 발안하였을 것이라는 추정을 통해 노농8개 조항은 전진한(주류파)에 의한 것이 아닌 혁신파의 발안에 의한 것으로 보았다.[168] 그러나 앞에서 본 바와 같이 노농8개 조항은 1947년 5월 21일 재개된 미소공위에 제출한 임협의 답신서와 유사한 내용으로 되어 있다. 또한 답신서를 제출할 당시의 대한노총은 전진한 체제로 유지되고 있었다. 따라서 김구(金龜)를 중심한 혁신위원회의 혁신선언 및 당면혁신강령을 근거로 하여 노농8개 조항이나 이익균점권조항이 중간파의 민족공동체구상을 이어받아 혁신파에서 제기했다는 주장은 재고할 여지가 있다.

(2) 법령 제정과정에서의 활동

대한노총은 공무원법, 귀속재산처리법 수정투쟁을 전개하였다. 공무원법(초안) 제36조는 "공무원은 공무 이외의 일을 위한 집단적 행동을 하여서는 아니된다"는 조항으로, 대한노총 운수연맹[169]과 체신연맹의 존립에 중대한 영향을 미치는 조항이었다. 이에 대해 대한노총 철도연맹은 대통령을 비롯한 국회에 교통종업원의 노조활동 금지에 대하여 대한노총만은 존립시켜 달라는 내용의 건의문을 제출하였다.[170] 1949년 2월 19일

---

167) 서중석, 앞의 책, 500쪽.
168) 金三洙, 앞의 논문, 149~150쪽.
169) 대한노총 운수연맹은 1949년 3월 전국대회를 개최하여 대한노총 철도연맹으로 개칭하였다. 전국철도노동조합, 『철로 30년사』, 1977, 36쪽.

대한노총 중앙집행위원회에서는 "9급 이하의 공무원은 노총 조직원이 될 수 있도록 수정안을 제출할 것"을 결의하였으며,[171] 본부에서도 3월 6일 국가공무원법(초안) 수정을 요망하는 성명서를 발표하였다.[172] 또한 대한노총 최고위원 전진한은 "대한노총으로서도 단호한 대책을 강구하지 않을 수 없을 것"[173]이라고 표명하는 등 공무원법(초안) 수정투쟁에 나섰다. 철도연맹의 공무원법 수정투쟁에 대응하여 국회에서는 전진한, 윤재욱 의원 등이 수정안을 제기하고, 의원 과반수의 찬동날인을 받았으나 실제로 법안 통과 시에 다수 의원들이 찬동날인했던 것과는 상반된 행동을 취하였다. 결국 국가공무원법 수정안은 부결되고 원안대로 통과되었다.[174]

대한노총은 귀속재산처리법안에 지대한 관심을 표명했으며, 최고위원 전진한은 제헌국회의원으로서 국회에 상정된 귀속재산처리법안 수정안을 제안하였다. 전진한은 대한노총을 대변하여 귀속재산의 우선적인 불하권자로서 "종업원이 된 조합대표자"를 삽입할 것을 제안하였다.[175] 전

---

170) 『독립신문』 1949년 2월 22일자, 「대한노총 운수부연맹, 공무원법을 반대하는 결의문을 채택」(국편, 『자료』10, 598~599쪽); 『동아일보』 1949년 7월 30일자, 「許政 교통부장관, 교통종업원 노조활동 금지 등에 대하여 기자와 문답」; 『경향신문』 1949년 8월 30일자, 「대한노동총연맹 철도연맹, 공무원법 실시에 따른 조직해체에 반발」(국편, 『자료』13, 650~651쪽).
171) 『연합신문』 1949년 2월 22일자, 「대한노동총연맹, 중앙집행위원회를 개최하고 대한청년단 조직거부를 결의」(국편, 『자료』10, 603~604쪽).
172) 『동아일보』 1949년 3월 8일자, 「대한노동총연맹, 국가공무원법 초안 제35조의 수정을 요구하는 성명 발표」(국편, 『자료』11, 62쪽).
173) 『조선일보』 1949년 8월 11일자, 「전진한, 공무원법이 노동운동 발전 막아서는 안 된다고 언명」(국편, 『자료』13, 430쪽).
174) 전국철도노동조합, 앞의 책, 36쪽. 공무원법은 1949년 8월 12일 법률 제44호로서 공포되었다.
175) 이 제안은 전진한 외 40인이 제안한 수정안이었다. 『자유신문』 1949년 11월 12일자, 「전진한의원, 귀속재산처리법안 수정안을 제안」(국편, 『자료』15, 138~139쪽).

진한의 제안은 장홍염 의원 외 13명이 제안한 수정안과 합쳐져 우선 불하권자로서 "종업원조합"으로 수정되었다.[176)]

공제욱은 수정안 제안을 한 전진한, 장홍염 의원 등이 우선권자에 종업원조합을 넣고자 했던 것은 전평에 대항하여 싸운 대한노총 노동자들에 대한 공로를 인정하여 그 대표들에게 공장을 불하받을 수 있는 기회를 주어야 한다는 하나의 이권 확보의 측면이 있었던 것으로 파악하였다. 그는 수정안 제안자들이 진정으로 종업원조합이 회사를 경영하는 노동자자주관리의 체제를 바라고 있었던 것이 아니라 공산주의에 대한 방파제로서 유효하다고 보았기 때문에 제안하였다고 주장하였다.[177)] 전진한과 장홍염의 제안이 합쳐진 수정안은 국회를 통과하였으나 조선재산인연합회의 맹렬한 반대로 인해 정부에 의해 종업원조합이 삭제되고 단순히 종업원이라는 단어로 대치되었다.[178)]

또한 대한노총은 1949년 2월 19일 개최된 중앙집행위원회에서 노동관계법안 입법을 시급히 추진하는 방안을 논의하였다.[179)] 1949년 3월 25~26일 개최된 전국대의원대회에서 노동법 제정 촉진 건의에 관한 건을 토의했으며,[180)] 당면행동강령으로 "8시간 노동제 실시", "최저임금제 실시", "직업희생보험, 실업보험, 질병보험제 실시", "14세 미만 남녀노동 금지와 그 보호책 확립", "노동자의 단체계약 확립" 등을 내세웠다.[181)]

---

176) 전진한 외 40인이 제안한 수정안은 "종업원 대표자"로 되어 있었고, 장홍염 외 13인이 제안한 수정안은 "종업원조합"이었다. 그런데 전진한이 자신의 제안이 장홍염의 수정안과 표현상의 약간의 차이는 있으나 의도는 마찬가지라며 자신의 수정안을 장홍염의 수정안에 합쳐줄 것을 요청하여 종업원조합으로 되었다. 공제욱, 『1950년대 한국의 자본가연구』, 백산서당, 1993, 120쪽.
177) 공제욱, 위의 책, 73~74쪽.
178) 공제욱, 위의 책, 74쪽.
179) 『연합신문』 1949년 2월 22일자, 「대한노동총연맹, 중앙집행위원회를 개최하고 대한청년단 조직거부를 결의」(국편, 『자료』10, 603쪽).
180) 『동아일보』 1949년 3월 27일자, 「대한노동총연맹 제4회 정기대의원대회, 유기태를 위원장으로 선출」(국편, 『자료』11, 272~273쪽).

3) 5·10선거, 5·30선거 참여와 자유당 창당

(1) 5·10선거와 대한노동총연맹[182]

5·10선거는 해방 후 남한에서 처음 실시된 보통선거라는 역사적 의미를 갖는다. 반면 남북 분립과 민족 분열을 야기시켰으며 일부세력의 집권만을 정당화한 선거라는 부정적 의미를 동시에 내포하고 있다. 이승만·한민당 등 극우세력은 선거 실시를 적극 환영하여 선거에 참여한 반면, 중도파와 좌익세력은 단독선거가 민족을 분열시키는 것이라 하여 선거참여를 반대하였다.[183]

선거에 대비하여 대한노총은 제2차 전국대의원대회를 개최하였다. 제2차 전국대의원대회에 이어 대한노총은 5·10선거에 대비하여 1948년 3월 24일 중앙선거대책위원회를 구성하였다.[184] 그런데 대한노총 내에서도 5·10선거 문제를 놓고 한독당, 구(舊)국민당, 한민당계 세력이 갈등·대립한 것으로 보인다. 결국 전진한을 중심으로 한 확고한 중심체제가 압도적 영향력을 발휘하여 5·10선거에 적극 참가하자는 쪽으로 결정을 내렸던 것 같다.[185]

---

181) 『서울신문』1949년 4월 22일자, 「대한노동총연맹, 최저임금제 등 행동강령 발표」(국편, 『자료』11, 575쪽).
182) 제2장은 대한민국 정부수립 이후 시기를 대상으로 한 것이지만 여기서는 편의상 1948년 5·10선거에서의 대한노총을 다루었다.
183) 중도파 세력의 5·10선거에 대한 입장은 ① 단선단정을 완전히 거부한 남북연석회의 참가세력(김구·김규식세력 포함) ② 선거에는 참여하지 않았지만 선거와 이를 기초로 하여 성립된 남한 정부를 인정하는 입장(안재홍) ③ 단선을 현실적 관점에서 인정하고 참여한 경우(조봉암)로 나누어 볼 수 있다. 김득중, 「제헌국회의 구성과정과 성격」, 성균관대학교 사학과 석사학위논문, 1994, 73쪽.
184) 한국노총, 앞의 책, 295쪽.
185) 전진한은 "5·10선거 때에도 노총 내에 의견이 대립되어 분쟁이 있었으나 참가를 극력 주장하여 결정을 지었다"고 회고하였다. 전진한, 『이렇게 싸웠다』, 무역연구원, 1996, 296쪽.

『대한민국선거사』에 의하면 5·10선거에 대한노총은 자체에서 12명, 대한농총은 10명의 후보를 내세웠으며, 선거결과는 대한노총이 1명, 대한농총이 2명 당선되었다.[186] 즉 대한노총에서는 전진한만이 경북 상주 을구에서 당선되었다고 밝혔다.[187] 그런데 김중열은 다음과 같이 대한노총 출신 제헌의원은 전진한(錢鎭漢), 황두연(黃斗淵), 이석주(李錫柱), 이항발(李恒發), 이재형(李載瀅) 등 5명이라고 주장하였다.[188]

〈대한노총 출신 제헌의원〉
· 전진한 : 대한노총 위원장, 대한노총 중진, 대한노총 공천
· 황두연 : 대한노총 순천지구연맹 위원장, 대한노총 중앙위원, 상무위원, 대한농총 중앙위원, 대한노총 공천
· 이석주 : 대한노총 중앙위원, 대한농총 중앙위원
· 이항발 : 전남 나주 갑구, 노동자농민신문사 사장, 대한노총 중앙위원, 대한농총 중앙위원
· 이재형 : 경기 시흥, 대한노총 시흥지구연맹 위원장, 대한노총 중앙위원

전진한만이 선관리위원회에 등록할 때 소속정당단체를 대한노총으로 하였으며, 황두연은 대한노총과 대한농총을 병기하였다. 이석주는 대한농총으로 등록하였으며, 이항발과 이재형은 무소속으로 등록하여 당선되었다.[189] 따라서 소속정당을 대한노총으로 등록하여 당선된 자는 전진한 1인이었으며, 선관위 등록과 무관하게 대한노총에서 활동하였던 사람 중

---

186) 중앙선거관리위원회, 『대한민국선거사』 제1집, 1973, 613·618·1076~1079쪽.
187) 중앙선거관리위원회, 위의 책, 1078쪽. 한국노총, 『한국노동조합운동사』에서는 영등포구에서 당시 대한노총 감찰위원장이며 영등포지구연맹 위원장이었던 조광섭, 인천갑구에서는 대한노총 부위원장이며 인천연맹 위원장이었던 김영주, 상주 을구에서는 대한노총 위원장인 전진한, 문경구에서는 대한노총이 공인한 임승학, 삼척구에서는 강원도연맹 위원장이었던 김중열, 봉화구에서는 대한노총이 공인한 정문흠이 각각 출마하여 전진한만이 당선되었다고 하였다. 한국노총, 앞의 책, 295쪽.
188) 김중열, 「노동일화 낙수(3)」, 『노동공론』 1972년 6월, 215~216쪽.
189) 중앙선거관리위원회, 앞의 책, 1073~1082쪽.

에 제헌국회의원에 당선된 자는 5명이었다고 볼 수 있다. 5·10선거에 당선된 전진한은 이후 사회부장관에 발탁되어 대한노총 내에서 위원장 겸임문제를 놓고 내분에 휩싸이게 되었다.

(2) 5·30선거와 대한노동총연맹

2년 간의 임기를 마친 제헌국회에 이어 제2대 국회구성을 위한 총선거가 1950년 5월 30일 실시되었다. 5·30선거는 건국초기 제헌국회와 초대정부의 정치와 국정수행에 대한 평가를 내포한 선거였다.[190]

대한노총은 1950년 3월 10~11일의 전국대의원대회[191]에서 5·30선거에 적극적으로 참여할 것을 결의하고[192] 각 선거구마다 선거추진위원회를 두기로 가결하였다. 중앙집행위원회는 직장별로 100명을 선출하여 선거추진위원회를 구성토록 하여[193] 대한노총에서 공천하는 후보자가 대거 당선될 수 있는 기반을 구축하였다. 대한노총에서 내건 선거강령은 다음과 같다.[194]

1. 국토통일은 대외적으로는 민주애호국가와 제휴하고 대내적으로는 조속히 민주과업을 완수하여 노동자 농민을 비롯한 전국민의 총단결로써 그 실현을 기한다.

---

190) 정영국, 「정치지형의 변화와 5·30선거」, 『한국현대사의 재인식』3, 오름, 1998, 158쪽.
191) 대한노총은 그간 1949년 3월파, 4월파로의 분열과 그에 대한 수습책으로 최고위원제로 조직이 운영되고 있었으나, 1950년의 전국대의원대회에서 위원장체제로 전환하였다. 임원선거 결과 위원장 전진한(錢鎭漢), 부위원장 안병성(安秉星)·홍양명(洪陽明)·조용기(趙龍基), 감찰위원장 박중정(朴重政), 감찰부위원장 정대천(丁大天)·김구(金龜)였으며, 유기태(劉基兌)는 최고고문으로 추대되었다. 『동아일보』1950년 3월 13일자, 「위원장에 전진한씨. 노총 正副委長 개편」; 한국노총, 앞의 책, 1979, 352쪽.
192) 『동아일보』1950년 3월 12일자, 「노총 전국대회 개막. 5·30선거 등 토의」.
193) 김영태, 「도큐멘타리 노동운동 20년 소사」(4), 『노동공론』1972년 3월호, 174쪽.
194) 『조선일보』1950년 4월 27일자, 「각 당의 선거강령. 대한노총」.

2. 농민본위의 국가체제를 수립하고 정부는 민주원칙에 입각한 책임정치를 단행하여 관기숙청(官紀肅淸)한다.
3. 국민소득을 기초로 한 단일누진세로써 정부예산의 균형을 도(圖)하고 세궁민(細窮民)의 부담을 경감하며 우호국가의 경제적 원조는 산업시설에 적용하여 국가산업경제를 조속히 재건한다.
4. 국토계획을 수립하여 농지개혁은 농민의사 본위로 실시하고 수리시설 급(及) 개척사업을 확장하여 농업증산을 도모한다.
5. 난립된 농업단체를 해산 내지 통합하여 단일적 농민자치의 협동조합을 조직화하고 공동구입 공동판매 저리융자 등으로써 농민의 경제적 이익을 도모하며 고리대를 청산케 한다.
6. 각 읍면(邑面)단위로 농민고등교를 설치하여 교육의 대중화와 아울러 농업기술 급(及) 민족문화의 향상을 기한다.
7. 미가(米價)는 생산가격 이상으로 하고 모든 물가는 미가(米價)의 기준으로 조정하여 국민생활의 안정을 도(圖)한다.
8. 금융은 모리 간상배를 조장하는 단기대부(短期貸付)를 회수하여 산업부흥에 이용할 수 있는 장기대부(長期貸付)로 하여 특히 농업생산 발전에 융자한다.
9. 민주적 노동법을 확립하고 노동자에게 기본권리를 부여하여 경제적 이익을 균점케 한다.
10. 근로무산대중의 복리증진을 위한 후생시설과 실업자 이재민(罹災民) 등을 보호 구제하는 사회보험제도를 수립한다.

위 선거강령을 내건 주체가 노동자단체인지, 농민단체인지 분간하기 어렵다. 선거강령 대부분이 "농민본위의 국가체제 수립", "농지개혁은 농민의사본위로 실시하고 수리시설 급(及) 개척사업을 확장하여 농업증산을 도모", "단일적 농민생활의 협동조합을 조직화", "각 읍면 단위로 농민학교를 설치", "미가(米價)는 생산가격 이상으로"라는 것으로, 농민에 대한 것이었다.

노동자에 대한 강령으로는 "민주적 노동법을 확립하고 노동자에게 기본권리를 부여하여 경제적 이익을 균점케 한다"는 것과 "근로무산대중의 복리증진을 위한 후생시설과 실업자 이재민 등을 보호 구제하는 사회보험제도를 수립한다"는 것으로 마지막 부분에 나오고 있다. 이렇게 대한노총이 선거강령에서 노동자문제보다도 농민문제를 비중있게 다룬 것은 농민이 인구대다수를 차지하고 있는 현실에서 농민표를 의식한 것이다. 노동단체로서 선거를 통해 노동자들의 권익신장 및 의식고양을 위한 선전활동의 장으로 활용한 것이 아니라 단지 소수 간부들이 권력획득을 위한 목적에서 5·30선거에 참여하였음을 드러내는 것이라 할 수 있다.

선거강령은 대한농총의 이름으로 나온 것과 동일하다. 즉『조선일보』 1950년 4월 27일자 대한노총 선거강령과『경향신문』1950년 4월 21일자 대한농총 선거강령[195]은 동일한 내용으로 되어 있다. 이로써 대한노총과 대한농총은 5·30선거에 공동행동을 취한 것으로 보이나 소속단체를 달리하여 입후보하였다.[196] 대한노총 하부조직에서도 5·30선거에 적극적이었다. 해상연맹의 경우 1950년 3월 12일 제3차 전국대의원대회를 개최하여 해상연맹 출신자들의 제2대 국회의원 출마를 적극 지지하였으며, 전국조직을 동원하여 지원하기로 결의하였다.[197] 철도연맹도 5·30선거에 주종필(朱鍾馝)위원장을 용산갑구에 출마시켰다.[198]

대한노총 출신 출마자 및 공천자로 5·30선거에 출마한 사람의 숫자는 자료마다 각각 다르게 나타나고 있다.『대한민국선거사』는 41명으로,[199] 김영태는 47명으로,[200] 한국노총의『한국노동조합운동사』는 48명으로[201] 기록하였다. 이러한 수치상의 차이는 대한노총 출신이면서도 무소속으로 출마한 경우도 있었고, 대한농총 소속으로 출마하였음에도 이전에 대한노총에서 활동하였다는 근거로 대한노총 출마자로 분류한 데서 기인하는

---

195)『경향신문』1950년 4월 21일자,「각당 선거강령. 대한농총편」.
196) 대한노총에서는 41명이 입후보하였고, 대한농총에서는 3명이 입후보하였다. 중앙선거관리위원회, 앞의 책, 1973, 623~624쪽.
197) 전국해원노동조합,『전국해원노동조합사』, 1973, 49쪽.
198) 전국철도노동조합,『철로30년사』, 1977, 42쪽.
199) 중앙선거관리위원회, 앞의 책, 623~624쪽.
200) 김영태,「도큐멘타리 노동운동 20년 소사」(4),『노동공론』1972년 3월호, 175쪽.
201) 한국노총, 앞의 책, 376~377쪽.

것이다.

　위원장 전진한은 5·10선거에서 상주군 을구로 출마하여 제헌의원에 당선되었으나,202) 5·30선거에서는 부산갑구로 지역구를 옮겼다. 전진한 대신 대한노총 공천으로 상주군 을구에서 출마한 사람은 전준한(錢俊漢)이었다. 전준한은 전진한의 친형으로 일제시기 협동조합 활동을 한 인물이었다.203) 전진한이 출마한 부산갑구는 부산의 실업가 김지태(金智泰), 혁신세력이었던 임갑수(林甲守) 등 11명이 출마하였다. 투표결과 김지태가 12,521표, 임갑수 12,016표, 전진한 9,602표로 전진한은 낙선하였다.204)

　중앙조직에서 위원장 전진한을 비롯하여 부위원장 안병성(安秉星)·홍양명(洪陽明)·조용기(趙龍基), 그리고 감찰부위원장 정대천(丁大天)이 5·30선거에 출마하였으나 이들은 모두 낙선의 고배를 마셨다. 3월과 위원장을 지내다 1950년 3월의 전국대의원대회에서 고문으로 밀려났던 유기태(劉起兌)도 충주구에서 출마하였으나 낙선하였다. 철도연맹은 위원장 주종필을 용산갑구에 출마시켜 선거운동을 전개하였으나 낙선하고 말았다. 해상연맹도 위원장 김일조(金鎰祚)를 포항구에서, 부위원장 양철호(梁鐵鎬)를 안성구에 각각 출마시켰으나 낙선하였다. 대한노총 출신 출마자 및 공천자로서 5·30선거에서 당선된 인사를 보면 〈표 2-8〉과 같다.

　〈표 2-8〉에서 조경규와 이진수는 1952년 정화파와 조방파로 분열되었을 당시 대한노총에서 영입한 인물이었다. 조경규는 조방파로서 6월 9일 대의원대회에서 부위원장에 선출되었으며, 이진수는 정화파로서 5월 31일 대의원대회에서 최고위원에 선출되었다. 따라서 조경규와 이진수는 5·30선거 당시 대한노총과 직접적인 관련을 맺고 있지 않았던 것으로

---

202) 중앙선거관리위원회, 앞의 책, 1079쪽.
203) 임송자,「牛村 錢鎭漢의 협동조합 및 우익노조 활동」,『한국민족운동사연구』36, 2003, 57쪽.
204) 김지태,『나의 이력서』, 한국능률협회, 1976, 120~121쪽.

〈표 2-8〉 대한노총 출신 5·30선거 당선자 현황

출처	당선자	비고
대한민국 선거사	- 영등포 갑구 : 조광섭(趙光燮) / 대한노총 영등포연맹 위원장 - 정읍 을구 : 김택술(金宅術) / 전북노동과장, 대한노총 전북연맹 부위원장 - 목포구 : 임기봉(林基奉) / 대한노총 목포지구 부위원장	- 봉화구 : 정문흠(鄭文欽) / 대한노총 봉화군지부 부위원장→무소속으로 출마하여 당선 - 부산 무구 : 전진한(錢鎭漢) / 대한노총 위원장→보궐 선거에 당선 - 이진수(李鎭洙)의원이 대한노총 최고위원에 피선됨
노동공론	- 영등포 갑구 : 조광섭(趙光燮) / 대한노총 영등포연맹 위원장 - 북제주 갑구 : 김인선 - 대구 갑구 : 조경규(趙瓊奎) / 국민회 도위원장, 대구민보사 사장 - 목포구 : 임기봉(林基奉) / 대한노총 목포지구 부위원장	

※ 출처 : 중앙선거관리위원회, 『대한민국선거사』 제1집, 1973, 1093~1103쪽 ; 김영태, 「도큐멘타리 노동운동 20년 소사」(4), 『노동공론』 1972년 3월호, 175쪽.

보인다. 전진한은 1952년 2월 5일에 실시된 경남 부산시 무구(戊區)의 보궐선거에서 당선되었다.[205] 이렇게 볼 때 5·30선거에서 대한노총 관계자로서 당선된 인사는 4~5명에 불과하였다.

(3) 정당조직 운동과 자유당 창당

정부수립을 계기로 여·야당 조직공작이 활발히 태동하고 있었다. 대한노총 주도세력도 정당조직운동에 적극 가세하였다. 이 과정에서 탄생한 것이 전진한의 대한노총과 채규항의 대한농총을 기반으로 한 한국노농당이었다. 원래 대한노총과 대한농총은 무소속 국회의원을 중심으로 진행된 대한노농당 결당에 참여했다가 이탈하여 1948년 10월 24일 한국노농당을 결당하였다.

대한노총이 대한노농당 결당에서 이탈한 것은 1948년 9월 10일 발기

---

205) 임송자, 앞의 논문, 81쪽.

대회를 전후한 시점이었다. 발기준비위원을 보면 무소속 국회의원 측 이훈구(李勳求)·유홍렬(柳鴻烈)·김명동(金明東) 외 41명, 대한노총 측 전진한(錢鎭漢) 외 20명, 대한농총 및 일반유지 측 채규항(蔡奎恒) 외 110명으로,[206] 대한노총에서 20여 명이 참여하고 있었다. 그런데 9월 10일의 발기대회에서 선정된 결당 준비부서와 임원을 보면, 당시 대한노총에서 활동하고 있던 인물이 눈에 띄지 않고 있다.[207] 또한 대한노총 위원장이면서 사회부장관이었던 전진한이 대한노농당 결성과 관련하여 "대한노총이 총의적으로 이에 가담하고 아니하는 것은 금후에 있어서의 그 정당의 발전과 진실로 노동대중을 위한 정강정책과 아울러 명실공히 실천하느냐 아니 하느냐에 그 결정을 좌우하게 될 것이다"[208]라고 언명함으로써 대한노농당 결당에서 한발짝 물러나 있는 듯한 태도를 표명하였다.

　이상의 사실로 보아 대한노총은 대한노농당 발기대회를 전후로 하여 대한노농당에서 이탈한 것으로 보인다. 대한노총과 함께 대한노농당 결당운동에 참여한 대한농총의 경우 결당 준비부서 및 임원명단에 대한농총 관계자 채규항·황두연이 나오는 것으로 보아 대한노총보다 뒤늦게 이탈한 것 같다.

---

206) 『군산신문』 1948년 9월 7일자, 「대한노농당의 발기준비위원과 선언·강령」 (국편, 『자료』8, 236~237쪽).
207) 1948년 9월 10일의 대한노농당 발기회에서 구성한 결당준비부서 및 임원진은 다음과 같다. 총무부 유홍렬(柳鴻烈)·황두연(黃斗淵)·채규항(蔡奎恒)·손홍성(孫洪城)·이방엽(李邦燁), 재무부 성낙서(成樂緒)·이훈구(李勳求)·김영동(金永東)·황병규(黃炳珪), 연락부 이진수(李鎭洙)·김웅진(金雄鎭)·조경숙(曺景叔)·황무성(黃武星)·윤동권(尹東權), 선전부 최운교(崔雲敎)·조백만(趙百萬)·이강연(李康演), 설비부 서광(徐光)·정화일(鄭華一)·정재호(鄭在鎬)·홍순오(洪淳五), 감찰부 정규선(丁奎善)·오석주(吳錫柱)·신광성(申光城)·이득영(李得榮) 등이었다. 그리고 선언·당헌 개혁수정위원으로 이평림(李平林), 황두연, 전영차(全永車) 등 7인을 선정하였다. 『국제신문』 1948년 9월 12일자, 「대한노농당, 결당준비부서를 결정」(국편, 『자료』8, 317~318쪽).
208) 『평화일보』 1948년 9월 24일자, 「전진한 사회부장관, 대한노농당 결성 문제 등을 기자와 문답」(국편, 『자료』8, 477~478쪽).

대한노농당 결당을 포기하고 탈퇴한 전진한의 대한노총과 채규항의 대한농총을 기반으로 1948년 10월 24일 결성된 한국노농당은 최고위원으로 채규항(蔡奎恒)·전진한(錢鎭漢)·장예학(張禮學), 중앙위원으로 김병제(金炳提) 외 181명, 상무위원으로 김종률(金鍾律) 외 34명, 감찰위원으로 설우제(薛愚齊) 외 19명을 선출하였다.209) 그러나 한국노농당은 뚜렷한 활동 없이 곧바로 해체된 것으로 보인다. 이후 대한노총은 이승만의 신당결성운동에 휘말려 들어가게 되는데, 원내자유당파와 원외자유당파로 양분되는 조직적 분열상은 어느 시기보다 극심하였다.

자유당 결성과정에서 대한노총 간부들은 두 파로 분열되어 있었다. 앞서 설명한 바와 같이 이러한 분열은 조방쟁의에도 영향을 미쳐 조방쟁의에 대한 해결책을 둘러싸고 조방파와 이에 대항하는 정화파로 갈라지게 되었다. 조방파는 원내자유당에 뜻을 같이한 반면 정화파는 원외자유당에 조응하는 파벌이었다.

정화위원회(원외자유당)와 조방대책위원회(원내자유당)로의 분열은 부산정치파동과도 연결되었다. 정화위원회는 조선방직회사 내에 민의동원본부를 두어 땃벌떼·백골단·민중자결단 등의 이름으로 이승만정부가 내놓은 대통령직선제 개헌안을 부결시킨 국회의원 소환운동을 벌이며(1952.2.18) 테러를 자행하고 국회의원들을 협박하였으며, 5월 25일에는 경향신문사를 습격하였다. 조방쟁의대책위원회는 이갑성 의원을 배경으로 송원도·우갑린·박중정 등이 관여하였고, 전진한·임기봉·김말룡 등도 관계하였다.210)

중앙조직뿐만 아니라 하부조직도 신당창당 문제를 놓고 의견이 통일되

---

209) 『경향신문』 1948년 10월 26일자, 「한국노농당 결당대회 개최」(국편, 『자료』8, 833~834쪽).
210) 서중석, 앞의 책, 502쪽. 조방파(원내자유당)에 속했던 위원장 전진한이 처음부터 원내자유당과 함께 한 것은 아니었다. 전진한은 자유당 발기대회를 며칠 앞둔 1951년 12월 10일까지도 원외의 양우정·채규항 등과 함께 행동을 같이 하였다.

지 않았다. 철도연맹의 경우 1951년 9월 29일 각 지구노동조합 위원장 회의를 소집한 자리에서 원외파였던 대한노총 부위원장 조용기(趙龍基)가 신당 취지문을 설명하고 지구위원장들의 찬동을 요청하였는데 지지(동의)와 보류로 논란이 되었다.211) 그리고 1952년 3월의 철도연맹 전국대의원대회에서는 원외파였던 주종필 위원장이 정화위원회에 가담한 사실로 인해 비판을 받았으며, 조방파에 관계했던 임기봉이 위원장에 선출되었다.212)

이승만이 1951년 8월에 발표한 담화「신당조직에 관하여」에서 신당을 "대부분 노동자와 농민들과 기타 근로대중으로 구성"하겠다고 밝혔으며, "각 민간 사사단체가 본 정당에 가입코자 할 때는 단체명의로는 허락치 않고 오직 개인자격의 가입을 허락할 것"이라고 하였다.213) 또한 1952년 1월 14일「정당에 대한 설명」이라는 담화를 통하여 정당 결성의 목적도 "노민(勞民) 농민(農民) 대중을 대표한 정당을 만들어서 민주국가의 영구한 토대로서 정권이 이 사람들의 손에서 벗어나지 못하도록 하자는 것"임을 피력하였다.214)

1951년 12월 23일 오전 국회의사당에서 오위영·엄상섭·홍익표·윤길중·정헌주·이석기 등 90여 명의 국회의원이 참석하여 자유당 결당대회를 가졌다. 당수격인 중앙위원회 의장은 공석으로 남겨두고, 부의장에는 이갑성·김동성을 추대하였으며, 상임위원회 위원장에는 오위영을, 부위원장은 이재학을 선임하였다. 오후에는 원외 측에서 자유당 발당대회를 개최하여 당수에 이승만을 추대하고 부당수에 이범석을 선임하였다.215)

---

211) 철도연맹은 회의에서 결국 동의 9, 개의 3, 기권 5, 퇴장 1로써 참석인원 과반수의 찬동으로 신당을 지지 찬성하였다. 전국철도노동조합, 앞의 책, 54쪽.
212) 전국철도노동조합, 앞의 책, 57쪽.
213) 공보처,『대통령 이승만박사 담화집』, 1953, 63쪽.
214) 공보처, 위의 책, 65~66쪽.

자유당은 정강에서 "독점경제패자(獨占經濟覇者)의 억압과 착취를 물리치고 노동자, 농민, 소시민, 양심적 기업가 및 기술 있는 자의 권익을 도모하며 빈부차등의 원인과 그 습성을 거부하고 호조호제(互助互濟)의 주의(主義)로써 국민생활의 안전과 향상"을 기한다고 하였다.216) 그리고 정책(행동요강)에서 "노동자, 농민, 근로대중이 민주국가의 주인이므로 대중의 복리와 권위를 존중하고 주장해서 금력이나 권세로써 이를 좌우하는 일이 없도록 한다", "노동자와 농민 등 근로대중의 자유와 평등의 권리를 주장해서 과거 근로대중에 대한 부당한 대우를 일소한다"고217) 하여 노동자 농민을 위한 정당임을 표방하였다. 그러나 노동자 농민을 권력유지의 기반, 자유당 정치노선을 지지하는 동원세력으로 간주하였을 뿐이었다.

4) 이승만과 대한노동총연맹

이승만 대통령은 항상 노동자의 복지에 대해 립서비스를 하였지만 집단적 협상의 수단으로써 스트라이크를 강력하게 반대하였다. 노동분쟁에서 경찰의 간섭은 "공공의 안정 유지"를 위하여 필요한 것으로 정당화하였으며, 거의 예외 없이 자본가 측을 지지하였다.218)

이승만은 대중 앞에서 연설하게 되는 경우 항상 노동자·농민의 중요성을 피력하였다. 고용주나 부당한 대우에 대한 불만이 있는 경우 노동당국이나 대통령 본인에게 호소하기를 촉구하였다. 그러나 파업에 대하여는 공산주의를 이롭게 하는 것으로 간주하여 엄중 경고하였고, 선동자에

---

215) 서중석, 「자유당의 창당과 정치이념」, 『한국사론』 제41·42집, 1999, 867쪽.
216) 김운태, 『한국현대정치사』 제2권, 성문각, 1986, 74쪽.
217) 김운태, 위의 책, 75~76쪽.
218) Robert W. Tucker, 「미대사가 국무부에 보낸 반연간(semi-annual) 노동보고서」, 1958.8.28(NARA, 『Records of the Department of State internal affairs of Korea, 1955~1959』).

대하여 강력한 조치가 있을 것이라고 협박을 하였다.[219]

이승만의 노동관은 노자협조주의로 요약될 수 있다. 이승만은 조선전업 쟁의를 직접 조정하면서 직장의 노동조합 결성은 합법적이며, 노동조합은 회사발전에 협조해야 한다고 언명하였다.[220] 자신의 조정에 의해 전업쟁의가 해결된 뒤, 그는 6월 20일 노자문제에 대한 담화를 발표하여 노사협조를 당부하였다.[221] 1949년 12월 2일 신문기자회견에서도 이승만은 자본가와 노동자가 싸우기만 한다면 경제건설은 기대할 수 없고 전체 민생은 중대한 위기에 직면하기 때문에 자본가와 노동자는 서로 균형에 알맞도록 골고루 이익을 분배해야 한다면서 노자협조를 강조하였다.[222]

대한노총 총재로서 대통령 이승만의 대한노총에 대한 영향력은 거의 절대적이었다. 이승만의 유시에 의해 조직이 운용되었다고 해도 과언이 아니었다. 노동조합 조직과정에서 또는 대한노총 내분수습에서 이 대통령의 정치적 단안(斷案)과 영향력으로 여러 문제들이 해결을 보았다.[223] 대한노총을 이끌어 가는 지도자들은 이승만의 뜻에 따라 움직였고, 이승만의 정치노선을 뒷받침하는 데 충실하였다. 그 단적인 예가 내각책임제 개헌반대투쟁이었다.

내각책임제 개헌론이 대두되자 대한노총을 비롯한 국민회·대한청년

---

219) 정용욱 편, 『JOINT WEEKA』 5권, 1955.7.22, 231쪽.
220) 조선전업노동조합, 『전업노조 10년사』, 1959, 212쪽.
221) 『동아일보』 1949년 6월 31일자(조선전업노동조합, 『전업노조 10년사』, 1959, 218~219쪽에서 재인용). 이승만의 노자문제에 대한 담화 내용은 다음과 같다. "공산주의의 요점은 계급투쟁을 만드는 것이므로 자본과 노동의 투쟁을 일으키어 서로 싸움을 주장하는 것이니 민주진영에서는 모든 계급과 당파들의 합심협력으로 서로 도와서 함께 발전하자는 것이 목적이므로 자본과 노동이 평균한 이익을 누리기 위하여 피차 서로 양보 서로 도웁기를 힘써야 할 것이다"
222) 『동아일보』 1949년 12월 3일자, 「건전한 민주발전은 노동자의 지위향상으로, 이대통령 노동운동에 언급」.
223) 김운태, 앞의 책, 187쪽.

단·대한부인회 등으로 구성된 전국애국단체연합회는 1950년 2월 15일 국민회 회의실에서 회의를 개최하였다. 내각책임제 개헌은 "국민의 총의가 아니며, 그 이면에는 일당독재를 의도할 뿐만 아니라 의원임기 연장 혹은 총선거에 유리한 기반을 세우기 위한 야망"이라고 단정하고 개헌반대투쟁위원회를 조직하기로 하였다. 또한 1950년 2월 16일 대한노총은 "개헌안의 실현은 일당독재를 유도할 것이며 민주정치에서의 이탈을 의미하면서 나아가서는 세계 민주주의 진영으로부터의 지지를 상실하게 될 것이다. 그러므로 본 연맹은 이를 단연코 반대하는 바이다"[224]라는 내용의 담화를 발표하여 개헌추진을 적극 반대하였다.

1950년 2월 19일 서울운동장에서는 애국단체연합회라는 이름으로 개헌반대총궐기 국민대회를 개최하였다. 동원된 단체는 대한청년단과 대한노총 영등포지구로 약 수천 명에 달했다고 한다.[225] 대회에서 "개헌안은 국민전체의 의사와 배반되는 것임으로 우리는 국민의 총의를 받들어 절대반대로 끝까지 투쟁하여 대통령의 심금을 편안케 하여 드릴 것을 맹서한다"는 요지의 이 대통령에게 보내는 서한문 낭독이 있었다. 이날 결의문 내용을 보면, "집권야욕과 임기연장을 목적으로 제기된 개헌안을 절대반대"할 것이며, "국부 이 대통령 각하 영도하에 일치 단결하여 방공(防共)태세의 완벽을 기하며 조국수호를 엄숙히 맹서한다"고 하였다.[226]

개헌반대국민궐기대회는 분명 이승만 정권의 정치노선을 뒷받침하기 위한 정치활동이었다.[227] Stanley W. Earl은 "이러한 궐기대회는 노동조합에게는 이상한 프로그램이었다. 이 모임에서 임금, 노동시간, 노동조건

---

224) 『서울신문』 1950년 2월 17일자, 「여자국민당·전국애국단체연합회·대한노동총연맹·국민회, 개헌 반대입장을 천명」(국편, 『자료』16, 426~427쪽).
225) 『동아일보』 1950년 2월 20일자, 「韓靑 勞總 맹원 일부 모여 어제 개헌반대궐기대회」.
226) 『연합신문』·『서울신문』 1950년 2월 21일자, 「애국단체연합회 주최로 개헌반대총궐기국민대회가 거행」(국편, 『자료』16, 466~468쪽).
227) 한국노총, 『한국노총50년사』, 2002, 305~306쪽.

등에 대한 어떠한 것도 언급되지 않았다"고 비판하였다.[228]

이승만은 노동단체가 반공을 위하여 존재해야 하는 것으로 인식하였고, 대한노총은 여기에 부응하여 반공활동·반공투쟁을 지상 목표로 내세웠다. 이는 사이비노동조직으로서 성격을 명확히 드러내는 부분이다.

대한노총은 이승만정권의 반공이데올로기 통제정책에 적극적으로 부응하였다. 내부분열이 극심하였어도 반공활동·반공투쟁에 관한 한 일사불란하였다. 1949년 6월과 7월의 국토방위 노동자궐기대회, 애국기 헌납운동은 3월파와 4월파의 대립 속에서도 한목소리를 내었다. 대한노총의 반공활동은 남한의 정세와 깊은 관련 속에서 진행되었다.

주목되는 부분은 1949년 국회프락치사건, 김구암살사건 등으로 정국이 긴장되는 상황에서 나온 점이다. 특히 1949년 6월 27일의 국토방위 노동자궐기대회는 김구가 암살된 바로 다음 날이었다. 서울운동장에서 개최된 노동자궐기대회는 정부를 적화(赤化)에서 방위할 것을 호소하는 메시지를 채택하였고, 노동자가 국토방위의 전위대열에 설 것을 선언하였다.[229]

1949년 7월 1일에는 대한농총과 함께 국토통일방위강화 노동자·농민 궐기대회를 가졌다.[230] 이날 철도노조 맹원 1만 명, 고려방직 여공 3천 명을 비롯하여 경인 각지에서 수만 명의 대한노총 맹원과 농민들이 참가하였다.[231] 채규항의 개회사, 유기태의 격려사에 이어 다음과 같은 결의

---

228) Stanley W. Earl, 앞의 보고서, 19쪽.
229) 김영태, 「도큐멘타리 노동운동 20년 소사」(4), 『노동공론』 1972년 3월호, 168~169쪽.
230) 대한노총과 대한농총에서는 1949년 6월 23일 연석회의를 개최하여 7월 1일 서울운동장에서 국토통일방위강화 노동자 농민 총궐기대회를 개최하기로 결정하였다. 그리고 대회준비위원장으로 유기태, 채규항을 선출하였다. 『조선중앙일보』 1949년 6월 26일자, 「노농궐기대회 7월 1일에」.
231) 『조선중앙일보』 1949년 7월 2일자, 「대한노동총연맹과 대한농민총연맹, 국토통일방위강화노동자·농민총궐기대회 개최」(국편, 『자료』13, 8쪽).

문을 채택하였다.[232)]

> 1. 국토방위강화 기초가 우리 근로대중의 애국적 단결에 있으니 노동자 농민은 대한민국 정부 주위에 뭉쳐 이 과업의 승리완수에 총궐기하자.
> 2. 미국은 민주주의 평화를 보장키 위한 민주와 자유와 평화의 성벽이다. 따라서 극동의 유일한 민주보루인 한국에 무기와 장비를 주어 방위임무를 다하게 하라.
> 3. 유엔 결의에 의한 통일과업을 완수키 위하여 대한민국 정부를 기초로 한 북한 자유선거를 실시하라.
> 4. 유엔은 북한의 쏘련군 철퇴를 철저히 감시할 것이며 북한반도를 즉시 해방하여 국군의 북한진주를 보장하라.
> 5. 미국의 대한방위임무의 일부 실천인 대한군사원조를 실질적으로 의미하는 군사고문단 설치를 환영한다.

위 결의문은 국토방위강화를 위한 "근로대중의 애국적 단결", "대한민국 정부를 기초로 한 북한 자유선거 실시", "북한의 소련군 철퇴", "미군사고문단 설치" 등을 주장한 것으로 노동자·농민 궐기대회에 어울리지 않았다. 노동자·농민 궐기대회임에도 불구하고 노동문제나 농민문제는 전혀 거론되지 않았다.

대한노총은 1949년 10월 22일에는 대한노총 애국기헌납위원회를 구성하여, 노동자의 성금으로 국토를 방위할 애국기(愛國機)를 도입하기 위한 자금마련에 앞장섰다.[233)] 공휴일을 근로봉사일로 정하고 공휴일에 일한 임금을 그해 12월 15일 내에 대한노총에 완납하여 반공구국통일을 위한 비행기를 헌납하도록 한다는 것이었다.[234)] 11월 6일에는 대한노총 목포지구연맹에서 노총호 비행기헌납총궐기대회를 가졌다. 이날 대회는 비행

---

232) 김영태, 「도큐멘타리 노동운동 20년 소사」(4), 『노동공론』 1972년 3월호, 169~170쪽.
233) 김영태, 「도큐멘타리 노동운동 20년 소사」(4), 『노동공론』 1972년 3월호, 170쪽.
234) 김낙중, 『한국노동운동사 -해방후편-』, 청사, 1982, 120쪽.

기 헌납금으로 산하 노조 전원이 1인당 100원씩 거출을 결의하였다.[235]

대한노총은 각 직장에 호국전위대를 결성하였으며, 간부훈련소를 개설하여 노동자들을 반공활동의 전사로 만들어 나갔다. 자료상의 한계로 이러한 호국전위대의 활동은 대한노총 경상남도분회에서만 찾을 수 있으나 좀 더 많은 지역에서 광범히 이루어진 것으로 보인다. 각 직장에 호국전위대를 결성하기 위해 "우리는 비단 전선에서 뿐만이 나라를 위하여 헌신하는 것이 아니라 제각기 맡은 직장을 통하여 헌신 봉사할 용사가 되어야 하며, 이것이 자유민족의 기상이요 또 완전독립에의 가장 가까운 정도(正道)"라는 목표를 내걸고 지도자훈련을 실시하였다.[236] 1950년 3월 10일의 대한노총 전국대의원대회는 노동훈련원 설립과 직장방위대 편성에 대하여 토의하는 등 적극적인 반공태세 확립에 집중하였다.[237]

1950년 1월 27일에는 대한노총 주최 미 대한경제원조 촉진 노동자총궐기대회를 서울운동장에서 개최하였다. 이 대회에서 채택된 트루만에게 보내는 메시지의 내용은 "남한의 경제는 귀국의 급속한 수혈 없이는 절명하고 말 것입니다. 반공·민주첨병인 우리 한국 노동자는……귀국 하원의 대한원조안의 조속한 부활이 실현되도록 각하의 절대적인 노력이 있기를 믿으며 바라마지 않습니다"[238]라고 되어 있다.

---

235) 『동광신문』 1949년 11월 9일자, 「대한노동총연맹 목포지구, 귀속재산처리법안 대책 궐기대회 개최」(국편, 『자료』15, 72쪽).
236) 『민주중보』 1949년 11월 11일자, 11월 22일자, 「대한노동총연맹 경상남도 분회, 각 직장에 호국대 결성코자 각 분회대표의 지도자 훈련 실시」(국편, 『자료』15, 7~8쪽). ※ "우리는 비단 전선에서 나라를 위하여 헌신하는 것만이 아니라 제각기 맡은 직장을 통하여 헌신 봉사할 용사가 되어야 하며……"로 문장을 정정해야 하지만 원문 그대로 옮겼다.
237) 『공업신문』 1950년 3월 11일자, 「대한노동총연맹, 제5회 전국대회를 개최하고 임원을 개선」(국편, 『자료』16, 621쪽).
238) 『국도신문』 1950년 1월 28일자, 「대한노동총연맹, 미 대한경제원조 촉진 노동자 총궐기대회를 개최」(『자료』16, 252~253쪽).

〈소결〉

　대한민국 정부수립에 의해 전평이 와해·소멸된 상황에서 대한노총은 남한에서 지배적인 위치를 차지하였다. 그러나 대한노총에게 새로운 국면이 펼쳐졌다. 미군정기 적극적인 지원자로 나섰던 우익정치세력 및 자본가들의 태도가 달라지기 시작하였고, 우익청년단과의 갈등관계도 표면화되었다. 미군정기 대한노총 내에는 여러 정치세력이 분열·대립하고 있었지만 반공투쟁, 좌익제거라는 공동의 목표 때문에 이러한 파벌대립이 격한 양상을 띠지는 않았다. 그러나 정부수립이라는 새로운 상황에서 잠재되었던 대한노총의 파벌대립은 극한 상황으로 몰고 갔다.

　정부수립 후 유임지지파와 유임반대파와의 대립, 3월파와 4월파와의 대립 등 파벌대립은 격한 양상을 띠었다. 이러한 파벌대립 과정에서 나온 혁신선언 및 당면혁신요강은 정부수립 이후 대한노총의 진로를 제시해 주는 것으로써 의의가 있다. 그러나 혁신파=노동조합주의, 주류파=회사조합주의라는 식으로 혁신파를 과도하게 부각시키는 것은 문제가 있다.

　대한노총의 3월파와 4월파로의 분열은 1949년 7월 이승만의 중재로 봉합될 때까지 지속되었다. 정부수립 이후부터 끊임없이 야기된 내부분열이 대한노총 총재이기도 했던 이승만 대통령의 지시에 의해 미봉적으로나마 해결되었다는 것은 대한노총이 권력으로부터 자유롭지 못했다는 것을 단적으로 드러내는 것이기도 하다. 3월파와 4월파로 양분되어 혼란을 겪다가 과도적인 현상으로 최고위원제가 출현하였으나 1950년 3월의 전국대의원대회에서 다시 위원장제로 환원되어 조직상의 체제를 갖추었다. 이러한 과정에서 전진한이 중심세력으로 자리잡아가고 있었다. 혁신위원회세력은 점차 대한노총에서 축출되었고, 이후 혁신위원회 중심인물이었던 김구(金龜)는 남한공작대사건에 연루되어 활동이 불가능하였다. 전진한 중심체제가 확고히 자리를 잡을 수 있었던 것은 한국전쟁이라는 계기를 통해서였다. 한국전쟁과정에서 김구, 유기태가 피살·납치됨으로써 전진한에 대항하는 세력이 소멸하게 되었다.

조방쟁의 및 자유당 결성과정에서 나타난 내부분열은 이전의 파벌대립과 다른 양상을 보였다. 조방파는 조방쟁의를 적극 지지한 반면 정화파는 이승만정부의 정치파동에 이용당하였다. 조방파와 정화파와의 대립은 대한노총을 이승만 권력에 예속시키느냐, 권력으로부터 자유로운 활동을 보장받느냐를 가르는 투쟁과정에서 나온 것이다. 조방파와 정화파의 대립은 결국 이승만의 지시에 의한 사회부의 통합책으로 진행된 1952년 통일대회를 통하여 수습되었다. 통일대회에서 선출된 임원을 볼 때 조방파에 속했던 인물이 많았다는 것은 단지 전진한·주종필이 제거되었을 뿐 이승만의 정치적인 의도대로 통합되지는 않았다는 것을 의미한다. 비록 조방쟁의는 실패했더라도 조방쟁의에 적극적이거나 동조했던 인사들이 대한노총의 중앙임원으로 대거 등용되었다.

대한노총은 전쟁기간 중 조직적으로 별다른 활동을 하지 못하였고, 피난하지 못한 대한노총원이 개별적으로 반공활동을 하는 정도에 그쳤다. 전쟁 중 대한노총 산하조직으로서 조직적으로 반공활동을 펼친 사례는 동해지구해상연맹과 경남해상방위대를 들 수 있다. 한편 9·28 서울수복에 이어 북한을 점령한 상태에서 일부 대한노총원이 점령지역에서 공장을 접수하는 등 정부의 점령정책을 수행하기도 하였다.

대한노총의 조직은 미군정기에 이어 정부수립 이후에도 지역별체제를 근간으로 하였으나 지역별체제만을 고수하지 않았다. 1949년 전국대의원대회에서 지역별체제와 산업별체제의 병행을 결의하였다. 그러나 대한노총의 지역별, 산업별 조직구조는 형식적인 조직체계였을 뿐 산업별조직이 실제적인 기능을 하지는 않았다. 따라서 대한노총의 중심적인 조직구조는 지역별체제였다고 할 수 있다.

정부수립 이후 대한노총이 전개한 헌법제정 및 국가공무원법 수정투쟁, 귀속재산처리법 수정투쟁, 노동관계법 제정 촉진운동 등은 미군정기와 대조되는 활동으로 주목할 만하다. 헌법제정과정에서 노농8개 조항을 제안하였으나, 근로자의 단결권, 이익균점권 조항만이 헌법에 삽입될 수 있었다. 그런데 서중석의 주장에 의하면 이익균점권조항은 대한노총 독자적인 활동의 결과물은 아니었다. 당시의 사회상황을 반영하여 나온 것이며, 대한노총의 주장이 국회 내 무소속 구락부 의원들의 노력에 의해 받아들여진 것이었다. 국가공무원법(초안)은 대한노총 운수연맹과 체신연맹의 존립에 중대한 영향을 미치는 조항이었으므로, 대한노총은 이에 대한 수정투쟁에 나섰으나 별성과를 획득하지 못하였다. 귀속재산처리법안에 대해 귀속재산의 우선적인 불하권자로서 "종업원이 된 조합대표자"를 삽입할 것을 제안하였으나 결국 제정된 법안은 "종업원"이라는 막연한 단어로 대치되었다. 이 시기 노동관계법안 입법 추진은 대한노총에게 주어진 최대현안이었지만 적극적으로 활동했던 모습은 드러나지 않는다. 노동운동의 법적 기초가 되는 노동관계법의 입법화는 결국 1953년에 완수되었다.

대한노총은 노동조합연맹체로서 자기기능에 충실하지 못한 채 이승만권력을 뒷받침하기 위한 정치활동에 주력하였다. 1950년 2월 내각책임제 개헌 반대투쟁을 통해 이승만정권 지지를 확고히 하였다. 또한 자유당 결성과정에서 원외자유당파와 원내자유당파로 분열되어 조방쟁의에도 막대한 해독을 안겨다 주었다. 원외자유당파는 조방 내에 민의동원본부를 두고 이승만정부가 내놓은 대통령직선제 개헌안을 부결시킨 국회의원 소환운동을 벌이며 테러를 자행하였다.

대한노총은 이승만정권의 반공이데올로기 통제정책에 적극적으로 부응하였다. 내부분열이 극심하였어도 반공활동·반공투쟁에 관한 한 일사불란하였다. 국토방위노동자궐기대회, 애국기헌납운동 등은 그 단적인 예이다. 또한 대한노총은 각 직장에 호국전위대를 결성하였으며, 간부훈련소를 개설하여 노동자들을 반공활동의 전사로 만들어 나갔다.

대한노동조합총연합회의 자유당 예속화

1. 1953년 노동관계법 제정과 대한노총 조직변화

1) 노동조합법 제정 과정

(1) 노동관계법 제정 경위

정부수립과 더불어 노동관계법도 새로이 제정할 필요가 있었다. 당시 노동관계법은 미군정에 의해 공포된 법령에 의해 규정을 받고 있었다. 미군정기 노동관계법은 법령 제19호, 34호, 97호 등이 있었다.

미군정은 당시 모든 혼란의 궁극적 원인이 노동자들에 의한 생산기관의 접수관리운동과 그 배후에서 조정을 맡고 있는 좌익단체들이라고 확신하였다. 좌익세력의 노동운동을 규제하고자 마련한 법령은 1945년 10월 30일에 공포한 법령 제19호이다.[1] 법령 제19호에 이어서 1945년 12

---

1) 中尾美知子,「해방과 전평노동운동」,『한국자본주의와 임금노동』, 화다, 1984, 195쪽. 법령 제19호는 제1조 국가적 비상시기의 선언, 제2조 노동의 보호, 제3

월 8일 파업을 금지하고 노동조정위원회를 설치하기 위한 법령 제34호 「노동조정위원회 설립에 관한 건」이 제정되었다. 법령 제34호의 중심내용은 노동분쟁 해결을 위한 중재와 알선이 아니라 강제적 조정이었다. SWNCC(삼부조정위원회)의 관리조차 제34호 법령의 목적이 '노동쟁의의 강제적 조정'임을 인식하고 있었다.[2]

이러한 법령 제19호, 34호에 의한 억압적인 미군정의 노동정책은 변화하였다. 1946년 7월 23일 법령 제97호 「노동문제에 관한 공공정책·노동부설치」를 공포하여 노동정책을 체계적으로 수행하고자 하였다. 1946년 들어 노동쟁의가 급증하여 이에 대한 정책적인 대응이 필요하다고 인식함으로써 미군정에 의해 입안된 것이다. 이러한 미군정의 노동정책 변화는 6월 24일 발표된 북조선임시인민위원회 노동법령 발표에 영향을 받은 측면도 있었을 것이다.[3] 또한 미군정의 억압적인 노동정책이 조선 내에서는 물론 워싱턴으로부터도 많은 비판을 받았기 때문에 이에 대처하기 위해 노동정책을 변화시켰던 것이다.[4]

그러나 미군정기 노동법은 노동자들의 단결권·단체교섭권·단체행동권을 보장한 것이 아니었다. 다분히 노동운동이나 노동자를 보호하기 위한 것이라기보다 좌익억압책의 일환으로서, 그리고 행정적 필요에 의해

조 폭리에 대한 보호, 제4조 민중의 복리에 반(反)한 행위에 대한 공중의 보호, 제5조 신문 기타 출판물의 등기, 제6조 벌칙, 제7조 본령의 시행기일 등으로 구성되었다.

2) SWNCC 376, 「Treatment of Korean Workers Organization」, 1947.9.25, 9쪽(김기원, 『미군정기의 경제구조』, 푸른산, 1990, 90쪽에서 재인용).
3) 박진희, 「미군정 노동정책의 전개과정에 관한 연구」, 이화여자대학교 사학과 석사논문, 1993, 43쪽.
4) 박지향, 「한국 노동운동과 미국 1945~1950」, 『경제사학』 1992년 12월호, 119쪽 ; 법령 제19호, 34호, 97호 이외에 1946년 9월 18일 제112호 「아동노동법규」, 1946년 11월 17일 제121호 「최고노동시간」, 1947년 5월 16일 제4호 「미성년자 노동보호법」(남조선과도정부 법령이며 추후 미군정이 추인) 등이 있다. 박승두, 『노동조합의 정치활동』, 중앙경제사, 1996, 236쪽.

마련된 것이었다.5)

1948년 7월 17일 제정·공포된 헌법에는 노동운동과 노동자를 보호하는 규정을 담고 있었다. 제17조는 「모든 국민은 근로의 권리와 의무를 가진다」(1항), 「근로조건의 기준은 법률로써 정한다」(2항), 「여자와 소년의 근로자는 특별한 보호를 받는다」(3항)고 되어 있다. 제18조는 「근로자의 단결, 단체교섭과 단체행동의 자유는 법률의 범위 내에서 보장된다」(1항), 「영리를 목적으로 하는 사기업에 있어서는 근로자는 법률의 정하는 바에 의하여 이익의 분배에 균점할 권리가 있다」(2항)고 규정하였다.6) 이로써 단결권, 단체교섭권, 단체행동권 보장과 함께 이익균점권이 헌법에 포함되었다.

위와 같은 헌법조항이 사문화되지 않도록 하기 위해서는 후속법률 즉 노동관계법의 제정 및 실시가 뒷받침되어야 했다. 헌법 제17조, 제18조는 "법률로써 정한다", "법률의 범위 내에서 보장된다", "법률의 정하는 바에 의하여"라는 유보조항을 달고 있으므로 노동관계법 제정이 시급하였다. 「근로조건의 기준은 법률로써 정한다」는 제17조 2항은 근로기준법 제정을 예고한 것이며, 제18조 1항은 노동삼법의 제정이 요구되는 조항이었다.

노동현장에서는 과거 미군정기와 별반 다를 바 없이 근로자의 권리를 인정하지 않는 행위가 끊이지 않고 있었다. 당시 군정법령 제97호에 규정되어 있는 「민주주의적 노동조합운동을 지도 장려할 것」이라는 막연한 규정에 의해 노동조합운동이 전개되었으며, 노동조합운동에 대한 부당한 억압이 각 지방에서 빈번히 일어나고 있었다.

전매국이나 조선전업회사 종업원이 노동조합을 결성하려고 하였을 때 사용자 측의 방해를 받고 있었다. 「목포발전소」 대한노총 지부 위원장이

---

5) 김낙중, 『한국노동운동사 -해방후편-』, 청사, 1982, 169쪽.
6) 유진오, 『헌법기초회고록』, 일조각, 1980, 250쪽.

"투쟁"이라는 문구를 사용한 것에 대해 좌익이 쓰는 용어라고 하여 이를 구속한 경우처럼[7] 노동조합에 대한 부당한 억압이 비일비재하였다. 이에 노동조합법에 의한 정당한 노동조합운동을 보장하자는 목소리도 높아져 가고 있었다.

정부수립 후 조직을 정비하는 과정에서 대한노총은 기업주 측과 우익 청년단 측으로부터 압박을 받았다. 미군정기 대한노총의 적극적인 지원 세력이었던 기업주들은 전평이 소멸된 시점에서 대한노총을 달가운 존재로 받아들이지 않았다. 오히려 기업주 측과 대한노총 조직 간의 관계는 대립적으로 변화하였다. 미군정기의 유산으로서 각 직장에는 노동조합 이외에 청년단·부인회 등이 조직되어 있었다. 이러한 단체들은 노동조합에 대해 여러 가지 제재와 간섭을 하여 노동조합의 정상적인 발전을 가로막았다. 대한노총은 이러한 세력으로부터 보호를 받을 수 있는 노동관계법 제정에 깊은 관심을 보였다.

헌법의 노동관계 조항에 의거하여 사회부 노동국은 노동법 제정에 착수하였다. 1949년 1월 노동조합법과 이익균점법 초안이 완성되었고, 5월 말경에는 노동조정법과 근로기준법 초안도 완성되었다.[8] 노동조합법 초안의 대강은 다음과 같다.[9]

---

7) 『동아일보』 1950년 2월 28일자, 「노동조합법 각의에 상정」.
8) 『동아일보』 1949년 6월 1일자, 「노조·조정안. 법제처에 회부」, 6월 3일자 「역사적 노동법 성안. 근로조건의 개선 지향. 사회부, 법제처에 회부」. 김삼수는 1949년 1월 말 시점에서 노동기준법, 노동조합법과 함께 이익균점법안이 사회부 노동국에 의해 초안 작성이 완료되었다고 하였다. 김삼수, 「韓國資本主義の成立とその特質 1945~1953년-정치체제 노동운동·노동정책を中心として」, 동경대학 경제학 연구과 박사학위논문, 1990, 209쪽.
9) 『동아일보』 1949년 1월 28일자, 「근로대중 이익옹호 노동조합 이익균점법 등 불원 제정」. 이익균점법 초안의 대강은 다음과 같다.
 (가) 노동자는 자기의 대표를 선출하여 그가 속하는 사업체의 경리에 대한 감사를 요구할 수 있다.
 (나) 경영주의 이익총액 결정 급(及) 배당비율은 법률로써 정한다.
 (다) 근로자에 대한 이익배당은 근로자의 근속연한 임금 직위를 고려하여 결정

〈노동조합법〉
(가) 노동조합은 기업경영과 노동자의 공민(共民)된 자유권에 간섭할 수 없다.
(나) 노동조합은 고용주가 어떠한 기업단체 급(及) 정치 종교단체 등에 가입 또는 불가입함을 강제할 수 없으며 또는 조합에 대한 가입을 국적 성별 주의 사상 등 원래 노동조건에 관계가 없는 조건으로서 제한할 수 없음.
(다) 노동조합은 고용주가 어떠한 기업단체 급(及) 정치 종교단체 등에 가입 또는 불가입함을 강제하지 못한다.
(라) 노동조합은 어떠한 정당한 사회단체에 예속할 수 없다.
(마) 고용주는 노동자나 노동조합에 대하여 노동조합을 조직하고 가입하며 활동하는데 간섭이나 제한이나 차별대우를 할 수 없다.
(바) 고용주는 정치적 이유로서 조합원을 억제하거나 재정적 원조 또는 선거 등 노동조합 활동에 영향을 주는 행동을 하지 못할 뿐 아니라 정당한 조합대표자의 성실한 단체협약을 체결하는데 대해서 거절 또는 해체하지 못함.
(사) 정부사업체 이외의 공무원은 노동조합을 결성 또는 가입할 수 없다.
(아) 노동조합은 경제적 목적 이외의 정치적 종교적 사회적 운동에 참가할 수 없다.
(자) 고용주 또는 고용주의 이익을 대표하는 노동조합을 결성할 수 없으며 고용주는 노동조합 경영에 대하여 보조금을 부여할 수 없다.

사회부 노동국에서 초안을 마친 노동조합법은 1949년 6월경 법제처에 회부되었다.[10] 법제처 심의를 거친 후 국무회의에 상정된 시기는 1950년 2월이었다.[11] 근로기준법안은 1949년 6월 1일 법제처에 회부되어 전문 10장 38조로 된 법안으로 만들어졌으며, 1950년 2월 22일 중앙경제위원회에서 심의통과를 보았다.[12] 법제처에서 제정한 노동조합법안(초안)의

한다.
(라) 이익배당은 매 결산기마다 현금지불 은행예금 양로연금 등으로서 지불한다.
10) 『연합신문』 1950년 2월 2일자. 「군정법령을 대체할 근로기준법 미제정으로 노동법령 공백상태가 우려」(국편, 『자료』 16, 310쪽).
11) 『동아일보』 1950년 2월 28일자. 「노동조합법 각의에 상정」.

골자는 아래와 같다.

> △ **총칙** : 본 법은 근로조건의 기준을 정하여 근로자의 생활을 보장하여 향상시킴을 목적으로 하며 10인 이상의 근로자를 상시 고용하는 사업 또는 사업장에 적용하기로 되었다.
> △ **근로계약** : 고용자는 근로자에 대하여 정당한 이유 없이 해고 징벌을 할 수 없으며 고용자는 근로자 업무상 부상 또는 질병 요양을 위한 휴양기간 급(及) 그 후 30일간씩 산전후 30일간은 해고할 수 없다.
> △ **임금** : 최저임금을 중앙임금위원회에서 정해진 경우에는 고용자는 그 금액에 달하지 않는 임금으로 근로자를 고용할 수 없다. 그리고 고용자의 귀책사유로 인하여 휴업한 경우에는 고용자는 휴업기간 중 당해 근무자에 대하여 임금의 100분지 50 이상의 수당을 지급하여야 한다.
> △ **근로시간** : 근로시간은 주실동(週實動) 48시간을 기준으로 한다. 단 당사자 합의에 의하여 주 60시간을 한도로 근로할 수 있다. 그리고 고용자는 기준시간의 초과된 부분 또는 야간작업에 대하여는 임금의 2할 이상을 가급(加給)하고 휴일근무에는 기본임금 외의 2할 이상을 지급하여야 한다.
> △ **여자 급(及) 소년** : 만 14세 미만자는 근로자로 고용하지 못하고 여자와 만 18세 미만자는 도덕상 또는 보건상 유해 위험한 사업에 고용하지 못한다.
> △ **근로자 상해보상** : 근로자의 부상질병사에 대한 상해보상은 별도로 한다.

노동조합법(초안)에 대해 기업가 측에서는 강력히 반발하였으며, 수정을 요구하였다. 이에 대해 대한노총 선전부는 기업가 측의 노동조합법(초안) 수정요구에 대해 반성을 촉구하는 성명서를 발표하였다.[13] 주요 내용은 다음과 같다.

---

12) 『조선일보』 1950년 2월 26일자. 「사회부가 초안한 근로기준법안이 국무회의를 통과」(국편, 『자료』16, 512~513쪽).
13) 『자유민보』 1950년 3월 19일자 「대한노동총연맹 선전부, 기업가 측의 노동법 초안 수정요구에 대해 반성을 촉구」(국편, 『자료』16, 688~689쪽).

……대기업주 측의 수정안 요구내용에는 노동자의 건강과 질적 향상 급(及) 사회적인 지위향상에 비추어 볼 때 한심스러움을 금치 못하는 바이며 국가의 만년대계를 위하여 우려하지 않을 수 없는 일이다. 아래에 그 부당성을 간략히 지적하고 일시적인 사리사욕보다 국가적인 기업가의 입장에서 이러한 법률에 적극 가담을 못할지언정 방해하는 일이 없도록 반성을 촉구하는 바이다.

1. 미성년 연령 18세를 17세로 하자는 데에는 미성년고용에 대한 작업시간제한 급(及) 업무교육이 문제되는데 아국의 노동자 교육정도를 고려할 때에는 18세 아니라 20세까지라도 의무적인 교육이 필요하며 작업시간 역시 이에 관련되고 보건이 첫째 문제이다.
2. 미성년 노동자의 계약에 관계당국의 허가를 요한다는 것은 자유계약으로 하자는 그 내심을 짐작할 수 있는 바이며 그 결과는 우리의 상상조차 용허치 않는 문제다.
3. 특별노동시간 주 60시간을 72시간으로 하는 문제는 보건문화는 그만두고라도 작업시간 연장보다 실업자 하나라도 더 구하는 게 국가적이 아닐까?
4. 야근노동에 대한 특별수당금 폐지는 실제의 식생활과 위생문제를 심심 고려하여 보면 그 여부는 판정할 수 있는 문제가 아닌가.
5. 퇴직금제도 폐지는 그날 벌어 그날 살이에도 급급하는 노동자의 앞날을 어떻게 할 것인가.

즉 기업가 측에서는 ① 미성년 연령을 17세로 할 것 ② 특별노동시간을 72시간으로 할 것 ③ 야간노동에 대한 특별수당금을 폐지할 것 등을 주장하였다. 이는 기업가 측의 대변조직이었던 조선상공회의소가 1947년 6월 30일 미소공동위원회에 제출한 답신서의 내용과 다르다는 것을 확인할 수 있다. 조선상공회의소가 제2차 미소공위에 제출한 답신서에는 "최고노동시간은 1일 8시간, 48시간제를 실시하고 피용인(被傭人)의 의사에 의하여 매주 6시간을 한도로 작업함을 용인하되 48시간을 초과하는 작업시간에 대하여는 특별수당을 급여한다"고 되어 있다. 그리고 14세 미만 및 국민학교 재적(在籍)아동의 취업금지와 18세 미만의 소년 및 여자의 야간작업과 위험, 유해작업의 취업 금지를 주장하였다.[14]

헌법정신에 입각한 노동관계법 제정 움직임은 사회부 노동국을 통하여 구체화되었고, 법제처 심의를 거쳐 국무회의에 상정되어 국회를 통한 입법화를 눈앞에 두고 있었다. 그러나 한국전쟁으로 입법화 작업은 지연되었다. 이리하여 노동정책은 노동운동에 대한 보장입법이나 정책의 확립 없이 일시적 미봉책으로 실시되었을 뿐이다. 특히 이승만 대통령의 권위적 지시에 따라 노동정책이 실시되는 경우도 있었다.[15]

정부수립 이후 전국 각처에서 각종의 노동문제가 제기되었고, 한국전쟁이 치열하게 전개되는 조건하에서도 노동쟁의가 계속 일어났다. 1951년 9월의 인천 부두노동자들의 노임분규와 과중 맹비(盟費) 징수문제, 1952년 초의 조선방직 쟁의, 1952년 2월 영월·도계·장성·은성·화순 등 주요 광산노동자들의 체불임금 지불과 식량대책을 요구하여 제기한 쟁의, 7월 말 부산 부두노동자들의 임금인상을 요구한 파업, 8월부터 10월에 걸친 경전노조 간부들의 분규, 1953년 3월 인천 노조사무실 습격사건, 조선전업노조의 미불노임을 요구하는 쟁의 등이 바로 그것이다.[16]

노동쟁의가 일어나더라도 이를 해결할 노동관계법이 부재한 상황에서 항상 노동자에게만 불리한 쪽으로 귀결되었다. 이러한 노동문제의 발생은 이승만정부의 노동정책과 대한노총 지도부의 한계를 드러내는 것이었다.[17]

노동입법의 필요성은 광산노련의 경우와 같이 직접적인 청원으로 나타나기도 하였지만,[18] 조선방직 쟁의와 대한노총의 분규를 통하여 노동자

---

14) 대한상공회의소, 『대한상공회의소삼년사』, 1949, 341쪽.
15) 유광호, 「제1공화국의 노동정책」, 『한국 제1·2공화국의 경제정책』, 한국정신문화연구원, 1999, 218쪽.
16) 전국경제인연합회 편, 『한국경제 40년사』, 1986, 853~854쪽.
17) 유광호, 위의 논문, 219쪽.
18) 대한노총 광산연맹에서는 1952년 4월 18일 국회에 노동법을 조속히 제정할 것을 청원하였다. 『동아일보』1952년 4월 23일자 「노동법 제정을 속히. 광산노동자들이 국회에 청원」.

만이 아니라 노동행정당국과 국회의원 자신도 필요성을 절감하게 되었다.[19] 그리하여 근로기준법·노동조합법·노동위원회법·노동쟁의조정법 등 노동관계법 제정을 서두르게 되었다. 1952년 대한노총 전국통일대회 과정에서 이대통령의 지시에 의해 패배를 강요당했던 전진한의원은 민주주의적 노동운동이 가능하려면 우선 노동법 제정이 선행되어야 한다는 것을 통감하고 노동관계법 제정을 위해 선두에 나섰다.[20]

전진한(錢鎭漢) 의원 외 33인은 1952년 11월 25일 제14회 정기국회에서 노동관계법안 상정에 관한 긴급동의안을 제출했다. 즉 노동관계법안(노동조합법안·노동위원회법안·노동조정법안)을 1952년 제1회 추가경정예산안 심의가 완료된 직후에 우선적으로 상정하라는 요지였다.[21]

전진한은 긴급동의안에서 첫째, "노동자들의 생활이 차차 도탄에 빠져" 가고 있으며 "인간으로서의 인권이라든지 또는 그들의 단체행동의 자유라든지 우리 헌법에 보장된 그들의 권리가 지금 여지없이 유린당하고 있는 형편"임을 지적하였다. 둘째, "조방쟁의를 통해서 노동자가 얼마나 학대를 받고 얼마나 부당한 박해를" 받았는지에 대해 언급하였다. 셋째, 외국에 갔을 때 "한국노동자의 노동법안을 내라고 할 때에 못냈"으며, 부두에서 노동쟁의가 났을 때에 부두문제를 합법적으로 해결할 노동법이 없

---

19) 김윤환·김낙중, 『한국노동운동사』, 1992, 일조각, 160쪽.
20) 김윤환·김낙중, 위의 책, 160쪽.
21) 대한민국국회, 『速記錄』 제14회(제29차, 1952.11.25) 노동관계법안 발의자로서 전진한 의원 외 33인이라고 되어 있는데 국회속기록의 명단에는 32인만 나와 있다. 32인을 열거하면 다음과 같다. 전진한(錢鎭漢), 이진수(李鎭洙), 김정과(金正科), 임기봉(林基奉), 이교선(李敎善), 서장주(徐璋珠), 조광섭(趙光燮), 신용욱(愼鏞項), 최성웅(崔成雄), 김낙오(金洛五), 박철웅(朴哲雄), 서상덕(徐相德), 이학림(李鶴林), 조경규(趙瓊奎), 조순(趙淳), 김광준(金光俊), 황병규(黃炳珪), 박제환(朴濟煥), 정일향(鄭一享), 김봉조(金鳳祚), 송방용(宋邦鏞), 곽상훈(郭尙勳), 박영출(朴永出), 김봉재(金奉才), 박순천(朴順天), 박세동(朴世東), 홍익표(洪翼杓), 이시목(李時穆), 김인선(金仁善), 정헌주(鄭憲柱), 오성환(吳誠煥), 엄상섭(嚴詳燮).

었던 안타까운 상황을 제시하였다.22) 결국 전진한의 긴급동의안이 가결됨으로써 제15회 정기국회에서 노동관계법이 입법화될 수 있었다.

(2) 노동조합법 제정 과정23)

1952년 12월 22일, 노동조합법안 제1독회에서 사회보건위원장 김용우(金用雨)는 "작년 6월에 정부로부터 제안된 노동조합법과 임기봉(林基奉), 조광섭(趙光燮) 의원이 공동으로 제안한 두 노동조합법을 심사"했다24)고 발언하였다. 이로써 1951년 6월 이전에 노동조합법에 대한 입법화작업이 구체화된 것으로 보인다. 그리고 노동조합법에 대한 정부안과 임기봉·조광섭의원안(이하 국회의원안)을 심사하기 전에 사회보건분과위원회에서는 각 방면의 의견을 청취하기 위해 노동간부와 상공회의소 간부 등과 의견을 교환하였다.25) 그리하여 노동조합법(안)은 1951년 6월 정부안과 국회의원안을 절충한 사회보건위원회 대안(이하 사보위 대안)26)이 국회에 상정되었다.27)

김삼수는 사보위 대안은 정부안과 국회의원안을 절충한 것이지만 정부안에 비해서 파업을 승인하고, 노동자 및 노동조합의 권리를 한층 적극적

---

22) 대한민국국회, 『速記錄』 제14회(제29차, 1952.11.25).
23) 여기서는 대한노총 중앙조직의 변화에 크게 작용한 노동조합법만을 대상으로 그 제정 과정에 대해 다루기로 한다. 노동쟁의조정법, 노동위원회법, 근로기준법 등에 대해서는 다음 기회로 미룬다.
24) 대한민국국회, 『速記錄』 제15회(1952.12.22).
25) 대한민국국회, 『速記錄』 제15회(제1차, 1952.12.22).
26) 대한민국국회, 『速記錄』 제15회(제1차, 1952.12.22). 사보위 대안은 제1장 총칙(제1조~5조), 제2장 노동조합(제6조~30조), 제3장 단체협약(제31조~39조), 제4장 벌칙(제40조~44조) 부칙(제45조~50조)으로 구성되었다.
27) 1951년 4월 29일 임기봉, 조광섭 외 93인의 의원이 노동조합법안을 국회에 제출하고, 이에 대응하여 정부가 6월 8일 정부안으로서 제출하였다. 국회 사회보건위원회에서 국회의원이 제출한 안과 정부안을 심의하는 과정에서 사보위 대안이 작성되었다. 1952년 11월 4일 국회의 사보위 대안이 사회보건위를 통과됨으로써 국회의원안과 정부안이 폐기되었다. 金三洙, 앞의 논문, 211~212쪽.

으로 승인하고 있었던 점에서 입법상 대전환이었다고 평가하였다.[28]

1953년 1월 16일 사회보건위원장 대리 김용우는 정부안과 국회의원안 절충 이유에 대해 "행정부에서 제안한 입법정신은 많이 노동정책이 관리정책으로 흐르는 경향이 있었고 또 임기봉, 조광섭의원의 제안은 대개 그 노동조합에 대한 관리가 약했습니다"라고 발언하였다.[29]

김삼수는 사보위 대안이 직접적으로는 사보위와 사회부 노동국의 산물이며, 그 배후에는 전후부흥계획을 세우고 있던 유엔(UNCACK : 유엔주한민사처) ILO(국제노동기구)의 활동이 있었다고 주장하였다. 다시 말하면 사보위 대안이 조방쟁의가 본격적으로 정치문제화되기 전인 1951년 여름에 심의를 거쳐 11월에 최종적으로 사회보건위원회를 통과하여 본회의에 상정되었다는 점을 들어 조방쟁의 그 자체가 사보위 대안으로 전환되는 직접적인 계기가 되지는 않았다는 것이다.[30]

국회에 상정된 사보위 대안에 대하여 전진한 의원 외 65인, 신광균(申光均) 의원 외 22인, 서범석(徐範錫) 의원 외 15인의 이름으로 수정안이 제출되었다.[31] 전진한 의원 외 65인의 수정안은 사보위 대안에서 규정하고 있는 노동조합에 대한 관(官)의 간섭을 약화시키고, 노동조합의 자율적 행동을 확보하기 위한 목적에서 제안된 것이라 볼 수 있다. 사보위 대안이 "자주적 단결권과 단체교섭권을 보장"하는 것을 노동조합법의 목적으로 설정한데 비하여 전진한 의원 외 65인의 수정안은 "단체행동의 자유"까지도 보장하고자 하였다. 또한 사보위 대안 제13조, 16조, 17조, 19조, 28조, 30조 등은 노동조합 활동을 극도로 위축시키는 조항이므로 전진한의원 외 65인의 수정안에서는 삭제를 주장하였다.

---

[28] 김삼수, 앞의 논문, 212쪽. 국회의원안과 정부안에 대해서는 김삼수, 앞의 논문, 213~220쪽, 224~232쪽 참조.
[29] 대한민국국회, 『速記錄』 제15회(제7차, 1953.1.16).
[30] 김삼수, 앞의 논문, 299쪽.
[31] 대한민국국회, 『速記錄』 제15회(제10차, 1953.1.20).

노동조합법 제정과정에서 사보위 대안과 수정안을 놓고 찬반여론이 비등하였다. 전진한은 "단결권과 단체협약권과 단체행동의 자유 이 세 가지를 완전히 보장하기 위해서 만드는 노동법인지 또는 이 행동을 제한 또는 구속하기 위해서 만드는 노동법인지" 의아스러운 점이 많다며 사보위 대안에 대해 반대입장을 표명했다. 그는 헌법에 보장된 노동자의 단결의 자유와 단체협약권과 단체행동의 자유가 노동조합법에 반영되어야 함을 역설하였다.32)

사보위 대안을 놓고 대체토론(大體討論)에서 장건상(張建相), 김지태(金智泰)의원은 찬성발언을, 조광섭(趙光燮) 의원은 반대발언을 하였다. 장건상은 신생국가인 만큼 분규가 많이 일어나는 것은 오히려 노동자의 지위를 불리하게 할 수 있다며 노자협조의 차원에서 사보위 대안을 찬성하였다. 김지태 또한 현실적으로 국가산업발전을 위해서는 노자협조가 필요하다는 이유에서 사보위 대안을 적극 지지하였다. 이에 반해 조광섭은 노동조합에 대한 정부의 지나친 간섭이 노동자의 자주적인 단결권과 노동자의 조직력을 민주적으로 보장할 수 없다는 점을 들어 사보위 대안에 대해 부분적 반대의견을 표명하였다.33)

1953년 1월 20~23일에 걸쳐 진행된 제2독회를 통해 4장 52개조로 구성된 노동조합법안이 가결, 통과되었다.34) 여기에서는 노동조합법 내용에 대해서 주로 논란이 되었던 조항 및 중요 조항을 중심으로 살펴보겠다. 논란이 되었던 사보위 대안(원안)35)을 정리하자면 다음과 같다.

---

32) 대한민국국회,『速記錄』제15회(제7차, 1953.1.16).
33) 대한민국국회,『速記錄』제15회(제7차, 1953.1.16).
34) 원래 사보위 대안은 4장 50개 조로 되어 있었으나 제정과정에서 2개 조항이 신설되어 4장 52개 조로 구성되었다.
35) 이 법안의 주요골자는 ① 노동조합의 정의로는 노동조합이란 근로자가 주체가 되어 자주적으로 단결하며 노동조건의 유지개선 등을 기하며 경제적 지위향상을 도모하는 조직체 또는 연합체로 규정하고, ② 노동자의 자주적 단결권으로서 노동자는 자주적으로 노동조직을 구성하거나 가입할 수 있으며 조합은 법인체

〈총칙〉
· 제1조 : 본법은 헌법에 의거하여 근로자의 자주적 단결권과 단체교섭권을 보장하며 근로자의 근로조건을 개선함으로써 사회적 지위향상과 국민경제에 기여하도록 함을 목적으로 한다.
· 제3조 : 좌의 각호의 1에 해당하는 경우에는 노동조합으로 인정하지 아니한다.
  1. 노동조합이 사용자 또는 항상 그의 이익을 대표하여 행동하는 자의 참가를 허용하는 경우.
  2. 노동조합이 경비지출에 있어서 사용자의 원조를 받는 경우. 단(但) 대통령령으로서 정하는 경우에는 이를 예외로 한다.
  4. 노동조합이 주로 정치운동 또는 사회운동을 목적으로 하는 경우.

〈노동조합〉
· 제6조 : 노동자는 자유로 노동조합을 조직하거나 또는 이에 가입할 수 있다. 단(但) 현역군인, 군속, 경찰관리, 형무관리와 소방관리는 예외로 한다.
· 제10조 : 사용자는 좌(左)에 게기(揭記)하는 행위를 할 수 없다.
  1. 노동자가 노동조합을 조직하거나 이에 가입하여 노동조합에 관한 직무를 수행하는 권리에 간섭 기타 영향을 주는 행위.
· 제13조 : 노동조합 규약이 법령에 위반하거나 또는 공익을 해할 경우에는 노동위원회의 결의에 의하여 행정관청은 취소 또는 그 변경을 명(命)할 수 있다.
· 제16조 : 노동조합은 적어도 매년 1회 이상 총회를 개최하여야 한다. 노동조합의 대표자는 총회의 의장이 된다.

로 할 수 있으며 과세대상이 되지 아니하며 사용자는 조합의 조직가입 운영 등에 간섭할 수 없다고 규정하고, ③ 조합의 설립에 관한 규정으로서는 조합설립은 신고제이나 조합규약이 법령에 위반하거나 공익을 해할 경우에는 노동위원회의 의결로서 행정청은 취소 또는 그 변경을 명할 수 있다고 하였고, ④ 조합의 관리에 관한 것으로서 조합의 기관 및 노동조합 연합체 설립 등에 관하여 규정을 두었고, ⑤ 조합의 해산에 관하여는 규약에 의한 해산사유 발생과 파산, 조합원 또는 대의원 3분의 2 이상의 출석에 의한 3분의 2 이상의 결의로서 해산결의 행정관청의 해산명령이 있을 때에는 해산된다고 규정하였으며, ⑥ 단체교섭권의 보장에 관한 규정을 두었고, ⑦ 단체협약의 효력에 관한 규정을 두었다. 김영태, 「도큐멘타리 노동운동20년 소사」, 『노동공론』 1972년 4월호, 179~180쪽.

- 제17조 : 좌기 사항은 총회의 결의를 거쳐야 한다.
  1. 조합규정의 제정과 변경에 관한 사항.
  2. 조합임원의 선거에 관한 사항.
  3. 단체협약에 관한 사항.
  4. 예산결산에 관한 사항.
  5. 기금의 설치, 관리 또는 처분에 관한 사항.
  6. 노동조합연합체의 설치, 가입 또는 탈퇴에 관한 사항.
  7. 노동조합의 합병, 분할 또는 해산에 관한 사항.
  8. 기타 주요 사항.
- 제19조 : 노동조합의 결의가 법령에 위반 또는 공익을 해할 경우에는 행정관청은 노동위원회의 결의를 얻어 취소 또는 그 변경을 명(命)할 수 있다.
- 제28조 : 행정관청은 필요하다고 인정하는 경우에는 노동조합의 경리상황 기타 장부서류를 검사할 수 있다.
- 제30조 : 노동조합이 법령에 위반하거나 또는 공익을 해하였을 경우에는 행정관청은 노동위원회의 결의를 얻어 해산을 명할 수 있다.
  노동조합이 정상한 이유없이 정기총회를 개최하지 아니할 때에는 행정관청은 그 해산을 명(命)할 수 있다.

〈단체협약〉
- 제31조 : 노동조합의 대표자 또는 조합의 위임을 받은 자는 노동조합 또는 조합원을 위하여 사용자 또는 그 단체와 단체협약의 체결 기타 사항에 관하여 교섭할 권한이 있다.
- 제32조 : 사용자 또는 그 단체는 전조(前條)에 규정하는 단체협약 대표자와의 성실한 단체협약 체결을 정당한 이유없이 거부 또는 해태(懈怠)하지 못한다.
- 제33조 : 단체협약 체결은 공장, 사업장 기타 직장 단위로 한다.

〈벌칙〉
- 제41조 : 제10조 또는 제32조의 규정에 위반한 자는 6월 이하의 징역 또는 50만원 이하의 벌금에 처한다.
- 제43조 : 본법에 의한 행정관청의 명령에 위반하거나 제28조에 의한 행정관청의 검사를 거부한 때는 노동조합의 대표자는 3월 이하의 징역 또는 30만원 이하의 벌금에 처한다.

〈부칙〉
· 제45조 : 본법은 공포일로부터 시행한다.
· 제47조 : 본법 시행시 현존 노동조합은 본법 시행일로부터 3월 이내에 제11조의 절차에 의하여 신고하여야 한다.

제1조는 노동조합법의 목적에 해당하는 조항이다. 사보위 대안 제1조에 대해 전진한 의원은 "단체교섭권", "자주적 단결권"과 함께 "단체행동의 자유"라는 것이 헌법에 보장되어 있으며, "노동조합이 단결해 가지고 그 단결적 행동을 실천"하는 것이 노동조합의 근본목적이라는 이유를 들어 "단체행동의 자유"라는 문구를 삽입하자는 수정안을 내놓았다.[36] 이에 대해 장홍염, 이진수, 임기봉 의원이 지지발언을 하였으며, 수정안이 가결되었다.[37] 임기봉 의원이 "제가 처음에 냈던 그 의도와 흡사함으로 이것을 찬성하는 바입니다"라고 발언한 것으로 보아 원래 단체행동의 자유권은 국회의원안에 포함되어 있던 것이 사보위 대안에서 삭제된 것으로 보인다. "단체행동의 자유"를 보장하도록 한 수정안이 통과된 것은 상당한 의미가 있었다.

제3조는 노동조합의 자주성, 독자성이라는 면에서 중요한 의미를 갖는 조항이었다. 제3조 2호의 원안은 노동조합이 사용자의 원조를 받아 경비 지출을 하는 경우 노동조합으로서 인정하지 않지만 대통령령으로서 정하는 경우에는 예외로 한다는 것이다. 이 조항에 대해 서범석과 전진한 의원은 수정안을 각각 제출하였다. 서범석은 "대통령령으로서 정하는 경우

---

36) 대한민국국회, 『速記錄』 제15회(제9차, 1953.1.20).
37) 대한민국국회, 『速記錄』 제15회(제9차, 1953.1.20). 김영태는 사보위 대안에 대한 수정안 보완안이 제출되었지만 하나도 채택되지 않았다고 했으며, 하경효도 이를 그대로 인용하였다. 김영태, 「도큐멘타리 노동운동 20년 소사」, 『노동공론』 1972년 4월호, 180쪽. 하경효, 「한국노동법제에 관한 사적 고찰」, 고려대학교 법학과 석사학위 논문, 51쪽. 그러나 수정안이 가결된 경우도 있었다는 점에 유의해야 할 것이다.

에는 예외로 한다"는 단항을 삭제할 것을 주장하였으며, 전진한은 단항을 삭제하는 대신에 "노동조합이 경비지출에 있어서 주로 사용자의 원조를 받는 경우"로 수정하자고 하여 어느 정도 사용자의 경제적인 지원을 받겠다는 의도를 드러냈다. 제3조 2호는 원안 그대로 가결되었다.

또한 원안 제3조 4호는 노동조합이 주로 정치운동 또는 사회운동을 목적으로 하는 경우 노동조합으로서 인정하지 않겠다는 것이었다. 이 조항은 노동조합의 활동을 크게 제약하는 것으로써 "주로"라는 문구에 의해 권력자들이 자의적으로 해석하여 악용할 여지가 있었다. 이 조항은 전진한의 수정안이 통과됨으로써 삭제되어 노동조합은 정치운동, 사회운동을 인정받게 되었다. 그런데 여기서 유의해야 할 점이 있다. 전진한의 삭제 수정안이 통과된 것은 노동조합운동에서 원론적으로 제기되는 노동조합운동의 정치투쟁을 인정한 것이 아니라는 점이다. 전진한은 수정안을 제안한 이유를 설명하는 자리에서 해방 후 대한노총의 전평타도 활동도 정치운동이라며 앞으로 공산주의와 싸우기 위해서도 노동조합의 정치운동이 필요하다고 발언하였다. 이러한 발언은 장홍염의 "노동자가 자기의 노동자의 본연의 지위를 확보하기 위해 정치운동도 해야 하고 사회운동도 해야 한다"는 주장과는 의미를 달리하는 것이었다.[38]

제6조의 원안은 현역군인, 군속, 경찰관리, 형무관리와 소방관리를 제외하고 노동자는 자유로이 노동조합을 조직하거나 가입할 수 있다는 조항이다. 이에 대해 전진한은 "공무원법 제37조는 노동조합운동에 있어서는 차(此)를 적용하지 아니한다"는 조문을 삽입하자는 수정안을 내놓았다. 공무원법 제37조에 의하면 철도에 종사하는 근로자, 체신부에서 일하는 근로자, 전매청 근로자들이 공무법에 구속되어 있는데, 노동조합법 제6조 원안에서는 현역군인, 군속, 경찰관리, 형무관리와 소방관리를 제외한 노동자는 노동조합을 조직하거나 가입할 수 있도록 한 것이다. 이와

---

38) 대한민국국회, 『速記錄』 제15회(제9차, 1953.1.20)

같이 공무원법 제37조와 노동조합법 제6조 원안이 서로 충돌할 수 있는 여지가 있었기에 전진한은 수정안을 내놓았던 것이다. 그러나 결국 원안이 가결되었다.39)

제10조는 노동조합에 대한 사용자의 행위를 제한하는 조항이었다. 원안에서 "……기타 영향을 주는 행위"를 "……하는 행위"로 수정하자는 이용설 의원의 수정안이 나왔다. 이 수정안은 기업주 측의 입장을 대변하는 것으로, 김지태 의원 역시 자본가 입장에서 "기타 영향을 주는 행위"는 대단히 막연하다며 이용설 의원의 수정안에 찬성을 표했다. 반면 전진한은 기업가가 노동조합 간부를 전근시키는 등 직접적인 간섭은 아니지만 "간섭의 영향"을 주는 경우가 더 많다면서 원안을 지지하였는데, 결국 원안이 가결되었다.40)

제13조, 제16조, 제17조, 제19조, 제28조, 제30조 1항은 노동조합에 대한 관의 간섭을 강화하고, 자율적 노동조합운동을 제약하는 것이었다. 제13조, 제14조는 행정관청이 법령에 위반되고 공익을 해하였다는 이유로 자의적으로 노동조합 규약이나 노동조합의 결의를 취소 변경할 수 있도록 한 것이다. 그리고 제30조는 행정관청의 노동조합 해산권을 인정한 것이다. 이들 조항은 "노동위원회의 결의"에 의하여 권한을 행사한다고 되어 있지만 곧 제정될 노동위원회법에서 규정하는 노동위원회도 국가기관으로부터 독립성을 보장받지 못했다.41) 따라서 노동조합법 제13조, 제14조, 제30조는 노동조합의 자율성을 극도로 제한하는 조항이었다. 이들 조항에 대해 전진한 의원이 삭제 수정안을 내놓았으나 결국 원안이 가결되었다.42)

---

39) 대한민국국회, 『速記錄』 제15회(제10차, 1953.1.20).
40) 대한민국국회, 『速記錄』 제15회(제10차, 1953.1.20).
41) 노동위원회법에 의하면, 노동위원회는 "소관 행정관청이 관리한다"고 하여 독립성을 보장받지 못하였다.
42) 대한민국국회, 『速記錄』 제15회(제10차, 1953.1.20), 제15회(제11차, 1953.1.22).

노동조합법 제정과정에서 사용자를 대표하는 의원들은 벌칙조항에 대하여 예민하게 대응하였다. 그 대표적인 것이 제41조항이었다. 제41조는 "제10조 또는 제32조의 규정에 위반한 자는 6월 이하의 징역 또는 50만 원 이하의 벌금에 처한다"는 내용이다.43) 이러한 원안에 대해 수정안이 제출되지 않은 상태에서 제2독회 과정에서 김지태 의원이 체형을 삭제하자는 수정안을 제출하여 가결을 보게 되었다.44) 김지태 의원의 수정안이 가결된 것은 노동조합법의 한계를 반영하는 것이다.

이상과 같이 제정과정에서 논란이 되었던 조항을 중심으로 살펴보았다. 몇 개의 수정안을 제외하고는 거의 대부분 사회보건위원회에서 제출한 원안이 그대로 통과되었다. 노동조합법의 핵심내용은 ① 노동조합의 자유설립주의를 채택하였으며, ② 노동조합대표자 또는 조합의 위임을 받은 자에게 교섭권을 인정하였고, ③ 노사쌍방은 단체협약체결을 정당한 이유 없이 거부할 수 없다는 것이었다. 노동조합법은 ① 노동조합의 규약이나 조합총회의 결의내용, 노동조합의 존속 등에 관하여 행정관청의 간섭과 개입권을 인정하였고, ② 단체협약 체결단위를 공장, 사업장 기타 직장으로 한정함으로써 노동조합연합체의 단체협약체결 권한을 인정하지 않았다는 점에서 많은 한계가 있었다.45)

2) 노동관계법 내용과 운용실태

노동운동의 법적 기초가 되는 노동관계법 입법화는 1953년에 완수되었다. 1953년 1월 23일에 노동조합법, 1월 27일에 노동위원회법, 1월 31

---

43) 사보위대안(원안) 제32조에는 "사용자 또는 그 단체는 전조(前條)에 규정하는 단체협약 대표자와의 성실한 단체협약 체결을 정당한 이유 없이 거부 또는 해태(懈怠)하지 못한다"고 되어 있다.
44) 대한민국국회, 『速記錄』 제15회(제12차, 1953.1.23).
45) 김진웅, 「노동운동과 노동법-현행법과 노동운동을 중심으로」, 『사상계』 1960년 9월, 94쪽.

일에 노동쟁의조정법, 4월 15일에 근로기준법이 각각 통과되었다.[46] 근로기준법의 제정으로 미군정시대의 노동보호입법이 폐지되었고, 일제시대부터 시행해 오던 「조선광부노무규칙」도 효력을 상실하였다. 또 노동조합법을 비롯한 집단적 노사관계법의 제정에 따라 미군정시대의 노동조합운동에 관계된 법령들도 효력을 상실하게 되었다.[47]

1953년에 제정·공포된 노동관계법-노동조합법·노동쟁의조정법·노동위원회법·근로기준법-의 내용을 간략히 정리하면 아래와 같다.[48]

〈노동조합법〉 전문 4장 52조
· 노동조합이란 근로자가 주체가 되어 자주적으로 단결하며 근로조건의 유지·개선 등을 기하여 경제적 사회적 지위향상을 도모하는 조직체 또는 그 연합체.(제2조)
· 근로자는 자주적으로 노동조합을 구성하거나 가입.(제6조)
· 사용자의 부당노동행위를 금하였으며(제10조), 이 규정에 위반한 자에게는 벌칙을 가함.
· 노동조합의 설립은 자유설립을 내용으로 하되 주무관청에 신고(제11조)
· 만약 조합규약이 법령에 위반하거나 공익을 해할 경우에는 노동위원회의 결의를 얻어 행정관청은 그 취소 또는 변경을 명할 수 있다.(제13조)
· 노동조합의 대표자 또는 조합의 위임을 받은 자에게 교섭권을 인정하였고(제33조), 노사쌍방은 단체협약체결을 정당한 이유 없이 거부하거나 해태(懈怠)할 수 없다.(제34조)

---

46) 국회사무처, 『국회 10년지』, 1958, 213쪽 ; 김낙중, 앞의 책, 172쪽 ; 노동조합법(전문 4장 52조), 노동쟁의조정법(전문 5장 31조), 노동위원회법(전문 4장 24조)은 1953년 3월 8일 법률 제280호, 법률 제279호, 법률 제281호로 각각 공포되었다. 동 시행령은 대통령령 제782호, 대통령령 제783호, 대통령령 제781호로 각각 공포되었다. 전문 12장 115조로 구성된 근로기준법은 1953년 5월 10일 법률 제286호로 공포되었고, 동 시행령은 1년 후인 1954년 4월 7일 대통령령 제889호로 공포되었다. 유광호, 앞의 논문, 220~224쪽.
47) 하경효, 앞의 논문, 50쪽.
48) 노동관계법의 내용에 대해서는 하경효, 위의 논문, 50~66쪽을 참조하여 정리하였다.

· 단체협약의 단위를 공장·사업장 기타 직장단위로 한다고 하였으며(제35조), 단체협약의 유효기간은 1년(제39조)

〈노동쟁의조정법〉
· 근로자 또는 사용자는 노동쟁의가 발생하였을 때 그 주장을 관철하기 위하여 쟁의행위를 행할 수 있으며(제5조 제1항), 공무원에 대한 예외규정을 둠.
· 쟁의 중에 폭력 또는 파괴행위를 할 수 없도록 하였고(제5조 2항), 직장에 대한 안전보지시설의 정상적인 유지·운행을 정지 또는 방해하는 행위와 전국적 규모로 확대시켜 국민경제를 심히 위태롭게 하는 것은 쟁의행위로 할 수 없다고 규정(제6조 제1항)
· 쟁의행위는 행정관청의 알선 또는 노동위원회의 조정이 실패하였을 경우에 할 수 있도록 규정(제7조 제1항).
· 쟁의기간 중 쟁의와 관계없는 자를 채용할 수 없게 하였다.(제31조)

〈노동위원회법〉
· 노동위원회의 조직은 중앙노동위원회와 지방노동위원회 또한 특별한 경우에 설치되는 특별노동위원회로 구분(제3조)
· 위원회의 구성은 근로자 대표 3인, 사용자 대표 3인, 공익 대표 3인으로 하여 전체 9인으로 하였으며(제3조), 근로자위원은 노조에서, 사용자위원은 사용자단체에서 추천한 자 중에서, 공익위원은 공익대표자 중에서 중앙노동위원은 대통령이 임명하고 지방노동위원과 특별노동위원은 주무부장관이 각각 임명하도록 규정(제7조, 시행령 5조)

〈근로기준법〉
· 근로조건은 당사자간 동등한 지위에서 자유의사에 의하여 결정하여야 하며(제3조) 성별·국적·신앙 또는 사회적 신분을 이유로 근로조건에 대한 차별대우를 할 수 없게 하였다.(제4조)
· 강제노동금지, 중간착취 배제, 공민권행사 보장 등
· 근로시간은 1일 8시간, 주 48시간을 기준으로 정했다(제42조 제1항)
· 만 13세 미만자는 근로자로 사용하지 못함을 원칙으로 하고(제50조), 여자와 만 18세 미만자는 도덕상 또는 보건상 위험한 사업장에 사용하지 못하도록 하였다(제51조)
· 근로자가 업무상 사망, 부상 또는 질병에 걸릴 경우에는 그 정황에 따라 요양보상, 휴업보상, 장해보상, 유족보상, 장사비 등을 받을 권리가 있다고 규정(제78조)

- 사용자는 근로자를 정당한 이유 없이 해고하지 못하게 하였다.(제27조)
- 해고시에는 30일분 이상의 평균임금을 지급하도록 하였으며 특히 계속근로연수가 10년인 때에는 10년을 넘는 1년에 대하여는 60일분의 평균임금을 지급하도록 규정(제28조)

노동관계법 제정은 국가가 노동운동을 통제할 장치를 법적으로 마련한 것으로 볼 수 있다.[49] 노동조합 설립에서 자유설립주의를 채택하고 있으나 조합의 운영면에서는 국가가 간섭할 수 있는 가능성이 잠재하고 있었다.[50] 노동조합법에서는 ① 노동조합의 규약이나 조합총회의 결의내용, 노동조합의 존속 등에 관하여 행정관청의 간섭과 개입권을 인정하였고, ② 단체협약 체결단위를 공장, 사업장 기타 직장으로 한정함으로써 노동조합연합체의 단체협약체결 권한이 인정되지 않았다.[51] 노동쟁의조정법도 노동쟁의 해결의 첫 절차인 알선이 행정관청에 의해 주도되었고, 행정관청의 강력한 심사권이 인정되었다.[52]

한편으로, 노동관계법의 제정·공포는 민주주의적 노동운동을 위한 법률적 기초가 완성된 것을 의미한다.[53] 정부의 강제집행의사가 없었더라도 법적 보호(?)하에서 노동자들은 끊임없이 노동조합 결성투쟁, 임금인상 투쟁, 생존권투쟁을 전개해 나갈 수 있었다. 특히 1950년대 후반기로 들어서면서 이러한 노동자들의 투쟁은 고양되어 가고 있었다. 노동관계

---

49) 윤여덕, 『한국초기노동운동연구』, 일조각, 1991, 317쪽(유광호, 앞의 논문, 222쪽에서 재인용).
50) 하경효, 앞의 논문, 53쪽 ; 유광호, 앞의 논문, 221~222쪽.
51) 김진웅, 「노동운동과 노동법-현행법과 노동운동을 중심으로」, 『사상계』 1960년 9월, 94쪽.
52) 유광호, 앞의 논문, 222쪽.
53) 김윤환·김낙중, 앞의 책, 164쪽. 김치선은 당시 제정된 노동입법은 장식적·정책적·관료주의적 입법으로서, 법률체제와 내용은 대부분 미국의 노동관계법(즉 근로자보호 내지 스트라이크 이론), 특히 Taft-Hartley법, Wagner법 및 일본의 노동법을 모방한 것이었다고 지적하였다. 유광호, 앞의 논문, 224~225쪽.

법이 제대로 지켜지지 않았다고 하더라도[54] 노동자들은 법적인 틀 속에서 자신의 권익옹호를 위하여 줄기차게 투쟁을 전개해 나가고 있었다.

노동관계법의 제정·공포에 따라 대한노총 및 대한노총 산하조직은 많은 영향을 받았다. 노동관계법에 의해 ① 대한노총은 재조직과정을 밟았으며, ② 노동조합 내에 존재하고 있었던 비민주적인 요소들이 부분적으로는 제거되었다. 노동조합법은 노동조합 운영의 근간이 되는 규약 및 단체협약을 민주적으로 개정할 수 있는 토대를 마련하였다. 부산부두노동조합의 경우 새로운 노동조합법이 계기가 되어 도반장이라는 기성세력에 의하여 지탱되던 종전까지의 신분제적 제한선거를 지양하고 비밀·보통·평등·직접선거로 대의원을 선출하도록 규약을 개정할 수 있었다. 동시에 단체협약도 법이 명시한 규정에 따라 노동조건의 개선과 향상을 기할 수 있었다.[55]

이와 같은 긍정적인 면이 있었던 반면 부정적인 면도 있었다. 노동조합법이 자유설립주의에 입각하여 노동조합은 직장별 또는 지역별로 구성할 수 있다는 보사부의 유권적인 해석에 의해 주도권 쟁탈을 위한 조직적 침투공작이 심화되었다.[56]

노동조합법의 핵심내용은 ① 노동조합의 자유설립주의를 채택하였으며, ② 노동조합대표자 또는 조합의 위임을 받은 자에게 교섭권을 인정하였고, ③ 노사쌍방은 단체협약체결을 정당한 이유 없이 거부할 수 없다는 것이었다.

노동조합의 자유설립주의에 의해 노동조합이 새로이 결성되었다. 그러

---

54) 정영태는 법은 있으나 정부가 강제집행할 의사를 가지고 있지 않았으며, 반공이데올로기의 영향으로 노동자들이 정치적인 요구를 제기할 수 있는 처지가 되지 못했기 때문에 노동관계법의 존재는 유명무실하였다는 주장을 펼쳤다. 정영태, 「노동조합 정치참여의 역사와 평가」, 『논문집』9, 인하대사회과학연구소, 1990년 6월. 185~186쪽.
55) 부산부두노동약사편찬위, 『부산부두노동약사』, 1969, 52~53쪽.
56) 부산부두노동약사편찬위, 위의 책, 53쪽.

나 노동조합법이 엄연히 존재함에도 자본가 측은 이를 무시하고 노동조합 결성을 방해하거나 자신들의 이해를 대변하는 노조를 결성하려고 하였다.57) 자본가들은 노동조합법을 위반하더라도 이에 대한 강력한 처벌규정이 없었다는 점을 악용하였다. 또한 노동자들의 권익을 보호해 주어야 할 노동당국에서 노동조합법 위반에 대해 적극적인 해결책을 모색하지 않은 것에도 많은 책임이 있다. 노동당국은 사용주 측에서 노동법규를 도외시 또는 위반할 경우 이들의 그릇된 점을 시인하면서도 그것을 제재·시정하는 데 적극적이지 않았다. 더욱이 노동행정의 최고책임자였던 보사부장관도 노동법을 무시하는 발언을 하기도 하였다.58)

노동조합 결성을 방해하거나 결성된 노동조합을 해체하기 위하여 회사 측에서 이용했던 수단은 어용노조 결성이었다. 함안에 있는 대령광업회사 군북(郡北)광업소에서는 1956년 8월에 노동조합이 결성되었는데 회사 측에서 노동조합 결성을 방해해 오다가 9월 2일 회사원을 중심으로 어용 노동조합을 결성하는 동시에 기존 노동조합 간부를 해고하였다. 심지어 9월 29일에는 전종업원을 해고하고 새로이 회사 측에 순종하는 70~80명만 복직시킴으로써 200여 종업원들은 졸지에 실업자 신세로 전락하고 말았다.59)

노동조합법에서는 단체교섭권의 보장에 따라 이유 없이 단체협약을 거

---

57) 『동아일보』 1955년 10월 10일자, 「회사 측서 탈퇴 강요 남전 마산노조 보사부서 조사」, 『동아일보』 1955년 10월 22일자, 「노조결성 방해? 보사부, 남전을 검찰에 告發視」.
58) 1956년 6월 조운 직장노동조합 결성을 둘러싸고 회사 측과 노조원들 사이에 쟁의를 거듭하고 있었으며, 회사 측에서는 직장노조 준비회 간부 6, 7명을 파면 혹은 지방으로 전출시키는 방법으로 노조결성을 방해하였는데, 이에 대해 정(鄭)보건사회부장관은 "조운 직장노조는 법적으로는 인정하나 사실상 부당한 것"이라면서 노조결성을 반대하는 뜻을 표명하였다. 『동아일보』 1956년 6월 21일자, 「鄭장관이 노동법 무시? 조운직장노조 결성을 반대」.
59) 『동아일보』 1956년 10월 9일자, 「노동조합의 해체를 획책 대령광업쟁의 날로 심각」.

부하거나 해태(懈怠)하지 못하도록 규정하고 있었다. 물론 이러한 규정은 상당수의 기업체에서 지켜지지 않고 있었다.[60] 어떤 노동조합은 지도간부들이 단체협약을 근로기준법 수준 이하로 강하체결(降下締結)하였으며,[61] 단체협약을 체결하였더라도 이행하지 않는 경우도 있었다.[62] 단체협약의 유효기간은 1년이었으므로 기업주들은 고의적으로 1년이 지나도록 단체협약을 이행하지 않고 있었다. 보사부 집계에 의하면 1958년에 전국 400여 개의 노동조합 중에서 단체협약을 체결한 노조는 68개에 불과하고 나머지 노조는 기업주와 교섭권을 가지고 있지 못하였다.[63]

노동위원회법 제정과정에서 논란이 되었던 것은 노동위원회를 자주적인 기관으로 만들 것인가, 행정관청에 예속된 기구로 만들 것이냐를 가르는 문제였다. 결국 노동위원회는 "소관 행정관청이 관리한다"고 하여 독립성을 보장받지 못하였다.[64] 그리고 근로자대표 3인, 사용자대표 3인, 공익대표 3인으로 구성되는 노동위원회는 자칫하면 노동자의 이익을 전체적으로 대표하지 못하고 권력자를 대표한다든지 관권을 대표할 수 있

---

60) 『동아일보』 1953년 10월 30일자, 「당국서 경고. 노조단체권 행사에」;『동아일보』 1955년 12월 12일자, 「노동자 권익보호에 태만. 보사부, 쟁의해결에 성의없어」;『경향신문』 1955년 5월 28일자, 「노동법규를 무시. 조방감사 국회에 보고서」;『조선일보』 1957년 8월 18일자, (사설)「노동운동의 과제(하)-57년 하반기 족적을 보고-」;『경향신문』 1958년 10월 19일자, 「노동운동에 지장. 체신노조서 단체협약을 호소」.
61) 대한노총 경전노동조합, 『노동』 제7권 제2호, 1959년 2월호, 11~12쪽.
62) 『경향신문』 1957년 2월 27일자, 「노조법 위반. 보사부서 대한산업을 고발」.
63) 『경향신문』 1959년 1월 24일자, 「4백여 조합 중 단체협약은 겨우 1할. 이래서 골탕먹는 건 근로자 뿐」. ※ 4백여 노동조합 중에서 단체협약 체결이 68개라면 1할이 아니다. 잘못 계산된 수치이다. 이 신문기사와 다르게 보건사회부 통계를 이용하여 1958년 단위노조 603개 중에서 단체협약이 체결된 노조 수는 40여 개라고 주장하는 글도 있다. 신두철, 「단체협약의 의의」, 『노동』 제7권 제2호, 11쪽.
64) 노동위원회의 본래적 기능은 노사분쟁당사자의 이해를 조절하는 것이었다. 그러므로 국가기관으로부터 독립적이어야만 합리적이고 효과적인 기능을 수행할 수 있는 것이다. 이런 점에서 노동쟁의조정기관으로서 노동위원회는 행정기관의 외곽단체화할 가능성을 내포하고 있었다. 하경효, 앞의 논문, 61쪽.

다는 한계점이 있다.

노동위원회법이 제정·공포됨으로써 노동행정의 최고 자문기관으로서 중앙에는 중앙노동위원회가, 각 도에는 지방노동위원회의 설치가 예고되었다. 중앙노동위원회 발족 시기는 1954년 2월이었다.[65] 지방노동위원회는 언제 어떻게 구성되었는지에 대해서 자세히 알 수는 없다. 다만 국회조사단이 작성한 대구대한방직 노자분쟁 보고서에 "경북도에 노동위원회를 조직하지 않음으로써 쟁의조정기관이 없다"고 보건사회부의 과오를 지적한 것으로 보아 지방노동위원회가 1956년 6월의 시점에서도 설치되지 않은 곳이 있음을 알 수 있다.[66]

노동쟁의조정법은 노동쟁의가 일어났을 때 행정관청에서 알선을 강제하도록 규정하였다. 행정관청이 강력한 조사권을 갖고 있었다는 점에서 노동쟁의조정법의 중대한 문제점이 드러난다. 알선단계에서는 노동쟁의 당사자의 의견을 최대한 반영시켜야 한다는 점에서 볼 때 알선을 행정관청이 주도한다는 것은 바람직하지 못한 것이다.[67]

노동쟁의조정법에서는 행정관청은 쟁의가 발생한 경우 즉시 알선에 착수하도록 규정하였다. 그런데 노동쟁의조정법의 운용실태를 보면, 행정관청은 이러한 알선절차를 소홀히 하였다. 1954년 1년 동안 국내에서 발생한 노동쟁의 총건수 27건(해고반대 7건, 임금관계 18건, 기타 1건) 중 보건사회부가 알선하여 준 것은 불과 14건이었다. 그리고 1955년에도 남전노조 문제를 비롯한 조선운수 마산화력발전소 단체협약문제 등 10여

---

[65] 1954년 2월 20일에 공익위원 최규남(崔奎南, 서울대학 총장)·김세완(金世玩, 대법관)·오긍선(吳兢善, 사회사업연합회장), 근로자위원 김주홍(金周洪, 광산노조)·정대천(丁大天, 경전노조)·이준수(李俊洙, 광산노조), 사용자위원 이세현(李世賢, 직물공장협회장)·정완규(鄭完圭, 대한광업회장)·임봉순(任鳳淳, 조운 사장) 등 9명이 정식발령을 받았다. 이들의 임기는 1년이었다.『동아일보』1954년 2월 22일자, 「노동쟁의를 해결. 중앙노동위원회 발족」.
[66] 『동아일보』1956년 6월 20일자, 「國會調委 정부처사 규탄. 사용자측 이익만 옹호. 대한방직노자분쟁 조사보고서 지적」.
[67] 하경효, 앞의 논문, 58쪽.

종의 노동쟁의가 발생하였으나, 이들 중 몇 건만을 겨우 알선하여 주었다.[68] 노동쟁의 알선의 책임이 있던 보건사회부 당국은 "법에 의해 조치하겠다", "사직당국에 고발하겠다"는 식으로 말만을 앞세우고 적극적인 태도를 보이지 않았다.

근로기준법이 1953년 5월 10일 공포되고 8월에 실시된 이래 1년 5개월이 경과한 1954년 10월의 시점에서도 근로기준법 운영에 따르는 시행세칙을 마련하지 못하고 있었다. 즉 정부는 일부 시행세칙만 공포하고 「근로안전규칙」·「근로보건규칙」·「기능자양성령」·「근로감독관 규정」 등에 대한 시행세칙 공포를 보류하고 있었다.[69] 근로기준법 위법행위를 감독하기 위해 마련했던 근로감독관도 시행세칙이 없어 임명할 수 없는 형편이었다. 근로감독관을 배치하라는 요구는 1950년대 후반까지도 계속되었지만 근로감독관제는 끝내 시행되지 못하였다.[70]

근로기준법에서 규정한 8시간 노동제, 여자와 소년에 대한 특별보호, 재해보상 등은 근로자의 기본적 생활을 보장·향상시키기 위해서 마련한 것이다. 그러나 이러한 규정은 제대로 지켜지지 않았다. 이렇게 자본가 측에 의해 근로기준법이 무시될 수 있었던 원인은 노동력의 과잉공급상태도 한몫을 하였다. 노동력의 과잉공급상태에 따르는 거대한 실업자군의 형성은 현업에 종사하는 노동자들에게 해고의 압박을 가하게 되었다. 이러한 현실에서 노동자들은 기업주에게 순종해야만 그나마 직장이라도 유지할 수 있었다. 기업주는 이러한 노동자들의 약점과 심리를 역이용하

---

68) 『동아일보』 1955년 12월 12일자, 「노동자 권익보호에 태만. 보사부, 쟁의해결에 성의없어」.
69) 『동아일보』 1954년 10월 31일자, 「절름발이 格의 근로기준법. 일부 세칙 미공포로 노무자 보호에 이상」.
70) 이승만 대통령은 1956년 10월 대한노총 전국대의원대회에서 선출된 임원들이 예방한 자리에서 근로감독관 배치에 대하여 "근로감독관은 법에 의하여 설치하는 것이니 내용을 검토하여 즉시 배치하도록 하겠다"고 언명하였다. 그러나 1950년대 후반에 가서도 끝내 실행되지 못하였다. 대한노총 경전노동조합, 『노동』 제4권 8권, 1956년, 23쪽.

었다.71) 또한 근로기준법이 제대로 지켜지지 않았던 것은 정부 측의 무성의와 무능력에 기인하였다. 근로기준법 자체가 하나의 강행법으로서 강제적인 성격을 띠고 있었지만 무단방치 되고 있었다. 이는 정부가 기업주의 범법행위를 소극적으로 묵인하는 것이었다.72)

근로기준법에서 8시간 노동제를 규정하고 있었지만 많은 기업체에서는 10시간 이상의 중노동을 강요하였다. 버스노동자의 경우 하루 18시간씩 노동하였다.73) 방직공장의 노동자들도 장시간노동으로 혹사당하고 있었다. 대구의 삼호방직과 대한방직 노동자들은 12시간의 장시간 노동을 강요당하였다.74) 또한 여자와 소년들의 연령을 무시하고 하루 10시간 이상의 노동을 강요하는 한편 13세 이하의 소년 소녀를 고용하는 경우도 비일비재하였다.75)

노동시간과 함께 임금체불도 근로기준법 위반의 대표적인 사례였다.76) 정부직할 기업체에서의 임금체불은 심각하였다. 정부가 솔선해서 지켜야 할 근로기준법을 무시한 처사였다. 노임이 지불되지 않고 있던 정부직할 기업체는 석공(石公)을 비롯한 대한 중석(重石)·삼성(三成)광업·대한중공업·대한전업단 등이었다. 5개 정부직할 기업체가 밀린 노

---

71) 조선전업노동조합, 『전업노조 10년사』, 1959, 159쪽.
72) 조선전업노동조합, 위의 책, 159~160쪽.
73) 『경향신문』 1955년 4월 22일자, 「來 1일에 총파업. 서울지구 자동차노조서 예고」.
74) 『경향신문』 1959년 3월 10일자, 「삼호, 대한 2개 업체 수사. 검찰, 근로법 위반 혐의」.
75) 경양고무에서는 법에 의해 금지되어 있는 부녀자 종업원에게 10시간 이상 중노동을 강요하였으며, 보건상 유해 위험한 사업에도 종사시켰다. 『동아일보』 1954년 11월 18일자, 「근로기준법 위반. 사회부 경양고무 처벌 지시」.
76) 『동아일보』 1954년 7월 15일자, 「근로자 권익유린을 방관. 사회부 고위층 태도에 非難聲」; 『경향신문』 1955년 1월 21일자, 「石公사건 기소유예처분」; 『경향신문』 1956년 12월 7일자, (사설) 「노임 長期未拂이란 허용될 수 없는 일」; 『경향신문』 1956년 12월 7일자, 「다시 농성투쟁. 삼척세멘트 분규」; 『조선일보』 1957년 8월 17일자, (사설) 「노동운동의 과제(상)—57년 하반기 족적을 보고—」.

임만 무려 20억 환이었다.77) 이렇게 근로시간·임금·근로연령 등 근로기준법의 기본적인 것조차 지켜지지 않은 상태에서 요양보상이나 근로자들의 안전보호를 위한 규정이 지켜졌을 리 만무하였다.78)

3) 대한노총의 조직변화

(1) 중앙조직

노동조합법은 1953년 3월 8일자 법률 제280호로 공포되었다. 그리고 시행령은 4월 20일 대통령령 제782호로 공포되었다.79) 노동조합법 제정·공포에 따라 현재까지 조직되었던 각급 노동조합은 일단 해체되고 새로운 노동조합법령에 의거하여 재조직되었다.

노동조합법은 제47조 "본법 시행시 현존 노동조합은 본법 시행일로부터 3월 이내에 제11조80)의 절차에 의하여 신고하여야 한다", 제48조 "본법 시행시 현존 노동조합은 본법 시행일부터 3월 이내에 제22조81)의 규정에 의한 임원을 선거하고 제15조의 규정에 의한 서류를 비치하여야 한다"고 규정하였다. 따라서 현존 단위노동조합은 노동조합법 시행일로부터 3개월 이내에 노동조합법에 의거하여 임원을 선거하고 행정관청에 신

---

77) 『경향신문』1958년 7월 8일자, 「정부직할 5기업체 밀린 노임만 무려 20억. 근로기준법 무시. 만여 종업원이 넉달 동안 공짜일」.
78) 『동아일보』1956년 9월 20일자, 「근로기준법 사문화. 업무상 질병자마저 버림받은 실정」.
79) 하경효, 앞의 논문, 51쪽.
80) 노동조합법 제11조는 노동조합을 설립할 할 때 ① 명칭 ② 주(主)사무소의 소재지 ③ 조합규약 ④ 임원의 성명, 주소 ⑤ 소속연합체의 명칭 등에 대한 사항을 구비하여 행정관청에 신고하여야 한다는 내용으로 되어있다. 대한민국국회, 『速記錄』제15회(제1차, 1952.12.22). 제15회(제10차, 1953.1.20).
81) 노동조합법 제22조는 "단위노동조합의 임원은 조합원 중에서 선거하여야 한다"는 내용으로 되어 있다. 대한민국국회, 『速記錄』제15회(제1차, 1952.12.22), 제15회(제11차, 1953.1.22).

고하여야 했다. 그리하여 각 단위노동조합에서는 의법대회를 열어 노동조합을 재조직하는 절차를 밟았다. 각 단위노조가 재조직하고 난 다음에는 이를 토대로 중앙조직을 재조직하였다.

대한노총에서는 재조직을 위해 1954년 준비위원회를 구성하였는데 이 때 정대천파와 이진수파로 분열되었다. 정대천·김주홍·이준수 등을 중심으로 한 대한노동조합총연합회 전국대회소집위원회(이하 전대위)와 이진수·오차진·김순태 등을 중심으로 한 대한노총 전국대의원대회 소집준비위원회(이하 소준위)가 그것이다.[82]

이들은 제각기 자신들이 이 대통령의 유시를 받고 있다면서 서로가 정통임을 주장하였다.[83] 그러나 집권 자유당은 정대천세력을 적극 지지한 반면 이진수세력을 거세하고자 하였다. 집권자유당이 왜 정대천을 지지하고 이진수를 거세하고자 했는지에 대해서는 알 수가 없으나 아마도 집권자유당 내 분파투쟁의 일환으로 이루어진 것 같다. 정대천은 자유당 내에서 점차 제2인자의 자리를 굳혀가고 있던 이기붕과 연결된 것으로 보인다.

이진수는 김두한으로부터도 공격을 받고 있었다. 김두한은 이진수를 거세하기 위해 이진수를 족청계라고 성토하였다.[84] 그런데 이진수가 족

---

[82] 전대위의 정대천은 대한노총 경전노조 위원장이었으며, 김주홍은 대한노총 철도연맹 위원장이었다. 그리고 이준수는 광산노련 위원장이었다. 소준위의 이진수는 자유노동조합연맹을 배경으로 하고 있었다. 오차진은 노동조합법에 의거하여 개최한 1953년 6월 5일의 대의원대회에서 대한노총 철도노동조합연맹 위원장으로 선출된 김주홍에 대항하여 9월 3일 따로 전국철도노동조합 창립대회를 열어 위원장이 되었던 인물이다. 전국철도노동조합은 1954년 4월경에 해산되었다. 김순태는 조방에서 강일매가 사장으로 취임할 당시 노조위원장이었으나 점차 어용화됨으로써 지탄을 받았던 인물이었다. 안종우, 「조방쟁의」(상), 『노동공론』 1972년 8월호, 118~119쪽 ; 전국광산노동조합, 『광로20년 약사』, 1969, 24~25쪽 ; 전국철도노동조합, 『철로 30년사』, 1977, 444쪽.

[83] 『동아일보』 1954년 3월 25일자, 「兩頭一身의 노조준비위. 中央聯 결성 앞두고 丁 李 양씨 대립」.

[84] 전국부두노동조합, 『한국부두노동운동백년사』, 1979, 200쪽에서는 1954년 3월

청계였다는 것은 사실과 다른 것으로 보인다. 자유당에서 족청세력을 제거하기 위한 작업의 일환으로 채택하였던 중앙위원회제에서 이진수는 대한노총 대표로서 중앙위원을 지냈다. 그리고 족청계를 축출하고 당내 조직을 정비하였던 11월에도 훈련부장에 임명되었다.[85]

자유당 전당대회에서 이진수에 대한 성토가 있자 중앙노동위원회는 이진수가 근로자가 아니라는 이유를 들어 이진수가 위원장으로 있던 자유노련에 대해 해산 결정을 내렸다. 그리고 3월 20일 사회부는 각 지방법원장과 도노동위원회 특별시장, 그리고 각 도지사에게 이진수가 이끄는 자유노련의 해산을 명령할 것을 통고하였다. 이진수는 이에 대항하여 3월 17일 고등법원에 사회부장관을 상대로 행정소송을 제기함과 동시에 노동위원회 결의에 대한 불복가처분 수속을 취하기도 하였다. 그러나 집권 자유당에 의해 거세된 그의 저항은 무모한 시도에 불과하였다. 이로써 이진수는 노동운동계에서 물러났으며, 그와 함께 1953년 12월 6일 결성되었던 자유연맹은 자동적으로 해산되었다.[86]

이러한 가운데 박술음(朴述音) 사회부장관은 1954년 3월 22일 담화를 발표하여 전대위가 합법적 조직체임을 지적하고, 이를 중심으로 중앙조직을 조직하라고 강조하였다. 사회부장관은 전국자유노동조합연맹, 전국철도노조 등을 중심으로 조직한 소준위가 노동조합법 위반으로 인하여 이미 해산 또는 임원개선을 명령받은 노조들이므로 중앙연맹 결성에 대

10, 11일 개최된 자유당 전당대회에서 족청계를 일소하고 이갑성·배은희·이기붕 등 3인을 의장으로 선출한 이후부터 김두한이 공개적으로 이진수를 족청세력이라고 성토하였다고 기술하였다. 그런데 김두한은 1954년 5·20선거에 종로을구에서 무소속으로 출마하여 당선되었다. 따라서 김두한의 이진수에 대한 공격은 『한국부두노동운동백년사』에서 기술한 바와 같이 1954년 3월의 자유당 전당대회 이후가 아니라 5·20선거 이후로 보는 것이 타당할 것으로 보인다. 중앙선거관리위원회, 앞의 책, 1115쪽.

85) 이진경, 「조선민족청년단연구」, 성균관대학교 사학과 석사학위논문, 1994, 55~57쪽.
86) 전국부두노동조합, 앞의 책, 200쪽.

한 준비기능이 없는 것이라고 밝혔다.[87] 자유당도 정대천을 중심으로 한 전대위가 합법적이라는 담화를 발표하였다.[88]

이에 대해 소준위 측은 3월 26일 사회부 한(韓)노동국장을 방문하여 사회부 당국의 부당성을 지적하여 공박하는 한편 노조분열의 책임은 정부(사회부)에 있다고 맹렬히 비난하였다.[89] 그러나 이진수를 중심으로 한 세력은 소준위 내에 정부로부터 해산명령을 받은 자유노조와 임원개선명령을 받은 철도노조가 포함되어 있었기 때문에 활동면에서 많은 제약점을 갖고 있었다.

결국 전대위에서 대회소집에 필요한 합법적 절차와 당국으로부터 집회허가를 얻었다. 그리하여 서울시 문화관에서 4월 1~2일 양일간 중앙조직 결성대회가 개최되었다. 소준위 측은 대회소집을 위해 온갖 노력을 기울였으나 집회허가를 받지 못하였고, 결국 대세가 불리하게 되자 전대위 측

---

[87] 『동아일보』 1954년 3월 25일자 「兩頭一身의 노조준비위. 中央聯 결성 앞두고 丁 李 양씨 대립」; 철도노조는 1953년 6월 5일 대전극장에서 제6차 전국대의원 대회를 개최하여 위원장 김주홍을 비롯한 새 집행부를 구성하였고, 이 대회에서 탈락한 오차진을 중심으로 한 일부 간부들은 9월 3일 전국철도노조를 조직하였다. 그리하여 철도노조는 두 개의 조직으로 분열되었으나 10월 19일 교통부장관과 김주홍 연맹위원장 간에 단체교섭대표권 협정이 조인됨으로써 김주홍체제의 노조가 합법성을 인정받게 되었다. 전국철도노동조합, 앞의 책, 62~64쪽 ; 자유연맹은 1953년 6월 30일 대회에서 결성되었다. 이 대회에서 위원장에 선출된 윤효량(尹孝亮)이 조합설립신고서를 경상남도 당국에 제출하였으나 시비와 분규가 발생하고 있는 단위노조를 기반으로 조직되었다는 이유로 자유연맹을 인정하지 않았다. 윤효량의 자유연맹이 법적인 인정을 받지 못하자 국회의원이며 대한노총 최고위원이었던 이진수가 자유연맹 결성에 착수하였다. 1953년 12월 6일 전국자유노동조합연맹 설립대회를 개최하여 위원장에 이진수를 선출하였다. 그러나 1954년 3월 17일 중앙노동위원회는 이진수가 근로자가 아니라는 이유를 들어 해산 결정을 내렸고, 이어 3월 20일 사회부는 자유노련의 해산을 명령하였다. 전국부두노동조합, 앞의 책, 193~201쪽.

[88] 『동아일보』 1954년 3월 27일자, 「암영던진 노조 결성. 丁 李 양파 대립 첨예화. 사회장관 담화 圍繞 분열책임을 전가」.

[89] 『동아일보』 1954년 3월 27일자, 「암영던진 노조 결성. 丁 李 양파 대립 첨예화. 사회장관 담화 圍繞 분열책임을 전가」.

을 방문하여 양파 합동대회 소집을 공고할 것을 요청하였으나 거절당하였다. 이진수는 전대위 측에서 4월 1일 개최한 대회에 참석하였고, 이로써 소준위에 의한 중앙연맹 결성대회는 좌절되었다.[90]

전대위 대회에서 조직 명칭을 「대한노동총연맹」에서 「대한노동조합총연합회」로 변경하였다.[91] 또한 3인의 최고위원제를 채택하여 정대천, 김주홍, 김두한이 선출되었다.[92] 대회에서 선출된 임원은 다음과 같다.[93]

    최고위원 : 정대천 · 김주홍 · 김두한
    사무총장 : 이준수   총무부장 : 이상진
    조직부장 : 이강연   선전부장 : 차국찬
    재정부장 : 오영섭   섭외부장 : 이종성
    국제부장 : 변용상   조사통계부장 : 장필재
    문화부장 : 정재우   후생부장 : 성주갑
    쟁의부장 : 김정원   부녀부장 : 김정숙
    회계감사위원 : 최유식 · 하광춘 · 신동권 · 김철 · 김순태 · 김삼문 ·
        김희봉 · 김용학

---

90) 『동아일보』 1954년 4월 1일자, 「정씨파에 凱歌. 오늘 예정대로 결성대회. 합작 추파 던졌으나 別無效用. 이씨 談」. 김영태는 3월 29일 두 파가 합작하기로 합의를 보아 대한노동조합총연합회 전국대회소집준비위원회가 중앙연맹 결성 준비기능을 갖고 대한노총 전국대의원대회 소집준비위원회가 이에 통합하기로 하였으며, 3월 31일 사회부에서 두 준비위원회가 회동하여 합작에 대한 기술적인 문제를 토의하였다고 주장하였다. 김영태, 「도큐멘타리 노동운동 20년 소사」(6), 『노동공론』, 1972년 5월호, 158쪽.

91) 노동운동회고 鼎談, 「대한노총결성전후」(7), 『노동공론』 1972년 6월호, 209쪽. 김관호(金觀浩)는 대한노동총연맹이던 것을 「조합」이라는 말을 넣어야 한다고 해서 결국은 대한노동조합총연합회로 조직되었다고 회고했다. 그리고 김주홍(金周洪)은 "민주적인 자율활동을 보장하기 위해 다만 연합회로서 구성하자는 것이 본래의 의도"였으므로 명칭을 대한노동조합총연합회로 정하였다고 하였다.

92) 노동운동회고 鼎談, 「대한노총결성전후」(7), 『노동공론』 1972년 6월호, 209~210쪽.

93) 한국노총, 『한국노동조합운동사』, 1979, 920쪽 ; 『조선일보』 1954년 4월 4일자, 「단결은 노동자의 자본. 대한노총 전국대의원대회 폐막」.

재조직 과정에서 정대천·김주홍·이준수가 연합하였으나, 선거결과 이준수는 최고위원에 선출되지 못하고 사무총장에 임명되었다. 당시 전 대위를 이끌었던 중심인물인 김주홍(철도)·정대천(전력)·이준수(광산) 세사람이 최고위원에 선출될 것으로 예상했었다. 그러나 의외로 김두한의 표가 나와 이준수는 최고위원에서 탈락하게 되었다. 당시 김두한은 준비위원도 아니면서 「토건(土建)노조」 출신이라고 참가하여 최고위원이 되었다.94)

재조직대회에서 미군정기와 정부수립 이후 대한노총을 주도했던 인물이 교체되었다. 정대천파와 이진수파의 대립, 정대천파의 승리는 이후 대한노총 활동방향을 예고하는 결절점이었다. 1946년 9월총파업 이후부터 주류파로서 지위가 확고했던 전진한세력이 재조직대회 이후 대한노총의 무대에서 사라지게 되었으며,95) 정대천을 중심으로 한 세력이 주도하였다. 정대천은 자유당 내 제2인자였던 이기붕의 최측근이었다.96) 따라서 대한노총은 자유당→이기붕→정대천→대한노총이라는 라인선상에서 조직이 작동하였다. 이 대회를 기점으로 1958년 김기옥체제가 성립되기까지 정대천은 자유당의 비호를 받으며 권력을 장악, 유지하였다.

1954년 대회에서 조직상 주요한 변화는 ① 사무국장제를 사무총장제로 규약을 개정하였으며 ② 감찰부서를 없애고 회계감사위원제를 신설한 것이었다. 사무총장제로의 규약개정은 최고위원제에서 사무상의 모든 절차를 사무총장에게 집결시키고 단일화하기 위한 의도였다.97)

---

94) 노동운동회고 鼎談,「대한노총결성전후」(7),『노동공론』1972년 6월호, 209~210쪽.
95) 전진한은 1952년 11월 8~9일 개최된 대한노총 통일대회에서 제거되었다. 그러나 대회에서 전진한이 주도하고 있던 조방파 임원들이 대거 간부로 임명되었다. 따라서 1952년 통일대회에서 전진한이 완전히 세력을 상실한 것으로 볼 수는 없다.
96) 정용욱 편,『JOINT WEEKA』5권, 103쪽, 1955.4.8 ;「주한미대사 일등 서기관 Edwin M. Cronk가 미국무부에 보낸 보고서(1956.12.12)」(NARA,『Record of the Department of State internal affairs of Korea, 1955~1959』).

회계감사위원제로 규약을 개정한 것은 노동조합법과 관련이 있다. 노동조합법 제12조 9항은 "조합비 기타 회계에 관한 사항"을 노동조합 규약에 명시하도록 하였으며, 제17조 4항에는 "예산결산에 관한 사항"은 총회의 결의를 거치도록 규정하였다.[98] 노동조합법 규정에 의해 감찰위원제에서 회계감사위원제로 규약을 개정한 것이다. 그러나 이러한 조직개편 및 규약개정이 민주적인 조직운영으로 이어진 것은 아니었다. 조합원들의 조합비로서 조직을 투명하게 운영하지 못한 점이 그 단적인 예이다. 대의원대회 때마다 의무금(조합비) 납부에 대해 강력히 촉구하였음에도 납부실적은 양호하지 않았다.[99] 조직의 운영은 거의 전적으로 외부적인 지원 특히 자유당의 지원에 의존하였다. 이러한 의존관계로 인해 대한노총은 점차 자유당에 예속되어 갔으며, 이에 더하여 관권과 결탁한 내부 임원들의 부패로 인해 노동조합 조직으로서 기능을 상실해가고 있었다.

(2) 하부조직

1953년의 노동관계법 제정·공포로 노동조합 조직은 활성화되었다.[100] 기업주 측의 노동조합법 위반사례가 많았을지라도 노동조합 결성에 합법성을 획득한 것은 노동조합 조직을 고무시킨 면이 있다. 이러한 사실은 1953년에 노동조합 수 202개 노동조합원 수 112,731명이던 것이 1년 후인 1954년에 노동조합 수 396개, 노동조합원 수 142,175명으로 증가된 통계수치를 통해 파악할 수 있다.[101]

노동관계법 제정·공포 이후 대한노총 산하조직들의 체제정비 상황에

---

97) 노동운동회고 鼎談,「대한노총결성전후」(7),『노동공론』1972년 6월호, 209쪽.
98) 대한민국국회,『速記錄』제15회(제1차, 1952.12.22)·제15회(제10차, 1953.1.20)·제15회(제11차, 1953.1.22).
99) 노동운동회고 鼎談,「대한노총 결성전후」(8),『노동공론』1972년 7월호, 192면 ; 대한노총 경전노동조합,『노동』제4권 제7호, 1956, 39쪽.
100)『대한민국통계연감 1954』, 1955, 214~215쪽.
101)『대한민국통계연감 1954』, 1955, 214~215쪽.

대해 광산부문, 전업부문, 철도부문, 해상부문을 중심으로 살펴보자.

광산부문에서는 1953년 노동조합법 공포에 의한 재조직과정을 밟아 대한중석상동광산, 중석본사, 장성, 도계, 화순, 은성, 옥방 등 8개 노조에서 각각 의법대회를 개최하였다. 그리고 광산연맹은 1953년 6월 24일 광산연맹 재조직대회를 개최하였다. 이후 광산연맹의 조직은 크게 확장되는데 1954년 6월 30일에 대명노조(약 2,000명), 11월 20일에 옥동(玉洞)탄광노조(약 1,000명)가 결성되었다. 이후 장항(長項)노조(충남, 1955. 10.23), 함백(咸白)노조(강원, 1956.2.1), 군북(郡北)노조(1956.8.2), 일월(日月)광산노조(1956.6.25), 초성(哨城)지구의 광부노조(1956.10.1), 후천(後川)탄광노조(1956.12.15) 등 6개 광산에 노조가 결성됨으로써 1956년 말 광산노동조합연맹 산하 노조는 31개에 달하였다.[102]

광산연맹 조직개편에서 특기할 점은 1954년 4월 3일 임시대의원대회에서 기업별연합회 구성을 연구하기로 하였다는 것이다. 이러한 기업별연합회는 임금투쟁, 단체협약 등 실지문제에 부닥칠 때 절대적으로 긴요하였다. 그리하여 1954년 7월 10일 김정원을 위원장으로 하는 대한석탄광노동조합연합회가 결성되었다. 그리고 6월 30일에는 대명 산하 구봉과 무극, 금정광산을 지부로 하는 대명광업노동조합(위원장 김관호)이 결성되었다. 1954년 7월에는 이준수를 위원장으로 하는 대한중석노동조합연합회도 결성되었다. 이로써 단체협약과 노사교섭을 기업별연합회가 전담하였다.[103]

조선전업노조의 경우 1953년 4월 29일 부산에서 개편대회를 개최하였고, 1954년 4월 6일 대의원대회를 열어 규약을 개정하고 조합간부의 전면적인 개편을 단행하였다. 이에 따라 조선전업노조 분회에서도 조직적인 개편을 하였을 것으로 보인다. 한편 1954년 6월 13일 조선전업노조,

---

102) 전국광산노동조합, 앞의 책, 24~29쪽.
103) 전국광산노동조합, 앞의 책, 25~26쪽.

경전노조, 남전노조로 구성되는 전국전업노동조합연합회를 결성하였다.[104)]

철도부문도 노동조합법에 의거하여 하부조직 정비에 착수하였다. 철도연맹을 구성하고 있던 단위노동조합이 4개 공작창에서는 직장단위로 되어 있으나 6개 철도국에서는 전국에 걸쳐서 21개 지구노조로 난립 분산되어 있었다. 따라서 1개 철도국 내에 3, 4개의 노조가 일정한 기준도 없이 존재하고 있었다. 이러한 난립 분산상태를 재정비하여 지구노조를 폐합하여 국(局)단위로 개편하였으며, 6개 철도국 노동조합으로 개편하였다. 안동을 제외한 5개의 철도국은 6개월 내로 결성되었고, 안동은 1954년 9월 15일에 결성을 완료하였다.[105)]

해상연맹 산하 조직도 노동조합법에 의해 새로이 설립준비를 하여 부산지구선원노동조합(구 전국해원조합), 기선저예망어로노동조합(구 부산어로노조), 한국청건착망어로노동조합, 인천해상노동조합(구 인천해상연맹), 목포해상노동조합(구 목포해상연맹), 마산지구해상노동조합(구 마산기범선노조), 여수지구해원노동조합 등이 설립되었다. 이러한 7개 조직을 토대로 1953년 9월 28일 전국해상노동조합연맹이 결성되었다.[106)]

이상과 같이 대한노총 하부조직의 재편성 과정을 살펴보았다. 노동조합법에 의해 대한노총 중앙조직은 조직 내 감찰부서를 없애고 회계감사위원제를 신설하였다고 앞서 밝혔다. 각 산업별연맹이나 하부조직에서는 회계 감사위원제를 그대로 채택하지는 않았다. 광산연맹의 감찰위원제 폐지는 중앙조직의 조직개편보다 앞서고 있다. 1953년 6월 24일 광산연맹 재조직대회에서 종전의 감찰위원제를 없애고 회계감사 약간 명으로

---

104) 조선전업노동조합, 앞의 책, 270쪽.
105) 전국철도노동조합, 앞의 책, 65~66쪽. 개편된 철도연맹 조직은 다음과 같다. 서울철도국노동조합, 부산철도국노동조합, 대전철도국노동조합, 순천철도국노동조합, 안동철도국노동조합, 삼척철도국노동조합, 부산공작창노동조합, 영등포공작창노동조합, 인천공작창노동조합, 서울공작창노동조합.
106) 전국해원노동조합, 『전국해원노동조합사』, 1973, 57~58쪽.

임기는 1년으로 한다는 규약을 개정하였다.[107]

　대한노총 철도노동조합연맹의 경우 노동관계법 공포 이후에 개최된 1953년 6월 5일의 정기대의원대회에서 감찰위원장, 감찰부위원장과 함께 13인의 감찰위원을 임명하였다. 감찰위원 증원 이유는 감찰위원이 회계감사업무를 겸해서 관장했기 때문인 것으로 보인다. 감찰위원제는 1957년 6월 20일의 대의원대회에서 사정(司正)위원제로 변화하였다.[108] 종전의 감찰위원회 대신 중앙사정(中央司正)위원회를 두어서 연맹을 비롯한 산하조직의 업무감사와 모든 비위(非違)를 사실(査實)하도록 하였다.[109]

　부산부두노동조합의 경우 1957년 6월 21일 대의원대회 전까지도 집감위원회로 운영되었다. 그러다가 1957년 6월의 대의원대회에서 감찰위원회제도를 규약에서 삭제하였다. 개정규약에 따라 집감위원회의 2원적 지도체제는 폐지되고, 위원장 중심의 단일지도체제가 구성되었다. 이것이 김기옥 1인독재의 지배를 강화시킨 효시가 되었다.[110]

　전업노조의 경우에는 1954년 4월 6일의 대의원대회에서 종래의 감찰위원회 제도를 없애고 회계감사로써 조합업무를 감사하도록 하였다. 그리고 집행부에 감찰부를 신설하도록 규약을 개정하였다.[111] 경전노조의 경우 이전에 어떠한 체제로 운영되어 왔는지에 대해 파악할 수 없지만 1959년 4월 25일의 대회에서 수정된 규약에 의하면 감찰위원장제를 채택하여[112] 집감체제로 운영되었다. 부산부두노동조합의 경우는 그대로 감

---

107) 전국광산노동조합, 앞의 책, 24쪽.
108) 전국철도노동조합, 앞의 책, 442~446쪽.
109) 전국철도노동조합, 앞의 책, 92쪽.
110) 부산부두노동약사편찬위, 앞의 책, 121~122쪽.
111) 조선전업노동조합, 앞의 책, 269쪽.
112) 경전노동조합 규약 제14조 제4항 가호는 중앙감찰위원회를 규정하고 있는데, "중앙감찰정부위원장 및 중앙감찰위원으로써 구성하고 본 조합의 일체 집행기관을 감찰하여 중앙집행위원장 및 각종 회의에 보고하여야 한다"고 되어 있다. 대한노총 경전노동조합, 『노동』제8권 제3호, 1960년, 143쪽 ; 대한노총

찰위원제를 채택하고 있다가 1958년 4월 대의원대회에서 사정위원제로 변경하였다.113) 노동조합법 공포 이후에도 감찰위원제를 채택한 노동조합에서는 회계감사 업무를 감찰위원이 담당한 것으로 보인다.

2. 1950년대 중·후반 파벌대립의 양상

1) 1950년대 중반기 파벌대립

(1) 정대천·이준수세력의 대립과 연합

1946년 9월총파업 이후 대한노총의 주류파로 자리잡으면서 권력을 장악했던 전진한세력은 1953년 노동조합법 제정·공포에 의거한 조직재편성 과정에서 권력의 핵심부에서 밀려나게 되었다. 1954년 대회를 통한 중앙조직 재편성 과정은 정대천세력의 부상과 전진한세력의 퇴각이라는 뚜렷한 변화를 동반하였다. 이에 따라 대한노총의 자유당 예속화는 점차 심화되어 갔다.

1954년 대회에서 최고위원에 선출되지 못했던 이준수파는 1955년의 제8차 전국대의원대회를 앞두고 정대천파에게 도전하였다. 이준수파의 도전은 정대천파의 비행을 들추어 도덕성에 흠집을 내는 방식으로 진행되었다. 정대천파와 이준수파 사이의 파벌대립은 1955년 4월대회에서 극으로 치닫게 되었다.114)

경전노조에서 중앙감찰위원회가 어떻게 운영되었는지에 대해서는 『노동』 제7권 제5호, 1959년 6월, 38~39쪽 참조.
113) 부산부두노동약사편찬위, 앞의 책, 154쪽.
114) 김윤환·김낙중은『경향신문』1955년 4월 3일자 기사를 통해 현 노총 최고위원들이 관권에 타협하고 있음을 비판하면서 6개의 산업별 연맹체(전국광산노련·전국섬유노련·미군종업원노조·전국자유노련·부산조양사노련·전국해상노련)가 강력한 산업별 노동단체 구성을 추진 중에 있었다는 견해를 제시하였다. 김윤환·김낙중,『한국노동운동사』, 1992, 191쪽.

1955년 4월 1~3일 서울시 문화관에서 개최된 전국대의원대회는 대한노총에 대한 자유당의 영향력을 극명하게 보여주었다. 대회 첫날 최고위원에 정대천·이준수·김용학115)을 선출하였으나,116) 대회 이틀째 사무총장 인선에서 출석대의원 수보다 투표수가 더 많아 격론이 전개되었다. 대회 첫날 최고위원에 당선된 정대천은 회의진행에 불만을 품고 최고위원을 사임한다는 발언을 하고 퇴장하였으며, 정대천파 대의원들도 함께 대회장을 나와버렸다.117) 정대천파가 퇴장한 가운데 회의를 계속하여 무효를 선언한 사무총장의 개선을 위해 재투표가 실시되었다. 사무총장직 재투표에서 섬유노련 위원장 김순태(金舜泰)가 당선되었다.118)

　최고위원제하에서 사무총장의 분담사무와 위원장제하에서의 사무총장의 분담사무에는 차이점이 있었다. 즉 위원장제하에서의 사무총장의 권한과 비교하여 최고위원제하에서의 사무총장의 권한이 막강하였다. 최고위원제하에서 최고위원들 간의 분파투쟁이 치열하였으므로 사무총장의 역할이 중요하였다. 사무총장직은 최고위원의 의결사항에 관한 대내외 일체 발언문서를 사무총장 명의로 할 수 있었으므로 상당한 실세로 작용하였다. 따라서 최고위원들은 사무총장직을 자파에서 차지하려고 애를 썼다. 대회 첫날 최고위원에 선출된 정대천이 대회 둘째 날 진행된 사무총장 인선에 불만을 품고 대회를 퇴장한 것은 그만큼 사무총장직이 중요한 자리였음을 입증하는 것이다.

　대회 후 정대천파는 무자격대의원 문제로 4월대회를 부인하는 한편 대회 재소집 공고를 발표하였다. 또한 김주홍파도 정대천파에 가세하였다.

---

115) 김용학은 당시 대한노총 철도노동조합연맹 감찰위원장이었으며, 서울철도국노동조합 위원장이었다. 전국철도노동조합, 앞의 책, 65, 445쪽.
116) 한국노총, 앞의 책, 395쪽.
117) 『조선일보』1955년 4월 3일자, 「投者보다 많은 투표수. 노총대회 제2일은 수라장化」.
118) 『조선일보』1955년 4월 4일자, 「사무총장에 金舜泰씨. 노총대회 종료」.

이러한 정대천파와 이준수파 사이의 파벌대립에 대해 자유당과 정부는 일방적으로 정대천파를 지지하였다. 그리고 대한노총 분열에 대한 자유당의 수습책은 4월대회에서 최고위원에 선출된 이준수와 김용학을 분리시켜 이준수를 정대천과 합작하도록 하고, 김용학을 고립시키는 방향으로 나아갔다.[119]

자유당의 합작공작은 주효했다. 결국 정대천과 이준수는 합작을 하여 9월 수습대회를 개최하였던 것이다.[120] 9월 15일에 열린 수습대회에서 결국 정대천·이준수가 최고위원에 선출되었다. 김용학이 최고위원에 선출되지 못한 것은 자유당의 의도가 관철되었음을 의미한다. 정대천·이준수와 함께 대회에서 최고위원으로 선출된 자는 김주홍이었다. 정대천이 278표를 획득하였고, 이준수가 2차 투표에 가서 겨우 14표 차로 당선된 것에 비해 김주홍은 337표라는 압도적 표를 획득하여 당선되었다.[121] 한때 정대천과 연합했던 김주홍의 부상은 정대천에 대항하는 강력한 라이벌의 등장을 의미한다.[122] 또한 사무총장 선거에서 철로를 배경으로

---

119) 『조선일보』 1955년 7월 20일자, 「양측 합작기운. 대한노총의 내분」. 4월대회 이후 정대천파에 대항하여 이준수와 김용학은 연합을 꾀했으나 자유당의 술책에 의해 이준수가 정대천과 연합을 하였다. 그리하여 1955년 9월대회가 개최될 수 있었다.

120) 『동아일보』 1955년 9월 15일자, 「평온리에 진행. 노총 대의원대회 폐막」;『동아일보』 1955년 9월 24일자에는 김대중(金大仲)의 글인 「시론 : 노총대회 참관 소감」이 게재되었는데, 여기에서 그는 "이번 대회는 과거의 어느 대회에 비해서 무사태평하고 원만 순조롭게 진행되었다"고 하였다. 이러한 대회분위기는 자유당의 통합공작이 주효했다는 것을 보여 주는 것이다.

121) 『동아일보』 1955년 9월 17일자, 「최고위원 선출. 노총대회 폐막」, 9월 24일자 金大仲 「(시론) 노총대회 참관 소감」.

122) 김주홍은 1955년 4월대회에서 정대천과 함께 행동을 같이하였다. 그리하여 정대천이 대회를 부정하고 퇴장하자 철도노조의 김주홍 지지자들이 퇴장에 합류하였다. 당시 철도연맹 조직부장이었던 유기남은 "철도노조가 퇴장에 합류한 것은 철로에서 밀려난 사람인 김용학씨를 최고위원으로 선출했으니 우리의 철로조직을 교란시키려는 것이 아니냐 하는데서 퇴장"하였다고 회고하였다. 철도노련 내에는 김용학과 김주홍의 파벌대립이 존재하였으므로 여기서 퇴장한 세

한 이강연이 경전을 발판으로 한 정대천의 추종자 이상진과 대결하여 당선되었다는 것은 김주홍세력이 강력했음을 보여주는 것이다. 대회에서 선출된 임원은 다음과 같다.123)

〈임원〉
- 최고위원 : 정대천(丁大天) · 김주홍(金周洪) · 이준수(李俊洙)
- 사무총장 : 이강연(李康演)
- 총무부장 : 이상진(李相鎭)
- 조직부장 : 유기남(柳基南)
- 선전부장 : 차국찬(車國燦)
- 문화부장 : 유갑천(柳甲千)
- 조사통계부장 : 김문규(金文圭)
- 국제부장 : 정인화(鄭仁和)
- 후생부장 : 오영(吳英)
- 법규부장 : 김영환(金永煥)
- 섭외부장 : 김인수(金仁洙)
- 기획부장 : 하광춘(河光春)
- 쟁의부장 : 김정원(金正元)
- 부녀부장 : 강연옥(姜蓮玉)
- 회계감사위원 : 성주갑(成周甲) · 김철(金鐵) · 조덕윤(趙德尹) · 최유식(崔有植) · 최용수(崔龍洙) · 김기옥(金琪玉) · 김말룡(金末龍) · 신상옥(申相玉) · 김삼문(金三文) · 이주기(李周基) · 이홍규(李興珪) · 윤병강(尹秉綱)

이강연은 대한노총 철도노동조합연맹 부위원장으로서 9월 15일 전국대의원대회에서 사무총장직을 맡게 되었다. 그는 김주홍 지지자였는데 사무총장을 맡은 지 얼마 안 되어 10월 27일 타살되었다.124) 정대천파로서 총무부장에 선출된 이상진은 당시 경전 부위원장이었다. 그는 이강연이 사망하자 사무총장 직무대리를 맡게 되었고, 이후 중앙집행위원회 결의로 사무총장이 되었다.125)

력은 김주홍 지지세력이었다. 노동운동회고 鼎談, 「대한노총결성전후」(8), 『노동공론』 1972년 7월호, 193쪽.

123) 「주한미대사 일등 서기관 Willard O. Brown이 국무부에 보낸 Federation of Korean Trade Unions(대한노총) 보고서」(NARA, 『Records of the Department of State internal affairs of Korea, 1955~1959』); 한국노총, 앞의 책, 920쪽.

124) 「주한미대사관 일등서기관 Edwin M. Cronk가 미국무부에 보낸 보고서 (1957.8.29)」(NARA, 『Records of the Department of State internal affairs of Korea, 1955~1959』).

최고위원에 선출된 김주홍이 위원장으로 있는 철도노련에서 사무총장(이강연)과 조직부장(유기남, 철도노련 선전부장) 자리를 차지하였으며, 정대천이 위원장으로 있는 경전노동조합은 총무부장(이상진), 선전부장(차국찬, 경전노동조합 부위원장) 자리를 차지하였다. 그리고 이준수가 위원장으로 있던 광산노련에서는 법규부장(김영환), 후생부장(오영)을 차지하였다.

1955년 9월의 수습대회에서 통과되어 개정된 규약은 매년 4월에 소집하기로 되었던 전국대회를 10월에 소집하는 것으로 수정하였으며, 임원 임기를 2년(과거는 1년)으로 하되 재선할 수 있도록 하였다.[126]

(2) 정대천·김기옥·김주홍세력의 대립과 연합

1955년 9월 수습대회를 통하여 정대천의 강력한 라이벌로 부상한 김주홍은 1957년의 전국대의원대회에서 정대천과 치열한 헤게모니 쟁탈전을 벌였다. 김주홍과 대항하기 위하여 정대천이 사용한 전술은 ① 자유노련의 거대한 연맹체를 분열시키기 위한 인천과 부산에서의 조직화작업 ② 김주홍과 자유당 반대파와의 관계를 폭로하여 자유당으로부터 김주홍을 분리시키기 위한 시도 ③ 김기옥과의 연합 시도 등이었다.[127]

김주홍은 철도노련 위원장과 대한노총 최고위원이었다. 대한노총에서의 지위 덕분으로 자유당 중앙위원이 되었으나 정대천과는 달리 자유당과 밀착되지는 않은 것 같다. 한편으로 김주홍은 민주당 국회의원 유진산, 노농당 당수 전진한 등의 자유당 반대파와 연결라인을 갖고 있었던 것으로 보인다.[128] 김주홍은 1957년 2월 16일 미국무부 초청에 의해 섬

---

125) 노동운동회고 鼎談, 「대한노총결성전후」(9), 『노동공론』 1972년 8월호, 150쪽.
126) 『동아일보』 1955년 9월 17일자, 「최고위원 선출. 노총대회 폐막」.
127) 「주한미대사관 일등서기관 Edwin M. Cronk가 미국무부에 보낸 보고서 (1957.8.28)」(NARA, 『Records of the Department of State internal affairs of Korea, 1955~1959』).
128) 「주한미대사관 일등서기관 Edwin M. Cronk가 미국무부에 보낸 보고서

유노련 위원장 이종성(李鍾聲), 자유노련 사무국장 김인수(金仁洙)와 함께 도미하여 약 2개월간 미국 각지를 순방하면서 중요산업과 각 노동조합을 시찰하고 4월 29일 귀국하였다. 그는 귀국 직후인 5월 7일 교통부 강당에서 보고강연을 하였으며, 전국순회를 통해 "한국의 노동운동이 건전한 방향으로 전진하기 위하여는 경제적 자립과 정치적 중립을 하여야 한다"고 주장하였다.129) 이렇듯 김주홍은 정대천에 대항하는 강력한 라이벌로 부상하고 있었고, 노동운동의 "경제적 자립과 정치적 중립"을 주장함으로써 대한노총의 자유당 예속에 반감을 갖고 있던 하부조합원들 사이에서 인기를 누리고 있었다.

김주홍이 실제로 대한노총을 자유당으로부터 독립시키려고 했는지는 의문이다. 그리고 민주당 국회의원 유진산, 노농당 당수 전진한 등 자유당 반대파와의 연결은 야당과의 연대·연합이라는 틀에서 이루어진 것은 아니었다. 유진산이나 전진한은 대한노총 조직·결성에 상당한 기여를 했던 인물들로서 누구보다도 대한노총을 자신의 세력권으로 끌어들이고자 했을 것이며, 이 과정에서 김주홍과 연결하려고 했을 것으로 보인다. 그러나 김주홍은 자유당으로부터 미움을 사는 한 대한노총에서의 생명은 물론 정치적 생명이 끝날 것이라는 것을 명확히 인식하고 있었다. 그런 만큼 그는 적극적으로 유진산, 전진한 등과 연결을 시도하지 않은 것으로 보인다.

김기옥은 1954년 10월 부산부두노동조합의 각 단위조합 통합대회에서 통합부두노동조합의 위원장이 되었고, 이어 1955년 9월 서울파 자유노련과 부산파 자유노련의 통합대회에서 자유노련의 위원장에 선출되었다.130) 그는 점차 대한노총에서 그의 입지를 넓혀나갔다. 1950년대 대한

(1957.8.28)」(NARA, 『Records of the Department of State internal affairs of Korea, 1955~1959』).
129) 전국철도노동조합, 『철로30년사』, 1977, 90쪽.
130) 전국부두노동조합, 『전국부두노동운동백년사』, 1979, 435쪽.

노총 맹원 수는 대략적으로 20여만 명 정도였다.[131] 이 중에서 대한노총 자유노련의 조합원 수는 1957년 71,481명, 1958년 79,468명으로[132] 대한노총 맹원 수의 1/3 이상을 차지하고 있었다. 따라서 자유노련이 대한노총에서 차지하는 비중은 상당했다고 볼 수 있다.

정대천이 사용한 ①의 전술은 김기옥과의 심각한 반목을 결과하였을 뿐 자유노련에 자파의 세력을 부식시키는 데에는 실패하였다. 정대천은 ①의 전술이 실패하자 ②, ③의 전술을 이용하였다. ②의 전술은 김주홍을 자유당으로부터 분리시키기 위한 것이었다. 김주홍이 민주당 국회의원 유진산, 노농당 당수 전진한과 같은 자유당 반대파와 연결되어 있다는 것을 자유당 고위관료에게 폭로하여 김주홍을 제거하고자 한 것이다.[133]

③의 전술은 김기옥에게 최고위원 자리하나를 주겠다고 제의함으로써 김기옥과 연합하려는 것이었다. 결국 김기옥은 정대천과 연합하여 1957년 전국대의원대회에서 김주홍과 대결하였다.

1957년 전국대의원대회는 민의원선거를 앞두고 있었기에 중요한 의미를 갖는 대회이기도 하였다. 1957년 10월 25~26일 서울 서대문에 있는 농업은행 강당에서 대의원 375명(재석 558명)이 참석한 가운데 개최된 대회는 파란을 몰고 왔다. 최고위원 선거에서 김주홍(철도노련 위원장)·성주갑(대한노총 경남연합회)·하광춘(섬유노련 위원장)이 최고위원에 당선되었다.[134]

---

131) 보건사회부, 『보건사회통계연보』, 1961, 412~413쪽에 의하면 1955년 205,511명, 1956년 233,904명, 1957년 241,680명, 1958년 248,507명이었다.

132) 전국부두노동조합, 앞의 책, 242~243쪽.

133) 「주한미대사관 일등서기관 Edwin M. Cronk가 미국무부에 보낸 보고서(1957. 8.28)」(NARA, 『Records of the Department of State internal affairs of Korea, 1955~1959』).

134) 『동아일보』 1957년 10월 27일자, 「최고위원 3씨 선정」; 『조선일보』 1957년 10월 26일자, 「김주홍 성주갑 하광춘 3씨 당선. 노총 최고위원 선출」; 『경향신문』 1957년 10월 26일자, 「최고위원 金·成·河씨 선출. 25일 제10차 노총대의원대회서」. 최고위원 선거에서 김주홍 284표, 성주갑 281표, 하광춘 238표를

1957년 10월 25일에 개최된 대회에서 정대천은 김기옥과 연합하여 김주홍이 최고위원직을 차지하지 못하도록 노력을 기울였으나 결국 김주홍은 재선되었고, 정대천은 패배하였다.[135] 대회에서는 정대천을 상임고문으로 추대한다고 결의하였다. 대회에서 선출된 3명의 최고위원들은 사무총장을 비롯하여 총무·조직·기획 등 12부장과 10명의 회계감사위원을 지명하여 인준투표를 통한 대회승인을 얻었다.[136] 선출된 임원은 〈표 3-1〉과 같다.

〈표 3-1〉 대한노총 조직임원(1957년 10월 전국대의원대회)

	『경향신문』 1957.10.25	『한국노동조합운동사』
상임고문	정대천	정대천
최고위원	김주홍(철도), 성주갑(경남), 하광춘(섬유)	김주홍(철도), 성주갑(경남), 하광춘(섬유)
사무총장	이준수(중광)	이준수
총무부장	강태범(철도)	이춘희
조직부장	유기남(철도)	변용상
기획부장	이종성(섬유)	
조사통계부장	김문규(광업)	김문규
국제부장	이종성(섬유)	정인화
섭외부장	변용상(광산)	
문화부장	이근칠(경남)	이창우
후생부장	이창우(자유)	
쟁의부장	김길용(미군)	
법규부장	김영환(달성광산)	김원제
부녀부장	강연옥(동방)	강연옥
선전부장	고일하(섬유)	고일하
회계감사위원	최용수, 김기옥, 윤병강, 이규철, 이주기, 이홍규, 김수영, 곽진성, 최유식, 김정원	

※ 출처 : 『경향신문』 1957년 10월 27일자, 「각부 위원을 선출. 노총 연차대의원대회」; 한국노총, 『한국노동조합운동사』, 1979, 920쪽.
※ 『경향신문』에 나온 임원이 보다 정확할 것으로 보인다.

획득하였다.

135) 「주한미대사관 일등서기관 Robert W. Tucker가 미국무부에 보낸 반연간(Semi-Annual) 보고서(1958.8.28)」(NARA, 『Records of the Department of State internal affairs of Korea, 1955~1959』).
136) 『경향신문』 1957년 10월 26일자, 「최고위원 金·成·河씨 선출. 25일 제10차 노총대의원대회서」.

〈표 3-1〉에서 알 수 있듯이 1955년 10월 27일 타살된 이강연의 후임으로 사무총장직을 맡고 있던 이상진이 배제되고, 1955년 9월수습대회에서 최고위원에 임명되었던 이준수가 사무총장으로 선출되었다. 또한 정대천파로서 선전부장으로 있던 차국찬도 임원명단에서 배제되었다. 이상진, 차국찬이 정대천파의 중요인물이었다는 점에서 정대천파의 완전한 패배를 의미하는 것이다. 한편 김주홍이 위원장으로 있던 철도노련에서는 강태범이 총무부장에, 유기남이 조직부장에 선출됨으로써 조직세를 과시하였다.

(3) 정대천·김기옥세력의 연합

1957년 10월대회에서 패배한 정대천·김기옥연합파는 최고위원과 사무총장 선거결과에 대하여 불만을 표출하여 10월대회를 무시하고 26일 농업은행 강당에서 대회를 별도로 개최하였다.[137] 정대천파는 임원개선에서 최고위원으로 당선된 김주홍·성주갑·하광춘은 모두 비자유당계의 인물이기 때문에 자유당 기간단체인 대한노총을 운영할 수 없다고 주장하고 자유당주류파로 뭉치는 대한노총 구성을 시도하였다.[138] 이들은 대한노동조합총협의회(이하 대한노협) 결성준비위원회를 구성하였다. 이들은 25일 대회는 철도노련 측 부정대의원 16명이 참석했고 또한 대구전매청 대의원 7명이 부당한 이유로 입장을 거절당했다고 밝히면서 현 대한노총은 진정한 노동자들의 대변체가 못된다고 주장하였다.[139] 또다시

---

137) 『경향신문』 1957년 10월 27일자, 「노총 양파로 대립. 최고위원 선거에 불만 폭발. 정씨계서 새 대회 소집」; 전국부두노동조합, 앞의 책, 254쪽.
138) 『경향신문』 1957년 10월 27일자, 「노총 양파로 대립. 최고위원 선거에 불만 폭발. 정씨계서 새 대회 소집」. 정대천이 김주홍·성주갑·하광춘을 비자유당계로 공격한 것일 뿐 이들이 비자유당계였다는 사실은 드러나지 않고 있다.
139) 『동아일보』 1957년 10월 28일자, 「노총, 두 파로 분열. 정씨파, 총협의회 결성준위 구성」; 『조선일보』 1957년 10월 27일자, 「25일 투표에 부정. 노총 정씨 등 일파에서 비난」.

정대천은 부정대의원문제를 거론하였다.

이에 대해 김주홍 측은 철도노련 측 대의원 16명은 어디까지나 합법적인 절차를 거쳐 선출된 것이고 대구방직과 전매청대의원의 대회장 입장 거절문제는 비합법적인 대의원이므로 입장을 거절한 것이라고 정대천 측의 비난을 일축하였다.

정대천파가 최고위원 선거에서 패배함을 계기로 발생한 대한노총 분규는 결국 양파 통합을 보지 못한 채 대한노총과는 별도의 조직체 결성을 예고하고 있었다. 정대천을 중심으로 10월 26일 구성된 대한노협 결성준비위원회는 성명서를 발표하여 10월 25일의 대회에서 선출된 최고위원 김주홍·성주갑·하광춘을 "노동부로커", "사이비 노동운동자"로 규정하고, "악화가 양화를 구축하는 것처럼 죽음을 걸고 노동운동의 순수의 깃발을 잡고 있는 양심적인 지도자들은 점차적으로 그들(노동부로커 : 필자)에게 희생되어 쓰러져 가는 현상"이라고 주장하였다. 그리고 "이 땅의 민주주의와 노동자의 기본권익을 위하여 대한노총의 본연의 자체(自體)를 찾기 위하여 그들의 불법을 선언하고 백만 노동자와 사회정의를 배경으로 대한노총의 혁신을 목적하는 대한노동조합총협의회 결성을 촉진"할 것이라며 대한노총과는 별도의 조직결성을 결의하였다.[140] 대한노협 결

---

[140] 대한노총 경전노동조합, 『노동』 제5권 제11호, 1957년 11월, 25~27쪽. 대한노협 결성준비위원회 성명서에 서명한 노동조합은 다음과 같다. 전국자유노동조합연맹(위원장 김기옥), 전국광산노동조합연맹(위원장 이주기), 전국전업노동조합연맹(부위원장 이상진, 김문규, 김경호), 서울시노동조합연합회(위원장 유갑천), 인천지구노동조합연합회(책임위원 김규성), 부산지구노동조합연합회(위원장 김기옥), 강원도노동조합연합회(이주기), 전남도노동조합연합회(위원장 최유식), 경북도노동조합연합회(위원장 김말룡), 충북도노동조합연합회(위원장 김철), 수원지구노동조합연합회(위원장 김성환), 포항지구노동조합연합회(위원장 김인국), 안동지구노동조합연합회(위원장 김덕현), 대구지구노동조합연합회(위원장 김말룡), 삼척지구노동조합연합회(위원장 노응벽), 여수지구노동조합연합회(위원장 이재식), 군산지구노동조합연합회(위원장 정영권), 서울지방철도노동조합(위원장 이찬혁), 시흥지구노동조합연합회(위원장 김광수), 광주지구노동조합연합회(위원장 최유식), 전국석탄광노동조합(위원장 김정원), 전국

성준비위원회 결의문과 실무위원 명단은 다음과 같다.[141]

〈결의문〉
1. 1957년 10월 25일 개최된 제10차 대한노총 전국대의원대회는 다수의 부정대의원을 투입시킨 불법대회임을 확인한다.
2. 1957년 10월 25일 개최된 대한노총 전국대의원대회에서 불법적으로 선출된 임원은 민주노동운동의 반동분자들이며 기업주의 앞잡이이며 노동쟁의의 파괴와 조직적 분열을 일삼는 노동「부로커」로써 우리 조직 내에서 추방하지 않으면 안될 협잡배들인 것은 세상이 다 주지하고 있는 사실이다. 이제 우리는 그들과 결별하고 그네들을 노동운동선상에서 완전히 추방하고 정화할 때까지 우리는 총단결한다.
3. 노동자의 실질적인 생활향상을 위하여 투쟁할 것이며 노동쟁의에 있어서 철저한 책임감에서 공동의 힘으로 최후 승리할 때까지 싸운다.
4. 정부에 대하여 노동법의 엄정한 집행강화를 촉구하며 노동법상의 악조문의 개정을 위하여 투쟁한다.
5. 노동운동의 자주성을 확립하며 노동자의 권익을 해치는 일체의 대내외의 불순세력과 과감하게 싸운다.

〈실무위원〉
책임위원 : 김기옥(金琪玉)[142]・이주기(李周基)・이상진(李相鎭)・최유식(崔有植)・김말룡(金末龍)・김철(金鐵)・이형율(李亨律)
총무위원 : 김정원(金正元)・노현섭(盧玄燮)・신현수(申鉉洙)・최용수(崔龍洙)・이찬혁(李贊赫)・김정제(金正濟)・김덕현(金德顯)

해상연맹(위원장 이형율), 장항지구노동조합연합회(한억수), 제주지구노동조합(위원장 김준열), 충주지구노동조합연합회(위원장 민병천), 전주지구노동조합연합회(위원장 최창림) ;『동아일보』1957년 10월 30일자, 「노총은 완전 분열. 정씨파서 노협 결성 준비」; 한국노총, 앞의 책, 397쪽에서는 대한노협 결성준비위원회 성명서가 10월 28일에 발표한 것으로 되어 있으나 대한노총 경전노동조합,『노동』제5권 제11호(1957년 11월)에 나오는「성명서」와 한국노총,『한국노동조합운동사』, 416~417쪽, 부록 5-4에 제시되어 있는「성명서」에는 10월 26일로 기록하고 있다.

141) 대한노총 경전노동조합,『노동』제5권 제11호, 1957년 11월, 28~29쪽.
142) 김기옥(金基玉)으로 되어 있으나 김기옥(金琪玉)의 오기(誤記)이다.

조직위원 : 이재식(李載植)·최종자(崔鍾子)·김성환(金成煥)·민병천
(閔炳天)·신재붕(辛在鵬)·김용후(金容厚)·노응벽(盧應壁)
기획위원 : 김문규(金文圭)·이인국(李麟國)·전영환(全永煥)·배철
(裵哲)·이채웅(李采膺)·김사욱(金仕郁)143)
선전위원 : 차국찬(車國燦)·이시형(李時瀅)·신상옥(申相玉)·김규성(金
奎星)·김용성(金容聲)·이생우(李生雨)

  정대천이 주도하는 조직으로 전국전업노련를 위시한 광산노련, 전국자유노련 등이 있었으며, 김주홍이 주도하는 조직으로는 전국철도노련를 위시한 전국섬유노련, 경남노련 등이 있었다.144) 양파벌의 세력규모에 대해 알 수 있는 자료는 현재까지 나오고 있지 않지만 1956년 전국대의원대회 대의원 배정표를 통해 개략적인 파악이 가능하다. 대의원배정표에 의하면 정대천이 주도하는 세력으로 전업노련 20명, 광산노련 27명, 자유노련 113명이었다. 김주홍이 주도하는 세력으로 철도노련 58명, 섬유노련 57명, 경남노련 48명이었다.145) 이로써 대한노총 내 양파벌의 세력이 거의 대등하였음을 알 수 있다. 이러한 정대천파와 김주홍파 사이의

---

143) 김사욱(金社郁)으로 되어 있으나 김사욱(金仕郁)의 오기(誤記)이다.
144) 『동아일보』 1957년 10월 29일자, 「노총분규 확대 일로. 자기주장 고집의 세력 대등」. 10월 25일의 대회에서 전국철도노련, 전국섬유노련 등은 김주홍·성주갑·하광춘 등 3명을 대한노총 최고위원으로 추대한 반면에 전국자유노련, 전국전업노련, 광산노련 등은 정대천·김기옥·이주기 등 3명을 최고위원으로 추대하였다. 『동아일보』 1957년 11월 4일자, 기상도 「대등한 두 파 세력. 항구적 양상 띤 대한노총 분열(상). 노동운동에 중대 위기」; 반면에 대한노협 결성 준비위원회 측에서는 26일의 회의에 각 산별 지역별 27개 노조연합체 대의원 354명이 회합한 것으로 주장하였다. 즉 대의원 558명 중 354명이 회합했다는 것은 상당한 세력을 확보했다는 것을 의미한다. 이는 25일의 대회에서 김주홍이나 성주갑이 최고위원 선거에서 획득한 표(284표, 281표)와 비교해 보면 납득하기 어려운 점이 있다. 대한노총 경전노동조합, 『노동』 제5권 제11호, 1957년 11월, 25쪽.
145) 「주한미대사관 일등서기관 Edwin M. Cronk가 미국무부에 보낸 보고서(1956. 12.12)」(NARA, 『Record of the Department of State internal affairs of Korea, 1955~1959』).

세력균형은 대립을 더욱 격화시키는 요인으로 작용하였다.

대한노총의 분열에 대해 경향신문 사설은 "우리는 이러한 추악한 파쟁 암투에 대하여 어느 편을 두둔하려는 바 아니다. 다만 이 성명의 추상하는 바란 빌어 말하자면 백만 노동자를 희생으로 팔아서 자신의 비대를 꾀하는 불순한 지도분자들 때문에 일어나는 내분이라는 점만은 긍정하고 싶다"며 신랄하게 비판하였다.146)

대한노총의 분열을 수습하기 위하여 보건사회부장관을 비롯한 노동국 관계관과 경찰수뇌들이 비밀리에 회합하였다.147) 회의의 내용은 밝혀지지 않고 있지만 비밀회합은 1955년의 경우처럼 정대천파가 다시 실권을 장악하도록 1957년 10월의 대회를 백지화하고 대회 재소집을 유도하는 방향으로 논의가 되었을 것이다. 대한노총을 자신의 통제하에 두기 위해서 자유당은 정대천이 필요하였다.

정대천파와 김주홍파 간의 대립은 12월 2일 김주홍 측에서 3명, 정대천 측에서 3명 그리고 보사부 장관·차관, 노동국장이 회동하여 오는 19~20일 이틀간 대의원대회를 재소집하기로 합의를 봄으로써 해결의 가닥을 잡는 것처럼 보였다. 재소집될 대의원대회는 김주홍과 정대천 양측 대표 7명으로 구성된 7인위원회에서 심사한 대의원으로서 이루어질 것이며 대회절차 및 대의원수도 7인위원회에서 결정하기로 하였다.148)

그런데 정대천파에서 일방적으로 대회 소집공고를 냄으로써 양파 사이의 협상은 깨졌다. 즉 김주홍파는 "대회소집 공고 이전에 소위 정씨 측에서 조직한 바 있는 노협의 해체를 성명하여야 할 것임에도 불구하고 이를

---

146) 『경향신문』 1957년 10월 30일자, (사설) 「노동자의 각성과 단결만이 노총내분을 지양시킬 수 있다」.
147) 『경향신문』 1957년 10월 29일자, 「노동분규 해결책이 주목. 보사부 경찰수뇌 비밀리에 회동. 정씨측선 대회 재소집을 주장」.
148) 『조선일보』 1957년 12월 3일자, 「19, 20 양일 대회를 또 소집. 노총 양파 분규 수습에 합의」;『동아일보』 1957년 12월 4일자, 「노총수습에 曙光. 양파간 19·20일 대회소집에 합의」.

이행하지 않고 대의원 소집공고만을 일방적으로 공고한 것은 지난 2일 합의된 바 있는 약속을 위반한 것이다"149)라고 성명서를 냄으로써 협상이 결렬되었다.

정대천파와 김주홍파 간의 분열이 극으로 치닫고 있던 12월 10일 보건사회부는 10월대회에서 선출된 "각급 임원은 무효"라고 발표하였다.150) 10월대회에서 34명의 부정대의원이 임원선거에 개입되었다는 것이었다.151) 보사부 조사결과 나타난 부정(무자격)대의원 34명은 서울지방철도노조 11명, 조선운수종업원노조 10명, 서울 이용사노조 4명, 서울 조양사노조 1명, 경성방직노조 4명, 대명탄광노조 4명이었다. 여기서 서울철도·서울조양사·경성방직 등 3개 노조는 김주홍파이며, 조선운수·서울이용사·대명탄광 등 3개 노조는 정대천파였다. 부정대의원 문제는 양파 모두에게 책임이 있었다.

이어서 12월 13일 보사부는 분쟁 양측의 최종연석회의를 소집하여 협상을 마무리하였다. 연석회의에 참석한 정대천·김주홍·이준수·김기옥·이주기·하광춘·성주갑 등 7명은 "오는 19, 20일 양일에 새로 소집될 노총 전국대의원회에 전노총 회원이 빠짐없이 참가하겠다"는 공동성명서를 발표함으로써152) 양파 간의 분쟁은 일단락 되었다.

예정대로 통합대회는 12월 19~20일 경기도청 강당에서 개최되었다.153) 대회에서 최고위원을 3명에서 5명으로 확대하기로 결정을 보았

---

149) 『경향신문』 1957년 12월 6일자, 「노총협상은 결렬. 현 노총 측에서 정씨측과 접촉 끊기로 결정」.
150) 『경향신문』 1957년 12월 11일자, 「노총 사태는 미묘. 보사부서 발표. 대의원대회 선출 임원 무효」.
151) 『경향신문』 1957년 12월 14일자, 「노총 10월대회. 노조 부정 판명. 보사부서 김·정씨파에 지적」; 전국부두노동조합, 앞의 책, 255쪽.
152) 『경향신문』 1957년 12월 14일자, 「노총대회 새로 소집 합의? 13일 하오 분쟁 양측서 공동성명」; 전국부두노동조합, 앞의 책, 255쪽.
153) 『조선일보』 1957년 12월 20일자, 「대한노총 연차대회 개최」; 『동아일보』 1957년 12월 20일자, 「다시 열린 노총대회. 양파간에 언쟁. 點名도 못한채 상

고, 최고위원 선거 결과 정대천·김기옥·하광춘·이주기·김용학이 선출되었다.154) 정대천·김기옥의 연합이 성공을 거두고 김주홍이 패배하는 순간이었다. 대회에서 선출된 5인의 최고위원과 각 부서 임원은 다음과 같다.155)

〈표 3-2〉 대한노총 조직임원(1957년 12월 전국대의원대회)

	NARA	『한국노동조합운동사』	『노동』
최고위원	하광춘, 김기옥, 정대천, 이주기, 김용학	정대천, 김기옥, 하광춘, 이주기, 김용학	정대천, 김기옥, 하광춘, 이주기, 김용학
사무총장	이상진	이상진	이상진
총무부장	이춘희	이춘희	이춘희
조직부장	김사욱	이석기	김사욱
기획부장	이찬혁	이찬혁	이찬혁
법규부장	김관호	김관호	김관호
국제부장	차국찬	차국찬	차국찬
선전부장	김영태	김영태	김영태
쟁의부장	김정원	김정원	김정문
문화부장	유갑천		유갑천
조사부장	김문규	김문규	김문규
부녀부장	강연옥	강연옥	강연옥
후생부장	김길용		김길용
섭외부장	김원제	김원제	
회계감사 위원	최유식, 오차진, 김말룡, 윤상한, 김철, 이창우, 이규철, 김태룡, 최용수, 노현섭, 신현수, 김삼문, 김광수		

※ 출처 : 「주한미대사관 일등서기관 Edwin M. Cronk가 미국무부에 보낸 보고서(1957.1.16)」 (NARA, 『Records of the Department of State internal affairs of Korea, 1955~1959』) ; 한국노총, 『한국노동조합운동사』, 1979, 920쪽 ; 대한노총 경전노동조합, 『노동』 제5권 제12호, 1957년 12월, 29쪽.
※ 위 자료를 교차 비교했을 때, NARA문서가 보다 정확할 것으로 보인다.

오 허비」;『경향신문』1957년 12월 20일자, 「다시 열린 노총대회. 분쟁중인 양측대표들 참석」.
154) 「주한미대사관 일등서기관 Edwin M. Cronk가 미국무부에 보낸 보고서(1958. 1.16)」(NARA, 『Records of the Department of State internal affairs of Korea, 1955~1959』) ; 한국노총, 앞의 책, 920쪽.
155) 한국노총, 앞의 책, 920쪽.

이로써 10월대회에서 배제되었던 정대천파가 권력을 장악하였다. 10월대회에서 최고위원으로 당선되었던 김주홍·하광춘·성주갑 중 하광춘만이 재선되어 최고위원 1석을 차지하였을 뿐 나머지 최고위원 4석은 모두 정대천파에서 독차지하였다.156) 또한 정대천파의 중심인물인 이상진이 사무총장에, 차국찬이 국제부장에 임명되었다.

낙선의 고배를 마신 김주홍은 12월 21일 "나는 속았다", "철도노조에서 21일 하오 중으로 재소집되었던 노총 전국대의원대회 첫날 회의에서 동 대한노총 최고위원의 한사람으로 당선된 김용학씨의 당선에 대하여 이의를 제기할 것이다"라고 언명하였다.157) 그리고 최고위원을 5명으로 늘리자는 데 합의한 것은 정대천 측에서 10월대회 때 최고위원으로 당선된 김주홍·성주갑·하광춘을 12월대회에서도 당선될 수 있도록 하겠다고 시사했기에 양보했다고 주장하였다.

1957년 12월의 통합대회에서 조직상의 중요한 변화는 3인의 최고위원제를 5인의 최고위원제로 변경한 점이다. 5인의 최고위원제 구상은 원래 김주홍 측에서 제기한 것으로 1957년 10월의 대의원대회를 앞두고 정대천의 권력을 축소시키려는 의도하에서 계획되었다. 즉 김주홍은 철도노

---

156) 『동아일보』 1957년 12월 21일자, 「노총대회 완전 역전. 최고위원 투표서 정씨파가 독차지」.

157) 『경향신문』 1957년 12월 22일자, 「"이번 대회 나는 속았다" 노총대회서 낙선한 김주홍씨 辯」. 김용학이 1955년에 노조에서 제명되어 노조원자격이 없음에도 최고위원에 선출되었다. 그리하여 김주홍 측에서 이의를 제기하였다. 이에 대해 보사부장관은 1958년 1월 24일 "김용학씨는 노총 최고위원의 자격이 없다"는 담화를 발표하였다. 즉 김용학은 최고위원에 당선될 당시(1957년 12월 19일) 노동조합원이 아니었다는 사실이 밝혀졌으므로 최고위원의 자격이 없다는 것이었다. 대한노총에서는 "이러한 행정조치는 노조문제의 최고심판기관인 중앙노동위원회의 결의를 얻지 않고" 한 것으로 보사부 장관이 위법행위를 했다고 항의하였다. 이에 대해 보사부에서는 "노동조합원이 아닌 김용학씨는 최고위원에 당선될 수 없다는 법적 판단을 해준 것 뿐 행정조치가 아니다"라고 밝혔다. 『경향신문』 1958년 1월 29일자, 「김용학씨의 무자격 云謂 중대한 위법」 노총서 보사부에 항의」.

련·자유노련·광산노련·섬유노련·전업노련의 5개 산별연맹 위원장 5인으로 최고위원을 구성할 경우 정대천의 영향력이 크게 축소될 것으로 기대하였던 것이다.[158] 이러한 계획은 1957년 10월의 대회에서 실현되지 못하고 12월의 통합대회에서 실현되었다. 그런데 12월대회에서 5인의 최고위원제 채택은 처음에 김주홍이 의도했던 것과 다른 방향에서 이루어졌다.

12월 통합대회에서 5인의 최고위원제 채택은 정대천·김기옥 연합세력에 의해 이루어졌다. 김기옥의 추종자로 알려진 이상우는 최고위원 수를 5인으로 확대하자고 제의하였다. 제안이유는 최고위원 수를 3인에서 5인으로 확대함으로써 분파적인 분쟁을 피할 수 있다는 것이었다. 이에 대해 충청북도에서 온 대의원은 최고위원 수를 3명으로 그대로 유지하자고 주장하였다. 강태범은 7명의 후보를 내세워서 5명의 최고위원을 선출하자고 함으로써 원래의 제안을 수정하였다. 7인의 후보는 대회(통합대회)를 준비하기 위하여 만들어진 7인위원회의 7인(정대천·김주홍·이준수·김기옥·이주기·하광춘·성주갑)을 말하는 것이었다. 결국 이상우의 제안은 대의원 다수의 지지로 통과되어 5인의 최고위원제가 채택되었다.[159]

2) 1950년대 후반기 규약개정운동과 김기옥체제

(1) 규약개정운동

1957년 12월 통합대회에서 정대천파와 연합하여 최고위원에 선출된

---

158) 「주한미대사관 일등서기관 Edwin M. Cronk가 미국무부에 보낸 보고서(1957. 8. 29)」(NARA, 『Records of the Department of State internal affairs of Korea, 1955~1959』).

159) 「주한미대사관 일등서기관 Edwin M. Cronk가 미국무부에 보낸 보고서(1958. 1. 16)」(NARA, 『Records of the Department of State internal affairs of Korea, 1955~1959』).

김기옥은 1958년 전국대의원대회를 앞두고 정대천에 대해서 반감을 갖고 있던 김주홍과 연합하였다. 이어서 광산연맹 위원장 이주기를 흡수하는 데 성공하여 체제개편을 목적으로 하는 규약개정운동을 전개하였다.[160]

김기옥을 중심으로 한 규약개정운동으로 대한노총은 크게 두 파로 분열되었다.[161] 규약개정운동의 주요한 내용은 현 최고위원제를 위원장제로 변화시키려는 것이었다. 이러한 운동에 최고위원 김기옥·이주기, 전(前)최고위원 김주홍은 지지하였고, 이에 반해 최고위원 정대천·김용학·하광춘은 반대하였다.[162]

10월 8일 대한노총 중앙상무집행위원회에서는 1958년 전국대의원대회를 10월 29~30일 이틀간 부산에서 개최하기로 결의하였다.[163] 이에 대해 최고위원 정대천·하광춘은 임원개선을 위한 규약개정운동이 진행 중인 것을 미리 알고 부산대회를 무기연기한다고 공고하였다.[164] 그리하여 대한노총 상무집행위원회의 결의를 번복하고 대회를 무기 연기한다고 공고한 정대천·하광춘파와 이에 정면으로 반대하여 상무집행위원회의 의결대로 연차대회를 강행하고자 하는 이주기·김기옥·김주홍파로 분열되었다.[165]

---

160) 전국부두노동조합, 앞의 책, 255~256쪽 ; 이주기는 전국광산노련 1955년 10월 18일의 정기대의원대회에서, 그리고 1956년 11월 30일의 정기대의원대회에서 위원장에 선출되었다. 전국광산노동조합, 앞의 책, 28~30쪽.
161) 『경향신문』 1958년 10월 25일자, 「노동자를 위한 노총으로 돌아가라. - 연차대회를 둘러싼 분규를 보고」. 김기옥은 부산부두노조 위원장이며 자유노련 위원장이었다.
162) 「주한미대사관 일등서기관 Edwin M. Cronk가 미국무부에 보낸 보고서(1958. 12.18)」(NARA, 『Records of the Department of State internal affairs of Korea, 1955~1959』).
163) 대한노총 경전노동조합, 『노동』 제6권 제11호, 1958년 11월, 26쪽.
164) 대한노총 경전노동조합, 『노동』 제6권 제11호, 1958년 11월, 27쪽 ; 전국부두노동조합, 앞의 책, 256쪽.
165) 『조선일보』 1958년 10월 24일자, 「대회 연기로 노총 분열」. 정대천파에서는 대회준비 미비라는 이유로 무기 연기한다고 공고하였는데 이에 대해 철도노조

규약개정운동은 자유당의 절대적인 지지를 받고 있던 정대천의 세력을 감소시키기 위한 것이었다. 1인의 위원장제는 통일된 지도력을 제공하고 분파주의를 감소시키고 노동자들의 단결을 공고히 한다는 것을 명분으로 삼은 것이었다. 하지만 김기옥과 그의 지지자는 규약개정운동이 정대천의 권력을 축소시키기 위한 것임을 스스로 인정하였다.166) 이렇듯 규약개정 문제를 놓고 분열된 상황에서 열세에 놓이게 된 정대천파가 대회연기를 공고하였던 것이다.

상무집행위원회의 결정에 따라 대한노총 최고위원 4명의 연명으로 10월 29~30일 이틀간 연차대회를 소집해 놓았는데, 2명의 최고위원 이름으로 무기연기 공고를 하는 것은 법에 위배되는 것이었다.167) 또한 대회를 연기하려면 상무집행위원회의 결의를 거쳐야했다.

정대천 · 김용학 · 하광춘은 대회를 무기연기하려고 한 반면에, 집행위원회 위원 13명 중 김기옥 · 김주홍 · 이주기 등 9명이 대회 개최를 선언하였으므로 상황은 정대천에게 절대적으로 불리하였다. 정대천은 자유당

김주홍 측에서는 "최고위원과 상집에서 결의한 것을 한 두 사람의 명의로 연기한다는 것은 천만부당하다"고 성명을 발표하였다. 『동아일보』 1958년 10월 23일자, 「노총 또 대립. 丁 · 金씨파 연차대회로」.

166) 「주한미대사관 일등서기관 Edwin M. Cronk가 미국무부에 보낸 보고서(1958. 12.18)」(NARA, 『Records of the Department of State internal affairs of Korea, 1955~1959』).

167) 대한노총 경전노동조합, 『노동』 제6권 제11호, 1958년 11월, 26~27쪽을 보면 10월 10일 최고위원 정대천 · 하광춘 · 김기옥 · 이주기 · 김용학 5인의 최고위원 명의로 1958년 전국대의원대회를 10월 29~30일에 개최하는 것으로 공고하였으며, 이에 대해 정대천 · 하광춘 · 김용학 3인의 최고위원 명의로 대회연기를 공고하였다고 서술되어 있다. 그러나 김용학은 1957년 12월 19일 전국대의원대회에서 최고위원에 선출될 당시 노동조합원이 아니었다는 사실이 밝혀짐으로써 자격을 상실한 상태에 있었으므로 아마도 최고위원 4인의 명의로 대회공고를 하였을 것으로 보인다. 그리고 정대천파에서 대회연기 공고를 김용학을 포함시켜 3인으로 한 것은 김용학이 정대천파의 일원으로 가담하고 있었기 때문이었다. 따라서 실제적으로 2인의 최고위원 명의로 대회 무기연기 공고를 한 것으로 보아야 할 것이다.

과 보건사회부장관에게 원조를 호소했지만 김기옥과 그의 지지자들은 정대천의 호소를 막을 충분한 영향력이 있었다. 김기옥은 대한노총 문제에 간섭하는 것은 조직노동자들의 대다수를 공격하는 것이라고 당과 정부관료에게 경고하기도 하였다.168)

자유당 당무회에서는 "연차대회는 예정대로 개최하되 임원을 개선한다던가 혹은 규약을 개정해서는 안된다"는 식으로 강압적으로 조정을 하려고 했으나 실패로 돌아갔다.169) 또한 자유당 조직위원회에서도 정대천의 실각을 막기 위한 절충안을 내놓았다. 그 내용은 ① 이번 대회에서는 정대천을 무난히 넘겨줄 것 ② 그러면 6개월 이내에 다시 대회를 소집해서 정대천 스스로가 물러가도록 만들어 주겠다. ③ 동시에 이번 대회의 비용과 6개월 후의 재소집대회의 비용을 자유당에서 책임진다 ④ 만약 이러한 요구조건을 받아주지 않을 경우 경남경찰국으로 하여금 대회집회 허가를 취소하겠다는 것이었다.170) 당시에는 옥내집회도 허가제였으므로 김기옥 측에서는 이러한 절충안을 받아들이지 않을 경우 대회를 치를 수 없는 형편이었으므로 결국 표면적으로 수락을 할 수밖에 없었다.

(2) 김기옥체제

개최되기 전부터 분규를 거듭하였으나 결국은 보사부의 조정으로 정대

---

168) 「주한미대사관 일등서기관 Edwin M. Cronk가 미국무부에 보낸 보고서(1958. 12.18)」(NARA, 『Records of the Department of State internal affairs of Korea, 1955~1959』).

169) 『동아일보』 1958년 10월 28일자, 「대한노총 분규 수습. 현상대로 수습. 자유당서 합의」; 『동아일보』 10월 29일자, 「노총을 산하단체시. 해괴한 자유당의 강압·조정」; 『조선일보』 1958년 10월 28일자, 聞外聞 「어째서 자율적 타협이 안될까」; 『경향신문』 1958년 10월 28일자, 「노총임원을 개편 않기로. 자유당 당무회서 결정」; 『동아일보』 1958년 10월 29일자, 「노총 양파 합의. 29일 부산대회 소집에」에서는 분규를 거듭하던 대한노총이 29, 30일 부산에서 단일대회를 소집하기로 합의하였다는 기사를 냈으나, 『조선일보』와 『경향신문』은 조정에 실패했다는 기사를 실었다.

170) 회고담, 「대한노총 결성 전후」(10), 『노동공론』 1972년 10·11월호, 148쪽.

천 측과 김기옥 측 사이에 합의가 이루어졌고 예정대로 전국대의원대회가 부산에서 열리게 되었다.[171]

1958년 10월 29일 부산 국제극장에서 전국대의원 509명이 참석한 가운데 대한노총 제11차 전국대의원대회가 개최되었다.[172] 개회 벽두부터 서울 및 경기도 파주의 미군노동조합 대의원 15명의 자격문제로 인해 소동이 일어났다.[173] 김기옥·이주기파에서 긴급동의로 제기한 위원장제로 기구를 개편하자는 규약개정안의 의제 채택문제로 대립은 더한층 극심하였다.[174] 박청산(朴靑山)이 긴급동의로 규약개정안 상정을 제의하자 반대 측에서는 공고에 없는 안건이라는 이유로 규약개정안 상정을 봉쇄하고자 기도하였다.[175] 규약개정안 상정에 대해 박청산·강태범·최용수가 지지하였고,[176] 정대천·김말룡·차국찬이 반대하였으나,[177] 표결

---

171) 『경향신문』 1958년 10월 29일자, 「노총 양파 부산대회에 합의. 29·30 양일간 규약개정이 주목」.
172) 『경향신문』 1958년 10월 30일자, 「규약개정안으로 양파 대립. 노총대회」.
173) 대한노총 경전노동조합, 『노동』 제6권 제11호, 1958년 11월, 27쪽.
174) 『조선일보』 1958년 10월 30일자, 「대립으로 양파 서로 긴장. 노총대회 부산서 개막」; 최고위원 5명(정대천·하광춘·김용학·이주기·김기옥) 중에서 김용학은 최고위원에 당선될 당시(1957년 12월 19일) 노동조합원이 아니었다는 사실이 밝혀져 최고위원 자격을 상실하고 있었다. 그리하여 4명의 최고위원 중에서 정대천·하광춘은 규약개정을 반대하였고, 김기옥·이주기는 찬성하였다. 회고담, 「대한노총 결성전후」(10), 『노동공론』 1972년 10·11월호, 145~146쪽.
175) 박청산(朴靑山)은 1953년 6월 24일의 광산연맹 재조직 결성대회에서 성립된 이준수 위원장 체제하에서 부위원장을 지냈다. 이후 박청산은 1954년 7월 22일 정기대의원대회에서 부위원장에 유임되었으며, 1955년 10월 18일 개최된 정기대의원대회에서 성립된 이주기 위원장 체제하에서도 부위원장에 유임되었다. 전국광산노동조합, 『광로20년 약사』, 1969, 24~28쪽.
176) 당시 강태범은 대한노총 철도연맹의 김주홍 위원장 체제하에서 부위원장으로 있었다. 강태범은 1952년 3월 대한노총 철도연맹 정기대의원대회에서 성립된 임기봉(林基奉) 위원장 체제하에서 사무국장을 지냈다. 이후 1954년 6월 30일 대한노총 철도연맹 정기대의원대회에서 부위원장에 선출된 이래 계속 부위원장직을 맡았다. 전국철도노동조합, 앞의 책, 443~446쪽; 당시 최용수는 조선전업노동조합 위원장이었다. 최용수는 1949년 2월 12일 발족한 전업노동조합

결과 재석 470명 중 340명의 절대다수로 개정안 상정이 가결되었다.178)

박청산의 규약개정안 내용은 ① 5인의 최고위원제를 2년 재임의 1인 위원장제 채택 ② 대한노총 위원장과 사무총장이 회원으로 있는 연맹을 제외한 10,000명 이상의 산업연맹 위원장을 자동으로 대한노총 부위원장으로 임명 ③ 사무부(副)총장을 노동계층 외부에서 임명 ④ 대한노총 12개의 부서를 대한노총 외부에서 선출된 세 명의 위원을 포함하는 위원회로 대체하는 것이었다.179)

대회 둘째 날 이러한 규약개정안에 대해 토의했다. 김관호는 소규모 노동조합이나 대규모 지역연맹이 중앙조직 고위직에 앉을 수 없다는 이유로 제2안을 반대하였다. 김말룡은 5인 최고위원제를 1인 위원장제로 바꾸는 것으로 분파적인 분열을 막을 수 없다는 이유에서 규약개정안 전체에 반대하였다. 그는 ① 규약개정안 지지자들은 이미 위원장을 누구로 선택할 것인지 결정했으며, 그 개인은 능력 있는 사람이 아니라는 것 ② 규약개정안은 대규모 산업연맹에 모든 권한을 주도록 되어 있다는 것 ③ 규약개정안을 찬성하는 대다수 임원들은 뇌물을 목적으로 하고 있다는 것을 주장하였다. 이러한 반대의견을 수렴하여 박청산은 규약개정안을 수정하였는데 그 내용은 ① 부위원장을 자동으로 임명하는 대신에

초대 위원장이었다. 1954년 4월 6일 조창화가 제6대 위원장에 취임한 것을 제외하고는 줄곧 최용수는 전업노동조합 위원장직을 맡았다. 조선전업노동조합, 『전업노조10년사』, 1959, 173~175쪽, 295~301쪽.

177) 「주한미대사관 일등서기관 Edwin M. Cronk가 미국무부에 보낸 보고서(1958. 12.18)」(NARA, 『Records of the Department of State internal affairs of Korea, 1955~1959』).

178) 『경향신문』 1958년 10월 31일자, 「노총대회 일대 수라장화. 1인지도제 규약수정 가결. 김기옥씨파서 승리」 ; 「주한미대사관 일등서기관 Edwin M. Cronk가 미국무부에 보낸 보고서(1958.12.18)」(NARA, 『Records of the Department of State internal affairs of Korea, 1955~1959』).

179) 「주한미대사관 일등서기관 Edwin M. Cronk가 미국무부에 보낸 보고서(1958. 12.18)」(NARA, 『Records of the Department of State internal affairs of Korea, 1955~1959』).

10,000명 이상의 산업연맹에서 지명된 후보를 대회에서 선출 ② 부위원장직 한 자리를 산업연맹에 속하지 않는 노동조합에서 지명된 후보에 할당 ③ 각 집행위원회 위원 수 감축이었다.[180] 결국 이러한 내용의 규약개

〈표 3-3〉 전국대의원대회 임원(1958년 10월 전국대의원대회)

	『동아일보』 58.10.31	NARA	『한국노동조합운동사』
고문		정대천, 김주홍	
위원장	김기옥	김기옥	김기옥
부위원장	김사욱, 강태범, 최용수, 김수영, 성주갑	최용수, 강태범, 김사욱, 김수영, 성주갑	김사욱, 강태범, 최용수, 김수영, 성주갑
사무총장	이주기	이주기	이주기
총무부장	이춘희	이춘희	이춘희
기획부장	변용상	변용상	
조직부장	김문규	김문규	김문규
선전부장	박청산	박청산	박청산
조사통계부장	고일하	고일하	고일하
국제부장	이용희	이용희	변용상
섭외부장	김원제	김원제	김길용
문화부장	김길용	김길용	
쟁의부장	윤상한	윤상한	윤병강
후생부장	윤병강	윤병강	
법규부장	이찬혁	이찬혁	이찬혁
정치부장	이창우	이창우	이창우
부녀부장	강연옥		강연옥
교육부장			윤상한
회계감사위원		김광수, 이규철, 방홍규, 신현수, 김종현, 이상진, 윤준기, 이하종, 이근칠	

※ 출처 :『동아일보』1958년 10월 31일자, 「노총, 위원장제로. 분규 끝에 규약을 개정」; NARA :「주한미대사관 일등서기관 Edwin M. Cronk가 미국무부에 보낸 보고서(1958. 12.18)」(NARA,『Records of the Department of State internal affairs of Korea, 1955~1959』); 한국노총,『한국노동조합운동사』, 1979, 921쪽.
※ 1958년 10월대회에서 선출된 임원상황을 동일하게 제시하고 있는『동아일보』와 NARA문서자료가 보다 신뢰할 만하다고 볼 수 있다.

---

180)「주한미대사관 일등서기관 Edwin M. Cronk가 미국무부에 보낸 보고서(1958. 12.18)」(NARA,『Records of the Department of State internal affairs of Korea, 1955~1959』).

정안은 재석 481명 중 찬성 339표, 반대 124표로써 통과되었다.[181]

5인의 최고위원제를 1인의 위원장제로 변경하려는 규약개정안이 통과됨에 따라 의사진행은 곧 임원개선으로 들어갔다. 후보의 지명 없이 이루어진 위원장 투표에서 김기옥이 압도적으로 다수표를 획득해 위원장에 선출되었다. 이때 각 후보 간 획득한 표는 김기옥 321표, 정대천 30표, 김주홍 19표, 이주기 11표였다. 김기옥이 위원장에 당선될 수 있었던 것은 김기옥의 조직세가 강력했다는 점과 김주홍과의 연합이 성공했음을 보여주는 것이었다.

앞서 설명한 바와 같이 김기옥의 조직세는 만만치가 않았다. 김기옥의 전국자유노련은 전체 조합원 수 279,485명 중 79,468명을, 전체 대의원 수 558명 중 159명을 차지하고 있었다.[182] 이러한 거대한 조직과 더불어 김기옥은 1957년 정대천과 대립하여 패배를 당하였던 전국철도노련 위원장 김주홍과 연합하고 있었다. 철도노련의 조직세도 전국자유노련, 전국섬유노련에 이어 3위를 차지할 정도로 막강하였다. 따라서 김기옥이 대한노총을 장악하리라는 것은 쉽게 예상할 수 있는 일이었다. 1958년 10월대회에서 선출된 임원은 〈표 3-3〉과 같다.[183]

김주홍과 정대천은 상임고문으로 임명되었다.[184] 위원장에 김기옥, 부위원장에 최용수·강태범·김사욱·김수영·성주갑이 선출되었다. 부위원장은 1958년 규약 제17조 2항 즉 "조합원 10,000명을 초과하는 전국

---

181) 『동아일보』 1958년 10월 31일자, 「노총, 위원장제로. 분규 끝에 규약을 개정」 ; 『경향신문』 1958년 11월 1일자, 「위원장에 김씨. 11차 노총대회 폐막」.
182) 전국부두노동조합, 『한국부두노동운동백년사』, 1979, 258쪽.
183) 『동아일보』 1958년 10월 31일자, 「노총, 위원장제로. 분규 끝에 규약을 개정」 ; 「주한미대사관 일등서기관 Edwin M. Cronk가 미국무부에 보낸 보고서(1958. 12.18)」(NARA, 『Records of the Department of State internal affairs of Korea, 1955~1959』).
184) 「주한미대사관 일등서기관 Edwin M. Cronk가 미국무부에 보낸 보고서(1958. 12.18)」(NARA, 『Records of the Department of State internal affairs of Korea, 1955~1959』).

산업별 직업별 노조연합회에서 1명씩과 도 단위 지역노조연합체에서 1명을 대회에서 선출한다. 단, 위원장 및 사무총장이 선출된 산업별·직업별·지역별 노조연합체는 제외한다"는 조항에 의하여 선출되었다.185) 당시 1만 명 이상의 조합원을 갖고 있던 노조연합회 및 도 단위 지역노조연합체는 전국자유노련, 전국섬유노련, 전국철도노련, 전국해상노련, 전국광산노련, 전국전업노련, 경남노련 등 7개가 있었다.186) 위원장 김기옥은 자유노련 소속이었으며, 사무총장 이주기는 광산노련 소속이었다. 따라서 부위원장은 자유노련, 광산노련을 제외한 섬유노련(김수영), 철도노련(강태범), 해상노련(김사욱), 전업노련(최용수), 경남노련(성주갑)에서 각각 선출되었다.

3) 파벌대립의 성격

정대천이 1955년 4월대회를 부인한 명분은 부정(不正)대의원 다수의 대회참가였다. 그러나 부정대의원 문제는 어느 대회 때나 늘상 존재하던 것이었다. 대의원자격은 조합비를 납부해야만 획득될 수 있었다.187) 그러나 거의 대부분이 조합비를 제대로 납부하지 않았기에 부정대의원문제는 항시 존재하였다.188)

대한노총 내부세력은 헤게모니 쟁탈전에 몰두하였고, 이러한 상황에서 실권을 거머쥐기 위하여 자파에게 유리하도록 조합원 수에 비해서 엄청나게 대의원 수를 늘려나갔다. 그리하여 대의원대회 때마다 부정대의원

---

185) 한국노총, 앞의 책, 468~472쪽, 부록 6-1-2.
186) 전국부두노동조합, 『한국부두노동운동백년사』, 1979, 258쪽.
187) 회고담, 「대한노총 결성전후」(8), 『노동공론』 1972년 7월호, 192쪽.
188) 대한노총에서는 대의원대회 때마다 의무금(조합비) 납부에 대해 강력히 촉구하였음에도 불구하고 납부실적은 양호하지 않았다. 1956년 10월 10일의 대의원대회를 앞둔 시점에서도 노동조합의 거의 대부분이 의무금(조합비) 납부를 하지 않고 있었다. 대한노총 경전노동조합, 『노동』 제4권 제7호, 1956, 39쪽.

문제가 거론되었다. 또한 부정대의원 문제는 상급조직이 하급조직에 대하여 조합원 수에 비례하여 대의원 수를 할당하는 것이 아니라 의도적으로 적게 배분한 것에서 불거져 나온 경우도 있었다.

문제는 부정대의원은 쌍방 간에 있기 마련이었는데, 이것을 투표 전에 이의를 제기하는 것이 아니라 개표결과에 따라 자파에게 불리하면 부정대의원을 거론하며 불법대회임을 주장하였다는 점이다. 이러한 맥락에서 정대천이 대의원대회의 결정이 자파에게 불리하자 정치적인 배경을 믿고 대회를 부정하고 나선 것에 대해서는 정당하게 평가하기 어렵다.

1954년부터 1958년 10월 김기옥체제가 성립되기까지 파벌 대립상을 정리한 것이 〈표 3-4〉이다. 〈표 3-4〉에서 보는 바와 같이 1958년 10월의 대회 전까지 정대천의 독주가 이어졌다. 이렇게 정대천이 대한노총에서 세력을 유지한 배경은 자유당과의 긴밀한 관계에서 비롯되었다. 정대천은 자유당 내 제2인자였던 이기붕과 밀접한 관계를 맺고 있었다. 정대천

〈표 3-4〉 파벌대립의 양상과 그 결과

대의원대회	파벌대립	결과
1954. 4	정대천-김주홍 연합 정대천-이진수 대립	정대천 승리
1955. 4	정대천-이준수 대립[1]	이준수 승리[2]
1955. 9	정대천-이준수 연합[3]	정대천 승리
1957. 10	정대천-김기옥 연합 정대천-김주홍 대립	정대천 패배
1957. 12	정대천-김기옥 연합 정대천-김주홍 대립	정대천 승리
1958. 10	정대천-김기옥 대립 김기옥-김주홍 연합	김기옥 승리

[1] 1954년 4월대회에서 정대천-김주홍-이준수 연합. 그러나 이준수가 최고위원에 선출되지 못함으로써 1955년 4월대회에서 정대천에 대항.
[2] 정대천은 최고위원에 당선되었으나 이준수의 최고위원 당선 및 사무총장 인선에 불만을 갖고 불법대회임을 선언.
[3] 정대천-이준수의 연합은 자유당의 합작책에서 나온 것임.

은 자유당과 대한노총을 매개하는 주요인물이었으며, 최고위원의 지위를 통해 자유당의 지시나 명령을 충실히 이행하였다. 또한 지시나 명령에 앞서 자유당에 과잉 충성하여 일반대중들로부터 비난을 받았다.

이진수·이준수·김주홍 등 정대천에 대항한 세력이 등장하였지만 자유당의 간섭에 의해 여지없이 무너졌다. 자유당과 정부는 일방적으로 정대천파를 지지하였다. 1955년 4월대회에 불만을 품고 대회장을 퇴장한 정대천을 일방적으로 지지하여 대회를 재소집하도록 배후작업을 펼친 것도 자유당과 정부였다. 그리하여 9월대회에서 정대천은 승리할 수 있었다. 자유당과 정부의 정대천 지원은 1957년 10월대회에서도 재연되었다. 최고위원선거에서 김주홍에게 패배한 정대천은 또다시 대회를 부정하여 결국 12월대회를 재소집하였다. 여기에서도 자유당과 정부의 막후작업이 있었으며, 10월대회에서 정대천과 대결하여 승리하였던 김주홍이 실각하는 것으로 결론이 났다.

1950년대 중·후반기 파벌대립의 특징은 이합집산이 강했다는 것이다. 오늘의 동지가 내일의 적이었으며, 오늘의 적이 내일의 동지가 되었다. 정대천은 1954년 대회에서 김주홍과 연합하였으나 1957년 10월대회, 12월대회에서는 대립하였다. 정대천과 이준수와의 관계는 연합(1954년 대회)→대립(1955년 4월대회)→연합(1955년 9월대회)으로 변화하였다. 그리고 정대천과 김기옥은 1957년 10월대회, 12월대회에서 상호 연합하였으나, 1958년 대회에서는 적대관계로 변하였다.

이러한 파벌대립의 원인은 첫째, 대한노총과 자유당의 구조적 관계이다. 즉 대한노총 최고위원 자리가 자유당 간부가 되고 자유당의 공천후보로 민의원선거에 출마할 수 있는 등용문이 될 수 있었다. 따라서 중앙조직 간부들은 서로 앞다투어 최고위원을 차지하고자 하였다. 둘째, 대한노총의 태생적 한계이다. 대한노총은 반공을 목표로 우익정치세력의 지원을 목적으로 탄생된 조직이었다. 노동자에 의한 노동자를 위한 노동자조직이 아니었으므로 대한노총 지도자들은 정치권력과 이권에 보다 쉽게 접근하기 위한 통로로써 대한노총을 활용하였다.

1952년 11월 채택된 최고위원제는 1958년 김기옥체제가 성립되기 전까지 지속되었다. 최고위원제는 힘의 균형에서 나온 것으로 보이지만 그 실상은 그렇지 못했다. 앞에서 본 바와 같이 자유당과 긴밀한 관계에 있던 정대천의 독주가 이 시기(1954.4~1957.10 이전)에는 계속 이어졌다. 이진수·이준수·김주홍 등 정대천에 대항하는 세력이 등장하였지만 자유당의 간섭에 의해 여지없이 무너졌다. 정대천이 다른 거대조직과 비교하여 약세였던 조직을 거느리고 있으면서도 최고위원직을 차지할 수 있었던 것은 자유당의 지원에 의한 것이었다. 따라서 최고위원제를 힘의 균형으로 보는 것에는 무리가 따른다.

1958년 10월의 전국대의원대회에서 5인의 최고위원제에서 1인의 위원장제로 재조직된 것에 대해 주한미대사가 국무부에 보낸 노동보고서에서는 한국노동조합운동에서의 중요한 발전으로 평가하였으며,[189] 이러한 재조직으로 정부와 자유당의 간섭에 의해 권력을 누리던 정대천파의 영향력을 감소시켰던 것으로 보았다. 그리고 자유당이나 정부의 간섭 없이 조직노동자가 단지 일시적이지만 정치적 독립을 향해 일보 전진한 것으로 평가했다.

한편 최고위원제를 위원장제로 규약개정할 수 있었던 것을 "일종의 노총 혁명을 의미"한다는 평가도 있다.[190] 규약개정 반대자들이 헤게모니를 장악하고 있었기에 규약개정을 주창하는 사람들은 정치적인 압력을 받았다. 이러한 외부로부터의 압력을 물리치고 규약개정을 통과시켰다는 것은 종래까지의 대한노총을 생각할 때 일종의 혁명적인 획기적인 일이었다는 것이었다.

---

189) 「주한미대사관 일등서기관 Robert W. Tucker가 미국무부에 보낸 반연간(Semi-Annual)보고서(1959.4.7)」(NARA, 『Records of the Department of State internal affairs of Korea, 1955~1959』).

190) 조선전업노동조합, 앞의 책, 156~157쪽.

이러한 적극적인 평가와 달리 시각을 달리하는 경우도 있다. 탁희준은 1958년 전국대의원대회에서 위원장제가 부활한 것은 "자유당과의 관련성을 일층 강화하려는 간부의 의도가 명백히 작용된 것으로 다수의 간부가 서로 자유당 내 각 파와 야합하여 자유당의 파쟁이 노총 내부에서 재연됨을 방지하려는 의도"였다고 주장하였다.[191]

그런데 자유당과 대한노총 간의 구조상 온전한 체질개선 없이 지도자가 바뀐다고 해서 정치적 독립이 달성될 수 있는 것은 아니었다. 김기옥 또한 이러한 구조를 분명히 인식하였고, 대한노총 내에서 자신의 권력을 유지하기 위해서는 자유당과 밀착해야 한다는 것도 알고 있었다. 김기옥 체제가 대통령 경호실장 곽영주와 비서실장인 박찬일을 매개로 이승만을 접견하여 부산대회에 대한 정치적인 마무리를 했던 것은[192] 이러한 사실을 입증해 준다.

1958년 10월의 대회에서 성립된 김기옥체제는 정대천·노응벽·김말룡·최종자·김관호 등의 공격을 받으면서도 1960년 4·19까지 권력을 유지해 갔다. 그리고 대한노총 내에서 자신의 권력을 유지하고자 자유당과 밀착하였다. 자유당을 벗어나서 대한노총 위원장을 유지할 수 없다는 현실의 반영이었다. 김기옥 또한 이전의 권력자 정대천의 전철을 되밟고 있었던 것이다. 1959년 10월의 전국대의원대회에서 채택한 이승만 대통령에게 보내는 메시지에는 "명년 정부통령선거를 성공적으로 수행하기 위해서 우리들은 조직의 정비와 강화를 더욱 공고히 하고 우리 노동자 농민의 정당인 자유당에서 추대한 정부통령 후보자의 당선을 위해서 총역량을 주입하고 평소에 숭경(崇敬)하옵든 각하를 지지하는 열의를 다시금 가다듬는 바입니다"라고[193] 하여 이승만에 대한 충성을 맹세하였다.

---

191) 탁희준, 「건전한 노동조합운동」, 『사상계』 1960년 6월, 187~188쪽.
192) 노동운동회고 鼎談, 「대한노총 결성 전후」(10), 『노동공론』 1972년 10·11월호, 149쪽.
193) 한국노총, 앞의 책, 480쪽.

10월 7일에 개최된 1959년의 전국대의원대회는 임기대회가 아니었으므로 임원보선만 하였다. 1959년 7월 사무총장 이주기(李周基), 선전부장 박청산(朴靑山)이 사임함으로써[194] 선전부장에 이찬혁(李贊赫, 당시 법규부장), 법규부장에 김지호(金之浩, 합동토건 위원장)를 각각 선출하였다.[195]

대회에서 채택한 결의문 또한 전혀 새로운 것이 없었다. "백만노동자를 총단결시켜 명년 정부통령선거에 최대한의 성과를 올려 승리를 쟁취케 한다", "일본정부의 용공정책과 북한괴뢰집단의 평화위장공세를 철저히 분쇄하고 재일동포를 강제북송하려는 만행을 규탄 반대한다"라고 하여 자유당정권에 적극 협력할 것을 결의하였으며, "직장 내에는 대한노총 조직 이외에는 여하한 조직도 이를 결사 반대한다"고[196] 하여 김기옥 체제에 대한 도전에 강력한 대응을 하겠다는 결의를 하였다.

3. 조직체계

1) 조직체계

1950년대 대한노총의 조직체계는 1957년 민의원사무처에서 발행한 『참고자료』 제6호에 수록되어 있는 대한노총의 규약과 한국노총의 『한국노동조합운동사』에 있는 규약을 통해서 파악할 수 있을 뿐 구체적인 자료는 없는 실정이다.

---

194) 1958년 대회에서 김기옥과 연합하였던 이주기는 대회 이후 정대천세력에 가담하였다. 또한 규약개정운동으로 김기옥을 위원장으로 앉히는 데 커다란 공헌을 하였던 박청산도 대회 이후 정대천과 함께 일하였다. 「주한미대사관 일등서기관 Robert W. Tucker가 미국무부에 보낸 보고서(1959. 7. 10)」(NARA, 『Records of the Department of State internal affairs of Korea, 1955~1959』).
195) 『동아일보』 1959년 10월 8일자, 「정씨측 6명만 참석. 대한노총 연차대회 개막」.
196) 한국노총, 앞의 책, 479~480쪽.

『참고자료』에 있는 대한노총의 규약은 아마도 1954년 노동관계법 공포에 의한 중앙연맹 결성대회 때 채택된 것을 1955년 9월의 수습대회에서 약간 수정한 것으로 추정해 볼 수 있다. 즉 1954년 중앙연맹 결성대회 때 규약을 새롭게 개정하였는데, 『참고자료』에 있는 규약에서 크게 벗어나지 않은 것 같다.[197] 『참고자료』의 규약이 1955년 9월의 수습대회에서 수정된 것으로 추론하는 근거는 규약 제1조에 조직의 명칭이 대한노동조합연합회로 되어 있으며, 제15조에는 "정기대의원대회는 매년 10월 중에 차(此)를 개최한다"는 조항이 있기 때문이다. 1955년 9월의 수습대회에서 매년 10월 중에 정기대의원대회를 개최할 것을 결정하였고, 이에 따라 1956년부터 1958년까지 정기대의원대회를 10월에 개최하였다. 또한 규약 뒷부분에 역대 대한노총 위원장(최고위원)을 명기하였는데 이 규약을 작성하던 시점에서의 최고위원이었던 정대천·김주홍·이준수가 나와 있는 것을 확인할 수 있다. 최고위원 정대천·김주홍·이준수는 1955년 수습대회 때 선출되었으며, 1956년에는 2년 임기 규정에 의해 최고위원을 개선(改選)하지 않았다. 따라서 『참고자료』에 나와 있는 규약은 1955년 9월의 수습대회 때 채택된 것으로 보인다.

　『한국노동조합운동사』에 있는 규약은 1958년 전국대의원대회 때 채택된 것으로 보인다. 규약에서 위원장제를 규정하고 있으며, 제17조 2항에 "부위원장은 조합원 10,000명을 초과하는 전국 산업별 직업별 노조연합체에서 1명씩과 도단위 지역노조연합체에서 1명을 대회에서 선출한다"는 규정을 통해 볼 때 1958년의 전국대의원대회에서 채택되었던 규약이라고 할 수 있다.

　자료의 한계로 인해 지금의 상황으로서는 위의 두 자료를 통하여 대한노총의 조직체계 및 변화 양상을 살펴볼 수밖에 없다. 따라서 여기에서는

---

[197] 1955년 9월의 수습대회에서는 임원의 임기를 2년으로 규정하고 있는데, 아마도 1954년 중앙연맹 결성대회 때 채택한 규약에서는 임원의 임기를 1년으로 규정하였던 것으로 보인다.

두 자료의 비교를 통해 1950년대의 대한노총의 조직체계에 대해 분석하고자 한다.

〈조직〉
―『참고자료』(이하 1955년의 규약으로 약칭)
· 제4조 : 본 연합회 회원은 본 강령 규약을 찬동하는 남녀의 노동자에 한해서 가입된다.
· 제5조 : 본 연합회는 소정의 절차를 필한 각 산업 직업별 노동조합 전체 및 각 산업별 지역별 노동조합연합회로서 구성한다.
· 제6조 : 각 산업별 노동조합은 동류의 산업 및 직종부문에 속한 노동자로서 구성한다.
· 제7조 : 산업별노동조합연합회는 2개 이상의 조직을 가진 산업별노동조합으로써 구성한다.
· 제8조 : 지역별노동조합연합회는 동일한 행정구역에 소재한 각 산업별 노동조합으로써 구성하여 지역적인 운동을 관할 통솔한다.

―『한국노동조합운동사』(이하 1958년의 규약으로 약칭)
· 제4조 : 본 연합회 회원은 본 강령 규약을 찬동하며 가입된 각 노동조합의 조합원으로 한다.
· 제5조 : 본 연합회는 소정의 절차를 필한 각 산업 직업별 노동조합 전체 및 각 산업별 지역별 노동조합연합회로서 구성한다. 단, 각 산별 직업별 지역별에 속하지 않은 단위노조는 직접 가입할 수 있다.
· 제6조 : '1955년의 규약과 동일
· 제7조 : '1955년의 규약과 동일
· 제8조 : '1955년의 규약과 동일

규약상으로 볼 때 산업별·지역별 조직구조를 갖추었다고 할 수 있다. 1948년 10월 혁신파가 제기했던 산업별 조직체계를 채택하였으며, 혁신파가 비판하였던 지역별 조직체계도 1950년대 내내 지속되고 있음을 확인할 수 있다. 결성 당시부터 미군정기 전기간 동안 조직체계의 근간이 되었던 지역별 조직체계를 쉽사리 탈피하지 못했을 것으로 보인다.

그런데 규약상으로 조직구조가 산업별·지역별체제를 갖추었다고 할지라도 김삼수가 주장한 바와 같이 실제로 산업별 조직이 기능을 하지는 않았다. 김삼수는 기본적인 조직구조는 지방연맹 내지 지구연맹으로, 동종산업의 노동자를 포괄하여 교섭력을 높임과 동시에 노동조건의 표준화를 도모하는 고유의 의미에서 (전국적)산업별 노조는 1950년대를 통하여 존재하지 않았다고 주장하였다. 그는 산업별 노조가 있다고 해도 사용자측이 하나인 철도노조와 해원노조를 제외하고는 산업별 연합체에 불과하며, 지방연맹과 지구연맹이라도 공장과 사업장의 노조를 기본단위로 하고 있는 점에서 지역별 일반노조와도 다르다고 주장하였다. 또한 1959년 2월 전국섬유연맹 산하의 15개 방직공장의 8시간 노동 요구쟁의에서 산업별 노조로서의 고유의 기능이 싹트고 있다고 하였다.[198]

　1950년대 산업별 조직은 존재하였더라도 외형적인 틀을 유지한 것에 불과하였다. 노동조합법 제33조 "단체협약 체결은 공장, 사업장 기타 직장단위로 한다"는 조항은 기업별조직이 지배적인 조직형태였다는 것을 드러내는 것이며, 산업별 조직이나 연합체는 단순한 사무적인 연락기관에 불과하였다.[199] 광산연맹의 경우를 예를 들면 광산연맹은 산업별조직으로서 기능을 하지 못하였으며, 실제적으로 기능을 한 것은 기업별연합회였다. 즉 기업별연합회였던 대한석탄광노동조합연합회(1954. 7. 10 결성), 대명광업노동조합(1954. 6. 30 결성), 대한중석노동조합연합회(1954. 7. 결성) 등이 단체협약과 노사교섭을 전담하였던 것이다. 따라서 1950년대 산업별노조의 존재는 미약했다고 볼 수 있다.

　　〈기관〉
　　　－1955년의 규약
　　　　・제14조 : 본 연합회에 하기(下記) 기관을 둔다.
　　　　　1. 정기대의원대회
　　　　　2. 임시대의원대회

---

198) 김삼수, 앞의 논문, 259쪽.
199) 우기도, 「한국노동조합의 기형성을 究明함」, 대한노총 경전노동조합, 『노동』 제8권 제3호, 1960, 46쪽.

3. 전국집행위원회
   4. 중앙집행위원회
   5. 정치위원회
   6. 산업별지역별대표자회의

  －1958년의 규약
  ・제14조 : 본 연합회에 하기(下記) 기관을 둔다.
   1. 정기대의원대회
   2. 임시대의원대회
   3. 중앙집행위원회
   4. 회무처리위원회

 정기대의원대회는 매년 개최되는 것으로 위원장제를 채택했을 경우 위원장이, 최고위원제를 채택했을 경우 최고위원이 소집하였다. 대의원대회는 최고결의기관으로서 규약제정 및 변경, 예산심의 및 수지 결산 승인, 임원선거에 관한 건, 당면운동 방침 수립, 연합회(대한노총) 해산에 관한 건 등을 결정짓는 기능을 갖고 있었다. 1955년의 규약에는 전국집행위원회가 있어 대의원대회에서 결의한 안건 집행, 대의원대회 심의를 필요로 하는 사항 이외의 안건 토의, 중앙상무집행위원회 건의안 토의, 기타 필요의안의 심의 및 결의의 기능을 하였다. 그런데 1958년의 규약에는 기구의 명칭이 중앙집행위원회로 바뀌었으며, 그 기능은 동일하였다. 1955년의 규약을 보면, 중앙(상무)집행위원회는 전국집행위원회에서 결의한 여러 안건을 집행하였으며 전국집행위원회의 휴회 중 그 기능을 대행하였다. 중앙(상무)집행위원회는 1958년의 규약에서는 회무처리위원회로 명칭이 바뀌었으며, 그 기능은 동일하였다.

 1955년의 규약에서 특징적인 점은 정치위원회와 산업별지역별대표자회의를 두었다는 것이다. 이러한 기구가 언제부터 마련되었는지에 대해 알 수는 없으나 산업별지역별대표자회의가 1956년에 2회에 걸쳐 개최된 것으로 보아 1954년이나 1955년의 규약을 통해 마련된 것으로 보인다.[200] 그런데 1958년의 규약에서 산업별지역별대표자회의는 정치위원회와 함께 폐지되었다. 1955년의 규약 제16조를 통해 보면 정치위원회는 정치적으로 제기되는 여러 문제를 상담 및 건의할 수 있는 기구였다. 정치위원회 위원은 노동운동과 정치적인 경험이 풍부한 회원 중에서 최고위원이 추천하여 전국집행위원회의 인준을 받아 임명하는 것으로 20명 이내로 구성되었다. 1955년의 규약 제17조를 통해 보면 산업별지역별대표자회의는 노동조건으로 제기되는 제반문제를 중앙상무위원회에 건의하는 기능을 하였으나, 그 주된 기능은 정치적인 문제나 선거에 대비한 대책을 논의하기 위해 마련되었던 것으로 보인다. 산업별지역별대표자회의의 구성은 3,000명 이상 조합원을 가진 각 산업별 및 지역별연합체 위원장으로 구성되었다.

〈임원 및 부서〉
—1955년의 규약
· 제18조 : 본 연합회에 하기(下記) 임원을 둔다.
　　최고위원 약간 명
　　중앙상무집행위원 약간 명
　　회계감사위원 약간 명
· 제19조 : 본 연합회의 임원은 대의원의 직접 무기명투표에 의하여 회원 중에서 선출하여야 한다.
· 제20조 : 본 연합회의 임원의 임기는 2년으로 하되 재선할 수 있다. 단, 결원 보충시에는 전임자 잔임기간을 임기로 한다.
· 제22조 : 중앙상무집행위원회에 하기(下記) 부서를 둔다.
　　사무총장, 총무부, 기획부, 조직부, 선전부, 조사통계부, 국제부, 섭외부, 문화부, 쟁의부, 후생부, 법규부, 부녀부
　　사무총장 외 각 부에 부장 및 차장 1명과 부원을 약간 명 둘 수 있다.

---

200) 산업별지역별대표자회의는 1956년에 2회에 걸쳐 개최되었다. 1956년 1월 29일에 개최된 제1차 산업별지역별대표자회의에서는 지역적 문제, 쟁의문제 및 정치문제를 논의하였으며, 산업별지역별 종횡적 협동단결의 필요성을 재확인하였다. 7월 14일에 개최된 제2차 회의에서는 8월의 지방선거에 대비한 대책과 방책을 논의하였으며, 노총출신 입후보자를 공천할 것을 결의하였다. 대한노총 경전노동조합, 『노동』 제4권 제7호, 1956, 39~40쪽.

─1958년의 규약
· 제16조 : 본 연합회에 하기(下記) 임원을 둔다.
  위원장 1명
  부위원장 약간 명
  사무총장 1명
  부장 약간 명
  회계감사위원 약간 명
· 제17조 : 1항. 본 연합회의 임원은 대의원의 직접 무기명 투표에 의하여 회원 중에서 선출한다. 2항. 부위원장은 조합원 10,000명을 초과하는 전국 산업별 직업별노조연합회에서 1명씩과 도 단위 지역노조연합체에서 1명을 대회에서 선출한다. 단, 위원장 및 사무총장이 선출된 산업별, 직업별, 지역별노조연합체는 제외한다.
· 제18조 : 1955년의 규약 제20조와 동일
· 제20조 : 회무처리위원회에 하기(下記) 부서를 둔다.
  사무총장, 총무부, 기획부, 조직부, 선전부, 조사통계부, 국제부, 섭외부, 문화부, 쟁의부, 후생부, 법규부, 정치부, 부녀부
  각 부(部)에는 필요에 의하여 차장 1명과 전문위원 약간 명을 둘 수 있다.

　1955년 9월의 수습대회에서는 최고위원제를, 1958년의 전국대의원대회에서는 위원장제를 채택함으로써 임원 및 부서에서 대비를 보이고 있다. 1955년의 규약 제18조에는 최고위원 약간 명을 두는 것으로 규정하였다. 최고위원은 대한노총 조직 운영에 관한 중요한 사항을 회의에 의하여 통괄 지휘하는 권한을 갖고 있었다. 반면에 1958년의 규약 제16조에서는 위원장 1명을 두는 것으로 규정하였다. 위원장은 대한노총을 대표하며 회무를 통할 지휘하는 강력한 권한을 갖고 있었다. 위원장제에서는 부위원장을 약간 명 두었다.
　1955년의 규약에서는 사무총장을 비롯하여 13개의 부서를 두었다. 그리고 각 부에 부장 및 차장 1명과 부원을 약간 명 둘 수 있도록 하였다. 그런데 1958년의 규약에서는 사무총장을 비롯한 14개의 부서를 두었다. 즉 1955년의 규약과 비교하여 본다면 정치부를 신설한 것이다. 아마도

이것은 1955년의 규약에서 보여지는 정치위원회 기구를 폐지하는 대신에 정치부를 신설하였던 것으로 보인다. 1958년의 규약에서 특이한 것은 각 부서에 전문위원 약간 명을 둘 수 있도록 한 점이다.

최고위원제하에서의 사무총장의 분담사무와 위원장제하에서의 사무총장의 분담사무에는 약간의 차이점이 발견된다. 즉 최고위원제하에서는 사무총장이 위원장제하에서의 사무총장보다 권한이 막강하였다. 보통 최고위원은 3명으로 구성되었다. 1957년의 12월 전국대의원대회에서는 5명의 최고위원을 선출하였는데, 이들 최고위원들 간의 분파투쟁이 치열하였으므로 사무총장의 역할이 중요하였다. 위원장제하에서의 사무총장과 달리 최고위원제하에서의 사무총장직은 최고위원의 의결사항에 관한 대내외 일체 발언문서를 사무총장 명의로 할 수 있었으므로 상당한 실세로 작용하였다. 따라서 최고위원들은 사무총장직을 자파에서 차지하려고 애를 썼다.

그 일례로 1955년 4월의 대의원대회에서 최고위원에 선출된 정대천이 사무총장 선거를 문제 삼아 대회를 부인하는 사태로 비화되었던 것은[201] 그만큼 사무총장직이 최고위원제하에서 중요한 역할을 담당하였음을 말해준다. 또한 1955년 9월의 수습대회에서 사무총장에 선출된 이강연은 사무총장직을 맡은 지 얼마 안되었던 10월 27일 타살되었다. 이강연은 철도노련 부위원장으로서 김주홍 지지자였으며,[202] 사무총장직 선거에서 정대천파였던 이상진과 대결을 하여 사무총장직에 선출되었다는 점에서[203] 이강연의 의문사는 김주홍과 정대천과의 파벌싸움과 무관하지 않

---

201) 대회에서 사무총장 인선에서 출석대의원 수보다 투표수가 더 많아 격론이 전개되었고, 정대천은 회의진행에 불만을 품고 최고위원을 사임한다는 발언을 하고 퇴장하였다. 『조선일보』 1955년 4월 3일자, 「投書보다 많은 투표수. 노총대회 제2일은 수라장화」.
202) 「주한미대사관 일등서기관 Edwin M. Cronk가 미국무부에 보낸 보고서(1957. 8. 29)」(NARA, 『Records of the Department of State internal affairs of Korea, 1955~1959』).

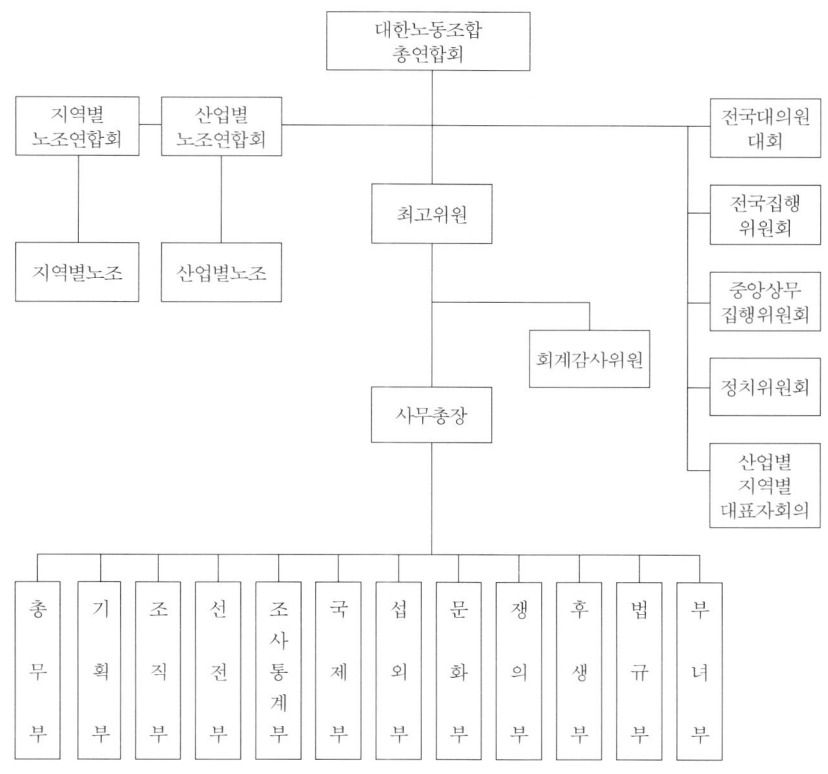

〈그림 3-1〉 1955년 대한노총 조직

※ 1955년 규약에 의거하여 필자가 작성.
※ 위 그림에 대한 설명은 제3장 3절 1) 조직체계 참조.

203) 『동아일보』 1955년 9월 24일자, 김대중, (시론)「노총대회 참관소감」;「주한미 대사관 일등서기관 Edwin M. Cronk가 미국무부에 보낸 보고서(1956.12.12)」 (NARA, 『Records of the Department of State internal affairs of Korea, 1955~1959』); 이상진은 경전노조 부위원장으로 정대천의 예스맨이었다. 「주 한미대사관 일등서기관 Edwin M. Cronk가 미국무부에 보낸 보고서(1957. 8.29)」(NARA, 『Records of the Department of State internal affairs of Korea, 1955~1959』).

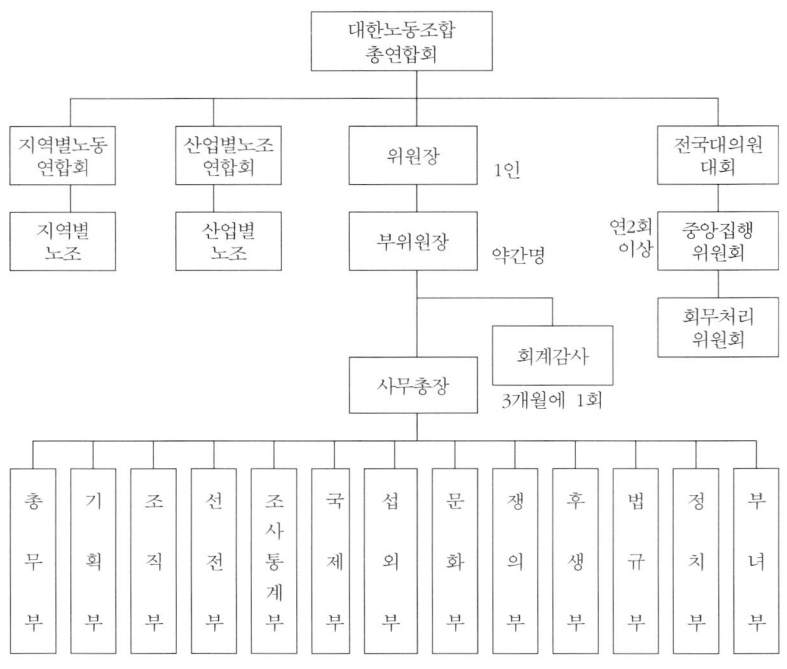

〈그림 3-2〉 1958년 대한노총 조직

※ 1958년 규약에 의거하여 필자가 작성하였음.
※ 위 그림에 대한 설명은 제3장 3절 1) 조직체계 참조.

은 것으로 보인다.204)

2) 조직현황

대한노총의 조직현황에 대해 알 수 있는 자료는 거의 없다. 다만 1950년대 노동조합은 거의 대다수가 대한노총에 소속하고 있었기 때문에 노

---

204) 1956년 10월의 대회에서 이상진은 이강연의 후임으로 사무총장직에 선출되었다. 『조선일보』 1956년 10월 11일자, 「사무총장에 이씨. 노총대회서 선출」; 정용욱 편, 『JOINT WEEKA』 6권, 1956.10.12, 332쪽.

동통계에 나오는 노동조합 수, 노동조합원 수를 갖고 파악할 수밖에 없다. 그러나 각종 노동통계 또한 신뢰할 수가 없어 대략적인 추정만이 가능할 뿐이다.[205]

1953년 노동관계법 실시 이후 조직결성 및 조직정비가 활발히 이루어졌다는 사실은 1953년에 노동조합 수 202개, 노동조합원 수 112,731명이던 것이 1년 후인 1954년에 노동조합 수 396개, 노동조합원 수 142,175명으로 증가된 통계수치를 통해 알 수 있다.[206] 『보건사회통계연보』라는 자료를 근거로 노동조합 수 및 노동조합원 수를 파악하자면 〈표 3-5〉와 같다.[207]

〈표 3-5〉에서 보는 바와 같이 노동조합 수가 1955년에 562개에서 1958년에 634개로 증가하였으며, 1959년에는 설립 81개, 취소(해산) 157개, 변경 121개를 보임으로써 558개로 감소하였다. 노동조합원 수는 1955년에 205,511명이던 것이 1958년에는 248,507명으로, 1959년에는 280,438명으로 늘어났다. 따라서 노동조합원 수에서는 1955년부터 1960년까지 양적으로 꾸준히 증가하고 있음을 보여주고 있다. 그런데 이러한 노동조합원 수를 그대로 신뢰할 수는 없다. 그것은 첫째, 보건사회부 통계국에서 얼마나 신뢰할만한 통계표를 제공했는지가 의문이다. 둘째, 전국대의원대회 때마다 불거져 나온 문제가 부정대의원 문제였는데, 대한

---

205) 禹基度, 「노동행정의 맹점을 지적함」, 『노동』 제7권 제10호, 1959년 10월, 11~12쪽.
206) 『대한민국통계연감 1954』, 1955, 214~215쪽. 『대한민국통계연감 1954』과 『보건사회통계연보』, 1961년의 통계수치(표 3-5 참조)와는 차이가 있다. 『보건사회통계연보』에는 1955년 노동조합 수에서 신고설립 36, 취소 1, 변경 12로 연말 현재 조합 수는 562개였다. 『대한민국통계연감 1954』과 『보건사회통계연보』를 연결해서 파악한다면 1954년 396개이던 것이 1955년에 신고설립 36, 취소 1, 변경 12로 562개가 되었다는 계산이 나오는데, 이러한 계산 사이에는 엄청난 차이가 존재한다. 따라서 1950년대 노동통계에 대한 정확한 통계치가 존재하지 않은 상황에서 대략적인 추정만이 가능할 뿐이다.
207) 보건사회부, 『보건사회통계연보』, 1961, 412~413쪽.

〈표 3-5〉 노동조합 및 조합원 신고설립 취소 및 변경상황표

	노동조합 및 지부				노동조합원			
	신고설립	취소	변경	연말현재 조합 수	신고설립	취소	변경	총수
1955	36	1	12	562	5,993	353	6,572	205,511
1956	98	82	61	578	53,417	25,024	28,138	233,904
1957	83	89	46	572	23,061	15,285	17,296	241,680
1958	86	24	36	634	39,996	33,559	15,538	248,507
1959	81	157	121	558	63,469	43,508	75,548	280,438
1960	388	32	203	914	83,761	43,102	103,601	321,097
1961	207	998	78	123	90,011	343,502	19,614	67,606

※ 출처 : 보건사회부, 『보건사회통계연보』, 1961, 412~413쪽.

노총 내 파벌들은 자파 대의원수를 의도적으로 과장하여 주도권 싸움에서 유리한 위치를 차지하고자 하였기에 이러한 수치는 상당히 과장된 것으로 볼 수 있다.

1955년 4월 1일 개최된 전국대의원대회에서는 전국노동조합원 총수를 25만 명으로 추산하였으며,[208] 1956년 10월 10일의 대의원대회 상무위원회 보고에서는 남한 노동조합원 218,000명 중에서 423명의 대의원이 선출되었다고 보고하였다.[209] 이러한 수치는 〈표 3-5〉와 많은 차이를 보이고 있다.

전국대의원대회에 참가하는 대의원수를 통해 노동조합원 수를 추산해 볼 수도 있다. 대의원은 노동조합원 500명당 1인이라는 비율로 선출되었다.[210] 따라서 대의원수의 증감으로 대한노총의 노동조합원 수를 추산해

---

[208] 『경향신문』 1955년 4월 ?일자, 「전국노동조합 맹원수 실태조사」. ※ 『경향신문』은 국회도서관 마이크로필름을 이용하였다. 그런데 기사날짜를 파악할 수 없는 경우가 간혹 있었다.

[209] 「주한미대사관 일등서기관 Edwin M. Cronk가 미국무부에 보낸 보고서(1956. 12.12)」(NARA, 『Records of the Department of State internal affairs of Korea, 1955~1959』).

[210] 대의원 선출비율은 1954년 노동관계법 공포에 의한 중앙연맹 결성대회 때 채

〈표 3-6〉 대한노총 전국대의원대회 대의원수

대회	대의원 수
1955. 4. 1	480(참석대의원수)
1955. 9. 15	401명 중 353명 참가
1956. 10. 10	429명 중 419명 참가
1957. 10. 25	588명 중 375명 참가
1957. 12. 19	553명 중 531명 참가
1958. 10. 29	500여 명

※ 출처 : 한국노총, 『한국노동조합운동사』, 1979.
※ NARA 문서에서는 1956년 10월 10일 대의원대회에서 423명 중 419명이 참가하였으며, 1957년 12월대회에서는 551명 중 547명이 참가하였으나 16명의 대의원이 자격을 상실하여 531명이 참가하였다고 하였다. 그리고 1958년 10월의 대의원대회에서는 559명 중 509명이 참가한 것으로 기록하였다. 「주한미대사관 일등서기관 Edwin M. Cronk가 미국무부에 보낸 보고서(1956. 12. 12)」・「주한미대사관 일등서기관 Edwin M. Cronk가 미국무부에 보낸 보고서(1958. 1. 16)」・「주한미대사관 일등서기관 Edwin M. Cronk가 미국무부에 보낸 보고서(1958. 12. 18)」(NARA, 『Records of the Department of State internal affairs of Korea, 1955~1959』).

볼 수 있기 때문이다. 각 연도의 대의원대회 대의원수는 〈표 3-6〉과 같다.

〈표 3-6〉을 통해서 각 연도의 대의원수를 비교해 보면 대한노총이 얼마나 대의원수를 과장되게 부풀렸는지를 짐작할 수 있다. 『보건사회통계연보』에서 보는 바와 같이 1955년과 1956년 사이에는 노동조합 수에서 16개, 노동조합원 수에서 28,393명이 증가되었다. 그런데 『한국노동조합

택된 것으로, 1955년 9월의 수습대회에서 약간 수정된 규약이나 1958년 대한노총 전국대의원대회에서 채택된 규약에서도 동일한 규정을 두고 있다. 그 내용은 다음과 같다.
제11조(대의원 선출비율)
제1항 대의원은 조합단위로 조합원 매 500명에 대하여 1명씩 선출하고 단수(段數) 300명 이상에 1명을 추가 선출할 수 있다.
제2항 조합원 수 500명 미달시에는 동일한 행정구역에 소재한 각 단위 노동조합의 상호연합으로 전항의 대의원을 선출할 수 있으되 2명을 초과하지 못한다.
민의원사무처, 『참고자료』 제6호, 1957, 125쪽 ; 한국노총, 앞의 책, 469쪽.

운동사』에서 밝힌 대의원수는 480명(참석대의원수, 1955.4.1)에서 429명(참석대의원수는 419명)으로 줄어들었다. 그리고 1956년과 1957년 사이에는 조합원 수에서 약간의 증가를 보이고 있는데, 대의원수는 429명에서 588명(1957.10.25), 553명(1957.12.19)으로 증가하고 있다.

따라서 대한노총 전국대의원대회에 배정된 대의원수를 갖고 대한노총의 조직세를 파악하는 것은 상당한 오류에 빠질 수 있다는 것을 확인할 수 있는 것이다. 위 대의원수는 대한노총의 파벌대립을 반영하는 것으로, 대의원대회가 자파에게 유리하게 진행되도록 조직세를 과장되게 보고하였을 것이며, 부정대의원수도 만만치 않게 상당수 존재하고 있다는 것을 드러내는 것이라고 할 수 있다.[211]

다음으로 대한노총의 세력분포를 파악하기 위해서 전국대의원대회의 산업별 대의원 배정현황을 살펴볼 필요가 있다. 그러나 대의원 배정현황을 정확히 파악할 수 있는 자료는 제한되어 있다. 여기에서는 1956년과 1958년의 전국대의원대회에서의 대의원 배정현황을 살펴보는 것으로 한다. 그런데 유의할 점은 대의원 배정표가 완전하지 못하기 때문에 대략적인 세력분포만을 파악할 수 있다는 것이다. 다음의 〈표 3-7〉, 〈표 3-8〉은 1956년과 1958년의 전국대의원대회 대의원 배정표이다.

〈표 3-7〉(1956년)을 볼 때 자유노동자로 구성된 자유노련이 가장 강력한 세력을 확보하고 있으며, 철도노련, 섬유노련이 그 뒤를 잇고 있다. 그리고 부산지구연맹도 무시할 수 없는 커다란 세력을 갖고 있는 것을 확인할 수 있다. 자유노련은 113명의 대의원을 확보하고 있어 1956년 전국대의원대회에 파견될 대의원 423명 중 1/4 이상을 차지하고 있다. 또

---

211) 禹基度, 「노동행정의 맹점을 지적함」, 대한노총 경전노동조합, 『노동』 제7권 제10호, 1959년 10월, 11쪽. 고용사정이란 해마나 약간이나마 변동하기 마련이므로 매년 대의원수를 정확히 조정해야 한다. 그런데 부두하역업에서는 입하량이 해마다 감소되어 가는 추세에 있는데도 불구하고 대의원수는 연차대회가 있을 때마다 늘어만 갔다. 이는 대의원대회에서 참가하는 대의원수가 얼마나 부정확한 것인지를 가늠하는 하나의 예가 된다고 볼 수 있다.

〈표 3-7〉 1956년 전국대의원대회 대의원 배정표

지구연맹	대의원 수	산업별조합과 연맹	대의원 수
서울	11	서울피혁노조	2
동대문(서울)	7	서울우마차노조	2
영등포	4	서울이용사노조	2
인천	8	전매노조	10
시흥	1	자유노조	113
수원	1	철도노조	58
충북	4	전력노조	20
충남	10	광산노조	27
전북	5	섬유노조	57
전남	17	조양사노조	5
경북	6		
부산	42		
마산	4		
삼천포	1		
통영	1		
강원	5		
총계	423		

※ 출처 : 「주한미대사관 일등서기관 Edwin M. Cronk가 미국무부에 보낸 보고서 (1956.12.12)」
(NARA, 『Records of the Department of State internal affairs of Korea, 1955~1959』).
※ 위 「보고서」에서는 서울피혁노조, 서울우마차노조, 서울이용사노조를 산업별조합으로 분류했는데, 이는 잘못된 분류이다. 그러나 여기에서는 「보고서」 그대로 옮겼다.

한 〈표 3-8〉(1958년)에서 보는 바와 같이 전국자유노련이 조합원 수 79,468명, 대의원수 159명으로 세력면에서 수위를 달리고 있다. 그 뒤를 이어 전국섬유노련, 전국철도노련, 전국해상노련, 전국광산노련 순으로 나타나고 있다.

〈표 3-8〉 1958년 전국대의원대회 대의원 수

노동조합명	조합원 수	대의원 수	조합 수	비고
전국자유노동조합연맹	79,468	159	39	
전국섬유노동조합연맹	36,612	73	30	
전국철도노동조합연맹	26,897	54	12	
전국해상노동조합연맹	22,805	46	13	
전국광산노동조합연맹	14,828	30	24	
전국전업노동조합연합회	10,110	20	3	
전국조양사노동조합연합회	6,157	12	16	
전국이용사노동조합연합회	2,999	6	2	
경기도노동조합연합회	2,415	5	21	
강원도노동조합연합회	2,026	4	7	
충청북도노동조합연합회	6,991	14	19	
충청남도노동조합연합회	6,314	13	31	
전라남도노동조합연합회	8,047	16	37	
경상북도노동조합연합회	3,578	7	18	
경상남도노동조합연합회	18,631	37	46	
서울시노동조합연합회	9,775	19	9	
동대문지구노동조합연합회	1,646	3	21	
영등포지구노동조합연합회	3,500	7	24	
전주지구노동조합연합회	1,491	3	17	
금천지구노동조합연합회	349	-	4	
청주전매청노동조합	1,855	4	2	
전주전매청노동조합	1,931	4	1	
대구전매청노동조합	1,862	4	1	
의주로전매청노동조합	1,426	3	1	
서울지구합동섬유노동조합	3,216	6	1	
서울지구우마차노동조합	600	1	1	
서울시내散在노동조합	3,956	8	9	
계	279,485	558	409	

※ 출처 : 전국부두노동조합, 『한국부두노동운동백년사』, 1979, 258쪽.

4. 대한노동조합총연합회의 활동상

1) 사이비 노동활동

1954년 이후시기는 대한노총의 노동활동에 새로운 공간을 열어주었던 시기였다. 전시기 각 공장, 직장 내에 조직되어 노동활동을 제약했던 청년단이나 보도연맹 조직은 한국전쟁을 거치면서 제거되었다.

1953년 9월 대한청년단이 해체됨으로써 각 직장, 공장에서의 청년단 조직은 점차 자취를 감추게 되었다. 보도연맹도 전쟁과정을 거치면서 보도연맹원에 대한 집단학살에 의해 조직이 무너졌다. 1951년 보도연맹원에 대한 정부의 재포섭 작업이 시행되었으나 또다시 공장 내에서의 재조직은 이루어지지 않은 것으로 보인다. 따라서 각 직장, 공장에는 노동활동의 제약요인이었던 청년단, 보도연맹 조직 등이 사라지고 노동조직만이 남게 되어, 노동활동을 전개하는 데 유리한 작용을 하였다.

또한 이 시기는 노동관계법이 제정, 실시됨으로써 노동운동이 활성화될 수 있는 여건이 마련되었다. 노동관계법의 제정은 국가가 노동운동을 통제할 장치를 마련한 것으로 볼 수 있지만 한편으로는 노동관계법에서 규정하고 있는 노동조합설립의 자유, 단체협약체결권, 사용자의 부당노동행위 금지, 노동쟁의조정법에서 규정하고 있는 노동쟁의권 그리고 근로기준법에서 규정하고 있는 8시간노동제 등에 관한 조항에 의해 노동운동의 활동영역이 확장된 것으로 볼 수 있다. 대한노총은 이러한 유리한 조건에서 조직적 기반을 확장하고, 중앙본부로서 각 단위사업장에서 전개되는 노동운동을 지도할 수 있는 기회를 갖게 되었다.

그러나 대한노총 간부들은 이러한 조건을 활용하여 명실상부한 노동조직으로서 거듭날 수 있는 기회를 포기하였다. 태생적인 한계에서 비롯된 것이지만 간부들 대부분은 대한노총 조직을 정치권에 진입하는 하나의 발판으로 삼았으며, 노동활동을 항상 뒷전으로 밀어 넣고 오로지 헤게모니 쟁탈전에 여념이 없었다.

파벌대립의 양상에서 본 바와 같이 전국대의원대회에서의 최대관심은 누가 최고위원이 되느냐에 있었다. 노동조직의 중앙연맹체로서 전국대의원대회에서 중요하게 다루어야 할 당면운동방침 및 투쟁방향에 대한 논의는 언제나 뒷전이었다. 전국대의원대회에서 형식상으로 노동문제에 대한 결의문을 채택하거나 제출했을 뿐이다.212)

전국대의원대회에서 "노동자의 단결 및 자유행동권 보장", "노동법에 보장된 제반 권리를 획득", "노동조합 내 권력과 금력의 강압을 배격", "최저임금제 실시", "8시간 노동제의 엄격한 실행", "조직쟁탈전을 절대 배격" 등을 결의하였지만, 이러한 결의문은 공문구에 지나지 않았다.

1957년 12월의 통합대회 때 제출된 결의안213) 1항은 "1958년도 대한노총의 명확한 목표를 세울 것"이었다. 과거 노동조합운동을 위한 계획이 없이 단지 세론에 영합하였음을 반성하면서 1958년에는 노동조합운동을

---

212) 1954년의 4월의 전국대의원대회에서 채택된 결의문은 다음과 같다. ① 대한민국 주권 밑에 남북통일 없는 어떠한 국제회의의 결의도 반대한다. ② 이대통령 각하의 외교정책을 절대 지지한다. ③ 노동자의 단결 및 자유행동권 보장을 위하여 투쟁한다. ④ 노동법에 보장된 제반 권리를 획득한다. ⑤ 노동조합 내 권력과 금력의 강압을 배격한다. ⑥ 사회부에 속한 노동국을 노동부로 조속히 승격할 것을 주장한다. ⑦ 합리적인 임금인상 투쟁과 최저임금제 실시를 주장한다. 1956년의 전국대의원대회에서 채택된 결의문은 다음과 같다. ① 공산치하에 감금되어 있는 자유노동자를 구출하려는 우리들의 반공투지에 변함이 없으며 가일층 마음의 무장을 공고히 하여 타공성전(打共聖戰)에 가담한다. ② 8시간 노동제의 엄격한 실행으로 생산능률을 앙양시키고 노동자의 건강을 보장하며 실업자를 구출한다. ③ 모든 노동자에게 최대의 불행을 주며 노동운동의 민주적 발전을 저해하는 정치적 세력을 유도하는 조직쟁탈전을 절대배격한다. ④ 민주노동운동의 전선에서 쓰러진 동지는 고귀한 희생자로 규정하고 우리들의 숭고한 우애의 정신으로 적극 보호한다. 한국노총, 앞의 책, 394쪽, 416쪽.
213) 「주한미대사관 일등서기관 Edwin M. Cronk가 미국무부에 보낸 보고서(1958. 1.16)」. (NARA, 『Records of the Department of State internal affairs of Korea, 1955~1959』).

전국가적인 운동으로 전개해야 한다는 것을 제기하였던 것이다. 전국가적으로 전개해야 할 운동으로 ① 정부와 고용주가 현재 국가경제가 안정되지 못했다는 구실로 위반하고 있는 노동법을 준수해야 할 것 ② 조직화에 노력하고 있는 중소기업에 고용된 노동자들, 기업가에 의해 방해받고 있는 노동조합, 노동조합주의의 이해가 결여된 노동조합을 안내하고 원조하는 것 ③ 지방에 있는 모든 노동조합이 단체협약을 체결하도록 하는 것 ④ 미군에 고용된 한국인 노동자들의 권리가 보호되도록 할 것 등을 제기하였다.

결의안을 제출한 사람은 김주홍파로 알려진 강태범이었으며, 대회 둘째 날에 결의안에 대한 토의가 이루어졌다. 그런데 대회 첫날 최고위원 선거에서 탈락한 김주홍과 그의 지지자들은 대회 둘째 날에 참석하지 않았다. 즉 제안자로서 결의안 설명을 위해 강태범만이 대회에 참석하였고, 강태범을 제외한 김주홍을 지지하는 대의원들은 불참하였던 것이다. 이는 전국대의원대회의 관심이 어디에 있었는지를 확연히 드러내는 사례로 볼 수 있다. 강태범이 제출안 결의안 1항은 집행위원회로 넘겨졌으나 이후 경과상황에 대해서는 알 수가 없다.

한편 강태범의 결의안 6항은 "새로운 노동절을 제정할 것"이었다. 즉 대한노총은 1946년 결성 당시부터 5월 1일 노동절 행사를 개최하였는데, 5월 1일이 아닌 다른 날로 노동절을 제정하자는 것이었다. 결의안 6항의 제안 이유는 ① 5월 1일의 노동절은 공산주의자들의 선전목적에 이용되었기 때문 ② 이승만 대통령이 날짜변경을 제의[214] ③ 미국도 9월 첫 번째 월요일에 노동절 행사를 거행하고 있다는 것이었다. 이러한 결의안도 집행위원회가 적당한 날짜를 선정하여 국가휴일로서 제정되도록 필요한

---

[214] 이승만 대통령은 1957년 5월에 공산주의자들이 선전을 일삼고 있는 5월 1일을 우리나라 노동자들이 함께 즐기고 축하할 필요는 없다는 뜻의 담화를 발표한 바가 있었다. 『동아일보』 1957년 5월 22일자, 「다른 날로 변경 노동절 날짜에 이대통령 희망」 ; 『조선일보』 1958년 9월 26일자, 「노동절 日字제정과 노총」.

조치를 취하도록 권한을 부여받았다.[215]

대한노총은 노동쟁의가 일어났을 경우 노동쟁의를 지도할 책임과 의무가 있었다. 그러나 중앙조직 내의 파벌대립에 의하여 노동쟁의에 해독을 가져다 주는 경우가 많았다. 1954년 7월 1일 제3부두에서 군화작업을 담당해오던 극동운수주식회사의 하역권이 조선운수주식회사(이하 조운) 부산지점으로 넘어가게 됨으로써 조직분규가 일어났다. 이 조직분규는 대한노총 본부에 비화되고 정치문제화되었다. 7월 3일에는 대한노총 최고위원이며 국회의원인 김두한·김익기·정대천·김주홍이 제3부두사건을 해결하기 위하여 부산에 급파되었으나 아무런 성과를 거두지 못하였다.[216] 그리고 7월 12일 다시 부산에 내려온 대한노총 최고위원 김주홍과 제3부두노동조합 위원장 손우생이 김기옥을 유인하여 테러를 가하는 극한상태가 벌어졌다.[217]

대한노총은 지도층의 헤게모니쟁탈전으로 본연의 임무를 망각하는 경우가 많았다. 1954년 4월 3개 주요 항구의 부두노동자들이 일으킨 임금인상쟁의사건, 1954년 8월의 조선전업 종업원의 임금인상 및 체불임금지불요구쟁의사건, 1954년 10월의 탄광노동자의 임금인상 및 체불임금지불

---

[215] 「주한미대사관 일등서기관 Edwin M. Cronk가 미국무부에 보낸 보고서(1958. 1.16)」. (NARA, 『Records of the Department of State internal affairs of Korea, 1955~1959』) ; 5월 1일의 노동절을 대한노총 설립일인 3월 10일로 변경한 것은 1958년 전국대의원대회에서였다. 『동아일보』 1958년 3월 23일자, 「노동절을 다른 날로 제정」 ; 『조선일보』 1958년 9월 26일자, 「노동절 日字제정과 노총」 ; 『조선일보』 1958년 11월 1일자, 「노동절은 3월 10일. 총대회서 결정」 ; 이상진, 「3월 10일 노동절 제정의 경과와 역사적 의의」, 『노동』 제7권 제3호, 1959년 3월, 10~12쪽.

[216] 부산부두노동약사편찬위, 앞의 책, 57쪽.

[217] 부산부두노동약사편찬위, 앞의 책, 57~59쪽. 이 조직분규는 김희봉을 중심으로 하는 기성조직과 조운의 정치적 재정적 뒷받침을 받는 신진세력인 김기옥파 간에 벌어진 내적 조직적 분쟁이었으나 여기에 대한노총의 정치적 세력이 개입된 것이었다. 결국 조운과의 단체교섭권이 확보된 신진세력인 김기옥파의 일방적 승리로 끝을 맺었다.

요구사건 등에서 그 예를 볼 수 있다. 대한방직사건의 체불임금지불사건 등에 이르러서는 경영자 측의 정치적 입장으로 인하여 대한노총 간부들이 오히려 단위노조와 대립하는 행태를 보였다.218)

대구 대한방직 쟁의에서 수백 명의 노동자들이 기업주의 횡포에 의해 불법 축출되고 있는데도 불구하고 어떠한 해결책도 제시하지 못한 채 헤게모니 투쟁에만 몰두하였다. 해마다 열리는 전국대의원대회에서도 산하 하부조직의 노동투쟁에 대한 방안을 모색한다든가 지원책을 마련하는데 고심한 흔적은 보이지 않았다. 1955년 9월의 대회에서도 남선전기나 풍국제과 등 기업주의 무모한 노동운동 간섭에 대해서 이를 효과적으로 지원하기 위한 방안책을 모색하지 않았다. 노조가 지향할 정치적 방향, 사회적 정책, 조직선전의 원칙, 기업가와의 대결방안 등에 대해서 밤을 새우고 날을 거듭하면서 논의하여야 함에도219) 대회는 헤게모니 쟁탈전으로 일관해 왔다.

대한방직쟁의에 대해서 대한노총은 상임집행위원회를 열고 "전국노동조합에 지시하여 전국적인 파업을 단행"할 것이라는 성명서를 발표하였으나220) 이는 겉치레에 불과하였다. 대한노총은 전국파업에 대해서 이대통령과 상의하는 기이한 상황을 연출하였던 것이다.221)

또한 1958년 10월 29일 부산 국제극장에서 개최된 전국대의원대회의 임원개편에서 쟁의를 파괴하기 위해 회사 측과 연계되어 조직된 대한방직노조의 위원장 고일하를 조사통계부장에 임명하였다. 이는 고일하를 위원장으로 하는 대한방직노조를 합법적인 노조로 인정한 것을 의미하는 것이기도 하다.222)

---

218) 탁희준, 「건전한 노동조합운동」, 『사상계』 1960년 6월, 188쪽.
219) 『동아일보』 1955년 9월 24일자, 金大仲 「노총대회 참관 소감」.
220) 『동아일보』 1956년 5월 30일자, 「노총 총파업 기세. 대구 대한방직 쟁의 미결로」.
221) 『동아일보』 1956년 6월 3일자, 「노조 총파업 공포화? 대한방직은 냉담. 각 단위노조에서도 비협조적」.

더 나아가서 대한노총은 노동대중의 이익을 옹호하기는커녕 중간착취기관으로서 기능하였다. 이러한 행태에 대해 언론이 비판을 가하자 이에 대한 자기비판은커녕 언론기관에 대하여 폭력을 행사하였다. 조방감사 국회보고서에 의하면 조방의 간부들이 강일매사장 문병금을 노동자에게서 갹출하여 사장에게 제공하고 일부는 노조간부가 착복하는 일도 있었다.[223] 이러한 조방노조 간부들의 부패상을 비판하는 언론에 대해 자성은커녕 폭력행사로 대응하였다. 1955년 9월 『동아일보』에서 대한노총 철도노조를 근로자의 중간착취기관이라고 비판한 것에 대해 대한노총 산하 철도노조는 7일자 『동아일보』의 지방수송을 일체 거부하였고 또 경전노조원은 동아일보사의 송전을 단절하였다.[224]

대한노총은 사용자의 이익을 대변하거나 고용주인 회사 측에서 조직한 어용노조를 지지하는 경우도 있었다. 대구 대한방직 노동쟁의에 대한 국회특별조사단의 조사경과보고에 의하면 노동쟁의 과정에서 노조간부 간에 분열이 있었고, 일파에서는 사용자의 이익을 대변하였다.[225] 또한 어용노조를 지지한 대표적인 경우는 조선운수에서 발견할 수 있다. 이러한 행태에 대해 보사부에서도 "이런 어처구니 없는 노총의 태도는 아마 세계 어디에도 없는 일"이라고 비난할 정도였다. 또한 『조선일보』 사설에서는 "헌법에 보장된 노동자의 권리를 악이용하여 노총간부의 이름으로 동료노동자들에게 압력을 주거나 다른 정치세력의 앞잡이 구실을 하여 우리나라 노동운동을 더럽히는 결과가 된다면 이런 노동운동은 차라리 없느니만 같지 못할 것이다"라고 비판하였다.[226]

대한노총의 국제활동은 정부의 간섭으로 많은 제약을 받았다.[227] 국제

---

222) 김사욱, 『한국노동운동사』(하), 산경문화, 1979, 120쪽.
223) 『경향신문』 1955년 5월 28일자, 「노동법규를 무시. 조방감사 국회보고서」.
224) 『경향신문』 1955년 9월 9일자, (사설) 「노조운동의 本軌로 돌아가라」.
225) 『경향신문』 1956년 6월 24일자, 「大紡노동쟁의를 청취. 조사단의 건의안 채택」.
226) 『조선일보』 1956년 7월 11일자, (사설) 「노동조합과 이에 역행하는 노총」.

회의에 참가하기 위한 경비나 국외여행에 필요한 여권이나 출국허가증을 얻는데 많은 제약이 있었다.[228] 따라서 대한노총은 활발하게 국제활동을 펼칠 수가 없었다.

1953년 ICFTU(국제자유노동조합연맹, International Confederation of Free Trade Unions) 제3차 총회에는 결석하였으나, 정대천·이준수·황성수가 1955년 5월 21일 오스트리아 비엔나에서 개최된 제4차 총회에 참석하였다.[229] 이렇게 ICFTU 총회에 참석할 수 있었던 것은 ICFTU 집행위원회에서 대한노총이 국제자유노조활동에 참가하도록 제한을 철폐하라고 한국정부에 촉구하였기에 가능하였다. 그리하여 결국 서로 반목하고 있던 2명의 대한노총 간부였던 정대천과 이준수가 파견되었던 것이다. 그런데 여기서 주목할 점은 정대천, 이준수와 함께 자유당 국회의원 황성수가 동반하였다는 점이다. 『JOINT WEEKA』에서는 황성수를 "Watchdog"(감시인)으로 파견하였다고 평가하였다.[230]

이렇게 자유당이 대한노총의 국제활동을 제한한 것은 국외로 파견된 노동지도자들이 외국의 노동운동에 크게 고무되어 돌아오기 때문이었다. 즉 외국의 독립적인 노동조합 활동에 고무되어 돌아온 지도자들이 대한노총의 자유당 종속을 비판하는 경우가 있었으므로 자연히 정부나 자유당은 노동지도자들의 국제활동을 제한하였던 것이다.[231]

---

227) 「주한미대사관 일등서기관 Robert W. Tucker가 미국무부에 보낸 보고서(1958. 8. 28)」(NARA, 『Records of the Department of State internal affairs of Korea, 1955~1959』).
228) 「주한미대사관 일등서기관 Robert W. Tucker가 미국무부에 보낸 보고서(1958. 8. 28)」(NARA, 『Records of the Department of State internal affairs of Korea, 1955~1959』).
229) 조선전업노동조합, 『전업노조 10년사』, 1959, 152~153쪽.
230) 정용욱 편, 『JOINT WEEKA』5권, 1955. 5. 20, 157쪽.
231) 「주한미대사관 일등서기관 Robert W. Tucker가 미국무부에 보낸 보고서(1958. 8. 28)」(NARA, 『Records of the Department of State internal affairs of Korea, 1955~1959』).

2) 대한노동조합총연합회와 정당관계

　대한노총은 양대 파벌의 중심인물인 전진한, 주종필이 1952년 대회에서 이승만의 지시에 의해 제거되면서 이전의 시기보다 더욱더 정치권력에 밀착되었다. 대한노총 조직은 정대천에 의해 주도되었으며, 정대천을 매개로 자유당과의 주종관계가 형성되었다. 주도세력은 서로 앞다투어 이승만·자유당에 대한 충성 경쟁을 일삼았다. 조직의 권한이 총재인 이승만에게 집중되어 있는 상황에서 대한노총 분파들은 대통령 이승만의 유시를 받고 있음을 과시하였다.

　이승만은 노동자 농민의 중요성을 항상 역설하였지만 노사협조주의를 취했다. 이승만의 노사협조주의는 1954년 12월 16일 담화에 잘 나타나 있다. 그는 대중인민의 자유와 복리를 누리기 위해서는 노동자와 자본가가 서로 협조하고 분쟁이 생길 경우라도 파업을 일으키기에 앞서 정당과 정부를 통하여 해결해야 한다고 강조하였다.[232]

> 민국의 정강대지(政綱大志)는 대중인민의 자유와 복리를 최고목적으로 삼는 고로 존귀하고 부유한 세력이 소수인을 추순(追順)해서 대중인민을 사용하고 이용하자는 것은 전적으로 위반되는 것이므로 자유당체제도 이것을 기본으로 삼아서 평민주의로 농민과 노동자대중을 근본을 삼은 것이다. ……(중략)…… 정부는 할 수 있는 대로 노동자를 전적으로 보호하는 것은 이미 아는 바이니 남에게 억울한 일을 당하고 있으라는 것은 아니고 그러한 일이 있으면 사실을 들어서 호소하면 정당한 조치로 해결하겠다는 것을 알기 바라며 <u>노동자동맹 내에서도 자기들 간에 쟁론이 생겨서 의견이 갈리거나 분쟁의 염려가 있을 때는 사실을 들어서 당부(黨部)에 보고하면 자유당 간부들은 그 직책으로 힘을 다해서 해결할 것이며 또 상부에 보고를 하면 정당한 조치를 할 것이니</u> 이대로 잘 알아서 시행하기를 바라는 바이다.

---

[232] 『동아일보』 1954년 12월 17일자, 「노자 서로 협조코 정부 통해 분쟁 해결하라. 이대통령 노자분쟁에 담화」.

위 담화는 자유당과 대한노총 간의 주종관계를 드러내는 대목이다. 대한노총 내에서 "의견이 갈리거나 분쟁의 염려가 있을 때는 사실을 들어서 당부(黨部)에 보고"한다면 자유당 간부들이 해결할 것이며, 또한 상부에 보고하면 정당한 조치를 취할 것이라는 것이다. 여기서 "상부"란 이대통령 자신을 일컫는 것이다.

또한 이승만은 노동문제를 언급하는 자리에서 기업주 측의 부당한 대우에 불만이 있는 경우 노동당국이나 대통령 자신에게 호소하라고 당부하였다. 파업은 공산주의를 돕는 것으로 간주하였으며, 파업 선동자에게는 강력한 조치가 있을 것이라고 경고하였다.[233] 이러한 이승만-자유당-대한노총의 상하관계 속에서 노동조직으로서의 자율성을 상실하였으며, 이승만의 담화나 유시에 의해 조직이 운영되었다.

이승만의 담화에 따라 자유당은 대한노총의 분열이 있을 때마다 압력을 행사하여 정치적 목적에 이용하였다. 특히 총선이나 대통령 선거를 앞두고 개최된 전국대의원대회에서의 분열은 극심했다고 볼 수 있는데 이때마다 자유당은 정략적으로 대한노총에 강력한 압력을 행사하여 자유당에 충성스런 분파를 중심으로 통합하도록 유도했다.

정부수립 초기나 자유당 초기에는 내부 분열의 해결은 이승만이 직접 나섰으나 자유당이 결성되고 1954년 5·20선거를 거치면서 이승만·이기붕체제가 자리잡으면서부터는 자유당에서 맡아서 처리하였다. 자유당에서 이기붕이 주도적인 역할을 하였으나, 자유당 내 분파를 반영하여 대한노총의 분열이 나타났다. 즉 자유당의 분규는 대한노총에 반영되고 대한노총의 알력은 또한 자유당에 반영되었다.[234]

대한노총은 이승만·자유당에 예속된 존재였다. 그런데 거의 대부분의 연구에서는 대한노총이 자유당의 기간단체화되었다고 주장하였다. 이러

---

[233] 정용욱 편, 『JOINT WEEKA』 5권, 1955.7.22, 231쪽.
[234] 『동아일보』 1955년 5월 8일자, 「노총을 정치도구화. 세력분포에 변화무쌍」.

한 주장은 "기간단체화"라는 의미에 대한 분석을 가하지 않은 상태에서 나온 것이다.

대한노총이 "자유당의 산하단체", "자유당의 기간단체"라는 주장은 1950년대 중반이후 『동아일보』·『조선일보』·『경향신문』 등의 기사에 자주 등장하였다.235) 이러한 언론의 영향에 의해 대한노총을 "자유당의 기간단체"로 규정을 내리고 있으며,236) 후속연구도 이러한 규정을 그대로 이어받았다.

그런데 대한노총이 자유당의 기간단체가 되었다는 주장은 논자마다 시점을 달리하고 있다. ① 1951년 이승만의 정당결성운동시기237) ② 1951년 12월 23일 자유당 발당시기238) ③ 1952년 11월 대한노총 통합대회239) 등으로 보고 있다.

기간단체의 의미에 대해서도 다르게 해석하고 있다. ① 한국군사혁명편찬위원회는 "노동운동의 독자성을 완전히 상실"한 "자유당의 괴뢰단체"로 파악하였다. ② 김말룡은 "기간단체화"라는 의미를 "관제화", "어용화"로 혼동하였다. ③ 이승만은 기간단체의 의미를 "모체"로 이해하였다.240) 한편 '기간단체'와 '산하단체'를 거의 같은 의미로 받아들여 이를

---

235) 『동아일보』 1955년 5월 1일자, (사설)「한국노동운동의 나갈 길」; 『동아일보』 1955년 5월 8일자, 「노총을 정치도구화. 세력분포에 변화무쌍」; 『조선일보』 1955년 7월 20일자, 「양측 합작기운. 대한노총 내분」.

236) 김진선, 「자유당시대의 노동조합운동」, 『노동공론』 1975년 3월호, 29쪽 ; 탁희준, 「건전한 노동조합운동」, 『사상계』 1960년 6월호, 185쪽.

237) 한국군사혁명사편찬위원회, 『한국군사혁명사』(상), 1963, 112~113쪽, 1323쪽.

238) 김말룡, 「노동조합운동의 전망-그의 올바른 지향을 위하여-」, 『새벽』 1960년 7월호, 149쪽.

239) 김낙중, 『한국노동운동사 -해방후편-』, 청사, 1982, 167쪽, 225쪽 ; 김진선, 「자유당시대의 노동조합운동」, 『노동공론』 1975년 3월호, 29쪽, 31쪽 ; 김영태, 「도큐멘타리 노동운동 20년 소사」(6), 『노동공론』 1972년 5월호, 156~157쪽.

240) 국민회가 1956년 9월 상임집행위원회에서 자유당의 기간단체로부터 이탈할 것을 채택하였을 때, 이승만은 "자유당의 기간단체는 자유당을 육성한 모체이니 매우 중요한 것"이라고 함으로써 국민회가 자유당으로부터 이탈하려는 것에

엄밀히 구분하지 않고 쓰는 경우는 1950년대 중반 무렵부터 신문기사에 많이 등장하였다.

이렇게 제각각 기간단체화의 시점 및 의미를 달리하고 있음에도 일반인의 인식은 1950년대 대한노총=자유당의 기간단체라는 것으로 고정되어 있었다. 그러나 대한노총이 자유당의 기간단체가 되었다는 주장에는 상당한 문제점이 내재해 있다. 먼저 기간단체라는 의미에 대해 생각해 볼 필요가 있다. 사전적으로 '기간'은 일정한 부문에서 으뜸이 되거나 중심이 되는 것을 의미한다. 따라서 '기간단체'는 같은 계통에 속하는 여러 단체 가운데 중심이 되는 단체로 볼 수 있다.

자유당 정권기 주요 논객이었던 최석채는 『서민의 향장』에서 기간단체라는 의미에 대해 다음과 같이 설명하고 있다.[241] 여기서는 '기간단체'라는 정확한 의미파악을 위해서 다소 인용이 길지만 그대로 옮겼다.

> 새로운 정치숙어로 「기간단체」란 말이 자주 쓰여지고 있다. 자초(自初)는 언제부터인지 확실히 기억에 없으나 아마도 국민회 대한노총 부인회 농민회 등 4대 대중단체가 자유당의 기간단체라고 불리워지는 데서 오는 정치용어인 것만은 틀림없다.
>
> 그 「기간(基幹)」이라는 의미가 「산하(傘下)」를 의미하는 것인지 「모태(母胎)」를 의미하는 것인지도 분명치 않다. 또 필자가 아는 한도에서는 자유당의 규약이나 조직요강에는 어떤 규정이 마련되어 있는지 몰라도 국민회나 대한노총 등이 규약이나 대회결의에서 스스로 자유당의 기간단체임을 자인한 적은 한번도 없었다고 알고 있다. 그것이 이번 7일의 국민회 전국연차대회서 총재인 이박사의 훈시 가운데 국민회가 자유당의 기간단체임을 재확인한 데서 문제는 다른 각도로 발전하게 된다.
>
> 만약 「모태」라는 의미로 쓰여진다면 별로 이의가 있을 수 없고 다만 그러한 순수한 대중단체가 비단 자유당 하나의 모태가 아니요 민국

반대의사를 표명하였다. 『경향신문』 1956년 9월 15일자, (사설) 「국민회는 국민운동단체로 돌아가라」.
241) 최석채, 『서민의 향장』, 범조사, 1956, 220~222쪽.

당의 기간단체로 될 수도 있고 노농당의 기간단체로도 될 수 있는 것이 이론적 귀결이라면 구태여 자유당의 기간단체 운운을 밝힐 필요가 어디 있는가 의심스러울 뿐인 것이다.

또한 그렇지 않고 항간의 유설(流說)와 같이 기간단체라는 의의가 「산하」나 그와 유사한 것을 의미한다면 이야말로 한국의 민주주의를 위해서 중대한 당착(撞着)을 가져오게 된다. 즉 국민회의 규약에는 연령 18세 이상의 대한민국 국민은 전부 자동적으로 회원이 되어 있고 부인회도 역시 그 식이요 노총도 대한노총 이외는 없다. 심지어 국민들에게 공공연히 초당파적인 애국운동단체임을 선언하고 있다.

그렇다면 국민된 자 자기의 의사 여하에 불구하고 자유당 산하 아닌 자가 없어지게 되니 일국일당의 진기묘절(珍奇妙絶)한 괴현상이 일어나고 선량하며 정당에 관계없는 대다수 국민들은 자유당의 지지여부에 불구하고 부지불식(不知不識)간에 자유당을 위해서 귀중한 회비를 바치게 되고 여당을 제외한 모든 정당은 한사람의 당원도 가지지 못하게 되는 셈이다. 이러한 기상천외의 민주주의가 어디 있으랴? 불가불 야당적 국민회와 부인회 등 중립적 국민회와 노총 등이 각각 하나씩 더 생겨야 할 것이 아닐까. 설마 현명하신 이총재가 그러한 의미에서 「기간단체」라는 유시를 내릴 리가 없으니 그 점을 명확하게 설명해서 안심하고 초당파적인 국민운동 순수한 의미로서의 노동운동을 전개할 수 있도록 하여 주어야 될 일이다.(1955. 5. 11)

최석채의 글을 음미해 본다면 대한노총은 자유당의 기간단체·산하단체가 아니라 자유당 권력에 복무하는 예속단체로 보아야 할것이다. 서중석은 정당의 기간단체라는 말이 정당운영이나 정책작성에서 일정한 발언권을 갖는다는 것을 의미한다면 대한노총은 한번도 기간단체인 적이 없으며, 다만 권력에 복무하여 노동을 통제하고 권력의 필요에 의하여 동원되는 자유당의 하부조직에 지나지 않는다고 하였다.[242] 자유당이 「노동자·농민의 당」임을 주장하고 있으나 사실 대한노총은 자유당의 운영에 대해서 조직적·정치적·재정적으로 전혀 참여하지 않았으며, 자유당 역시 대한노총에 대해 문호를 조금도 개방하지 않았다.[243]

---

242) 서중석, 『조봉암과 1950년대』(상), 역사비평사, 1999, 505쪽.
243) 『경향신문』 1956년 10월 11일자, 김대중 「노총대회에 寄함. 자아혁신과 과감

한편 대한노총 산하조직에서 기간단체임을 자임한 경우도 있었다. 1954년 12월 15일에 개최된 대한노총자유연맹 부산부두노동조합 총회(통합대회)에서의 결의문에는 "성스러운 통합대회를 계기로 하여 가일층 부산부두노동조합은 자유당의 기간단체로서의 사명을 완수하고 이대통령 각하의 멸공통일의 이념을 실현할 것을 만장일치로 결의"244)한다고 하여 자유당의 기간단체임을 자임하였다.
　당과 노동조합 사이의 연결은 주로 상부 수준의 노동조합에서 나타나는 것이었다. 지방적이고 하부 수준의 조직에서는 당과의 연결이 직접적이지는 않았다. 그러나 대부분의 노동조합은 시위나 정치적 선거에서 당과 협력하여야 한다는 것을 당연히 여기고 있었다. 재정적 지원을 받기 위해서나 노사협상에서 지원을 받기 위해 당과 협력하여야 한다는 것이었다.245) 이러한 관계에서 대한노총은 노동단체로서의 자율성을 상실하고 자유당의 권력유지를 위한 정치적 동원체로 전락되었다.
　자유당의 재정적 지원은 대한노총의 존립에 지대한 역할을 하였다. 자유당은 대한노총이 본부건물을 사용하도록 허용했으며, 그 건물이 조직을 위한 수입의 원천이 되도록 빌려주었다.246) 그러나 이러한 자유당의 재정적 지원도 대한노총을 권력에 이용하기 위한 하나의 수단이었지 자유당의 기간단체였기에 지원한 것은 아니었다. 대한노총이 자유당의 정치노선에 따르는 하향적 조직이었지만 내부에는 자유당에 반감을 갖고 있던 일파도 있었음에 유의하여야 할 것이다. 그리고 대한노총 산하단체

한 결단을(하)」.
244)　부산부두노동약사편찬위, 앞의 책, 173쪽.
245)　「주한미대사관 경제문제 상담역(Counselor of Embassy for Economic Affairs) Edwin M. Cronk가 미국무부에 보낸 보고서(1959.12.30)」 (NARA, 『Records of the Department of State internal affairs of Korea, 1955~1959』).
246)　「주한미대사관 일등서기관 Robert W. Tucker가 미국무부에 보낸 반연간(Semi-Annual)보고서(1961.2.15)」(NARA, 『Records of the U.S. Department of State relating to the internal affairs of Korea 1960~1963』).

또한 자유당과의 관계에서 독립적인 경우도 있었다.

호헌동지회가 모체가 되어 1955년 9월 18일 결성된 민주당은 정책에서 "정당, 사회, 노동단체 및 경제단체의 관제화 배격"을 내세움으로써[247] 자유당에 예속된 대한노총의 존재에 대해 적극적으로 관심을 기울였다.

자유당의 대한노총에 대한 압도적 영향력으로 1955년 4월대회를 무효화시키고 자유당과 긴밀한 관계를 갖고 있던 정대천파를 승리로 이끌었던 1955년 9월의 대한노총 수습대회는 민주당 결성과 비슷한 시기에 개최되었다. 즉 1955년 9월 15일 대한노총 수습대회가 열린지 3일 후에 민주당이 결성되었다. 대한노총 수습대회는 대한노총의 자유당 예속화를 극명하게 보여주는 대회였다. 따라서 민주당은 결성 시점부터 강도 높게 대한노총을 비판하였다. 민주당에서는 1956년 5월 1일 노동절을 맞이하여 다음과 같은 성명서를 발표하였다.[248]

> 오늘 노동절을 맞이하여 노동운동의 현상을 바라볼 때에 첫째로 노동단체가 1개 자유당에 예속된 관제단체로 화(化)하였고 대다수의 기업가 역시 자유당원인 관계로 노동단체의 본질과 자주성은 상실되고 말았으며, 둘째로 노동운동이 단체원 전체의 진정한 의사에 의하여 운영되는 것이 아니라 기개(幾個) 간부의 자의에 의하여 좌우되고 있으며 또 경제적 이익을 추구하는 것이 아니라 어느 개인 또는 1개 정당의 정치적 이용도구로 된 것을 보게 되는 바 이는 한국노동운동의 발전을 위하여 유감천만이라고 아니할 수 없다.
> 국제자유노련은 한국노동운동의 이 모양을 본 한국노동단체에 원조할 예정이던 3천만 불(150억원)의 원조계획을 철회하고 말았으니 이 얼마나 통탄할 일이냐? 우리는 오늘 형식적 기념행사로서 만족할 것이 아니라 이와 같이 왜곡된 현상을 타파하고 관제에 빼앗긴 노동운동을 노동대중 자신의 손에 탈환함으로써 노동자의 권익을 보장 향상하기 위한 노동운동의 본질에 돌아갈 결의를 굳게 하여야 할 것이다.

---

247) 김운태, 『한국현대정치사』 제2권, 성문각, 1986, 111쪽.
248) 『동아일보』 1956년 5월 2일자, 「노동단체 관제화를 타파. 민주당, 노동절에 강조」.

대한노총 내에서도 1950년대 중반부터 자유당의 예속으로부터 벗어나고자 하는 움직임이 있었다. 대한노총 내 일 분파는 1956년 10월 대한노총 전국대의원대회를 앞두고 반자유당파를 결집하여 세력화하고자 하였다. 이들이 어떠한 정치세력과 연결되었는가를 명확히 파악할 수 없지만 「주한미대사관 보고서」에는 민주당의 장면과 연결된 세력으로 평가하였다.249) 이들 분파의 계획은 〈대한노총 내 반자유당 인사 결집→대회에서 자유당으로부터 탈퇴할 것을 결의→민주당과 연합〉하는 것으로 구상되었다. 이러한 계획의 선두주자로 나선 것이 전국해상노련 위원장 이종남이었다.250) 이종남은 한때 자유당원이었지만 자유당에 반감을 갖고 있던 섬유노련 위원장 이종성에게 접근하였고, 대한노총 내 지도자들 중에서 대한노총의 자유당지배를 반대하는 인사들을 결집하였다. 이러한 이종남의 활동에 김기옥, 김주홍이 동조하였으며, 미군정기·정부수립 초기 대한노총의 주도자였던 전진한과 전(前) 대한노총 감찰위원장 김두한이 가세하였다.251)

그러나 김주홍이 대회에서 자유당 탈퇴제안을 제출하기로 하였으나 경찰의 압력에 의해 계획은 실현되지 못하였다.252) 대회에서 자유당으로부

---

249) 「주한미대사관 일등서기관 Edwin M. Cronk가 미국무부에 보낸 보고서(1956. 12.12)」 (NARA, 『Records of the Department of State internal affairs of Korea, 1955~1959』).

250) 전국해상노련 위원장 이종남은 3대 민의원선거에 무소속으로 입후보하였다가 낙선되자 차기에 대비하기 위해 민주당에 입당하였다. 정당가입에 의해 조합운동에 전력할 수 없다는 주위의 권고로 그는 1956년 8월 전국해상노련 위원장직을 사퇴하였다. 전국해원노동조합, 『전국해원노동조합사』, 1973, 63쪽.

251) 「주한미대사관 일등서기관 Edwin M. Cronk가 미국무부에 보낸 보고서(1956. 12.12)」 (NARA, 『Records of the Department of State internal affairs of Korea, 1955~1959』).

252) 「주한미대사관 일등서기관 Edwin M. Cronk가 미국무부에 보낸 보고서(1956. 12.12)」 (NARA, 『Records of the Department of State internal affairs of Korea, 1955~1959』) ; 『한국일보』는 이날의 대회에 대해 "노총이 자유당으로부터 분리하기 위한 일부 측의 움직임과 정대천 김주홍 이준수 등 3씨의 현 최고위원

터의 탈퇴계획이 실패한 지 며칠이 지난 시점에서 이종남은 다음과 같이 그 실패이유를 토로하였다.253)

> …… 자유당 창당이래 그 기간단체로서 자유와 권리를 포기하면서까지 만난을 무릅쓰고 희생을 다하였으나 하등의 이에 대한 ○○을 받지 못하였는데 분격한 일부 노총의 간부가 자각 반성하여 독자적인 방향을 지향코자 자유당으로부터 탈퇴를 기도하여 10월 10일에 개최된 연차대회에서는 이를 결의 감행하려고 상당히 노력하였으나 의외에도 자유당의 지시인가는 모르겠으나 각지에서 상경한 대의원에 수명이 ○○상경하여 행동을 감시제한하고 심지어는 대회장에까지 참석하여 그 발언과 행동을 일일이 감시하여 대의원의 자유행동과 발언을 억압 봉쇄시켜버렸으므로 대회는 마치 「김빠진 맥주격」으로 흐리멍텅하게 되어 버렸고 5백명을 대표한다는 대의원의 열성적이고 책임적인 태도는 볼 수 없고 다만 좌우의 분위기만 살피고 있으므로 노총자체가 당면한 긴급한 중요문제는 하나도 토의한 바 없이 다만 관과 자유당이 의도하고 있는 바와 같은 약간의 감투배정과 각종 결의문을 낭독 통과하는 대회로서 끝마쳐버렸으니 이로서 볼 때 이 대회가 노동자를 위한 노동자 자신들의 노총연차대회냐 또한 당의를 추종하기 위한 당총대회냐 자유당의 당세를 확충 강화하려는 당총대회냐를 분별규정하기가 어려운 형편이었다.……

이종남의 계획이 「주한미대사관 보고서」에서 평가한 것처럼 민주당의 장면과 연결된 것인지는 정확히 밝히기 어렵다. 다만 민주당은 반(反)자유당운동의 일환으로 대한노총에 관심을 기울인 것으로 보인다.

민주당은 1957년의 노동절을 맞이하여 대한노총에 관심을 표명하였고, 노동자의 복리향상을 위해서는 노동단체가 일개 정당의 예속으로부터 해방되어야 할 것임을 강조하는 다음과 같은 담화를 발표하였다.254)

을 불신임하려던 미묘한 일부의 기운이 표면화하여 혼란을 일으킬 것이라는 낭설과는 딴 방향으로 지극히 순조로운 가운데 진행" 되었다고 하였다. 『한국일보』 1956년 10월 11일자, 「노총대회 종료. 결원 중의 임원도 선출」.
253) 『경향신문』 1956년 10월 17일자, 이종남, 「10월 10일 노총연차대회를 보고」(하).
254) 『동아일보』 1957년 5월 1일자, 사설 「노동운동을 바른 길로」.

노동절을 맞이하여 이 나라 노동자의 복리가 실지로 향상되고 노동단체의 성격과 위치가 본연의 상태에 돌아갈 것을 희구하여 마지않는 바이다.
그렇기 위해서는 노동법규가 준수되고 정부의 경제산업정책의 혜택이 소수특권계급에 독점되는 것을 근본적으로 시정하여 참으로 노동자대중에게 균점되도록 하여야 할 것이며 노동단체가 일개정당의 예속으로부터 해방되어야 할 것을 강조하는 바이다.

1956년의 전국대의원대회에 이어 1957년 전국대의원대회에서도 대한노총 내 일파는 자유당 반대파를 결집시켜 대한노총을 자유당으로부터 독립시키고자 하였다. 1956년 전국대의원대회에서 이종남과 행동을 같이 했던 김주홍을 다시 전면에 내세우고자 하였으나 김주홍의 태도변화로 무산되었다.[255]

3) 자유당을 위한 정치활동

노동조합의 활동은 크게 기업체 안에서 조합원들의 경제적인 이익 및 권익향상을 위한 대내적인 활동과 노동자계급의 정치적, 경제적, 사회적인 지위향상을 위한 대외적인 활동으로 나눌 수 있다. 여기에서 노동조합의 대내적인 활동을 조직활동 내지 산업활동이라고 한다면 대외적인 활동을 정치활동이라고 할 수 있다.[256] 민주적 노동운동의 중심과제는 노동자 생활의 유지향상이고 이것이 노사교섭을 통해 실현되는 한 노조는 경제활동을 추진하는 조직이다. 그러나 기본적인 경제활동을 효과적으로

---

255) 「주한미대사관 일등서기관 Edwin M. Cronk가 미국무부에 보낸 보고서(1957. 8. 29)」(NARA, 『Records of the Department of State internal affairs of Korea, 1955~1959』).
256) 장을병, 「노동조합과 정치활동」, 『현대노사』, 한국노동연구원, 1984, 54~55쪽 (공덕수, 「한국노동조합과 정당의 관계 연구」, 동국대학교 정치학과 박사학위논문, 1999, 7쪽에서 재인용).

추진하기 위해서는 노동기본권의 확립을 비롯한 민주적 노동법제가 필요하고 나아가 각종 사회경제정책의 개선요구가 필요하다. 따라서 노조의 정치활동이 불가피하다.257)

그러나 대한노총의 정치활동은 노동자계급의 정치적, 경제적, 사회적인 지위향상을 위한 활동이 아니었다. 노동관계법 제정·공포 이후 1960년 4월혁명에 의해 자유당권력이 무너지기까지 대한노총의 정치활동이란 이승만·자유당의 권력유지를 위한 것이었고, 소수 몇몇 간부들의 정치적인 출세를 위한 것이었다.

1954년의 제3대 국회의원선거(1954.5.20), 1956년의 제3대 정부통령선거(1956.5.15), 1958년의 제4대 국회의원선거(1958.5.2), 1960년의 제4대 정부통령선거(1960.3.15)에서의 정치활동은 대한노총과 자유당과의 주종관계를 드러내 주는 것이었다. 1954년 총선에서 최고위원 정대천, 김두한을 비롯하여 대한노총의 전·현직 간부 21명이 입후보하여 6명이 당선되었다.258)(〈표 3-9〉, 〈표 3-10〉 참조). 1958년의 총선에 대비하여 1957년에 개최된 전국대의원대회를 통하여 대한노총원을 국회로 보내기 위한 계획을 토의하였으며, 다수의 대한노총 출신자가 선출되도록 선거대책위원회를 조직하여 활동하였다.259)

1956년 5월의 정부통령선거를 앞둔 3월 5일 자유당은 전당대회에서 대통령후보에 이승만, 부통령후보에 이기붕을 지명하였다. 이승만이 "3선은 민주주의에 배치되니 다른 인물을 내세우라"는 요지의 메시지를 공표하여 대통령후보 지명을 수락할 생각이 없는 것 같은 발언을 하였다. 이승만 자신은 사사오입개헌에 책임이 없으며, 집권연장을 위한 불법행

---

257) 김윤환, 「전환기의 노조정치 활동의 이념과 방향」, 『현대노사』, 한국노동문제연구원, 1989, 21쪽(공덕수, 앞의 논문, 9쪽에서 재인용).
258) 한국노총, 앞의 책, 414~415쪽.
259) 「주한미대사관 일등서기관 Edwin M. Cronk가 미국무부에 보낸 보고서(1958. 1.16)」(NARA, 『Records of the Department of State internal affair of Korea, 1955~1959』).

위 같은 것을 하지 않는 사람으로 보이기 위한 제스추어였다.260)

대한노총은 이승만의 제스추어에 즉각적으로 반응하였다. 대한노총 최고위원이며 전업노련 위원장인 정대천은 그 다음 날인 3월 6일 전업노련 산하의 노동조합원을 동원하여 이승만의 대통령 재출마염원 데모를 벌였다.261) 3월 12일에는 대한노총에서 긴급회의를 소집하고 이승만이 대통령 재출마를 승낙하지 않을 경우에는 다음날인 13일 정오를 기하여 교통부문 노조에서 총파업을 단행하겠다는 중대결의를 하였으며262) 대한노총 전국대표자 60여 명은 "이대통령이 재출마를 하지 않으면 직장을 포기하고 죽음을 택하겠다"는 탄원서를 이대통령에게 전달하였다. 이에 대해 이승만은 13일 정오 다음과 같은 내용의 담화를 발표하였다.263)

> 나는 명예나 지위에 관계치 않고 욕심도 없는 것이며 동포들이 나를 추대해 주어서 성심껏 해온 것인데 이번에는 내가 물러가는 것이 좋겠다고 생각한 것이다. 그러므로 이번에는 내 의사를 존중해 주기 바라며 나는 이미 작정한 것을 공포한 것인데 내가 또 하겠다고 하면 내 말 값이 없어지는 것이다. 그러니 나에게 시간을 주고 다 돌아가서 기다려 주기 바라며 여러분들이 파업을 한다는 것은 절대 금하여야 한다.

3월 13일 대한노총 경전노조의 발동으로 시내전차가 낮 12시부터 하오 2시까지 두 시간동안 총스톱 되었다.264) 대한노총은 우마차까지 동원하여 시가행진을 하며 이승만의 대통령 재출마를 요구하는 시위를 벌임으로써, 민의(民意) 아닌 우의(牛意), 마의(馬意)의 데모라는 웃음거리가

---

260) 김낙중, 앞의 책, 231쪽.
261) 「주한미대사관 일등서기관 Edwin M. Cronk가 미국무부에 보낸 보고서(1956. 12.12)」(NARA, 『Records of the Department of State internal affairs of Korea, 1955~1959』).
262) 김낙중, 앞의 책, 231쪽.
263) 『경향신문』 1956년 3월 15일자, 「파업은 좋지 않다. 이대통령, 노총대표에 권고」.
264) 『조선일보』 1956년 3월 14일자, 「서울전차 두시간 총스톱. 버스도 파업 기미. 각 교통기관에 점차 파급?」.

되었다.265) 이어서 대한노총은 1956년 4월 9일 정책위원회 모임을 갖고 다가오는 선거에서 대통령과 부통령을 각각 자유당후보를 지지하겠다는 결의를 채택하였다.266)

1960년의 정부통령선거에 대비하여 대한노총에서는 제12차 전국대의원대회를 개최, 이승만과 이기붕의 정·부통령 지지를 결의하였으며, 독자적인 선거대책위원회를 구성하기로 하였다. 1959년 12월 5일의 제6차, 12월 21일의 제7차 회무처리위원회에서는 선거대책위원회가 조직되었고 조직요강 초안이 작성되었다. 1960년 2월 8일의 대한노총 경북연맹 제2차대회도 자유당의 선거대책을 위한 것이었다. 즉 결의문은 자유당 정·부통령 입후보자를 당선시켜 전국 노동자 간의 유대를 공고히 한다는 내용이었다.267)

1959년 7월 20일에 열린 자유당 조직위원회는 자유당에 동조하는 사회단체에 대한 정비 강화책을 세우기로 합의하고 대한노총의 분규에 대해서는 스스로가 해결책을 제출하도록 하였다. 자유당의 기간단체 조직 강화를 위한 요령에는 다음과 같이 대한노총의 조직강화에 대하여 적혀 있다.268)

1. 각급 노조 및 연합체 책임자는 전 조합원에게 자유당의 강령을 주입시켜 당에 대한 이해를 증진시키는 한편 당 기관지와 선전계몽운동을 통한 이념적인 지도방식으로써 진실한 당 지지운동을 일으켜 전체적인 조직공작을 전개해야 한다.
2. 노동조직이 있는 지역에 있어서는 각급 지방당 사회부장을 대한노총 지방 조직체 내에서 선임한다.

---

265) 김낙중, 앞의 책, 231쪽.
266) 「주한미대사관 일등서기관 Edwin M. Cronk가 미국무부에 보낸 보고서(1956. 12.12)」(NARA, 『Records of the Department of State internal affairs of Korea, 1955~1959』).
267) 한국노총, 앞의 책, 448~449쪽.
268) 한국노총, 앞의 책, 449쪽.

3. 각 단위 노조 대표자는 당원 획득공작을 철저히 하고 세포조직 강화에 치중한다.
4. 각 단위 노조의 책임자는 노동조합에 대한 당적관계를 조사하고 당성이 을(乙), 병(丙)에 속하는 지도인물에 대해서는 당성을 강화시켜야 한다.
5. 입당한 사람에 대한 직장보장과 신분보장을 철저히 하여 당원의 사기를 앙양시키고 계속적인 지도방침을 확립시켜야 한다.
6. 대한노총에서 야기되는 조직적인 분규는 자체 내에서 수습하도록 하는 것을 원칙으로 하며 민주적이고 자율적인 노동조합 운동에 대해서는 당책에 의거하여 보장 육성한다.
7. 대한노총 조직이 침투되어 있지 않은 미조직 사업장에 대한 조직화 문제는 대한노총에서 제출하는 조직 확대・강화계획에 의거하여 당 방침으로 추진한다.

정대천이 위원장으로 있는 대한노총 경전노동조합에서는 12월 2일 임시대의원대회를 열고 정부통령 선거에서 대통령에 이승만, 부통령에 이기붕이 당선되도록 총역량을 집중해야 할 것을 강조하였다.[269] 그리고 정부통령 선거대책추진위원회를 구성하였다.[270] 1960년 1월 19일에는 당선추진위원회 결성식을 거행하였다.[271]

1960년 3・15선거를 맞이하여 대한노총은 산업별, 지역별, 직업별 노동조합을 통하여 노동조합원에게 부정선거를 지시하였다. 그리고 전국의 노동조합으로부터 거둬들인 조합비를 선거자금으로 썼으며, 대한노총 간부들은 자유당으로부터 수억 환의 선거자금을 받아 횡령하였다.[272]

대한노총의 반공활동은 이승만・자유당권력의 이데올로기적 통제를 용이하게 실현시키는 수단으로 이용되었다. 남북분단은 전쟁의 경험과 더불어 반공주의에 강력한 이데올로기적 헤게모니를 부여하였다. 남북분

---

269) 대한노총 경전노동조합, 『노동』 제8권 제1호, 1960, 68~69쪽.
270) 대한노총 경전노동조합, 『노동』 제8권 제1호, 1960, 80쪽.
271) 당선추진위원회 각 부서별 임무와 임원명단에 대해서는 대한노총 경전노동조합, 『노동』 제8권 제1호, 1960, 84~87쪽.
272) 『조선일보』 1961년 2월 12일자 「노총간부에 체포령. 부정선거자금도 횡령」.

단이라는 상황은 노동조합 활동에도 많은 영향을 미쳤다. 첫째, 노동운동의 지도층이 노동자들의 현실적인 요구사항을 경시하고 오로지 정치적, 이념적인 활동에만 주력하게 하였다. 둘째, 노동조합이 반공이라는 목표를 전면에 내세우도록 유도하여 노동조합의 이념적 선택범위를 제한시켰다.[273]

대한노총의 주된 이념은 반공주의였다. 따라서 미군정기, 정부수립 이후시기를 거쳐 노동관계법이 제정·공포되어 대한노총이 조직재편성의 과정을 거치면서도 조직의 주요목표로 삼은 것은 반공활동이었다.

대한노총의 반공활동은 1954년 4월 제네바정치회담 이후 본격화되었다. 1955년 6월 12일 철도노조원들에 의한 「일제의 용공정책분쇄 궐기대회」,[274] 8월 8일 대한노총 주최로 개최된 「적성휴전감시위원단 축출 근로자궐기대회」가 이어졌다. 일제의 용공정책을 분쇄하라는 궐기대회에는 철도노조원들과 영등포 공작창 직원들에 의하여 주도되었다. 이 데모에는 50대의 트럭과 2,000여 명에 가까운 인원이 동원될 정도로 규모가 컸던 대회였다. 또한 「적성휴전감시위원단 축출 근로자궐기대회」에는 트럭 33대에 분승한 조합원 1,500명이 동원되어 일대 시위를 전개하였으며, 이어서 시위대는 인천으로 향하여 월미도에 자리잡고 있는 감시위원단 숙소 앞에서 '체코, 폴란드 물러가라'고 외치면서 데모를 전개하였다.[275]

1956년 11월 9일에는 국제자유노련의 파업지령에 따라서 대한노총 산하 전국의 각 산업별 지역별 노조에서도 이에 호응하여 11시 55분을 기하여 전국에서 일제히 헝가리사태에 항의하는 5분간 파업을 단행하였다.[276] 그리고 헝가리 국민을 지원하기 위한 기금모집을 계획하기도 하

---

273) 공덕수, 앞의 논문, 132쪽.
274) 『경향신문』 1955년 6월 12일자, 「日용공정책 분쇄하라. 철도노조원들이 총궐기코 절규」.
275) 전국철도노동조합, 앞의 책, 76~77쪽.
276) 전국철도노동조합, 앞의 책, 89~90쪽 ; 대한노총 경전노동조합, 『노동』 제4권

였다.[277]

 이와 같은 대한노총의 반공활동에 대해 이승만 대통령은 1957년 10월에 개최된 대한노총 전국대의원대회에 치사를 보내어 대한노총이 반공전선에서 열렬히 싸운 공로를 치하하는 한편 "노총은 앞으로 더욱 군·경

〈표 3-9〉 1954년 제3대 국회의원선거 대한노총 출신 입후보자

출마구	성명	노총직위
중구을구	김보(金寶)	전 노총위원장
목포구	임기봉(林基奉)	국회의원, 전 철도연맹 위원장
포항구	하태환(河泰煥)	포항부두노조 위원장
양주을구	이진수(李鎭洙)	전 노총 최고위원
달성구	김영환(金永煥)	달성광산노조 위원장
양산구	박동주(朴東柱)	전 경남도연맹 위원장
종로을구	김두한(金斗漢)	노총 최고위원
인천갑구	김재곤(金載坤)	인천해상연맹 위원장
파주구	정대천(丁大天)	노총 최고위원
정읍을구	한병일(韓炳逸)	조선전업노조 감찰위원장
영양구	조용기(趙龍基)	전 노총 부위원장
부산병구	박진(朴進)	전 해상연맹 부위원장
부산무구	김재홍(金在洪)	전 출판연맹 부위원장
통영구	지두호(池斗浩)	전 부산지구연맹위원장
부산갑구	이종남(李鍾南)	전국해상노조연맹 위원장
부산을구	전진한(錢鎭漢)	국회의원, 전 노총위원장
부산을구	우갑린(禹甲麟)	전 노총 사무국장
부산무구	최종자(崔鍾子)	부산부두노조 사무위원
함안구	윤효량(尹孝亮)	전 부산부두노조 위원장
함안구	조경규(趙瓊奎)	전 노총 최고위원(국회의원)
목포구	김대중(金大中)	목포부두노조 공인

※ 출처 : 한국노총, 『한국노동조합운동사』, 1979, 414쪽.

제9호, 1956, 31~32쪽.
277) 대한노총은 헝가리 국민을 지원하기 위한 기금을 모으기 위해 1956년 11월 19일부터 12월 15일까지 하루에 1시간을 초과근무하였으며, 여기서 받은 초과수당으로 기금을 마련하였다. 정용욱 편, 『JOINT WEEKA』 6권, 1956.12.26, 389쪽.

〈표 3-10〉 1954년 제3대국회의원선거 대한노총 출신 당선자

출마구	성명	소속	노총직위
포항구	하태환(河泰煥)	자유	포항부두노조 위원장
종로을구	김두한(金斗漢)	무	노총 최고위원
인천갑구	김재곤(金載坤)	자유	인천해상연맹 위원장
파주구	정대천(丁大天)	자유	노총 최고위원
부산을구	전진한(錢鎭漢)	무	국회의원, 전 노총위원장
함안구	조경규(趙瓊奎)	자유	전 노총 최고위원(국회의원)

※ 출처 : 한국노총, 『한국노동조합운동사』, 1979, 415쪽.

과 합심하여 치안확보에 힘쓰고 모든 사람들이 정신을 차려서 적이 틈을 타지 못하게 우리나라를 더욱 공고히 만들도록 하라"고 당부하였다.[278]

1958년 2월 16일 민간항공기 KNA가 납북되자 국민대회가 전개되었다. 이때 서울지역 철도 조합원들은 철도연맹 주최로 2월 25일 서울역 광장에서 궐기대회를 개최하였다.[279]

1959년 1월 30일 일본정부는 「재일교포 북송안」을 발표하였고, 12월 14일 제1진이 '북송'된 것을 시발로 150여 차에 걸쳐 8만 명 이상이 '북송'되었다. '북송'이 진행되는 동안 전국민은 '북송'반대 데모를 전개하였다. 이때 철도노동조합에서도 2월 13일 약 2,000여 명의 조합원을 동원하여 궐기대회를 가졌다.[280] 그리고 2월 14일 대한노총은 시청 앞에서 궐기대회를 개최하였다. 2월 16일에는 서울운동장에서 애국단체연합회 주최 궐기대회가 있었다.[281]

---

278) 『경향신문』 1957년 10월 26일자, 「반공에 단결하라. 이대통령 致辭」.
279) 전국철도노동조합, 앞의 책, 99쪽.
280) 전국철도노동조합, 앞의 책, 114쪽.
281) 전국철도노동조합, 앞의 책, 113쪽. 결의문은 113~116쪽 참조.

〈소결〉

　노동관계법 제정은 대한노총에게 새로운 과제를 부여하였다. 노동관계법이 제대로 운용되기 위해서는 정부의 실현의지도 중요하지만 대한노총의 역할 또한 이에 못지않게 중요하였다. 모든 노동자들이 법적 보호를 받을 수 있도록 강력한 실천활동을 전개하는 것, 이것이 대한노총에게 부여된 과제였다. 새로이 제정된 노동관계법의 부당한 요소에 대해서는 노동관계법 개정 등 입법 투쟁도 병행하여 전개할 필요가 있었다. 그러나 대한노총은 이러한 과제 수행에 소홀하였다. 노동조직 중앙연맹체로서 본연의 임무를 다하기는커녕 헤게모니 쟁탈전으로 일관하여 노동운동에 해독을 안겨다 주었다. 1954년 4월 대한노총 재편성 이후부터 김기옥체제가 성립되기 전까지는 자유당에 예속된 정도가 가장 강했으며, 파벌대립이 극심하였다.

　노동조합법 제정·공포에 따라 현존 노동조합은 일단 해체되고 재조직되었다. 각 단위노조가 재조직된 후 이를 토대로 중앙조직이 재편성되었다. 이 과정에서 미군정기 대한노총을 주도했던 인물의 교체현상을 가져왔다. 중앙조직 재편성과정에서 정대천파와 이진수파의 대립, 정대천파의 승리는 이후 대한노총 활동방향을 예고하는 결절점이었다. 1946년 9월총파업 이후부터 주류파로서 지위가 확고했던 전진한세력이 대한노총의 무대에서 사라지게 되었고, 정대천이 부상하였다.

　정대천의 집권 이후 대한노총은 헤게모니 쟁탈을 위한 대립·연합을 반복하였으나 결국은 자유당의 분쟁해결에 의한 정대천세력의 승리로 이어졌다. 정대천세력의 배후에는 집권 자유당이 있었으며, 자유당은 정대천세력의 헤게모니 장악에 상당한 영향력을 행사하였다. 대한노총은 자유당 이기붕의 통제하에 조직이 작동하였으며, 대한노총 최고위원 정대천은 자유당의 제2인자였던 이기붕의 최측근이었다. 따라서 자유당 →

이기붕→정대천→대한노총이라는 라인선상에서 조직이 작동하였으며, 자유당도 대한노총을 자신의 통제하에 두기 위해서는 정대천이 필요하였다. 자유당과 정대천세력 간의 관계에서 대한노총의 자유당 예속이 심화되어 가고 있었다. 이러한 양상에 의해 1950년대 노동조합운동, 노동운동은 굴절・왜곡의 길을 걸었다.

 1958년 전국대의원대회를 앞두고 전개된 규약개정운동은 자유당의 절대적 지지를 받고 있던 정대천세력을 감소시키기 위한 것이었다. 1958년 대회에서 규약개정안이 통과됨으로써 5인의 최고위원제에서 1인의 위원장제로 재조직되었으며, 김기옥과 김주홍세력의 연합이 성공을 거두어 김기옥이 위원장직을 차지할 수 있었다. 김기옥체제 또한 대한노총 내에서 자신의 권력을 유지하고자 자유당과 밀착하였으며, 대통령 이승만에 대한 충성을 결의하였다.

 대한노총 내부대립・파벌대립의 성격을 파악할 때 이합집산이 강했다는 것을, 그리고 파벌대립의 이면에 존재하는 운동노선의 대립도 단절적이었다는 점을 인식할 필요가 있다. 대한노총 내에는 1950년대 중반을 거치면서 자유당의 예속으로부터 독립을 주장하는 세력이 나타나게 되며, 1952년 이승만에 의해 제거된 전진한이 대한노총에서의 지위를 획득하려는 움직임도 본격화된다. 이러한 점에서 분명히 내부에는 운동노선을 달리하는 세력이 존재하였지만, 그것은 하나의 운동노선으로서 일관성을 지닌 것보다는 사안에 따라 단절된 형태를 띠고 나타났던 것이다.

 대한노총의 조직재편성이 민주적인 운영방식으로의 변화를 수반하지는 않았다. 회계감사위원회 도입은 노동조합 내 민주주의를 실현하기 위해 시도된 조직변화였다. 그러나 회계감사위원회가 얼마나 실질적인 기능을 했을지는 의문이다. 조합원에 의한 조합비로서 운영되지 않았다는 점이 그 단적인 예이다. 대한노총 조직의 운영은 거의 전적으로 외부적인 지원 특히 자유당의 지원에 의존하였다. 이러한 의존관계로 인해 대한노총은 점차 자유당에 예속되어 갔으며, 이에 더하여 관권과 결탁한 내부 임원들의 부패로 인해 노동조합조직으로서 기능을 상실해가고 있었다.

규약상으로 볼 때 대한노총은 산업별, 지역별 조직구조를 갖추었다고 할 수 있다. 그런데 규약상으로 대한노총의 조직구조가 산업별, 지역별체제를 갖추었다고 할지라도 김삼수가 주장한 바와 같이 동종산업의 노동자를 포괄하여 교섭력을 높임과 동시에 노동조건의 표준화를 도모하는 고유의 의미에서의 산업별노조는 1950년대를 통하여 존재하지 않았다. 1950년대 산업별조직은 존재하였더라도 외형적인 틀을 유지한 것에 불과하였다. 광산연맹의 경우를 예를 들면, 광산연맹은 산업별조직으로서 기능을 하지 못하였으며, 실제로 기능을 한 것은 기업별연합회였다.

노동관계법이 제정·공포됨으로써 대한노총의 노동활동에 새로운 공간을 열어주었다. 또한 전시기 각 공장, 직장 내에 조직되어 노동활동을 제약했던 청년단이나 보도연맹 조직은 한국전쟁을 거치면서 제거되었다. 그러나 대한노총 간부들은 이러한 조건을 활용하여 명실상부한 노동조직으로서 거듭날 수 있는 기회를 포기하였다. 간부들 대부분은 대한노총 조직을 정치권에 진입하는 하나의 발판으로 삼았으며, 노동활동은 항상 뒷전으로 밀어 넣고 오로지 헤게모니 쟁탈전에 여념이 없었다. 대한노총은 노동쟁의가 일어났을 경우 노동쟁의를 지도할 책임과 의무가 있었다. 그러나 중앙조직 내의 파벌대립에 의하여 노동쟁의에 해독을 가져다 주는 경우가 많았다. 또한 더 나아가서 대한노총은 노동대중의 이익을 옹호하기는커녕 중간착취기관으로서 기능하였다.

노동관계법 제정·공포 이후 1960년 4월혁명에 의해 자유당권력이 무너지기까지 대한노총의 정치활동이란 이승만·자유당의 권력유지를 위한 것이었고, 소수 몇몇 간부들의 정치적인 출세를 위한 것이었다. 1954년·1958년의 국회의원선거, 1956년·1960년의 정부통령선거에서의 정치활동은 대한노총과 자유당과의 주종관계를 극명하게 드러내주는 것이었다. 대한노총은 1956년의 정부통령선거 과정에서 이승만 대통령 재출마 요구시위를 감행하였으며, 정책위원회 모임을 갖고 자유당후보 지지를 결의하였다. 1960년의 정부통령선거 과정에서도 이승만·이기붕의 정·부통령 지지를 결의하였으며, 독자적인 선거대책위원회를 구성하여 자유당이 승리할 수 있도록 총역량을 집중하였다. 또한 3·15선거를 맞이하여 산업별, 지역별, 직업별 노동조합을 통하여 노동조합원에게 부정선거를 지시하기도 하였다.

노동운동의 새로운 희망과 좌절

1. 새로운 노동운동의 전개

대한노총이 중앙조직으로서 자기역할을 등한시하고 헤게모니 투쟁에 집중하고 있었던 반면 하부조직에서는 노동관계법 즉 노동조합법·노동위원회법·노동쟁의조정법·근로기준법 제정에 힘입어 노동조합결성투쟁, 임금인상투쟁, 체불임금 지불요구투쟁, 8시간 노동제 쟁취투쟁 등의 노동활동을 전개하였다. 1953년 노동관계법 제정 이후 1960년까지의 노동쟁의에 대한 동태를 살펴본 것이 〈표 4-1〉이다.

〈표 4-1〉에서 보는 바와 같이 임금인상 및 체불임금지불 요구투쟁이 압도적으로 다수를 차지하고 있다. 여기서 임금인상은 물가상승으로 인한 실질임금 저하를 막으려는 투쟁에 불과하였다. 이 시기 노동쟁의의 특징은 철도·전기·체신·전매 등 국영기관이나 상공부 산하의 석탄공사 조선공사 또는 외자청 등을 대상으로 하는 쟁의의 경우에는 탄압의 정도가 비교적 심하지 않았다.[1] 그러나 이승만을 비롯한 자유당 권력자들이

〈표 4-1〉 노동쟁의 발생 및 처리상황표

	발생상황		처리상황						
	발생건수	참가인원	총수	알선	조정	중재	처벌	공익사업	노위이양
1953	9	2,271	9	5	-	-	3	1	-
1954	26	26,896	26	14	11	1	-	-	-
1956	-	-	-	-	-	-	-	-	-
1957	45	9,394	45	37	7	-	1	-	-
1958	41	10,031	41	24	6	9	2	-	-
1959	95	49,813	95	52	7	17	12	2	5
1960	227	64,335	227	150	54	4		9	10

	쟁의종별					쟁의원인별							
	총수	동맹파업	태업	직장폐쇄	기타	총수	임금	근로시간	보건후생	감독자배척	조합에대한요구	해고반대	공장폐쇄반대	기타
1953	9	2	1	-	6	9	9	-	-	-	-	-	-	-
1954	26	10	1	-	15	27	18	-	-	1	7	-	1
1956	-	-	-	-	-	-	-	-	-	-	-	-	-
1957	45	-	-	1	44	77	38	28	-	1	1	3	2	4
1958	41	2	-	-	39	41	21	-	-	-	1	13	-	6
1959	95	1	-	-	94	113	76	8	4	4	3	11	1	6
1960	227	44	2	1	180	256	127	6	2	10	-	33	4	74

※ 출처 : 보건사회부, 『보건사회통계연보』, 1961, 410~411쪽.
※ 보건사회부, 『보건사회통계연보』, 1955~1957, 523~524쪽과 약간 수치가 다르다.

정치자금 염출을 위해서 또는 자기권력의 지탱을 위해서 필요로 하는 이해관계와 직결될 경우 그 쟁의는 가혹한 탄압의 대상이 되었는데 조선방직쟁의나 대구 내외방직쟁의, 대한방직쟁의가 전형적인 예이다.[2] 노동쟁의는 1950년대 중반기로 넘어서면서 점차 늘어나다가 1959년에 가서는 급격한 양적 성장을 보이고 있다. 이 시기 주요 노동쟁의를 시기별, 요구내용별로 정리하면 다음과 같다.[3]

---

1) 김낙중, 『한국노동운동사 -해방후 편-』, 청사, 1982, 190쪽.
2) 김낙중, 위의 책, 190쪽.
3) 김낙중, 위의 책, 190~224쪽을 정리하였다.

─ 1953, 1954년 주요 노동쟁의
· 石公 산하 노동자들의 파업(53.12~55.9) : 노임체불 청산, 임금인상
· 부산 미군부대 한국인 종업원 파업(54.5~54.12) : 임금인상, 노동조건 개선
· 하역노동자들의 대금련(對金聯) 임금인상쟁의(53.9~55.6) : 임금인상
· 서울자동차노조의 파업(54.6~55.4) : 노동조건 개선(8시간노동제)
· 대구 내외방직 쟁의(54.9~54.12) : 임금인상

─ 1955, 1956년 주요 노동쟁의
· 남선전기 노동조합 결성투쟁(55.2~56.2) : 노동조합결성
· 대구 대한방직 쟁의(55.12~60.4) : 임금인상, 부당해고자에 대한 해고 철회
· 대한석탄광공사 노동자들의 쟁의(55.9~57.4) : 임금인상, 단체협약 체결
· 삼척시멘트 노동자들의 쟁의(56.12) : 체불임금 지불

─ 1957, 1958년 주요 노동쟁의
· 인천 P.L.O 노동자들의 부당해고 반대투쟁(57.1) : 부당해고 항의
· 밀양 한국모직 노동자들의 쟁의(57.2~59) : 체불임금 지불
· 대구 이용사노조의 파업(58.2) : 임금분배 비율 조정, 노동시간 단축
· 부산의 대한조선공사 쟁의(58.12) : 체불노임 지불

─ 1959년 주요 노동쟁의
· 전국섬유노련의 노동시간 단축쟁의(59.2~59.10) : 노동시간 단축(8시간 노동제)
· 부산 부두노조의 쟁의(59.1~59.6) : 하역노임 인상
· 탄광노조의 임금인상 쟁의 (59.8~59.10) : 임금인상
· 부산 택시노조의 파업(59.9~59.12) : 단체협약 체결

위 주요 노동쟁의 중에서 대구 대한방직 쟁의를 주목할 필요가 있다. 대한방직회사는 원래 조선방직의 대구공장이었으며, 1955년 5월, 당시 자유당의 재정부장직을 맡고 있던 설경동이 불하받았다. 대한방직 쟁의는 설경동사장이 강일매로부터 인계받을 당시 종업원 2,600여 명을 일방

적으로 부당해고함으로써 발단되었다.4) 쟁의 과정에서 어용적 태도를 취한 대한노총 경북지구연맹에 반발하여 새로 대한노총 대구지구연맹이 결성되었으며, 김말룡을 위원장으로 하는 대구지구연맹은 전국노동조합협의회의 주축이 되었다.5) 이러한 점에서 의의가 깊은 쟁의였다.

1950년대 후반 노동운동의 점진적 성장과 더불어 민주적인 노동조합 운동을 전개하려는 세력이 성장하였다. 이들은 1958년 전국대의원대회에서 김기옥이 규약을 고쳐가며 위원장제를 만들어 1인독재체제를 수립한 것을 계기로 투쟁을 전개하였다.6)

노응벽·김말룡·김관호·최종자는 각각 보건사회부장관에게 이의를 제기하는 것으로 투쟁을 시작하였다. 11월 11일 대한석탄광노동조합연합회 위원장인 노응벽과 대구지구연합회 위원장인 김말룡의 이름으로 제기된 '이의신립', 대명광업노조의 김관호와 부산지구노조연합회 최종자의 명의로 된 대한노총 전국대의원대회 및 결격 노동조합에 대한 '이의신립'이 그것이다.7) 그러나 이의신립은 묵살되었다. 그리하여 대회의 합법성 여부와 관련하여 법의 판결에 맡겨지게 되었고, 계속적인 분쟁을 야기하였다.8)

노응벽·김말룡은 이른바 '신립의 이유'를 규약변경에 관한 사항과 임원선거에 관한 사항으로 구분하여 내세웠다. 규약변경에 관한 사항으로 ① 규약변경은 총회 또는 대의원대회의 결의사항(노동법 제17조)에 속하는 것이므로 이 변경을 위하여는 노동법 제27조에 의하여 대회 2주일 전에 공고해야 하며 또한 대한노총 규약 제15조 제1항 단서 및 제2항 1호

---

4) 대한방직 쟁의 전개과정에 대한 자세한 내용은 김낙중, 앞의 책, 203~207쪽 참조.
5) 김낙중, 앞의 책, 207쪽.
6) 김낙중, 앞의 책, 247쪽.
7) 노응벽·김말룡의 이의신립과 최종자·김관호의 이의신립 내용은 한국노총, 『한국노동조합운동사』, 1979, 472~475쪽 참고.
8) 한국노총, 『한국노총50년사』, 2002, 300쪽.

에 정한 절차를 준수하여야 함에도 불구하고[9] 노동법과 규약을 위반하고 대회 당일 규약변경안을 제의 상정하여 불법적인 표결을 강행하였다는 것. ② 1958년 8월 27일자 보건사회부장관 명의 보사(保社) 제683호에 의하면 십장 또는 반장을 위주로 구성된 노조는 노동조합법 제3조에 저촉된다고 명기되어 있으므로 부산부두노조와 인천부두를 위시한 자유노련대의원 전원이 불법대의원이었다는 것을 주장하였다. 임원개선에 관한 사항으로 ① 규약변경 자체가 불법이며 무효이므로 변경규약에 의거한 임원선거 역시 무효라는 것 ② 임원개선 역시 노동조합법 제27조와 대한노총 규약 제15조 제1항 단서 및 제2항 제1호에 정한 절차에 의거하여 대회 2주일 전에 공고하여야 함에도 불구하고 동 대회는 노동법과 규약을 위반하고 대회 당일 임원개선을 제의 상정하여 불법개선(不法改選)을 강행하였다는 것을 지적하였다.

최종자·김관호의 명의로 된 '이의신립'의 내용을 보자면 부산부두노동조합은 위원장 김기옥을 위시하여 조합간부 전원이 조합원의 노임을 중간착취하고 있는 도반장·십장·반장이므로 중간착취배제의 근로기준법 제36조 및 제3조에 위배된다는 것이었다. 그리고 부산부두노동조합과 인천자유항만노동조합은 노동조합법 제3조에 저촉되는 노동단체이므로 이러한 노동조합 출신으로서 대회에 참가한 대의원 및 새로 선출된 대한

---

[9] 대한노총 규약 제15조 1항 및 제2항 1호는 다음과 같다.
제15조 제1항(대의원대회 소집) 정기대의원대회는 매년 10월 중에 위원장이 차(此)를 소집한다. 단, 천재지변 기타 사정으로 부득이한 경우에 있어 대회개최가 불가능할 시(時)에는 연기할 수 있다. 임시대의원대회는 위원장이 필요로 인정할 시(時) 또는 중앙집행위원 2/3 이상이나 대의원 과반수 우(又)는 회원 1/4 이상의 요청이 유(有)할 시(時) 위원장이 차(此)를 소집한다. 대의원대회 소집은 적어도 2주일 전 기(其) 회의의 목적 사항을 제시하여 공고하여야 한다.
제2항(대의원대회 기능) 대의원대회는 본 연합회 최고결의기관으로서 하기(下記)의 기능이 있다.
1. 규약의 제정 및 변경. 단 규약변경은 재석대의원 2/3 이상의 결의에 의한다.
한국노총, 앞의 책, 470쪽.

노총 간부는 무효이며, 부산부두노동조합과 인천노동조합은 불법노동조합이므로 해산을 명하여야 한다는 것이다.

김기옥체제는 1959년 10월의 전국대의원대회를 앞두고 7월 31일 대구에서 열린 제1차 전국중앙집행위원회를 통하여 김말룡·노응벽을 제명처분하였고, 내부분열을 조장시켰다는 이유로 정대천에 대한 경고안을 각각 채택 결의함으로써 도전세력을 제거해 나갔다.[10]

2. 전국노동조합협의회 결성

1) 전국노동조합협의회 설립준비위원회

1958년 대회에서의 김기옥 1인체제 성립을 계기로 대한노총 분열은 극단화되었고, 결국 반(反)김기옥파는 대한노총과는 별도로 노동조합 중앙조직을 결성하고자 운동을 추진하였다. 1959년 7월 김기옥체제의 중앙집행위원회 결의에 대응하여 반김기옥파는 대구시내 교동에 있는 천일여관에서 따로 회합을 가졌다. 집행위원 및 각 도 산업별 노조연맹 대표 등 90여 명이 회합하여 대한노총을 탈퇴할 것을 결의하였으며, 대한노총과 별개의 전국연합체를 조직할 것에 합의하였다.[11] 이어서 1959년 8월 11일 경전노조회의실에서 산업별 및 지역별 노조대표들(24개 노조연합회

---

10) 반(反)김기옥파는 1959년 7월 대구에서 개최될 예정이던 대한노총 중앙집행위원회를 통해 김기옥의 노임횡령사건을 들어 김기옥을 비롯한 대한노총 간부진에 대한 불신임결의안을 통과시키기 위한 공작을 전개하였다. 이를 알아차린 김기옥은 1959년 7월 31일 중앙집행위원회에서 김기옥을 반대하는 부산부두노동조합 부위원장 김용후와 조직부장 정한주(鄭漢株)를 경찰이 연행하여 회의 참석을 불가능하도록 하였다. 또한 김기옥은 대한생사노조, 장성탄광노조 등을 대한노총에서 제명처분하고, 경전노조에 대해서는 경고처분을 하는 결의를 통과시켰다. 김낙중, 앞의 책, 248쪽.

11) 『동아일보』 1959년 8월 14일자, 「두 파로 갈라진 노총 정·김씨파 따로따로 회합. 대한노총 중앙집위」.

대표 32명)이 회동, 전국노동조합협의회(이하 전국노협) 설립준비위원회를 구성하였다. 이어 협의회의 선언문, 강령 등을 기초하고 준비위원회 부서를 결정하기 위하여 전형위원으로 김정원(金正元), 김성환(金成煥), 김말룡(金末龍), 한기수(韓基洙), 신현수(申鉉洙), 노응벽(魯應壁), 김규성(金奎星), 김영태(金永泰), 김경호(金敬浩) 등을 결정하였다.12)

전국노협 설립준비위원회는 곧바로 김기옥체제에 대한 적극적인 공격에 들어갔다. 정대천은 8월 14일 "김기옥씨가 영도하는 노동단체는 불법단체인 만큼 참다운 노동운동을 하기 위하여 전국광산연맹노조 외 23개의 노동단체는 대한노총에서 완전 탈퇴하겠다"는 성명을 발표하였다. 그리고 "앞으로 전국노동조합협의회(가칭)를 조직하고 별개행동을 취하겠다"고 밝혔다.13)

대한노총 위원장 김기옥을 중심으로 하는 일파와 전국전업노련 위원장 정대천을 중심으로 한 전국노협이라는 반대파 간에 벌어진 헤게모니 쟁탈전은 10월에 열리는 대한노총 전국대회를 앞두고 상호 맹렬한 성명전으로 이어졌다.14)

김기옥파에서는 경전사장이 노조위원장 정대천과 공모 결탁하여 천인공노의 부당노동행위를 자행하였다고 규탄하였다. 그리고 부당노동행위와 부당해고를 즉시 취소 시정하기 위해 강력한 투쟁을 전개하겠다고 전제하고 ① 경전 간부는 회사 측에 무조건 아부하고 협조하는 정치를 옹호하기 위해 정대천의 사돈을 전차과장에 임명해 놓고 정대천을 지지하지 않는 전차감독 100여 명을 일시에 이동 좌천시켰으며 ② 경전에 부당행위를 지적 규탄하는 동 노조 감찰위원장 신두걸과 집행부위원장 박효원

---

12) 전국노동조합협의회설립준비위원회, 「회의록」, 金正元 所藏(김낙중, 『한국노동운동사 -해방후편-』, 청사, 1982, 249쪽에서 재인용-).
13) 『동아일보』1959년 8월 14일자, 「대한노총 두 개로 분열. 24개 노동단체가 탈퇴. 정씨, 전국노조협의회 조직성명」.
14) 『조선일보』1959년 8월 14일자, 「김씨파와 정씨파간에 노총분규 성명전으로. 부당한 행위 자행(金派주장). 현노총은 기업주의 주구(丁派주장)」.

(朴孝遠), 감찰부위원장 차병희 등을 파면시켜 정대천의 위원장 재선을 획책하였다고 비난하였다. 이에 대해 대한노총 경전노조에서는 8월 14일 해명서를 발표하여 "부당노동행위 운운은 사건의 내용을 정확히 파악하지 못하고 일방적인 사주에 의하여 주관 없는 부화뇌동으로 허위를 정상화하려는 비열한 행동"이라고 규탄하였다.[15]

한편 1958년의 전국대의원대회에서 김기옥과 연합하였으며, 사무총장직에 선출되었던 이주기가 전국노협 결성에 가담하기 위해 사무총장직을 사퇴하였다. 그는 1959년 8월 19일 사무총장직을 사퇴하면서 발표한 장문의 성명서를 통해 김기옥을 중심으로 한 대한노총의 부패 타락상을 폭로하였다.[16] 이러한 상황에서 8월 20일 대한노총은 경전노조 몇몇 간부

---

15) 대한노총 경전노동조합, 『노동』 제7권 제8호, 1959년 8월, 34~35쪽.
16) 대한노총경전노동조합, 『노동』 제7권 제8호, 1959년 8월호, 36~38쪽 ; 김낙중, 앞의 책, 250~251쪽. 이주기는 1959년 8월 19일 발표한 성명서를 통해 "……현하 대한노총은 수십 명의 사이비 노동운동자들에게 독점화 되어서 그 안에서는 여하한 역량과 성의 있는 운동자라 하여도 도저히 능력을 발휘할 수 없고 따라서 양심과 양식의 소유자는 머물러 있을 수 없는 것이 현실 그대로입니다. …… 작년 10월 대회 이후 노총은 명실상부하게 운동을 통해서 발전하여 수개월 동안에 이 나라 노동운동을 언론계의 협조하에 본궤도에 이르게 되었으나 김기옥 위원장은 사이비운동자들에 사로잡혀서 올바른 판단력을 상실하여 운동의 기간을 세우지 못하고 선과 악을 분별하지 못하는 데서 악화는 양화를 구축하고 악의 세력이 번창하게 되어 대한노총은 분열과 무력과 자체 내의 불순(不純)이 노출되어 지금은 사회문제화 되어 사회의 지탄을 받고 있는 것입니다"라고 밝혔다. 또한 다음과 같이 몇 가지 사건을 공개하였다.
  1. 방직공 과중노동사건 : 전국적으로 방직공들은 12시간 2교대라는 과중한 노동에 혹사당하면서, 1일 임금이 70환에서 100환이라는 인간 이하의 대우를 받고 있다. 그래서 이런 상태를 묵과할 수 없어 강력한 시정책을 제시했으나 수포로 돌아갔다.
  2. 대구 중앙집행위원회 사건 : 대구대회는 정당하고 합법적인 집행위원이 반대파라는 이유로 폭력배에 의해 입장이 거부 봉쇄되고 일방적으로 자파중심의 회의를 형식적으로 강행했다.
  3. 부산부두노조 노임횡령 분규 : 부산부두노조 분규사건은 위원장 김기옥이 노동운동의 지도자로서 수고하고 노력한 기본 동지들을 금력과 폭력으로 테러·투옥·직장 추방 등을 감행하여 노동운동사상 최고의 범죄행위를 범하고

들이 분열을 책동하고 반민주적인 조직행위를 자행함으로써 노동조합의 발전을 저해시켰다는 이유로 「경전노동조합 제명에 대한 공고」를 내고 경전노조를 제명하였다.17)

전국노협 설립준비위원회는 8월 25일 성명서를 발표하여 7월 31일 대구에서 개최되었던 중앙집행위원회의 불법성, 대한생사노조·장성탄광노조·경전노조 제명처분 및 경고처분의 부당성을 지적하였다. 그리고 위원장 김기옥이 ① 한국운수에서 3·7제의 노임협정을 위반하고 노임을 횡령하였으며, ② 397만 환의 부두노동자 노임을 횡령 착복하였으며, ③ 8월 13일 현 노동법과 규약을 전적으로 무시하고 대의원을 지명하여 자파일색으로 대회를 불법강행하여 반대파를 다수 제명 축출하였다고 주장하였다.18)

전국노협 설립준비위원회의 선언문과 강령은 다음과 같다.19)

〈선언문〉
우리는 이 땅에 진정 자유로우며 민주적인 노동조합 운동의 발전을 기하기 위하여 전국노동조합협의회를 구성하고 노동자의 권익을 짓밟는 악질기업주와 그 주구 및 노동「부로커」들과의 가책 없는 투쟁을 통하여 노동자의 권리를 찾고 노동관계에 있어서의 봉건잔재적 관료적인 일체의 요소를 타파함으로써 근로대중의 경제적 정치적 문화적인 지위 향상을 도모하며 나가서 조국의 민주화와 반공통일에 이바지 할 것을 엄숙히 선언한다.

또한 노임횡령사건 등 불미로운 사건이 수다함에도 불구하고 다만 기업주의 주구로서 위원장 자리만 고수하고 있다.
  4. 썩은 나무에서 열매를 따지 못하는 것이 진리이며, 현 대한노총 간부 전원이 책임을 지고 총퇴진하는 것만이 전체 노동자를 위하는 길이요, 속죄를 구하는 길인 것을 확신하며 먼저 사무총장 본인부터 스스로 퇴진하는 것이다.
17) 대한노총 경전노동조합, 『노동』 제7권 제8호, 1959년 8월, 38~39쪽.
18) 대한노총 경전노동조합, 『노동』 제7권 제8호, 1959년 8월, 44~45쪽.
19) 한국노총, 앞의 책, 488쪽 부록 6-8-1.

〈강령〉
1. 우리는 자유로우며 민주적인 노동운동을 통해서 노동자의 인권수호와 복리증진을 위하여 투쟁한다.
2. 우리는 민주노동운동을 통해서 건전한 국민경제의 발전을 기하고 노자평등의 균등사회건설에 이바지한다.
3. 우리는 민주노동운동을 통해서 민족의 주권을 확립하고 국제노동운동과 제휴하여 세계평화에 기여한다.

선언문에서는 전국노협이 대한노총과 대립되는 전국적 노동조직임을 명확히 밝히고 있다. 전국노협의 설립목적은 "민주적인 노동조합 운동의 발전"에 있었다. 이를 위해 "악질기업주와 그 주구 및 노동 부로커"와의 투쟁, "봉건잔재적 관료적인 일체의 요소를 타파"를 결의하였다. 선언문을 통해 볼 때 전국노협은 김기옥이 주도하고 있는 전국자유노동조합연맹을 주공격대상으로 설정하고 있었다. 즉 자유노동자를 조직대상으로 한 전국자유노동조합연맹은 십장제, 반장제와 같은 중간착취제도가 온존하고 있었다. 한편 선언문 마지막 부분에서 "반공통일에 이바지"할 것을 내세우고 있음이 주목된다. 강령에서는 "민주적인 노동운동을 통해서" ① 노동자의 인권수호와 복리증진 ② 국민경제발전, 노자평등의 균등사회 건설 ③ 민족의 주권확립, 국제노동운동과 제휴를 통한 세계평화에 기여할 것임을 밝혔다.

전국노협 설립준비위원회 임원은 다음과 같다.[20]

· 지도위원 : 이두형(李杜炯) · 정대천(丁大天) · 노응벽(魯應璧) · 최유식(崔有植) · 김영태(金永泰)
· 위원장 : 김정원(金正元)
· 부위원장 : 이상진(李相鎭) · 김말룡(金末龍)
· 총무위원 : 김성환(金成煥) · 김광배(金光培) · 이팔갑(李八甲) · 남상희(南相熙) · 방홍규(方弘奎) · 김덕현(金德顯)
· 선전위원 : 신현수(申鉉洙) · 김규성(金奎星) · 최종자(崔鍾子) · 박석기

---
20) 김진선, 「자유당시대의 노동조합운동」, 『노동공론』 1975년 3월호, 36쪽 ; 한국노총, 앞의 책, 490쪽.

(朴石基)·이세영(李世榮)·김말룡(金末龍)
· 연락위원 : 김관호(金觀浩)·서원우(徐源雨)·김갑수(金甲洙)·송기봉(宋基鳳)·정영권(丁永權)·문익모(文益模)
· 규약기초위원 : 김경호(金敬浩)·한기수(韓箕洙)·김원환(金元煥)·박상익(朴商翊)·박월식(朴月植)

위 임원상황을 볼 때, 전국노협 설립준비위원회는 대구지구노동조합연맹 위원장 김말룡, 부산지구노동조합연맹 위원장 최종자, 광산노동조합연맹 위원장 김정원·부위원장 김관호, 석탄광노동조합연맹 위원장 노응벽, 경전노동조합 정대천·이상진 등이 중심이 되었다. 임원상황에서 주목되는 점은 대한노협 결성준비위원회(1957.10.26)를 구성했을 때 참여했던 세력의 다수가 전국노협 설립준비위원회에 참여했다는 사실이다. 대한노협 결성준비위원회는 1957년 10월대회에서 김주홍에게 패배한 정대천이 김기옥과 연합하여 구성한 것이다.21) 대한노협 결성준비위원회 단계에서 정대천과 김기옥은 연합하였지만, 이 단계에서는 연합형태가 무너지고 김기옥 대 정대천의 대립관계가 형성되었으므로 김기옥세력과 김기옥이 포섭한 세력을 제외하고는 대한노협 설립준비위원회에 참여했던 세력이 전국노협 설립준비위원회에 참여한 것으로 보인다. 그 대표적 인물은 정대천, 이상진, 김정원, 노응벽, 최종자, 김말룡 등이다.

전국노협 설립준비위원회 세력은 임원구성에서 드러나듯이 상당히 이질적인 집단이 연합하고 있었다. 이들 세력은 ① 1950년대 중반 이후 대내 민주화투쟁을 통해 성장한 세력 ② 1954년부터 1958년 10월 김기옥체제가 성립되기 전까지 대한노총을 주도한 세력, 즉 어용화·부패의 장본인이라는 책임을 면하기 어려웠던 세력으로 구분된다. 전국노협의 임원구성에서 어용화·부패의 장본인이었던 세력과 이에 저항하였던 세력이 하나로 뭉쳐 전국노협을 구성하였다는 것은 역사의 아이러니였다.

---

21) 임송자,「1950년대 중·후반 대한노총 중앙조직의 파벌대립 양상과 그 성격」,『한국근현대사연구』35, 2005, 236~238쪽.

이들은 반(反)김기옥투쟁이라는 목표에서 뭉쳤지만, 투쟁이유는 달랐다. 정대천은 장기간 누리던 대한노총에서의 지위를 김기옥에게 빼앗긴 데 대한 반감을 갖고 김기옥체제로부터 헤게모니를 쟁취하고자 반김기옥투쟁을 선언하였다. 반면에 김말룡을 중심으로 한 세력과 더불어 김관호·최종자·노응벽 등은 노동조합운동의 민주화, 대한노총의 자유당으로부터의 독립을 지향하였다. 전국노협 준비위원회는 김기옥체제에 대한 도전이라는 측면에서 한데 뭉쳤지만 헤게모니 쟁탈에 성공만 한다면 내부 분열을 일으켜 공중분해될 요소를 다분히 안고 있었다.

김말룡을 중심으로 한 신진세력은 왜 정대천과 연합하였을까. 김말룡과 정대천 간의 인적인 관계는 1951년 12월부터 1952년 3월까지 전개된 조선방직쟁의를 놓고 대한노총이 조방대책파와 정화위원회파로 분열되었을 때 조방대책파로 활동한 것에서 실마리를 찾을 수 있다. 김말룡과 정대천 양자는 조방대책파에 속했다. 그러나 이에 대한 구체적인 사실은 파악하기 곤란하다. 양자 간의 관계는 1955년 9월대회와 1957년 12월 대회에서 구성된 임원명단, 그리고 1957년 10월 대회 후 정대천이 대한노총과는 별도의 조직체를 구성하고자 시도했을 때의 가담세력 등을 통해서 좀 더 분명해진다.

1955년 4월대회에서 최고위원에 선출된 정대천은 사무총장 인선에 불만을 품고 대회를 부인하는 한편 대회 재소집을 선언함으로써 분열을 야기했다. 결국 대한노총 분열에 대한 자유당 수습책에 의해 9월대회를 개최하였다. 이때 김말룡은 회계감사위원에 임명되었다.[22] 이러한 양상은 1957년 10월대회에서도 되풀이 되었다. 1957년 10월대회를 앞두고 정대천은 김주홍(철도노련 위원장)세력의 부상에 압도되어 김기옥(전국자유

---

[22]「주한미대사 일등서기관 Willard O. Brown이 국무부에 보낸 Federation of Korean Trade Unions(대한노총) 보고서(1955.12.7)」(NARA, 『Records of the Department of State internal affairs of Korea, 1955~1959』); 임송자, 앞의 논문, 229~231쪽.

노련 위원장)과 연합을 하였다. 그러나 1957년 10월대회에서 정대천·김기옥 연합파는 김주홍에게 패배하였으며, 이를 계기로 대한노총 분규가 발생하였다. 1957년 10월대회에서 패배한 정대천은 대한노총과는 별도의 조직체 즉 대한노협 결성을 시도하였다. 이때 김말룡은 대한노협 결성 준비위원회 책임위원으로 가담하였다.23) 10월대회를 계기로 발생한 분열사태에 대해 자유당정부는 정대천을 후원하여 대회를 다시 소집하도록 유도하였다. 결국 12월 대회가 개최되었고, 이때 김말룡은 회계감사위원에 임명되었다.24)

이러한 사실을 통해서 김말룡은 정대천과 긴밀한 관계에 있었다고 볼 수 있다. 이러한 인적관계에서 정대천과 김말룡은 전국노협 설립준비위원회로 뭉칠 수 있었던 것 같다. 그러나 이러한 연합관계를 놓고 김말룡이 정대천세력이었다고 단적으로 평가할 수는 없다. 1950년대 끊임없이 벌어진 파벌대립의 양상을 통해서도 알 수 있듯이 조직적 방향이나 운동 목표를 놓고 세력 대 세력이 대립과 연합을 한 것은 아니었다.

정대천과 김말룡과의 연합은 신진세력이 김기옥체제에 대한 반대·도전이라는 공통분모 속에서 김기옥체제에 대항하기 위한 보다 강력한 조직이 요구되었기에 이루어진 것으로 보인다. 그러나 부패의 장본인인 정대천세력과의 연합은 신진세력의 한계를 스스로 드러내는 것으로 볼 수 있다.

2) 전국노동조합협의회 결성

김기옥파와 정대천파 사이의 싸움은 극으로 치닫고 있었고, 반(反)김기옥파가 전국노협 설립준비위원회를 구성하기에 이르자 자유당 조직위

---

23) 대한노총 경전노동조합, 『노동』 제5권 제11호, 1957년 11월, 25~29쪽.
24) 「주한미대사관 일등서기관 Edwin M. Cronk가 미국무부에 보낸 보고서(1958. 1. 16)」(NARA, 『Record of the Department of State internal affairs of Korea』, 1955~1959).

원회에서는 적극적으로 분쟁 해결에 나섰으며,[25] 보건사회부에서도 적극적인 화합공작을 하였다. 그리하여 9월 3일 정대천·김기옥·김주홍(대한노총 고문) 등 3인의 명의로 "과거 모든 분규는 백지로 환원하고 대한노총 깃발 밑에 대동단결 한다"는 성명서를 발표하게 되었다.[26] 그러나 이것으로 대한노총의 분규가 해결된 것은 아니었다. 양 파는 "모든 분규는 백지로 환원"한다는 성명서 내용에 대한 해석을 달리하였다. 전국노협 측에서 주장하는 "백지환원"이라는 것은 현 대한노총 위원장 이하 전임원의 총사퇴를 의미하는 것이었다.[27] 그러나 대한노총 측에서는 전국대회가 임박했던 10월 5일의 시점에서 경전노조를 비롯한 몇몇 조직의 제명처분을 해제하는 것으로 마무리하고자 하였다.[28] 결국 전국노협 측과 대한노총 측과의 화합이 성사되지 못한 채 1959년 10월 7, 8일 대한노총 전국대의원대회가 개최되었다.

대한노총이 1959년 10월 7일 전국대의원대회를 개최하자 전국노협은 즉각적으로 불법대회라는 것을 지적하며 대회를 부인하였다.[29] 그리고

---

25) 『동아일보』 1959년 8월 24일자, 「노총분규대책. 자유당서 강구」.

26) 『조선일보』 1959년 9월 3일자, 「노총 내분은 해소? 손장관 중재로 분규 백지환원키로」.

27) 정대천은 대동단결의 5원칙을 다음과 같이 제시하였다. ① 7월 31일 대구에서 개최되었던 중앙집행위원회를 무효로 할 것. ② 부산·인천 양 부두노조는 십장 반장이 주동이 되어 있는 불법노조이므로 해체하고 근로자 본위로 재조직할 것 ③ 행정당국에서는 현 노총의 유령조합원 12만 명을 정리할 것. ④ 현 철도노조는 법에 의한 연차대회를 소집하지 않고 있으므로 조속히 연차대회를 소집할 것. ⑤ 김기옥은 부산부두노조에서 8월 30일의 임시대의원대회 이후에 해고한 372명을 즉각 복귀시킬 것. 『동아일보』 1959년 9월 4일자, 「갈수록 태산인 노총. 타협에 5개 조항 제시. 정씨측서」; 대한노총 경전노동조합, 『노동』 제7권 제8호, 1959년 8월, 52쪽.

28) 『동아일보』 1959년 9월 4일자, 「갈수록 태산인 노총. 타협에 5개조항 제시. 정씨측서」; 『동아일보』 1959년 10월 6일자, 「가라앉지 않는 노총분규. 대회에 모여 해결. 경전노조 등 제명처분을 해제」.

29) 『동아일보』 1959년 10월 8일자, 「불법대회라 주장. 노협측서 노총대회에 성명」.

10월 26일 서울시내 세종로에 있는 태화관에서 대한생사노조 외 14개 단위노조 대표 21명이 참석한 가운데 결성식을 가졌다.[30] 이날 회의에서 임원선거에 들어가 의장제를 채택하기로 결정하였고, 중앙위원회 의장에 김말룡(金末龍)을 선출하였다. 그리고 다음과 같이 임원을 선출하였다.[31]

- 중앙위원회 의장 : 김말룡(金末龍)
- 중앙위원 : 심순택(沈順澤), 강수면(姜洙冕), 김말룡(金末龍), 김갑수(金甲壽), 이팔갑(李八甲), 김운한(金雲漢), 이세영(李世榮), 김호택(金浩澤), 박월식(朴月植), 양의성(楊義成), 배형(裵亨)
- 사무총장 : 한몽연(韓夢淵)
- 정책위원회 위원장 : 엄동옥(嚴東鈺)
- 쟁의지도위원회 위원장 : 김은호(金殷鎬)
- 법규연구지도위원회 위원장 : 강기엽(姜基燁)
- 회계감사위원회 위원장 : 김갑수(金甲洙)
- 징계감사위원회 위원장 : 심순택(沈順澤)

위 임원구성은 전국노협 설립준비위원회 당시의 임원구성과 현격히 다르다. 전국노협 설립준비위원회 때의 임원으로서 1959년 10월 26일 결성시점까지 온 임원은 김말룡(金末龍)·김갑수(金甲壽)·이팔갑(李八甲)·이세영(李世榮)·박월식(朴月植) 등 5명이다. 정대천·이상진 등 정대천파는 물론이고 김기옥체제에 반대하여 이의신립을 하였던 노응벽·최종자·김관호 등도 설립준비위원회 때의 임원명단에는 올라와 있지만 결성 당시의 임원명단에는 제외되었다. 더욱이 설립준비위원회 당시 위원장으로 있었던 김정원도 임원명단에 없다. 이로써 전국노협 설립준비위원회

---

30) 『동아일보』1959년 10월 27일자, 「노조협의회. 편당적 태도 지양. 참다운 노동운동 전개한다고」.
31) 『동아일보』1959년 10월 27일자, 「노조협의회. 편당적 태도 지양. 참다운 노동운동 전개한다고」.

당시에 가담하였던 광산노동조합연맹(위원장 김정원, 부위원장 김관호), 대한노총석탄광노동조합연맹(위원장 노응벽), 부산지구노동조합연맹(위원장 최종자), 경전노동조합(정대천, 이상진) 등이 전국노협에서 탈퇴하였던 것으로 보인다. 전국노협에 새롭게 편입된 임원 중에서 확인가능한 인물로서는 한몽연(韓夢淵)과 배형(裵亨)을 들 수 있다. 한몽연은 노동부서에서 노동행정을 담당하였던 인물이었다. 그는 조선전업노동조합 결성으로 분규가 심화되었던 1950년 2월 당시 노동국 조정과장으로 있었다.[32] 배형은 대구 대한방직쟁의과정에서 노동조합 위원장에 선출되어 사장 설경동에 대항하여 투쟁한 인물이었다.[33]

전국노협에서 대거 이탈자가 생겨났던 것은 정부와 자유당의 탄압에 기인하였다. 정부와 자유당은 전국노협의 결성이 1960년의 정부통령선거에 악영향을 미칠 것을 두려워했다. 그리하여 전국노협 결성을 부정하였다. 전국노협 결성문제에 대하여 보건사회부장관은 "그들은 법에 의하여 합법적으로 결성하였다고 주장하고 있으나 결성함에 있어서 합법적인 절차를 밟지 않고 결성하였기 때문에 행정당국은 유령단체로 보고 있다"는 견해를 피력하였다.[34] 더 나아가서 전국노협에 가담한 자에 대하여 물리적인 탄압을 가하였다. 전국노협 결성의 중심인물이었던 김말룡이 "대한노총으로부터 손을 떼고 별도로 또 하나의 새로운 노동단체를 만든다는 일은 이(李)독재정권하에서 그리 용이한 문제가 아니었다. 관권의 간섭이나 탄압 정도가 아니라 투옥을 각오하지 않고서는 못할 일이었다"[35]고 할 정도로 전국노협에 대한 탄압은 극심했었다.

---

32) 『국도신문』 1950년 2월 5일자, 「조선전업회사, 회사의 노조간부 해고조치로 분규가 심화」(국편, 『자료』16, 339~340쪽).
33) 김사욱, 『한국노동운동사』(하), 산경문화, 1979, 99~105쪽.
34) 『동아일보』 1959년 10월 29일자 「노조협의회는 유령. 손보사장관 談」.
35) 김말룡, 「노동조합운동의 전망」, 『새벽』 1960년 7월호, 150쪽. 또한 김말룡은 전국노협의 엄동옥(嚴東鈺)은 전국노협 결성 이후 연 1주일간 경찰에서 문초를 받았다고 하였다.

정대천은 자유당에 의한 김기옥파와의 화합공작 과정에서 점차적으로 전국노협에서 발을 빼고 있었으며 자유당의 화합공작에 의해 대한노총에 포섭당하였다. 정대천의 경전노조는 1959년 10월 6일 "가칭 전국노동조합협의회 설립위원으로 참가하였으나 현정세에 비추어 행정당국의 종용으로 대동단결을 원칙으로 합의를 보고 전협(전국노협 ; 필자)에 대하여는 향후 일체 관계를 끊는 바이다"라는 내용의 성명서를 발표하였다.36) 그리고 10월 7일에 개최된 대한노총 전국대의원대회에 참석하였다.

　1959년 8월 11일 설립준비위원회 결성에 합의했을 당시에는 24개 노조연합회 대표 32명이 참여하였다. 그러나 10월 26일 전국노협 결성 참여세력은 14개 단위노조 대표 21명으로 크게 줄었다. 자유당의 회유공작에 포섭된 정대천세력을 비롯하여 김기옥체제에 반대하여 '이의신립'운동을 전개하였던 광산노동조합연맹(위원장 김정원, 부위원장 김관호), 대한노총석탄광노동조합연맹(위원장 노응벽), 부산지구노동조합연맹(위원장 최종자)이 전국노협에서 이탈한 결과였다. 1959년 말 현재 조합 수가 558개였음에37) 비추어 14개의 단위노조를 거느린 전국노협의 세력은 상당히 미약했다고 볼 수 있다. 그런데 결성된지 4개월이 경과된 1960년 3월의 시점에서 전국의 70여 단위노조를 거느리고 있다는 기록이 있는데38) 자료의 제약상 사실파악은 곤란한 형편이다. 다만 그 짧은 기간에 더욱이 자유당의 탄압이 강한 상황에서 50여 개가 넘는 단위노조를 어떻게 확보했는지는 의문으로 남는다.

　전국노협은 1960년 3월 10일 제2회 노동절39)을 맞이하여 대한노총과

---

36) 대한노총경전노동조합,『노동』제7권 제11호, 1959년 11월, 26~27쪽. 이 성명서는 대한노총 경전노동조합 위원장 정대천(丁大天), 부위원장 김성환(金成煥), 감찰위원장 이상진(李相鎭), 감찰부위원장 박상익(朴商翊)・김규성(金奎星) 명의로 나온 것이다.
37) 보건사회부,『보건사회통계연보』, 1961, 412~413쪽.
38) 『동아일보』 1960년 3월 10일자, 「노조협의회 측서 노동절 맞아 성명」
39) 대한노총은 1946년 3월 10일 결성 이래 5월 1일에 노동절 행사를 개최하였다.

별도로 대구와 부산에서 기념행사를 추진하였다. "자유로우며 민주적인 노동운동을 좀먹는 관권의 간섭을 절대 배격한다"는 요지의 성명서를 발표했으며, 중앙위원회 의장 김말룡은 "현재 우리나라에서 대부분의 노동조합이 제구실을 하지 못하고 있으며", "정부당국자는 …… 자유로우며 민주적인 노동운동의 성장을 부당한 관권으로 탄압하고 있다"고 비판하였다.[40]

3) 전국노동조합협의회 결성 의의

선언문 및 강령에서 보는 바와 같이 전국노협은 "민주적인 노동운동"을 강조하였다. "민주적인 노동운동"이란 각 단위노조가 자유로운 분위기 속에서 노동자의 의사를 반영시켜 이를 민주적으로 개편하는 것을 의미한다. 전국노협은 이러한 밑으로부터의 민주적인 개편을 통해서 각 단위노조를 기반으로 한 상향적인 조직방침에 의거한 새로운 형태의 새로운 노동단체를 구성할 것을 전망하였다.[41] 이러한 점은 전국노협 설립준비위원회 취지문에서 보다 분명히 드러난다. 취지문[42]에서는 "대한노총의 기초조직인 단위노조가 민주화되고 그것이 노조로서의 정상적인 기능을 발휘하게 될 때 비로소 우리나라의 노동운동은 안정되고 민주적인 발전을 가져올 수 있는 것"이라고 하였다. 그러면서 한국의 노동운동은 ① 단위노조의 민주화를 기해서 노동조합으로서의 주체성을 확립하고 노동

그러다가 다른 날을 정하여 기념하는 것이 좋겠다는 이승만 대통령의 담화(1957.5.21)를 계기로 대한노총에서는 1958년 10월대회에서 3월 10일로 결정하였다. 1959년부터 3월 10일에 노동절 기념행사를 개최하였다. 『동아일보』 1957년 5월 22일자, 「다른날로 변경. 노동절 날짜에 이대통령 희망」 ; 『동아일보』 1958년 11월 4일자, 「3월 1일로 결정 ※ 1일은 10일의 오기(誤記)임 ; 『동아일보』 1958년 3월 23일자, 「노동절을 다른날로 제정」.

40) 『동아일보』 1960년 3월 10일자, 「노조협의회 측서 노동절 맞아 성명」.
41) 김말룡, 「노동조합운동의 전망」, 『새벽』 1960년 7월호, 150~151쪽.
42) 한국노총, 앞의 책, 488~490쪽 부록 6-8-2.

운동의 발전을 위해서 투쟁하는 노동자세력 ② 기업주의 앞잡이들로서 노임을 횡령 착취하는 부두십장들과 대구 대한방직노조와 같이 쟁의를 기화로 이를 파괴해서 노조를 불법점거한 무리들이 중심이 된 노동반역자들의 세력으로 구분된다고 하였다. 여기서 ②는 김기옥을 중심으로 하는 세력과 대한방직과정에서 기업주를 대변하기 위해 결성된 대구대한방직노동조합(위원장 고일하) 세력을 가리키는 것이다. 대구 대한방직노동조합(위원장 고일하)는 1956년 대구 대한방직쟁의과정에서 회사 측의 사주에 의해 조직되었다.

대한방직쟁의 당시 대한노총은 최고위원 정대천이 주도하고 있었는데, 대한노총 상무집행위원회에서는 회사 측에서 사주한 제2노조(위원장 고일하)에 대해 즉시 해체를 결의하는 동시에 배형을 위원장으로 한 조직체를 정당한 대구 대한방직노동조합으로 인정한다고 결의하였다. 그런데 고일하는 대한노총 1957년 10월대회에서 선전부장에 임명되었으며, 1958년 10월 29일 부산 국제극장에서 개최된 대한노총 전국대회에서 조사통계부장에 임명되었다.[43] ①은 ②의 세력에 맞서 투쟁하는 자신들을 지칭하는 것이다.

그리고 "대내 민주화투쟁을 통해서 부패된 노총을 바로잡아 보겠다고 노력해 왔으나 그것이 헛수고에 지나지 않는다는 것이 만천하에 드러났고 실지가 부두십장들과 쟁의파괴자 등 기업주의 주구들이 중심이 되어 구성되어 있는 현 노총 테두리 안에서는 이 나라의 노동운동이 한 발자욱도 전진할 수 없을뿐더러 흑백조차도 가릴 수 없게" 되었으므로 "대한노총과 결별하여 새로운 형(型)의 새로운 전국조직체를 마련코자 하는 것"이라고 밝히고 있다.[44]

전국노협은 결성 당일에 "대한노총과 대결하여 참다운 노동운동을 전

---

43) 김사욱, 『한국노동운동사』(하), 산경문화, 1979, 106~107쪽 ; 『경향신문』 1957년 10월 27일자, 「각부 위원을 선출. 노총 연차대의원대회」.
44) 한국노총, 앞의 책, 488~490쪽.

개할 것이며 특정된 정당을 지지 반대하는 편파적인 태도를 지양하고 시시비비주의로 나갈 것"45)임을 결의함으로써 정당으로부터 독립적인 조직체임을 강조하였다. 그리고 전국노협 의장 김말룡도 1960년 1월 29일자 『동아일보』 논단을 통해 전국노협의 운동방향을 ① 노동조합의 본질에 입각하여 노동운동 전개 ② 노동조합과 정당과의 관계 : 노동조합의 정치적인 중립주의 ③ 노동조합의 주체성 확립 등이라고 밝혔다.46)

전국노협은 대구 대한방직쟁의 과정에서 어용적 태도를 취한 대한노총 경북지구연맹에 반발하여 결성된 대한노총 대구지구연맹이 주축이 되었다. 전국노협 의장 김말룡은 대한방직 쟁의과정에서 대구지구연맹 위원장으로서 쟁의지도에 헌신하였던 인물이다.47) 노동자들의 투쟁과정 속에서 세력을 결집하여 대한노총의 어용화에 반기를 들었다는 점에서 대구 대한방직 쟁의는 조방쟁의와 더불어 1950년대 노동운동의 중요한 획을 그었다고 볼 수 있다.

1954년 대한노총 재조직 이후 대한노총 중앙조직 내 파벌대립은 운동노선을 둘러싼 대립이 아닌 단순한 헤게모니 쟁탈전이었다. 파벌대립의

---

45) 『동아일보』 1959년 10월 27일자, 「노조협의회. 편당적 태도 지향. 참다운 노동운동 전개한다고」.
46) 『동아일보』 1960년 1월 29일자, 김말룡 (논단) 「한국노동운동의 비판—앞으로의 방향을 중심으로—」. 김말룡을 중심한 전국노협이 노동조합의 정치적인 중립주의를 내세운 것과 관련하여 한가지 의문점이 있다. 앞에서 설명한 바와 같이 김말룡은 어용화·부패의 장본인이었던 정대천과 1950년대 중반 이후부터 관계를 맺고 있었다. 그리고 1957년 10월대회에서 패배한 정대천이 10월대회를 부인하고 대한노총과는 별도의 조직체 즉 대한노동조합총협의회(이하 대한노협) 결성을 시도하였는데 이때 책임위원으로 가담하였다. 그런데 대한노협을 결성하고자 했던 명분이란 것이 1957년 10월대회에서 "최고위원으로 당선된 김주홍·성주갑·하광춘은 모두 비자유당계의 인물이기 때문에 자유당 기간단체인 대한노총을 운영할 수 없다"(경향신문 1957년 10월 27일자)는 것이었다. 이러한 명분하에 결성을 시도했던 대한노협 결성준비위원회에 책임위원으로 가담하였던 김말룡이 전국노협 결성단계에서는 노동조합의 정치적인 중립주의를 주장하고 있는 것이다. 여기서는 하나의 의문으로서 제기하고 평가를 유보하고자 한다.
47) 김사욱, 앞의 책, 106쪽.

양상에서 보듯이 1954년 정대천의 집권 이후 헤게모니 쟁탈을 위한 대립·연합을 반복하였으며, 결국은 자유당의 분쟁해결에 의한 정대천의 승리로 이어졌다. 이와 달리 1958년 규약개정에 의한 김기옥의 집권을 계기로 벌어진 싸움은 이전 시기와 성격이 다른 면이 있다. 즉 반김기옥파는 1950년대 중반 이후 대한노총의 어용화에 불만을 갖고 있던 노동자 세력을 기초로 결집하여 투쟁을 전개하였다는 점에서 이전 시기와 다른 일면이 있다. 이를 통해 대한노총이 아닌 전국노협이라는 이름의 제3의 노동조합 중앙연맹체 결성은 이후 노동운동의 자주화·민주화의 밑거름이 되었다.

김진선은 전국노협에 대해 적극적으로 평가하였다. 즉 그는 "자유당 말기 그 어려운 때에 대한노총에서 이탈하여 비록 조직면에서 미약했다고는 하나 별도의 전국적인 조합간판을 내건 그 용기와 의지야말로 높이 평가되어야 할 것"이라고 언급하였다.48) 장명국은 "자유당 치하의 어려운 조건하에서 대한노총에 반대하는 전국노동조합협의회를 만든 것은 대한방직쟁의 과정에서 노조 상층부의 배신과 정부권력의 불법적 개입에 대한 기층 노동대중의 분노가 밑거름이 되었다"고 평가하였다. 아울러서 그는 "(이 운동의) 출발점의 대중적 기초와는 달리 그 후 기존 노동귀족과 야합하여 주도권 쟁탈의 과정으로 들어감으로써 민주화 운동의 확대가 아닌 민주화 운동의 퇴색이라는 성격을 띠게 되었다"고 비판하였다.49)

자유당에 예속된 대한노총을 비판하고 이에 대항하여 대한노총과 별도로 조직된 전국노협은 노동운동의 새로운 가능성을 제시해 주는 것으로 평가될 수 있다. 선언문 및 강령을 통해 "민주적인 노동운동"을 전개할 것을 천명한 것은 대한노총에 대한 강한 반발감에서 나온 표현이었다. 또한 전국노협의 건설은 대구 대한방직쟁의에서 기업주와 이를 대변하는

---

48) 김진선, 「자유당시대의 노동조합운동」, 『노동공론』 1975년 3월호, 37쪽.
49) 장명국, 「해방후 한국노동운동의 발자취」, 『한국노동운동론』1, 미래사, 1985, 123쪽.

자유당에 대항한 투쟁역량을 통해서 이루어졌으며, 이승만 독재정권하에 서 관권의 탄압에 맞서 민주적인 노동운동을 전개하고자 했다는 점에서 그 의의가 있다고 할 것이다.

전국노협은 자유당 정부하에서 합법성을 인정받지 못하였다. 조직적인 약세와 더불어 자유당의 탄압책으로 인해 1960년 4월혁명 전까지 뚜렷한 활동을 전개하지 못하였으나 이후 4월혁명이라는 열려진 공간에서 노동운동을 주도하였다.

3. 4월혁명기 노동계의 변화

1) 대한노총 과도체제

4월혁명에 의한 자유당 붕괴는 이와 관련된 모든 사회단체의 전면개편을 초래하였다. 이에 따라 전국의 노동단체도 지도체제를 재편성하기에 이르렀다.[50] 전국의 노동단체가 정권교체에 영향을 받아 지도층의 일대 개편을 단행한 것은 4월혁명에 의한 민주화 요구에 부응하지 않을 수 없었던 상황을 반영한 것이었다.

1950년대 자유당의 권력유지를 위한 정치적 동원체로 전락되었으며, 1960년 3·15부정선거에 깊이 개입하였던 대한노총은 4월혁명에 의한 자유당정권 붕괴에 강한 영향을 받을 수밖에 없었다.[51] 자유당정권이 붕

---

50) 전국철도노동조합, 『철로30년사』, 1977, 128~129쪽.
51) 대한노총은 자유당과 긴밀한 관계를 유지하였다. 이러한 당과 노동조합 사이의 긴밀한 관계는 주로 상부 수준의 노동조합에서 나타나는 것이었다. 지방적이고 하부 수준의 조직에서는 당과의 연결이 직접적이지는 않았다. 그러나 대부분의 노동조합은 시위나 정치적 선거에서 당과 협력하여야 한다는 것을 당연히 여기고 있었다. 재정적 지원을 받기 위해서 노사협상에서 지원을 받기 위해 당과 협력하여야 한다는 것이었다. 「주한미대사관 경제문제 상담역(Counselor of Embassy for Economic Affairs) Edwin M. Cronk가 미국무부에 보낸 보고서 (1959.12.30)」(NARA, 『Records of the U.S. Department of State relating to the

괴되자 대한노총 내 기존 집권세력은 정치적·경제적 독립을 발표하였다.52) 이는 대한노총 체제를 그대로 유지하려는 의도였다.

대한노총 위원장 김기옥은 4월혁명이 일어나자 곧바로 회무처리위원회를 소집하여 사태를 무마하고자 하였다. 1960년 4월 23일 대한노총 위원장 김기옥 주재 아래 긴급회무처리위원회가 소집되었다. 규약에 의하면 회무처리위원회는 정·부위원장과 사무총장 및 각 부장으로서 구성하여 ① 대의원대회 또는 중앙집행위원회 결의로 수임(受任)된 제(諸)안건의 집행 ② 각 부 차장 및 전문위원 임면(任免) ③ 기타 본 연합회 운영에 필요한 사항을 집행하는 기구였다.53) 긴급회무처리위원회에서 채택된 결의문은 다음과 같다.54)

〈결의문〉
1. 대한노총은 모든 정당과의 관계를 끊는다.
2. 이기붕의장은 4·19사태에 책임을 지고 당선된 부통령직은 물론 일체의 겸직을 사퇴하라.
3. 국회의원은 여야를 막론하고 사퇴하라.

위 결의문을 볼 때 대한노총은 이승만의 하야까지 생각하지 못하였으며,55) 자유당과의 절연, 이기붕의 부통령직 사퇴로써 사태를 무마할 수 있을 것으로 판단한 것으로 보인다. 김기옥을 중심한 기존 집권세력은 회무처리위원회를 소집하여 자유당과의 절연을 통해 대한노총 조직체를 그

---

internal affairs of Korea, 1955~1959』)
52) 「주한미대사관 이등참사관 Elizabeth Gallagher이 미국무부에 보낸 보고서(1960. 8. 17)」(NARA, 『Records of the U.S. Department of State relating to the internal affairs of Korea, 1960~1963』)
53) 한국노총, 『한국노동조합운동사』, 1979, 468~472쪽, 부록 6-1-2.
54) 조창화, 「한국 노동조합운동에 관한 사적고찰」, 동국대학교 박사학위논문, 1974, 122쪽.
55) 김낙중, 앞의 책, 268쪽.

대로 유지하고자 하였던 것이다.

대한노총은 4월 25일 위원장 김기옥 명의로 "부패된 정치를 일신하고 누적된 폐습(弊習)의 광정(匡正)과 침전된 도의의 선양(宣揚)을 통감"한다고 밝히면서, "모든 정당과의 연관을 끊고 정치적 자유와 경제적 자립을 확립키로 결의"했다는 내용의 전국노동자에게 보내는 결의문을 채택하였다.56)

그러나 하부조직 노동자들은 대한노총이 자유당과의 절연만으로 그동안 보였던 어용성, 부패성을 청산할 수 있으리라고 판단하지 않았다. 노동계의 민주화를 위한 노력은 위원장 김기옥 규탄운동으로 표출되었다. 1960년 4월 26일 부산 부두노동자들은 어용간부 축출을 주장하는 시위를 전개하였고,57) 김기옥의 자택을 급습하여 규탄시위를 감행하였다. 4월 27일에는 부산역전 부산부두노동조합 사무실에 노동자 약 200여 명이 몰려들어 노동조합 간부들을 상대로 "노동자임금을 착취한 자를 처단하라" "90년(1957년 ; 필자) 추가노임을 내로라(내놓아라 ; 필자)", "단일반장제도를 실시하라"는 등의 요구조건을 내걸고 간부들에게 집단폭행을 가하였다.58)

또한 대한노총 부산부두노동조합은 5월 1일 산하 조합원 대표자들을 긴급 소집하여 「노조운영대책위원회」를 구성하는 동시에 9명의 위원을 선출하였다. 노조운영대책위원회는 노동자들의 규탄시위로 인해 김기옥 위원장과 간부 등이 도피하거나 행방을 감추고 있어 공백상태를 메우기 위한 조치로 구성되었던 것이다.59)

---

56) 전국노동자에게 보내는 결의문 내용은 한국노총, 앞의 책, 526~527쪽. 한국노총, 『한국노총 50년사』, 2002, 314~315쪽 참조.
57) 전국부두노동조합, 『한국부두노동운동백년사』, 1979, 302쪽.
58) 『경향신문』 1960년 4월 27일자, 「노임 착취한 자 처단하라. 노무자들 부두노조에 殺到」.
59) 『동아일보』 1960년 5월 3일자, 「運營對委 구성. 대한노총 부두노조. 새 위원 9명 선출코」. 대한노총 부산부두노동조합 노조운영대책위원회 위원은 다음과

이러한 상황을 맞이하여 대한노총 고문인 정대천(경전노조 위원장)과 김주홍(철도노조 위원장)은 5월 2일 정식 사임했다. 김기옥 위원장도 3일 열린 대한노총 회무처리위원회에서 정식으로 사표를 제출하고 위원장직을 사임하였다.[60]

기존 집권세력에 반발한 반대분파는 수습위원회를 조직하여 대한노총을 이끌고 있는 주요 임원들의 사임을 촉구하였다. 대한노총 수습위원회는 5월 5일 성명서를 발표하고 자유당의 정권유지에 참여한 현 노총 간부는 총사퇴하라고 주장하였다.[61] 즉 5월 3일 회무처리위원회가 김기옥만을 사퇴하도록 하고 나머지 간부들은 사태의 수습을 구실 삼아 잔존하고 있는 것을 비판한 것이다. 대한노총은 기층노동자들의 민주화요구에 밀려 5월 9일 간부가 총사퇴하여 해산상태에 있었고, 10여 명의 수습위원이 연명책을 찾고 있었다.[62]

수습위원회는 대한노총 과도체제를 조직하여 새로운 임원선거를 통한 노동조합 재조직을 위해 〈대한노총 간부진 총사퇴〉→〈과도체제 구성〉→〈새로운 임원선출에 의한 대한노총 재조직〉이라는 구상을 갖고 있었다.

이러한 수습위원회 구상을 허정 과도내각에서는 받아들이지 않았다. 노동당국에서 대한노총 수습위원회의 법적 성격을 법무부에 문의했는데, 법무부는 수습위원회의 설치가 합법이 아니라는 유권해석을 통보하였다. 즉 법무부는 "4·19 이후 각급 노동조합이 각지에서 개편 중에 있는데(7

같다. 지도위원 김용후(金容厚)·전영곤(全英昆)·전병민(田炳玫), 총무위원 이강진(李康振), 쟁의위원 이유진(李裕振), 선전위원 김길수(金吉洙), 후생위원 박정진(朴正振), 조직위원 정한주(鄭漢株), 사정(司正)위원 김일문(金一文).

60) 『조선일보』 1960년 5월 3일자, 「노총 김주홍씨 사퇴」; 『동아일보』 1960년 5월 4일자, 「김주홍씨 사퇴. 대한철도노조위원장」; 『동아일보』 1960년 5월 5일자, 「김기옥씨 사표. 대한노총 위원장」. 정대천, 김주홍, 김기옥은 1950년대 중후반 대한노총에서 권력을 획득하고자 서로 대립과 연합을 반복하였다. 이들의 이전 행적에 대해서는 임송자, 앞의 논문 참조.
61) 『동아일보』 1960년 5월 6일자, 「현간부의 사퇴. 노총수습위 주장」.
62) 한국노총, 앞의 책, 493쪽.

할 개편 완료) 일부 노동조합은 공백상태를 메우기 위해서 법이나 노동조합 규약에 의하지 않고 하등 법적 근거가 없는 소위 수습위원회 등의 명칭으로 회의를 소집하고 있음을 합법적 방법으로 볼 수 없다"고 통보하였다.[63]

대한노총 중앙조직의 공백상태를 메우고, 대한노총을 재조직하기 위하여 1960년 7월 22일 김주홍, 성주갑 등을 중심으로 대한노총 임시전국대의원대회 소집준비위원회를 구성하였다.[64] 김주홍은 한때 정대천과 연합하여 최고위원에 선출되었으나(1954년 대회, 1955년 대회), 1957년부터는 철도연맹이라는 조직세를 바탕으로 정대천과 대결하였고 결국 12월대회에서 자유당권력과 정대천세력의 야합에 의해 중앙조직에서 헤게모니를 상실하였던 인물이었다. 성주갑도 1957년 10월대회에서 획득한 최고위원 자리를 정대천세력에 의해 잃게 되었고, 이후 1958년 김기옥 위원장체제하에서 부위원장을 지낸 인물이다.

소집준비위원회 위원장 성주갑은 7월 23일 대한노총 임시전국대의원대회를 8월 7~8일 이틀간 개최하기로 했다고 공고하였다.[65] 소집공고에서 "각급 단위노조로부터 산업별·지역별·직종별 연합회 수습을 완료"하였다고 밝혔지만 실상은 그렇지 못하였다. 더욱이 소집대회를 열만한 상황도 아니었다. 전국광산노련은 7월 27일 소집공고에 대한 비난성명을 발표하였는데, 대한노총은 9개의 산별조직 중에서 전업·섬유·자유·해상 등 4개 산별조직이 정비되어 있지 않았다.[66] 또한 국제대회 참석으로 인해 대표가 부재중인 조직이 3개 즉 철도·체신·미군종업원노조가 있었다. 결과적으로 광산과 전매 2개 조직체 대표만이 현존하고 있었다.

광산노조와 미정비중이던 전업노조에서는 소집준비위원회와 달리 9

---

63) 『조선일보』 1960년 6월 22일자, 「대한노총 붕괴?」.
64) 한국노총, 앞의 책, 529쪽 부록 7-4-2 ; 김낙중, 앞의 책, 269쪽.
65) 김낙중, 앞의 책, 269~270쪽 ; 한국노총, 앞의 책, 529쪽 부록7-4-1.
66) 한국노총, 앞의 책, 529~530쪽 부록 7-4-3.

월, 10월경 대회를 소집하고자 하였다. 또다시 대한노총은 주도권 쟁탈전에 휘말려 들어가게 되었다. 소집 공고에 대한 산하 노동조합들의 반응은 냉담하였다. 결국 대한노총 대회는 불가피하게 연기될 수밖에 없었다.[67] 이러한 과정을 거친 이후 성주갑을 중심으로 한 대한노총 수습준비위원회 세력은 1960년 9월 김말룡 중심의 전국노협과 통합을 결정하기에 이른다.

2) 전국노동조합협의회와 제3세력

전국노협은 김말룡을 중심으로 "대한노총과 대결하여 참다운 노동운동을 전개할 것이며 특정된 정당을 지지 반대하는 편파적인 태도를 지양하고 시시비비주의로 나갈 것"임을 천명하며 1959년 10월 26일 결성된 조직이다.[68]

대한노총과 대립하여 별도로 노동조직을 구성한 전국노협은 (1) 노동조합의 본질에 입각하여 노동운동 전개 (2) 노동조합과 정당과의 관계 : 노동조합의 정치적인 중립주의 (3) 노동조합의 주체성 확립이라는 운동 방향을 목표로 활동을 전개하였다.[69]

---

67) 대회 연기의 가장 중요한 이유는 철도노련 지도자와 광산노련 사무총장의 국제회의 참가와 관련이 깊다. 1960년 7월 20일부터 11일 동안 스위스 "베른"에서 국제운수노련 제26차 대회가 개최되었는데 철도노련에서는 이규철(李奎喆) 위원장과 윤병강(尹秉綱) 사정(司正)위원장이 참석하였다. 그리고 광산노련의 경우 1960년 8월 1일부터 6일까지 스웨덴 수도 스톡홀름에서 열린 국제광련 제38차 총회에 한기수(韓基洙) 사무국장을 대표로 하여 방홍규(方弘奎) 부위원장, 이광조(李光朝) 등 3명을 파견하였다. 「주한미대사관 일등 참사관 Robert W. Tucker가 미국무부에 보낸 보고서(1960.9.19)」(NARA, 『Records of the U.S. Department of State relating to the internal affairs of Korea, 1960~1963』) ; 전국철도노동조합, 앞의 책, 130~131쪽 ; 전국광산노동조합, 『광로 20년약사』, 1969, 36쪽.
68) 『동아일보』 1959년 10월 27일자, 「노조협의회. 편당적 태도 지양. 참다운 노동운동 전개한다고」.

4월혁명 후 통치권력이 이완되고, 대한노총이 와해되는 상황에서 전국노협은 즉각 활동에 나섰다. 전국노협은 4월혁명의 여세를 몰아 대한노총의 어용성·비민주화에 대한 공격과 더불어 조직화 활동을 활발히 전개하였다. 전국노협은 신정부 수립 때까지 일체의 노동운동을 중지하고 노조정비기간으로 설정하였다. 이러한 활동의 결과 전국노협은 4·19 이후 6월 초순까지 상당한 정도의 조직을 규합한 것으로 보인다.[70]

전국노협 위원장 김말룡은 앞으로의 노동운동에 대하여 "민주적이고 순수한 노동운동을 전개하여 근로자의 복지와 경제적 사회적 향상에 헌신하여야 한다", "정치도구화 되어서는 안 된다"고 강조하였다.[71] 또한 전국노협은 전국 각급 노조의 대표자회의를 개최하고 통일적인 노동조합 중앙조직을 결성할 계획을 세웠다.[72]

1960년 7·29총선까지 노동계는 김말룡을 중심으로 한 전국노협세력, 성주갑·김주홍 등의 대한노총 잔존세력이 있었다. 7·29총선 이후 이러한 노동계 판도에 새로운 세력 즉 제3세력이 등장하였다.

제3세력은 전진한(錢鎭漢)·김두한(金斗漢)이 중심이 되었다. 1946년 9월 총파업 이후 대한노총 위원장이었던 전진한은 이승만 대통령의 지시에 의해 1952년 11월대회에서 제거되었던 인물이다. 그는 한때 대한노총 내 반자유당파를 결집하여 대한노총에서의 세력을 확보하고자 시도하였다. 노농당 당수였던 전진한은 1957년 대한노총 대회를 앞두고 철도노련

---

69) 『동아일보』 1960년 1월 29일자, 김말룡 (논단) 「한국노동운동의 비판 —앞으로의 방향을 중심으로—」.
70) 4·19 이후 6월 초순까지 170개 단위노조를 개편·포섭하여 16만 명의 노조원을 흡수하였다는 견해가 있을 정도로 상당히 급속도로 조직을 확장하였다. 『동아일보』 1960년 6월 9일자, 「자유 찾은 노동운동. 노총은 해산상태. 월말까지 전국노조 개편」.
71) 『동아일보』 1960년 6월 9일자, 「자유 찾은 노동운동. 노총은 해산상태. 월말까지 전국노조 개편」.
72) 『동아일보』 1960년 7월 10일자, 「노협 중앙단체 8월 중에 구성」.

위원장 김주홍과 연결하여[73] 자유당의 비호에 의해 권력을 장악하고 있던 정대천을 제거하고자 하였다. 그러나 이러한 계획은 행동으로 옮겨지지는 못했다. 김주홍이 노동운동의 "경제적 자립과 정치적 중립"을 주장하면서 정대천의 강력한 라이벌로 성장하고 있었지만, 그는 자유당과의 단절을 적극적으로 고려하지는 않았기 때문이다.

원래 전진한과 김두한은 미군정기부터 긴밀한 관계를 유지하였다. 대한민주청년동맹(대한민청)[74]의 감찰부장 김두한의 반공활동은 대한노총의 조직확장에 지대한 공헌을 하였다. 미군정기 대한노총과 우익청년단과의 공조체제 속에서 대한민청 감찰부장 김두한의 반공활동이 대한노총의 조직확장에 기여함으로써 두 조직 간 긴밀한 관계가 유지되었다. 그리고 대한민청·청년조선총동맹[75]의 회장 유진산과 대한노총 위원장 전진한은 개인적으로 돈독한 사이였으므로 두 조직 간의 공조체제 또한 확고하였다. 이러한 관계에서 전진한이 결성한 노농당에 김두한이 참여하기도 하였다.[76]

---

73) 「주한미대사관 일등서기관 Edwin M. Cronk가 미국무부에 보낸 보고서(1957. 8. 28)」(NARA, 『Records of the U.S. Department of State relating to the internal affairs of Korea, 1955~1959』).

74) 대한민주청년동맹은 1946년 4월 9일 결성되었으며, 결성 당시의 임원은 다음과 같다. 회장 유진산(柳珍山), 부회장 김창형(金昌炯)·김근찬(金根燦), 총무부장 유우석(柳愚錫), 사업부장 김후옥(金厚玉), 재정부장 박정래(朴禎來), 감찰부장 김두한(金斗漢), 지방부장 김후옥(金厚玉), 정보부장 장우극(張愚極), 선전부장 박용직(朴容直), 조직부장 조권(趙權), 교도부장 유약한(劉約翰)이었다. 선우기성, 『한국청년운동사』, 금문사, 1973, 666~667쪽.

75) 청년조선총동맹은 1947년 4월 7일 결성되었다. 이 단체는 대한민주청년동맹이 1947년 4월 20일 시공관에서 열렸던 전국문화예술인 경연대회를 유회시키고 정진룡(丁鎭龍) 등 3명을 타살한 사건으로 인해 자진 해산한 후 다시 결성한 것이다. 다시 말하면 이 단체는 대한민청이 간판만을 바꾼 것에 지나지 않았다. 선우기성, 위의 책, 669쪽.

76) 노농당은 1955년 2월 15일 결성되었다. 노농당의 선언, 강령, 당면정책은 『대한민국건국10년지』, 1956년, 205쪽 참조. 노농당은 1960년의 대선을 앞둔 1959년 12월 20일 당명을 민족주의민주사회당으로 개칭하였다. 『동아일보』 1959년 12

김두한은 「부정축재처리긴급대책 노동권익투쟁위원회」라는 명의를 내걸고 노동단체 재조직에 가세하였으며,77) 한국사회당 중진이던 전진한은 7·29총선이 끝난 후 1960년 8월 3일 노동조합의 지배권을 획득하기 위한 목적에서 한국사회당을 탈당하였다. 그는 성명서에서 탈당의 계기를 "이번 선거를 통해서 관념적인 혁신의 제창만으로는 혁신세력이 커나갈 수 없음을 절실히 느껴 앞날의 혁신을 위한 대중기반을 닦기로 결심했다"고 하였다. 그는 대한노총, 전국노협, 교원노조 등의 여러 간부들이 자신의 노동운동 참여를 요청해 왔다고 밝혔다.78)

　　전진한·김두한 세력은 한때 대한노총을 무력으로 접수하고자 하였다. 9월 5일 대한노총 본부 사무실을 김두한이 점유하고 전(前)대한노총계 인사들을 추방하는 사태가 벌어졌다. 이에 대해 대한노총 전국대회준비위원회에서는 특수주거침입 협박 등으로 6일 검찰에 고소를 제기하였다.79) 그러나 이 사건은 김두한이 9월 7일 대한노총 본부 사무실을 자진하여 물러나는 것으로 일단락되었다.80)

　　이러한 제3세력에 대해 『한국노동조합운동사』에서는 "사회적 혼란을 틈 타서 무력에 의존하는 전횡을 재연"시켰고, "정치적 영향력을 강화하기 위해 수단을 가리지 않았다는 점에서 그들이 어떠한 명분을 내세웠던가를 불문하고 기존세력과 동일한 입장"이었다고 평가하였다.81) 또한 주한미대사관에서는 이들 세력이 기회주의자들로 구성되었으며, 정치적 지원세력을 찾고 있었으며, 정치적 보수주의자나 사회주의자와 거래하고자

　　월 21일자, 「민족주의민주사회당으로. 노농당대회 개칭 결정. 대통령후보와 당수도 분리」. 김두한은 1958년 12월 3일 탈당 성명서를 발표하고 노농당에서 탈당하였다. 『동아일보』 1958년 12월 3일자, 「노농당서 탈퇴. 김두한씨」.

77) 한국노총, 앞의 책, 498쪽.
78) 『동아일보』 1960년 8월 4일자, 「노동운동에 전력. 전진한씨 韓社黨서 탈당」.
79) 『동아일보』 1960년 9월 7일자, 「김두한씨를 고소. 노총사무실 점유로 말썽」.
80) 『동아일보』 1960년 9월 9일자, 「김씨측 명도로 해결. 노총사무실 사건」.
81) 한국노총, 앞의 책, 498쪽.

했다고 평가하였다.[82]

대한노총 본부 난입사건이 있은 후 김두한은 노동계에서 사라지게 되고, 전진한은 노동조직 통합대회를 통해 조직된 한국노련을 부정하고 제2의 한국노동조합총연맹을 결성하였다. 이에 대해서는 뒤의 제4장 3절 3) 한국노동조합총연맹 결성에서 다루고자한다.

3) 한국노동조합총연맹(한국노련) 결성

대한노총과 전국노협은 9월 13일 쌍방 대표간 통합에 합의를 보았다.[83] 통합 결정 배경에 대해서는 자료의 제약으로 파악하기 곤란하다. 이승만 정권하에서 대한노총과 대립되는 조직으로 출발했던 전국노협이 대한노총과 통합하고자 했다는 점은 쉽게 납득이 되지 않는다. 다만 노동계 통합에 대한 사회적인 분위기가 한몫을 하게 되어 통합을 결정한 것이 아닌가 추측이 된다. 또한 이 당시 아래로부터 진행된 노조민주화운동에 힘입어 노동조직이 신설·개편되어 나가고 있음에 고무되어 노동조직 통합을 통하여 전국노협 세력이 노동계를 주도해 나가고자 의도했을 것으로 보인다.

대한노총 대표 성주갑과 전국노협 대표 김말룡은 1960년 9월 14일 "4·19 이후 전체 근로대중들의 절대적인 요망과 구태의연한 정치적 경제적 공격 및 점고(漸高)해가는 새로운 사회불안에 대비코 오직「단결만이 우리들의 삶의 길을 개척할 수 있다」는 대국적인 견지에서 노동전선의 통일을 기하기 위하여" 10월 통합대회를 개최할 것에 합의하였다는 성명서를 발표하였다.[84] 이들은 성명서를 통해 "4·19정신을 기본으로 하여 한

---

82) 「주한미대사관 이등참사관 Elizabeth Gallagher가 미국무부에 보낸 반연간(Semi-Annual)보고서(1960.8.17)」(NARA, 『Records of the U.S. Department of State relating to the internal affairs of Korea, 1960~1963』).
83) 『동아일보』 1960년 9월 19일자, 「20일까지 규약수정. 통합된 노동단체」.

국노동운동의 새출발"을 기하며, "노동조합운동의 주체성을 확립하고 정치적인 중립"을 기하며, "당면한 교원노조의 합법성 전취를 위한 투쟁을 적극 지원"한다고 결의하였다.

성명서와 함께 10월 1~2일에 전국 노동단체 통합대회 대의원대회를 개최한다는 소집공고를 하였다. 9월 14일 발표된 소집공고는 대한노총 대표 성주갑, 전국노협 대표 김말룡, 통합대회 지도위원 전진한(錢鎭漢)·정준(鄭濬)·양일동(梁一東)·이종남(李鍾南)·송원도(宋元道)·김주홍(金周洪)을 비롯한 총무·기획·연락·규약·선전·심사·섭외 등의 실행위원 명의로 나왔다.[85] 9월 15일에는 대한노총 위원장 대리 성주갑 명의로 통합발기조합을 발표하였다.[86]

통합에 따르는 규약수정을 위하여 합동섬유위원장 이종성 등 8명의 규약수정위원을 선출하였으며,[87] 9월 23일에는 통합대회를 앞두고 규약개정 공청회가 개최되었다. 여기에는 대한노총, 전국노협 등의 대표를 비롯

---

[84] 한국노총, 앞의 책, 530쪽 부록 7-4-4.
[85] 한국노총, 앞의 책, 530~531쪽 부록 7-4-5. 통합대회 실행위원은 다음과 같다. 총무 : 강태범(姜泰範)·한기수(韓基洙)·노현섭(盧玄燮)·노응벽(盧應璧)·김종화(金鍾和)·안태희(安台熙)·홍사욱(洪思郁)·정국권(鄭國權)·박영기(朴榮基)·한덕(韓悳) / 기획 : 이상옥(李相玉)·박수동(朴秀東)·염태운(廉泰雲)·김갑수(金甲壽)·주득송(朱得松)·윤병강(尹秉剛)·김유환(金裕煥)·이준수(李俊洙)·김용식(金龍植)·김제성(金濟成) / 연락 : 김병균(金炳均)·한상기(韓相基)·전영곤(全榮昆)·나병ㅇ(羅炳ㅇ)·이팔갑(李八甲)·이봉환(李鳳煥)·배철(裵哲)·김영태(金永泰)·방홍규(方弘奎) / 규약 : 이종성(李鍾聲)·강태범(姜泰範)·김사욱(金仕郁)·강기철(姜基喆)·최용수(崔龍洙)·성하경(成夏慶)·이석희(李錫禧) / 선전 : 신현수(申鉉洙)·김영환(金榮煥)·박영성(朴永成)·배형(裵亨)·이찬혁(李贊赫)·손진규(孫鎭圭)·송갑준(宋甲準) / 심사 : 최유식(崔有植)·권오상(權五相)·이동진(李東鎭)·김용후(金容厚)·이세영(李世榮)·박종규(朴鍾奎)·이광조(李光朝)·이상배(李相培)·서석만(徐錫晩) / 섭외 : 이상배(李相培)·이우복(李宇福)·김영근(金榮根)·곽진성(郭進成)·이근칠(李根七)·유기남(柳基南)·이봉학(李鳳學)·조운룡(趙雲龍).
[86] 통합발기조합에 대해서는 한국노총, 앞의 책, 531~532쪽 부록 7-4-6 참조.
[87] 『동아일보』 1960년 9월 19일자, 「20일까지 규약 수정. 통합된 노동단체」.

하여 각 산업별 대표, 서울지구 지역별 대표, 보사부 노동관계관, 학계 대표 등 42명이 참석하였다. 노동단체를 통합하려는 일련의 노력으로 결국 10월 1일에 전국노동단체대의원대회를 개최하기로 결정을 보았다.[88]

예정대로 전국노동단체통합대의원대회는 10월 1일 개최되었으나 처음부터 삐걱거리기 시작하였다. 각급 대의원들의 참석이 지연되었으며 대의원 508명 중 324명만이 참석하였다.[89] 이날 성주갑·김말룡·송일성 등이 임시의장단으로 선출되어 규약개정에 들어갔는데 명칭문제에서 대한노총으로 하느냐, 한국노동조합총연맹(이하 한국노련)으로 하느냐 갑론을박하다가 회의가 중단되었다. 1일에 이어 2일에 속개된 전국노동단체통합대의원대회는 이날 정오까지 성원이 되지 않아 무기휴회가 선언되었다.[90]

10월 1일과 2일에 열린 통합대회에서 통합에 실패한 후 대한노총과 전국노협은 다시 통합문제를 협의하였다. 그 결과 11월 25~26일 양일간에 걸쳐 다시 통합대회를 개최하기로 하였으며, 25일의 대회를 앞두고 양측은 발전적 해체를 하기로 합의하였다.[91] 통합대회 소집위원 명단은 다음과 같다.

〈통합대회 소집위원〉
○ 노총 측 : 이규철(철도노련), 성주갑(조양사), 최용수(조선전업) 김종하(자동차노련), 김병균
○ 노협 측 : 김말룡, 이세영, 이팔갑
○ 무소속 측 : 전병민(자유노련), 김경종(전매청노조), 신현수(남선전기노조)

---

88) 한국노총, 앞의 책, 499쪽.
89) 『동아일보』 1960년 10월 2일자, 「개회 지연. 노동단체 통합대회」·「노동단체 통합. 대회 제1일. 명칭싸고 옥신각신. 2일 속개키로」.
90) 『동아일보』 1960년 10월 3일자, 「무기연기. 노동단체 통합대회」.
91) 『조선일보』 1960년 10월 25일자, 「새달 하순 개최. 노총통합대회」 ; 『동아일보』 1960년 10월 26일자, 「來月 25일 통합대회. 노총과 노동협의회」.

1960년 11월 25일에 다시 열린 전국노동단체통합결성대회가 개최되었다. 그런데 통합대회에 884개 단위노조와 61개 연합체 대표 대의원들이 참가하기로 되었으나[92] 대한노총 측 439명, 전국노협 측 36명, 비노동계 측 198명 등이 참석하였다.[93] 여기서 비노동계는 4월혁명 이후 대한노총에서 탈퇴하거나 아니면 새로 결성된 노동조합들이었다.[94] 25일의 통합대회에서 임시의장단으로 성주갑(成周甲)·김말룡(金末龍)·전병민(田炳玟)이 선출되어 회의를 진행하였고 규약수정에 들어가 강령, 규약 등 수정안을 내걸고 갑론을박하였으나 결론을 내리지 못한 채 산회하고 말았다.[95] 11월 26일 계속된 대회에서 기본강령과 행동강령을 통과시켰으며 대의원 382명 중 218명의 찬성을 얻어 노동단체 통합체의 명칭을 한국노동조합총연맹(한국노련=FKTU)으로 결정을 보았다.[96] 이날 통과된 기본강령과 행동강령은 다음과 같다.[97]

---

92) 『동아일보』1960년 11월 25일자, 「노동단체 다시 통합. 25일에 새 단체 결성회」.
93) 『동아일보』1960년 11월 26일자, 「노동단체 통합키로 결의. 25일 하오 대회서 규약 토의 시작」. 동일 날짜의 다른 기사에서는 대한노총 대의원 453명 중 317명만이 출석하고 전국노협, 비노총계 대의원이 참석하지 않았기에 정오에 개막하여 이 대회를 통합대회로 인정할 것인지 일단 해산하고 후일을 기약할 것인지를 투표에 부쳐 275대 68로 통합대회로 인정하였다고 하였다. 『동아일보』1960년 11월 26일자, 「노총 대표만 참석. 노동단체 통합대회」.
94) 김낙중, 앞의 책, 272쪽.
95) 『동아일보』1960년 11월 26일자, 「노동단체 통합키로 결의. 25일 하오 대회서 규약 토의 시작」. 동 기사에서 임시의장단 전병구(田炳玖)로 되어 있으나 전병민(田炳玟)의 오기(誤記)이다.
96) 『동아일보』1960년 11월 27일자, 「한국노련으로. 노동단체 통합대회」. 한국노동조합총연맹이라는 명칭은 5·16군부쿠데타 이후 이규철을 중심으로 재편성된 조직의 명칭과 동일하다. 일반적으로 김말룡 중심의 한국노동조합총연맹은 한국노련으로, 이규철 중심으로 조직된 한국노동조합총연맹은 한국노총으로 부른다. 이 책에서도 두 조직을 한국노련, 한국노총으로 구분하고자 한다.
97) 한국노총, 앞의 책, 532~533쪽 부록 7-5 ; 김낙중, 앞의 책, 273쪽.

⟨기본강령⟩
1. 우리는 민주적인 노동운동을 통하여 노동자의 인권수호와 경제적 사회적 지위향상을 위한 공동적인 투쟁의 선봉이 된다.
2. 우리는 생산성의 앙양으로서 산업경제의 재건을 기하고 노자 평등의 사회건설에 매진한다.
3. 우리는 민권의 확립으로서 완전한 국가적 자유를 구현시키고 국제자유노동조직과 제휴하여 세계평화에 공헌한다.

⟨행동강령⟩
- 8시간 노동제 실시
- 파업권 확립
- 사회보험, 실업보험제 실시
- 숙련기술공의 우대
- 노동자의 복지시설 완비
- 고용증대의 확립
- 휴일, 휴가제의 완전 실시
- 노동자에 대한 균등처우 확립
- 중간착취의 배제
- 보건관리의 확립
- 노동운동의 부당간섭 배제
- 단체협약권 확립
- 최저임금제 실시
- 재해보상의 철저한 실시
- 불법해고 반대
- 임금의 정상 지불
- 강제노동의 금지
- 노동자의 교양기관 설치
- 연소노동자의 보호책 확립
- 직업안전의 보장
- 노동입법의 개선

임원선거문제에서 또다시 분열이 생겼다. 단일지도제로 할 것인가 집단지도제로 할 것인가 또는 중앙이사제로 할 것인가를 놓고 갑론을박하다가 결론을 얻지 못하고 산회하였다.[98] 결국 25, 26일 양일간 개최하기로 예정하였으나 통합대회는 27일까지로 연장되었다.

27일 속개된 노동단체통합대회는 전날 논쟁의 초점이 되었던 임원선거에서 최고위원제, 위원장제, 중앙이사회제의 3개 방안의 절충안으로서 중앙위원회제를 내놓고 표결에 들어갔는데 재석 대의원 428명 절대다수 찬성으로 채택되었다.[99] 중앙위원제 채택에 따라 다음과 같이 13명의 중

---

[98] 『조선일보』 1960년 11월 27일자, 「오늘 재론키로, 노총지도제 3개案」; 『동아일보』 1960년 11월 27일자, 「한국노련으로, 노동단체통합대회」.

앙운영위원을 선출하였다.100)

〈한국노련 중앙운영위원〉
이규철(李奎喆, 철도노련), 이인곤(李仁坤, 영등포지구노련), 윤영제(尹永濟, 체신노조), 김동호(金東鎬, 전매노조), 김대연(미군종업원노조), 김말룡(전국노협 및 대구지구노련), 이상오(李相五, 경남노련), 김정원(金正元, 광산노련), 전병민(부산부두노조), 김용식(金龍植, 전업노련), 성주갑(조양사), 최유식(崔有植, 전남노련), 김홍기(金洪基, 충북노련)

이러한 일련의 과정에서 일부 불만을 품은 전국자동차노련의 김종화(金鍾和) 일파에서 난동을 부려 또다시 노동운동사에 일대 오점을 남겼다.101) 사태가 다소 완화되어 회의를 계속 진행하였으나 의장, 부의장, 사무총장, 회계간사를 선출하는 문제를 놓고 직선제를 주장하는 파와 간선제를 주장하는 파 사이에 논쟁이 붙어 또다시 폭력사태가 이어졌다. 결국 임시사회를 보던 김말룡이 정회를 선포하고 퇴장하여 노동단체 통합대회는 무기 중단되고 말았다.

이렇게 하여 사흘 동안의 통합대회는 일부 세력의 난동으로 정회에 들어갔다. 특히 이날의 난동에서는 인쇄노조 대의원 전진한이 단일지도제를 관철시켜 위원장의 지위를 획득하고자 의사진행을 방해하였다고 비난받았다.102)

---

99) 11월 25일에 대회에 제출된 규약에 의하면, 중앙이사회제는 의장단과 중앙이사로서 구성되는 중앙이사회가 대회결의사항의 집행방법 채택, 각 부(部)의 부·차장 및 전문위원의 인준 등을 책임맡는 제도로 보인다. 중앙이사는 조합원 5,000명을 초과한 산업, 직업, 지역별 노동조합연합체 및 연합체에 속하지 않는 전국적인 성격을 가진 단위노동조합에서 선출되었다.
100) 한국노총, 앞의 책, 500쪽.
101) 『동아일보』1960년 11월 29일자, 「노동단체 통합대회 무기 중단. 폭력행사로 난장판. 중앙운영위원 선출에 불만」.
102) 『한국경제』1960년 11월 29일자(한국노총, 앞의 책, 500쪽에서 재인용) ; 『조선일보』1960년 11월 29일자, 사설 「노동단체 통합대회의 난투극을 개탄한다」

난장판이 된 대회에 대하여 김문영 노동국장은 "중앙운영위원이 구성된 이상 결렬이라고 볼 수 없다. 말하자면 노동단체를 운영할 내각이 구성된 셈이다"라는 견해를 피력함으로써 한국노련의 발족을 인정하였다. 또한 국제자유노련 극동기구 사무국장 「호와드·로빈슨」은 11월 28일 한국노련대회가 합법적인 만큼 중앙운영위원회에서 임시의장과 부의장을 선출하여 중앙기구의 공백상태를 메우도록 권유하였으며, 내년 2월경 전국대의원대회를 재소집하도록 절충안을 내놓았다.[103]

한국노련 중앙운영회는 11월 30일 임시 정·부의장 및 사무총장을 비롯한 임원을 다음과 같이 선출하였다.[104]

〈한국노련 임원〉
· 의장 : 김말룡(경북노련)
· 부의장 : 이규철(李奎喆, 철로노련) · 성주갑(成周甲, 조양사) ·
　　　　　김정원(金正元, 광산노련)
· 사무총장 : 최유식(崔有植, 전남노련)
· 총무부장 : 한진희(韓眞熙)
· 기획부장 : 이상배(李相培)
· 조직부장 : 김관호(金觀浩)
· 선전부장 : 김종홍(金鍾洪)
· 조사·통계부장 : 최종자(崔鍾子)
· 쟁의·지도부장 : 정국권(鄭國權)
· 국제부장 : 박영기(朴榮基)

에서는 "새로운 노동운동의 개척자로 자처하고 나선 그들이 새시대의 노동운동을 지도할 자질이 없음을 스스로 폭로한 것이 되었다는 점에서 실망하지 않을 수 없는 것이다. 따라서 우리는 난동에 가담한 폭력배들이 자신의 과오를 뉘우치고 자진 용퇴할 것을 바라며 또 이러한 사람들을 대표자로 파견한 각 노동단체들도 노동운동의 신성과 중요성을 깊이 인식하여 금후의 수습에 대처할 것을 강력히 요구하는 바이다"라고 하여 난동세력을 비난하면서 난동사태의 철저한 원인규명을 촉구하였다.

103) 『동아일보』 1960년 11월 29일자, 「공백상태 메우도록. 자유노련 "로"씨 노총대표에 요청」.
104) 『동아일보』 1960년 12월 2일자, 「正副의장 선출. 勞聯운영위」.

- 법규부장 : 배병우(裵炳宇)
- 교육부장 : 박종규(朴鍾圭)
- 부녀부장 : 미정

위 임원구성을 볼 때, 전국노협 중앙위원회 의장이었던 김말룡이 한국노련 의장에 선출됨으로써 전국노협세력이 중심이 되었음을 알 수 있다. 조직부장 김관호, 조사·통계부장 최종자는 1958년 대한노총 위원장 김기옥체제에 반기를 들었으며,[105] 1958년 8월에 성립한 전국노협 설립준비위원회 임원이었다. 또한 부의장 김정원은 전국노협 설립준비위원회 위원장이었으며, 사무총장 최유식은 지도위원의 한사람이었다.[106] 이들이 비록 10월에 결성된 전국노협에는 가담하지 않았더라도 김기옥체제하의 대한노총에 대한 주요한 비판세력이었음은 자명하다. 이규철은 4월혁명 이후 철도연맹 개편대회에서 위원장에 선출되어 막강한 세력을 발판으로 한국노련 부의장에 선출되었다.

김말룡 중심체제의 한국노련이 성립된 데 대해, 전진한파에서는 13인 운영위원회에서 선출된 중앙위 임시부서를 불법이라고 성명하였다. 또한 다음과 같이 임원을 선출하여 한국노동조합총연맹을 발족시켰다.[107]

- 의장 : 전진한(錢鎭漢)
- 부의장 : 전병민(田炳玫), 김종화(金鍾和), 성주갑(成周甲), 서유석(徐有錫), 김병균(金炳均), 김경수(金景洙), 김원제(金元濟)
- 사무총장 : 이종성(李鍾聲)   · 선전부장 : 박청산(朴靑山)
- 기획부장 : 정국권(鄭國權)   · 국제부장 : 박영기(朴榮基)

---

105) 한국노총, 앞의 책, 472~475쪽.
106) 김진선, 「자유당시대의 노동조합운동」, 『노동공론』 1975년 3월호, 36쪽 ; 한국노총, 앞의 책 490쪽.
107) 『동아일보』 1960년 12월 6일자, 「노동단체 분열. 또 하나의 노총 발족」.

또한 전진한파에서는 노련회관 점령을 시도하였다.108) 즉 한국노련 상임위원회가 노련회관(구 노총회관)에서 열리고 있었는데 전진한이 인솔하는 약 20명의 반대파가 회관 점령을 시도하였다. 그러나 김말룡측은 경전과 철도연맹의 기동력을 동원하여 반대파의 시도를 좌절시켰다. 회관점령에 실패한 전진한은 회관을 어느 한파에게 독점시킬 수는 없다고 주장하고 문제를 원만히 해결하기 위해서는 정회된 대회를 속개하거나 통합대회를 근본적으로 다시 열어야 한다고 역설하였다.109)

한국노련은 1961년 민주당정부에 의해 입법 추진된 반공특별법 및 데모규제법이 노동운동의 민주성과 자주성을 훼손하는 것으로 인식하고 반대투쟁을 전개하였다. 문제가 된 법안 조항은 보안법 제13조 2항으로 노동자들의 쟁의권을 보장하는 노동쟁의조정법 제13조를 무력화하는 것이었다. 반대투쟁은 3월 25일 부산, 마산, 광주, 전주 등지에서의 궐기대회, 4월 1일의 대구대회 등으로 이어졌다.110)

김말룡과 전진한 사이의 의견대립으로 인하여 한국노동단체의 통합을 보지 못하고 있었다. 한국노련은 전진한세력과 갈등·대립 속에서 노동운동을 전개하면서 노동조직 통합을 준비하였으며, 1961년 5월 13일 통합대회를 30~31일 양일간 서울시내 3·1당에서 열 예정이라고 발표하였으나111) 5·16군부쿠데타에 의해 통합대회는 무산되었다.

---

108) 『동아일보』 1960년 12월 7일자, 「노련회관 강점 시도. 전진한씨계 20여 명을 동원」.
109) 『동아일보』 1960년 12월 7일자, 「노련회관 강점시도. 전진한씨계 20여 명을 동원」.
110) 송종래 외, 『한국노동운동사』4, 지식마당, 2004, 522-523쪽.
111) 『동아일보』 1961년 5월 14일자 「30일에 통합대회. 대립되어 온 노동단체」. 한국노련 발표에 의하면 이번 대회는 18개 연맹 및 연합체, 그리고 500여 단위노조 대의원들이 참가하게 될 것이라고 하였다.

3) 한국노동조합총연맹(한국노련) 조직체계

대한노총과 전국노협으로 분열되었던 노동조직은 1960년 11월 25일 통합대회에 의해 한국노련으로 재출발하게 되었다. 한국노련의 조직체계는 통합대회에서 제정된 규약을 통해 파악이 가능하다. 그런데 한국노총의 『한국노동조합운동사』에는 대회에 제출된 규약만을 싣고 있어서[112] 대회에서 결정된 한국노련의 규약을 정확히 파악하기 어렵다. 다행히도 11월 25일의 대회에서 결정된 규약은 『Records of the U.S. Department of State relating to the internal affairs of Korea, 1960~1963』에 실려 있다.[113] 이를 토대로 한국노련이 어떠한 조직체계를 구상하였는가에 대한 파악이 가능하다.

―조직
· 제6조 :
1. 본 연맹의 조직은 산업 · 직업 · 지역별 노동조합연합체와 전국적 단위노조로서 구성.
2. 각 산업 직업 지역별 노동조합연합체는 동업동종의 부문과 동일한 행정구역에 속하는 노동자로서 조직되는 2개 이상의 단위노동조합으로서 구성.
3. 도(道)단위를 기준으로 하는 지역연합체는 2개 이상의 지구노동조합연합체로서 구성.
4. 동일한 행정구역 내에 동업동종의 부문에 속하는 단위노동조합이

---

[112] 1960년 11월 25일에 대회에 제출된 규약은 한국노총, 앞의 책, 533~539쪽 참조. 『한국노동조합운동사』, 533~539쪽에서는 11월 25일에 제정된 규약이라고 밝히고 있으나 이는 사실과 다르다. 이 규약은 대회에 제출된 것이지, 대회에서 통과된 규약이 아니다.

[113] 「주한미대사관 경제문제 상담역(Counselor of Embassy for Economic Affairs) Albert E. Pappano가 미국무부에 보낸 보고서(1961.9.6)」(NARA, 『Records of the U.S. Department of State relating to the internal affairs of Korea, 1960~1963』).

수 개가 있어 지역적인 상호 연합을 필요로 할 때에는 산업·지역별로 지구노동조합연합체를 구성.
5. 전국단위노동조합의 조직은 2개 도(道) 이상의 지부 또는 분회로서 구성.

위 제6조는 대회에 제출된 규약이 아무런 이의 없이 통과된 것이다. 이를 통해 볼 때, 1950년대 대한노총의 조직체계와 동일한 산업별·직업별·지역별체계를 한국노련에서도 이어받고 있는 것이 확인된다.[114] 이러한 조직체계는 4월혁명 후 전개되었던 노동조직의 재편성과정이 전면적이고 구조적으로 이루어지지 않았다는 것을 의미한다. 따라서 1950년대 유지되었던 대한노총 조직체계의 틀을 그대로 이어받았다고 할 수 있다.

―기관
〈대회에 제출된 규약〉
· 제13조 : 본 연맹에 하기(下記) 회의기관을 둔다.
    1. 정기대의원대회
    2. 임시대의원대회
    3. 중앙이사회
    4. 상임위원회

〈대회에서 통과된 규약〉
· 제13조
    1. 정기대의원대회
    2. 임시대의원대회
    3. 중앙위원회
    4. 집행위원회

정기대의원대회와 임시대의원대회는 4월혁명 이전 대한노총 규약과 동일하다. 대회에 제출된 규약에는 중앙이사회, 상임위원회라는 새로운

---

114) 이에 대해서는 제3장 제3절 1) 조직체계 참조.

기관을 두도록 규정하였다. 중앙이사는 조합원 5,000명을 초과한 산업·직업·지역별 노동조합연합체 및 연합체에 속하지 않는 전국적인 성격을 가진 단위노동조합 대표 각 1명으로 구성하도록 되어 있다. 중앙이사회는 의장단과 중앙이사로 구성되었다. 중앙이사회의 기능은 ① 대회 결의사항의 집행방법 채택 ② 각 부(部)의 부·차장 및 전문위원의 인준 ③ 대의원대회 심의를 필요로 하는 사항 이외의 의안 심의 ④ 각급 노동조합 조직의 가입 인준 등이었다.[115] 상임위원회는 의장단, 사무총장, 간사로서 구성되었으며 ① 대의원대회 또는 중앙이사회의 결의로서 수임된 안건의 집행 ② 각 부(部)의 부·차장 및 전문위원의 선정 ③ 상임직원의 인준 등을 집행하였다. 중앙이사제는 11월 27일에 속개된 대회에 의해 폐기되었고, 중앙위원제가 채택되었다.[116] 대회에서 통과된 규약 제15조에 의하면 중앙위원회는 5,000명 이상의 직업·산업·지역별 노동조합연맹체와 전국적 단위노조에서 선출된 각 대표 1인과 집행위원, 사무총장으로 구성되었다. 중앙위원은 ① 대회 결의사항 집행방법 채택 ② 대의원대회 심의를 필요로 하는 사항 이외의 의안심의 ③ 각급 노동조합 조직의 가입 인준 ④ 집행위원회에 건의안 제출 등의 권한과 임무가 부여되었다.

- 임원 및 부서
〈대회에 제출된 규약〉
· 제19조 : 본 연맹에 하기(下記) 임원을 둔다
  1. 의장 1명
  2. 부의장 약간명
  3. 사무총장 1명
  4. 간사 7명
  5. 회계감사위원 약간명
· 제23조 : 본 연맹의 부서를 하기(下記) 편성한다.
  총무부, 조직부, 통계부, 선전부, 국제부, 조사부, 후생부, 부녀부, 교육위원회, 재정관리위원회, 기획위원회, 쟁의지도위원회,

---

115) 한국노총, 앞의 책, 536쪽.
116) 『동아일보』 1960년 11월 28일자, 「중앙위제로. 노동단체 통합대회」.

정책위원회, 기관지운영위원회, 통제위원회

〈대회에서 통과된 규약〉
· 제19조 :
  1. 집행위원 약간 명
  2. 의장 1명
  3. 부의장 약간 명
  4. 사무총장 1명
  5. 회계감사위원 약간 명
· 제23조 :
  총무부, 재정부, 기획부, 조직부, 선전부, 조사·통계부, 국제부, 쟁의·지도부, 법규부, 교육부, 여성부

대회에 제출된 규약은 대한노총 1958년 규약과 비교하여 부서가 대폭 축소되었다. 1958년의 규약에서 보이는 기획부·섭외부·문화부·쟁의부·법규부·정치부 등은 폐지되었다. 그리고 조사통계부는 조사부와 통계부로 분리된 반면 국제부를 신설하였다. 대회에 제출된 규약의 특징적인 점은 교육위원회, 재정관리위원회, 기획위원회, 쟁의지도위원회, 정책위원회, 기관지운영위원회, 통제위원회 등 7개의 전문위원회를 둔 점이다. 그러나 대회에서 통과된 규약은 7개의 전문위원회를 없앴으며, 부서도 11개로 조정하였다. 대한노총 1958년의 규약과 비교하여 부서는 섭외부·문화부·후생부·정치부가 폐지되고, 재정부·교육부·국제부를 신설하였다.

4. 진보적 노동운동의 고양

1) 어용노동조합 개편과 규탄운동

이승만의 독재정권에 항거하여 일어난 4월혁명은 한국현대사에서 민주주의의 가능성을 열어놓은 중대한 출발점이었다. 4월혁명은 이승만정

권의 독재와 부정부패에 의해 누적된 대중들의 불만이 3·15부정선거를 계기로 일거에 폭발한 것으로, 그 근저에는 1950년대부터 이어져 왔던 노동운동이 주요한 배경으로 작용하였다.[117]

이승만·자유당에 종속되어 어용조직으로 전락된 대한노총에서 벗어나고자 하는 움직임은 1950년대 중반부터 가시화되었고, 기층대중들의 노동활동도 활발히 전개되었다. 이러한 역량이 축적되어 4월혁명으로 촉발되고 궁극적으로 이승만정권의 붕괴로 이어졌던 것이다.[118]

1950년대의 시대상황은 한국전쟁 이후 고착화된 반공이데올로기로 인해 진보당의 와해 및 조봉암 처형에서 보는 것처럼 한치의 혁신도 용납되지 않았다. 이러한 상황에서도 태생적인 한계에 머무르고 있던 기존의 대한노총 조직에서 벗어나려는 운동의 흐름은 아래로부터 이어져 오고 있었다.

이승만정권하에서 억눌려 있던 노동자들의 투쟁은 파죽지세로 노동계를 뒤흔들었다. 노동자들의 투쟁은 어용화되었던 노동조합을 민주화하려는 의지로 4월혁명 이후 급격하게 성장하였다. 자유당 치하에서 어용성이 노골적으로 나타나고, 노조의 민주화를 위한 투쟁이 치열했던 곳에서는 개편이 불가피했다.[119] 그러나 전면적인 체제개편 및 체질개선을 지향하지 못하고 기존의 간부가 자리를 그대로 유지하는 노동조직도 많이

---

117) 4월혁명의 원인과 배경에 대한 연구성과는 한국역사연구회 4월민중항쟁연구반, 『4·19와 남북관계』, 민연, 2000, 14~18쪽 참조.
118) 김낙중은 몇 가지 추론을 통해 이승만 독재정부 타도에 노동자들이 기여했다고 주장하였다. 그는 노동자들이 가장 많이 살고 있는 서울·부산·대구 등에서 이승만과 자유당에 대한 지지율이 저락하였으며, 해를 거듭할수록 심화되어 자유당 정부가 부정선거를 하지 않을 수 없게 만들었다고 추론하였다. 그리고 1952년의 부산 조선방직 쟁의, 1954년의 대구 내외방직 쟁의, 1956년의 대구 대한방직 쟁의투쟁 과정을 통해 이승만과 자유당정부의 부패 부정과 경찰국가적 독재성을 폭로하는데 중요한 역할을 담당하였다고 강조하였다. 김낙중, 앞의 책, 257~261쪽.
119) 김낙중, 앞의 책, 263쪽.

존재하였다.

어용노동조합 규탄데모는 김기옥이 위원장으로 있었던 부산부두노동조합에서 가장 먼저 일어났다. 이승만의 하야성명이 발표되던 날인 4월 26일 조합원들은 어용간부 타도라는 구호를 외치며 시위를 하였으며, 조합회관을 점령하는 등 간부들의 총퇴진을 요구하였다.[120] 〈표 4-2〉는 4월 말과 5월 중에 일어났던 어용노동조합 개편 및 어용노동조합 규탄운동 상황이다.

어용노동조합 규탄데모에 의해 기존 간부들은 일괄사퇴를 할 수밖에 없었다. 이러한 조합운영의 공백상태는 수습위원회라는 기구를 구성하여 조직개편을 하였다. 수습위원회는 새로이 조직을 개편하는 등 과거의 독선적이고 비민주적인 조합운영방식을 시정하여 나갔으나 과거의 고질적인 파벌투쟁이 재현되기도 하였다.

4월혁명 이후 대규모로 전개된 어용노동조합 규탄데모는 전국노협 주도로 전개되었다. 전국노협 의장 김말룡은 5월 1일 성명서를 발표하여 "관제 노동단체인 대한노총의 전간부는 물러가라"고 주장하였다. 성명서 요지는 다음과 같다.[121]

1. 자유당 치하에서 노동자를 기아임금으로 혹사했을 뿐 아니라 10억 환에 달하는 미불임금을 좀먹은 악덕 기업주들에게 즉시 피해 복구를 요구한다.
2. 관권과 기업주의 앞잡이 노릇을 한 대한노총의 간부들은 책임을 지고 물러나라.
3. 노동쟁의 중 기업주와 야합함으로써 수많은 노동자를 희생시킨 노동반역자는 스스로 물러가고 민주적 총의에 의하여 노조를 즉각 개편하라.
4. 경찰은 노동운동에서 일체 손을 떼라.

---

120) 전국부두노동조합, 앞의 책, 302~303쪽.
121) 『경향신문』 1960년 5월 1일자, 「노조간부 사퇴하라. 노조협의회서 성명」; 『동아일보』 1960년 5월 2일자, 「어용노조 규탄. 전국노조협의회서」.

5. 노동행정 책임자는 노동자의 권리를 유린한 위헌, 위법 등의 책임을 지고 물러나라.

위 성명서에서 보듯이 어용노동조합인 대한노총을 전국노협으로 대체시키고자 하였다. 즉 "관권과 기업주의 앞잡이 노릇을 한 대한노총 간부들", "노동자를 희생시킨 노동반역자"를 몰아내고 "민주적 총의"에 의하여 노조를 개편하고자 하였다.

대한노총은 기층노동자들의 민주화요구에 밀려 5월 9일 간부가 총사퇴하여 해산상태에 있었고, 10여 명의 수습위원이 연맹책을 찾고 있었다.

〈표 4-2〉 어용노조 개편과 규탄운동 상황(4월혁명 이후)

일자	운동주체	내용	출전
4.26	부산부두노조	어용노조 간부 총퇴진	○
4.29	섬유노조연맹	어용노조 간부의 규탄. 노조민주화	□
4.29	군산부두노조	전 군산지구 위원장과 그 일파 배격	□
5.1	부산부두노조	노조운영대책위 구성	동아 60.5.3
5.2	한국운수 대구지점 노조원	노조 위원장 김상진의 사표 요구	□
5.2	목포 부두노조	노조간부 일괄 사퇴	□
5.2	서울지방전매청 의주로공장 노동자	관제노조 숙청수습위원회 결성. 관제노조 즉시 해체	□
5.2	서산군노조	어용노조 해산	동아 60.5.5
5.3	인천항만노동자	어용노조 규탄데모	동아 60.5.4
5.3	부산부두노조	십장제도 폐지, 도반장 폐지, 김기옥 일파 축출 요구	동아 60.5.4
5.8	안양 금성방직노조	임원개선	동아
5.9	삼척 월암광업소	어용노조 규탄. 임원개선	동아 60.5.11
5.10	부산지구노조연합회	상무위원회에서 6명의 수습위원장 선출	동아 60.5.12
5.19-23	군산 고려제지 직장노조	어용노조 퇴진. 기업주 노동운동 간섭 배제	동아 60.5.24
5.22	부두노조	임원개선	동아 60.5.26
5.26	대구 삼호방직공장	어용노조 규탄데모. 노조간부 사퇴	동아 60.5.27

○ : 전국부두노동조합, 『한국부두노동운동백년사』, 1979, 302쪽.
□ : 한국노총, 『한국노동조합운동사』, 493쪽.

이러한 상황과 대조적으로 전국노협은 4월혁명의 여세를 몰아 대한노총의 어용성·비민주화에 대한 공격과 더불어 조직화 활동을 활발히 전개하였다. 전국노협은 신정부 수립 때까지 일체의 노동운동을 중지하고 노조정비기간으로 설정하였다. 조직활동 결과 전국노협은 상당한 정도의 조직을 개편·포섭하였다.[122]

2) 노동운동의 고양과 노동조합 결성

4월혁명에 의한 집권당 붕괴는 통치조직의 약화를 초래하였고, 반공이데올로기의 억압이 이완되었을 뿐 아니라 혁신계 정치운동이 활성화되는 등 노동운동 이념의 폭이 확대될 수 있는 외적인 조건들이 마련되었다.[123] 이에 따라 노동운동은 해방 이후 제2의 고양기를 맞이하였다.

4월혁명기 노동운동의 주요한 특징은 미조직 노동분야에서의 활발한 노조결성이라 할 수 있다. 1959년에 노동조합 547개, 노동조합원 280,438명이던 것이 1960년에는 노동조합 914개, 노동조합원 321,097명으로 증가하였다. 1959년에 신고·설립된 노동조합이 81개인데 반하여 1960년 한 해 동안에 388개의 노동조합이 신고·설립되었다.[124] 김낙중은 1960년대에 신설된 노동조합들은 자유당 치하에서 노동조합 결성이 곤란했던 중소사기업에서 현저했다고 추정하였다.[125] 즉 그는 1959년에 평균 조합원 수가 503명이었는데 1960년에 신설된 노조들의 평균 조합원 수는 216

---

122) 전국노협은 4월혁명 이후 6월 초순까지 170개 단위노조를 개편·포섭하여 16만 명의 노조원을 흡수하였다는 견해가 있지만 이는 과장된 것으로 보인다. 『동아일보』 1960년 6월 9일자, 「자유 찾은 노동운동. 노총은 해산상태. 월말까지 전국노조 개편」.
123) 김준, 「아시아 권위주의국가의 노동정치와 노동운동 : 한국과 대만의 비교연구」, 서울대학교 사회학과 박사논문, 1993, 371쪽.
124) 보건사회부, 『보건사회통계연보』, 1959, 440~441쪽 ; 보건사회부, 『보건사회통계연보』, 1960, 478~479쪽.
125) 김낙중, 앞의 책, 276쪽 〈표 6-2〉 참조.

명으로 그 평균 규모가 절반 정도에 불과했으며, 이것을 다시 월별로 보면 특히 4월 이후에 결성된 노동조합의 평균 조합원 수는 166명에 불과하며, 4월혁명 이후에 그 조직이 변경된 노동조합 수는 184개 조합, 조합원 85,062명으로 평균 조합원 수는 462명이나 된다는 것이다.[126)]

노동자들의 노동쟁의도 4월혁명을 계기로 급격히 증가하였다. 1960년 노동쟁의는 총 227건이며, 4월혁명 이후부터 1961년 5월까지 1년간 노동쟁의 발생건수는 총 282건이다.[127)] 1960년 한해의 노동쟁의 발생건수가 1953~1959년에 일어난 발생건수(216건)를 넘어서고 있다.[128)] 쟁의방식도 동맹파업이라는 집단적 투쟁이 1958년 4.9%, 1959년 1.1%에서 1960년에는 19.4%를 차지하는 등 질적인 변화양상을 보였다.

이 시기 주목할만한 특징은 정신노동자인 교원, 은행원, 신문기자의 노동조합결성투쟁이 활발하게 전개되어 노동조합운동의 폭이 넓어졌다는 것이다. 특히 교원노동조합은 노동운동을 단순한 경제투쟁의 범위를 넘어 정치적 차원에 이르게 하는 선도적 역할을 수행하여 노동운동의 새로운 지평을 열었다.[129)]

교원노동조합을 결성하려는 움직임은 1950년대 후반부터 일어나기 시작했으며, 1959년 서울 시내 일부 사립대학교수들에 의해 교원노동조합을 결성하려는 시도가 다시 나타났다. 이를 계기로 정부당국은 "순수한 노무종사자 이외에 어떤 일반공무원도 노조에 가입할 수 없으며, 만일 노조가 조직되더라도 이를 불법시 하겠다"는 부정적 입장을 밝혔다.[130)]

교원노동조합운동은 1950년대 후반 교원노동조합 결성이 시도되었던

---

126) 김낙중, 앞의 책, 277쪽.
127) 보건사회부, 『보건사회통계연보』, 1960, 472~473쪽 ; 보건사회부, 『보건사회통계연보』, 1961, 408~409쪽.
128) 보건사회부, 『보건사회통계연보』, 1961, 410~411쪽
129) 한국역사연구회 현대사연구반, 『한국현대사』2, 풀빛, 1991, 215쪽.
130) 이철국, 「4·19시기의 교원노동조합운동」, 『1950년대 한국사회와 4·19혁명』, 태암, 1991, 184쪽.

대구에서 1960년 4월 29일 대구시교원노동조합결성준비위원회 구성을 시발로 급속히 확산되었다. 교원노동조합 결성이 확대되어 가는 시점에서 5월 9일 이항녕 문교부차관은 "교원노조 구성을 막지 않을 방침"임을 밝혔으나 5월 18일 이병도 문교부장관은 기존 정부의 견해와는 달리 교원노동조합에 대한 불허방침을 천명하였다. 이에 따라 전국노협을 선두로 대한노총, 공무원노동조합 등 각 노동단체들에서 교원노조에 대한 지원투쟁을 전개하였다. 전국노협에서는 6월 26일 "교원노조의 합법성을 쟁취하기 위하여 공동투쟁전선을 형성하고 적극 투쟁할 것"이라는 성명서를 발표하였으며 6월 29일 전국노협 노동쟁의위원회에서 문교부장관을 노동조합법 위반혐의로 검찰에 정식 고발하였다.[131]

이후 교원노동조합은 당국의 불허방침에도 불구하고 우후죽순처럼 생겨나서 7월말까지 전교원의 25%에 해당하는 2만여 명의 회원을 확보하였다.[132] 이에 따라 조직정비 및 확대강화를 위한 전국대표자대회가 7월 3일 대구에서 개최되었으며, 7월 17일 서울에서 제1차 전국대의원대회를 개최하여 '한국교원노동조합 총연합회(한국교조)'로 개칭하고 임원개편을 단행하여 전국적 조직체계를 정립시켰다.[133]

1960년 4월혁명에 의하여 자유당 정권이 쓰러지자 은행종업원들은 금융민주화를 추구하며 즉시 은행노동조합 결성을 추진하였다.[134] 1960년 6월 1일 조흥은행 노동조합 결성을 선두로 한국상업은행(6월 8일), 제일은행(6월 11일), 한일은행(6월 11일), 서울은행(6월 18일) 노동조합이 결성되었으며, 7월 23일에는 전국은행노동조합연합회 결성대회가 개최되었다.[135]

---

131) 송종래 외, 『한국노동운동사』4, 지식마당, 2004, 562~564쪽.
132) 각 지방 주요 교원노조 결성상황에 대하여는 이철국, 「4·19시기의 교원노동조합운동」, 『1950년대 한국사회와 4·19혁명』, 태암, 1991, 185쪽 〈표 2〉 참조.
133) 한국역사연구회 현대사연구반, 『한국현대사』2, 풀빛, 1991, 226쪽.
134) 김낙중, 앞의 책, 279쪽.

교원노동조합과 금융노동조합 이외에 신문기자들에 의한 노동조합 결성운동도 전개되었다. 1960년 5월 15일 대구일보 기자들이 회사의 기술공 등 여타 직원들과 함께 대구일보노동조합을 결성한 것을 비롯하여 6월 17일에는 연합신문이, 6월 22일에는 평화신문이 각각 직장노조를 결성하고 기자들이 이에 참가하였다. 그러나 신문노동조합은 전국적인 노동조합 결성으로 연결되지는 못하였다.136)

5. 좌절

1) 5·16군부쿠데타와 노동단체 해산

4월혁명에 의해 노동운동은 급격히 성장하였다. 그러나 노동대중의 밑으로부터 요구인 임금인상 등 경제투쟁, 노동조합결성과 노조민주화운동 등 자연발생적인 요구가 집약되어 민주·민족운동의 가능성을 제시했을 뿐 구조적 모순을 해결하기 위한 운동으로 전화되지 못했다.137)

노동자 대중의 사회변혁운동은 5·16군부쿠데타로 인해 일시 후퇴하게 되었다. 1961년 5월 16일 박정희와 육사 5기생들이 주축이 된 군부세력은 군사혁명위원회를 조직하고 전국에 비상계엄을 선포하는 동시에 입법·사법·행정권 등 일체의 장면정권을 인수한다고 선언하였다.138) 군사혁명위원회는 5월 19일 명칭을 국가재건최고회의라 개칭하고, 계엄사령부 공고 제5호로서 「경제질서회복에 관한 특별성명서」를 발표하여 모든 노동쟁의를 일체 금지시켰다.139) 이어서 5월 22일에는 포고 제6호를

---

135) 김낙중, 앞의 책, 279~280쪽 ; 한국노총, 앞의 책, 890쪽에는 조흥은행노조가 6월 2일에 결성된 것으로, 527쪽에서는 6월 1일에 결성된 것으로 되어 있다.
136) 김낙중, 앞의 책, 292쪽 ; 한국노총, 앞의 책, 889~890쪽.
137) 장명국, 「해방후 한국노동운동의 발자취」, 『한국노동운동론』 1, 미래사, 1985, 125쪽.
138) 한국군사혁명사편찬위원회, 『한국군사혁명사』 제1집(상), 1963, 329쪽.

공포하여 모든 정당·사회단체를 5월 23일을 기해 해산시켰다.140) 이에 따라 한국노련을 비롯한 전국의 노동단체는 해체되기에 이르렀다. 5월 23일 장덕승(張德昇) 보사부장관은 5·16 전에 계류 중이던 각종 노동쟁의는 백지화되었다고 밝혔다.141) 한편 문희석(文熙奭) 문교부장관도 교원노조 문제와 관련하여 어떠한 학원의 정치활동 및 노동조합운동도 인정하지 않는다고 천명하였다.142)

포고 제6호는 5월 30~31일로 예정되었던 한국노동단체 통합대회를 무산시키는 결과를 가져왔다. 1960년 11월 25~27일에 개최된 통합대회가 임원개선문제로 김말룡계와 전진한계의 대립으로 무산되었고, 그간 노동단체 통합대회를 추진하여 오던 중이었다.143)

포고 제6호가 노동조직에도 적용되는지를 문의하기 위해 한국노련 의장 김말룡(경북노련), 부의장 이규철(李奎喆, 철도노련), 김정원(金正元, 광산노련)은 보건사회부장관을 방문하였다.144) 이때 참석한 인사들은 3명의 한국노련 지도자, 보건사회부 장관, 차관, 노동국장이었다. 이 자리에서 한국노련 지도자들은 한국노련이 반공투쟁에서 필수적인 세력임을 강조하고, 자유로운 노동조직의 유지를 강력히 촉구하였다.145) 이날의

---

139) 한국노총, 앞의 책, 569쪽.
140) 『동아일보』 1961년 5월 23일자, 「정당·사회단체에 해산령. 학술·종교단체는 제외. 31일까지 재등록 실시」. 포고문 제6호의 내용은 다음과 같다.
  모든 정당 사회단체는 단기 4294년 5월 23일을 기하여 이를 해체한다. 단 정치성이 없는 구호단체, 학술단체 및 종교단체 기타 국가재건최고회의에서 별도 허가하는 단체는 소정의 절차에 의하여 단기 4294년 5월 31일까지 재등록을 실시하라.
141) 『동아일보』 1961년 5월 25일자, 「5·16 전에 계류중인 노동쟁의 백지화. 이유없는 노동자 해고도 불허. 張보건사회부장관 談」.
142) 조창화, 앞의 논문, 145쪽.
143) 『동아일보』 1961년 5월 14일자, 「30일에 통합대회. 대립되어 온 노동단체」.
144) 「대화 비망록 : 한국노동지도자의 군사쿠데타에 관한 견해와 노동운동의 미래 (1961. 5.24)」(NARA, 『Records of the U.S. Department of State relating to the internal affairs of Korea, 1960~1963』).

모임은 보건사회부장관이 노동국장에게 노동단체 지도자들의 청원이 최고회의에서 받아들여질지 문의해보라고 지시하는 것으로 끝냈다.

한국노련은 포고 제6호에 노동조직이 포함되지 않을 것이라는 기대를 갖고 있었던 것으로 보인다. 이러한 기대는 ① 영등포 섬유노동조합이 5월 24일 대표자회의 개최를 허가받았다는 것 ② 외무장관이 ICFTU 아시아노동조합대학(동경에서의 노동자교육에 대한 세미나. 5월 23~31일 개최됨)에 한국노련 대표 참석을 허가했다는 점 ③ 지금까지 해산된 유일한 노동조합은 교원노조(단지 불법적인 노동조합이 해산될 것이라는 것을 암시)라는 점에서 나왔다.[146] 그러나 5월 26일 정치적·사회적 조직 모두를 해산한다는 최고회의 포고가 노동조합에도 해당한다는 것을 통고받았다.[147]

포고령 제6호로 기존 정당·사회단체를 해체시킨 군사정부 당국은 동시에 정치성 없는 구호단체, 노동단체 및 종교단체는 국가재건최고회의에서 별도로 허가하는 소정의 절차에 의하여 1961년 5월 31일까지 재등록을 실시하라고 공고하였다.[148]

포고 제6호에 의한 재등록 결과 155개의 단위노조와 22개의 연맹체가 기일 전에 등록을 미필하였거나 유명무실한 조합이라는 이유로 해체되었

---

145) 「대화 비망록 : 한국노동지도자의 군사쿠데타에 관한 견해와 노동운동의 미래(1961. 5.24)」(NARA, 『Records of the U.S. Department of State relating to the internal affairs of Korea, 1960~1963』).

146) 이러한 견해는 미대사관 직원과 철도연맹 위원장이며 한국노련 부의장이었던 이규철과의 대화에서 나온 것이지만 한국노련에서 공통적으로 인식한 것으로 보인다. 「대화 비망록 : 한국노동지도자의 군사쿠데타에 관한 견해와 노동운동의 미래(1961. 5.24)」(NARA, 『Records of the U.S. Department of State relating to the internal affairs of Korea, 1960~1963』).

147) 「대화 비망록 : 한국노동지도자의 군사쿠데타에 관한 견해와 노동운동의 미래(1961. 5.24)」(NARA, 『Records of the U.S. Department of State relating to the internal affairs of Korea, 1960~1963』).

148) 한국노총, 앞의 책, 569쪽.

다. 한국교원노조연합회도 5·16 이전에 허가를 받지 못하였기 때문에 재등록할 자격이 없다 하여 해체되었다.[149] 해체된 노동조직의 도별상황은 〈표 4-3〉과 같다.[150]

이와 같은 사태에 대해 국제자유노련은 "빠른 시일 안에 민주적인 정부가 수립되기를 요망하며, 자주적인 노조운동이 계속 그 기능을 발휘할 수 있게 되기를 바란다"는 내용의 전문을 수차에 걸쳐 최고회의에 보내 노동조합 활동이 부활되기를 촉구했다. 일본의 전일본노동조합회의도 한국정부에 대하여 "빠른 시일 안에 구속된 조합간부를 석방시킬 것"을 요청하며 "한·일간 노동자의 우호적인 유대강화를 촉진시키기 위하여 조

〈표 4-3〉 해체된 노동조직 상황표

	단위조합	연맹	총계
서울	50	10	60
경기	7	4	11
강원도	4	1	5
경상북도	25	3	28
경상남도	30	2	32
충청북도	12		12
충청남도	12		12
전라북도	6	2	8
전라남도	5		5
제주도	4		4
총 계	155	22	177

※ 출처 : 「주한미대사관 경제문제 상담역 Albert E. Pappano가 미국무부에 보낸 보고서 (1961. 9. 6)」(NARA, 『Records of the U.S. Department of State relating to the internal affairs of Korea, 1960~1963』).

---

149) 한국노총, 앞의 책, 569쪽.
150) 「주한미대사관 경제문제 상담역 Albert E. Pappano가 미국무부에 보낸 보고서 (1961. 9. 6)」(NARA, 『Records of the U.S. Department of State relating to the internal affairs of Korea, 1960~1963』).

합활동을 다시 허용할 것"을 요구하는 성명을 발표하였다. 그리고 한국정부가 자유로운 노동조합운동 재생을 위한 단계적 조처를 마련하도록 국제자유노련이 국제적 유대라는 강력한 힘을 발동할 것을 촉구하였다.151)

이러한 와중에서 한국노련 의장 김말룡은 7월 5일 한국노련을 중심으로 중앙조직을 재건하고자 국가재건최고회의 박정희 의장에게 서한을 보냈다. 김말룡은 서한을 통해 1960년 11월 25~27일 통합대회에서 조직된 전국적 중앙조직인 한국노련은 정치적이고 부패한 노동조합 지도자들을 축출하였으며, 한국노련 조직을 통해 민주적인 노동조합운동의 기초를 세웠다고 주장하였다. 그는 재조직 계획안을 제출하였다.152) 계획안에는 목적과 임무, 잠정적 계획, 과제, 대행위원회 임원 선출 계획, 재조직 절차 등을 제시하였다. 주요 내용은 다음과 같다.153)

ㅡ목적과 임무
· 반공운동.
· 정치적인 중립.
· 노동분쟁을 합리적으로 해결.
· 노동교육 활동.
· ICFTU와의 유대 강화.

ㅡ잠정적 계획
· 중앙집권적인 조직으로 한국노련을 개혁.
· 산업별연맹과 전국적인 단위노조를 재조직하기 위한 전국대회 개최.
· 산업별노조나 독립적인 지방노조는 자발적이고 적절한 선거에 의해 조직.
· 노동조합 임원이 될 수 없는 자 : ① 친공산주의자나 좌익조직에서 활동했던 자 ② 범행기록을 갖고 있는 자 ③ 노동조합운동을 이용한

---

151) 한국노총, 앞의 책, 569쪽.
152) 「주한미대사관 경제문제 상담역 Albert E. Pappano가 미국무부에 보낸 보고서 (1961. 9. 6)」(NARA, 『Records of the U.S. Department of State relating to the internal affairs of Korea, 1960~1963』).
153) 「주한미대사관 경제문제 상담역 Albert E. Pappano가 미국무부에 보낸 보고서 (1961. 9. 6)」(NARA, 『Records of the U.S. Department of State relating to the internal affairs of Korea, 1960~1963』).

정치가 ④ 4월혁명 후 정치정당에 가입한 자 ⑤ 유령조직이나 불법적 노동조합에 있었던 자 ⑥ 노동조합운동을 축재의 대상으로 이용한 자.

―과제
- 전국적 중앙과 다양한 산업별 연맹체계의 단일화, 조합비로 조합을 운영하는 토대 마련.
- 노동교육을 위해 정기간행물, 소책자를 출판하고, 1년에 최소 4회의 단기 노동조합 교육과정을 개설.
- 공산주의자 침투를 몰아내고, 노동부로커를 포함한 노동지도자 제거.
- 각 산업수준에서 고충위원회를 설립함으로써 노동분쟁을 최소화하고, 현재의 중앙노동위원회, 지방노동위원회를 강화.
- 직업훈련과 다양한 기술훈련과정을 수행.
- ICFTU와의 유대 강화.

―대행위원회 임원 선출 계획
- 1안 : 현재의 산업별연맹154) 위원장이 자동적으로 대행위원회의 임원이 됨
- 2안 : 현재의 각 연맹 위원장 + 각 산업별연맹에서 위원장이 임명한 사람 ⇨ 대행위원회 임원이 됨
- 3안 : 한국노련의 위원장과 부위원장이 고문으로 있고, 산업별연맹에 관련된 지역노동조합 지도자 모임을 가진 후 이들 사이에서 각 산업별연맹으로부터 3명의 대행위원을 선출

―재조직 절차
【산업별연맹】
- 1안 : 재조직을 위한 규약과 기구는 산업별연맹의 지역노동조합 지도자 모임에서 작성. 새로운 임원 선출

---

154) 산업연맹 리스트는 다음과 같다. 전국철도연맹·전국광산연맹·전국통신노동조합·전국섬유노동조합·전국화학노동조합·전국자동차노동조합·전국전업노동조합·전국자유노동조합·전국전매노동조합·전국금속노동조합·전국피혁노동조합·전국이용사노동조합·전국양복공노동조합·전국조양사노동조합·전국은행노동조합·전국외기(미군)노동조합·전국해상노동조합.「주한미대사관 경제문제 상담역 Albert E. Pappano가 미국무부에 보낸 보고서(1961. 9.6)」(NARA, 『Records of the U.S. Department of State relating to the internal affairs of Korea, 1960~1963』).

- 2안 : 각 산업별연맹이 긴급 대회를 개최하고, 규약의 수정안을 토의하고, 새로운 임원을 선출.

【전국적 중앙조직】
- 1안 : 조합원 2,000명 당 1인의 산업별연맹 대표 선출. 규약 수정, 새로운 임원 선출.
- 2안 : 조합원 10,000명까지는 2,000명 당 1인의 대표, 10,000명 이상일 경우 추가로 3,000명 당 1인의 대표 선출. 규약 수정, 새로운 임원 선출.

한국노련 의장 김말룡의 재조직 계획안은 국가재건최고회의에 의해 받아들여지지 않았다. 한국노련 의장 김말룡의 재조직 계획안을 받아들이지 않은 국가재건최고회의는 철도노련 위원장이며, 한국노련 부의장인 이규철을 중심으로 노동조직 중앙을 재건하고자 하였다. 이러한 의도는 8월 3일 「근로자의 단체활동에 관한 임시조치법」 공포 이후 현실화되어 나타났다.

2) 한국노동조합총연맹(한국노총) 결성

1961년 8월 3일 「근로자의 단체활동에 관한 임시조치법」을 공포하여 근로자의 단체활동을 부활시켜 헌법과 노동조합법에 의하여 보장되었던 근로자의 단체활동권을 다시 인정하는 조치를 취하였다.[155] 이어 같은

---

155) 『동아일보』 1961년 8월 4일자, 「근로자의 단체활동 인정. 노조신고 당국서 심사. 신고증 교부로 과거협약도 유효」; 한국노총, 앞의 책, 586쪽 부록 2-1. 전문 3조 부칙으로 된 이 법률의 규정은 다음과 같다.
제1조 본법은 국가재건최고회의 포고 제6호에 불구하고 근로자의 단체활동을 보장하여 근로자로 하여금 국가재건 과업완수에 적극 기여하도록 지도 보장함을 목적으로 한다.
제2조 근로자의 단체활동은 본법의 규정하는 외에 노동조합법의 규정에 의한다.
제3조 ① 노동조합을 설립하고져 할 때에는 노동조합법 제11조 제1항의 규정에 의한 사항을 구비하여 행정관청에 신고하여야 한다.
② 행정관청이 전항에 의한 노동조합 설립신고서를 접수하였을 때에는 지체없이 그 내용을 심사하여 신고증을 교부하여야 한다.

날짜로 「사회단체 등록에 관한 법률 중 개정법률」이 공포되었다. 이 법의 제2조 1항에는 근로단체도 등록하라는 조항이 포함되어 있었다.

정희섭(鄭熙燮) 보건사회부장관은 8월 4일 「근로자의 단체활동에 관한 임시조치법」 공포·실시에 따르는 담화를 발표하였다. 담화 요지는 노동조합을 재조직함에 군소노조의 난립보다 전국 단일 산업별노조의 필요성 강조였다. 또한 노조간부 무자격자 9항목을 제시하여 이에 해당되는 사람은 스스로 노조간부에서 물러나야 한다고 밝혔다. 정장관이 내세운 노조간부 무자격자 9항목은 다음과 같다.156)

① 종전 각 정당의 중앙위원 이상 및 예하 각급 당부 정부책임자급에 있던 자 및 당직을 갖고 노동단체를 정치적으로 이용하여 고유의 조합활동에 좋지 못한 영향을 미친 자.
② 종전 조합활동에 있어 회사의 어용화 하여 조합고유의 활동과 조합원의 권익에 해를 끼친 자.
③ 노동조합간부로서 조합원의 의사를 무시하고 독재를 하거나 조합활동을 통하여 사리를 추구한 자.
④ 민주적인 조합활동을 떠나 파벌과 반목을 일삼아 사회를 불안케 하고 산업발전을 저해한 자.
⑤ 과거 용공운동에 관여한 자.
⑥ 병역 미필자.
⑦ 공민권이 박탈된 자.
⑧ 반혁명적 언동을 하는 자.
⑨ 사이비노동자 기타 노조간부로서 부적당하다고 인정되는 자.

---

③ 노동조합은 신고증을 교부받았을 때에 성립한다.
〈부칙〉
본법은 공포한 날로부터 시행한다.
단기 4294년 5월 21일 이전 단체협약을 체결한 노동조합이 본법에 의하여 설립신고를 하여 신고증을 교부받았을 때에는 그 조합이 체결한 단체협약의 유효기간이 존속하는 한 그 단체협약이 갱신체결된 것으로 간주한다.
156) 『동아일보』 1961년 8월 5일자, 「전국 단일산별노조로. 鄭보사, 임시조치법 실시에 담화. "과거의 정당간부 제외" 간부무자격 기준 9항도 명시」.

정희섭 보건사회부장관이 8월 4일에 발표한 담화에서 "전국단일산별 노조의 필요성"을 강조한 것은 김말룡을 중심으로 한 한국노련계 간부들을 배제하겠다는 의도를 드러내는 것이었다.

군사정부는 노동조합 활동을 허용함과 동시에 8월 5일 산업별 노동조합조직 책임자를 지명하여 이규철을 의장으로 하는 한국노동단체 재건조직위원회를 발족시켰다.157) 재건조직위원회는 9개의 산업별노동조합 대표자로 구성되어 '9인위원회'라고도 불리웠다. 재건조직위원회 임원은 다음과 같다.158)

〈한국노동단체재건조직위원회 임원〉
· 의장 : 이규철(李奎喆, 철도)
· 총무책임위원 겸 대변인 : 한기수(韓基洙, 광산)
· 조직책임위원 : 이광조(李光朝, 외국기관)
· 재정책임위원 : 조창화(趙昌華, 전력)
· 위원 : 김광수(金光洙, 섬유) · 조규동(曺圭東, 체신) ·
　　　　안강수(安康洙, 운수) · 최재준(崔載峻, 해상) ·
　　　　김준호(金濬浩, 금융)

한국노동단체 재건조직위원회는 "혁명정신을 받들어 참신하고 건전한 노동조합을 조직 재건하여 노동자의 기본권익 향상과 산업부흥에 이바지하고저 하는 바이다", "성스러운 국가개혁기를 맞이하여 모든 적폐와 타

---

157) 한국노총, 앞의 책, 570~571쪽. ; 「주한미대사관 일등서기관 William J. Ford가 미국무부에 보낸 노동보고서(1961.10.23)」에서는 포고가 8월 3일(보고서에서는 8월 4일로 되어 있으나 8월 3일의 착오이다)에 나왔다는 사실과 이규철이 8월 5일 아침에 한국노동단체재건조직위원회 형성을 발표했다는 사실은 이규철과 한국노동단체재건조직위원회 구성원들이 국가재건최고회의에 의해 승인을 받았다는 것을 암시하는 것으로 평가하였다. 「주한미대사관 일등서기관 William J. Ford가 미국무부에 보낸 노동보고서(1961.10.23)」((NARA, 『Records of the U.S. Department of State relating to the internal affairs of Korea, 1960~1963』).

158) 한국노총, 앞의 책, 571쪽.

성을 일소하고 건전한 노동단체를 재건하여 민주적 노동운동 발전을 기하며 노동자의 권익을 수호하고 생산증강에 적극 헌신함으로써 역사적인 국가재건운동에 참여케 하는 바이다"라는 내용의 성명서를 발표하고 다음과 같이 노동조합운동의 기본방침과 재건조직요강을 제시하였다.[159]

〈노동운동 기본방침〉
1. 우리들은 반공체제를 강화하고 자주경제확립으로 민주적 국토통일을 기한다.
2. 우리들은 공고한 단결로 노동자의 기본권리를 수호하고 생활수준의 향상을 기한다.
3. 우리들은 정치적 중립과 조합재정의 자립으로 민주노동운동의 발전을 기한다.
4. 우리들은 노동자의 교육과 문화향상의 강력한 실천을 기한다.
5. 우리들은 건전한 근로정신으로 국가산업의 발전을 기한다.
6. 우리들은 기간산업의 공유화와 산업의 민주화를 기한다.
7. 우리들은 민주우방의 노동자와 국제적 유대를 강화하여 세계평화에 공헌한다.

〈노동단체 재건조직 요강〉
1. 각 산업별의 건실한 지도자의 동지적 결합체인 한국노동단체재건조직위원회의 지도하에 각급 노동단체를 조직한다.
2. 모든 용공 및 반혁명분자를 발본배제(拔本排除)하여 반공체제를 강화한다.
3. 산업별노동조합의 단일조직체계를 확립하여 조직의 난맥을 지양하고 무질서한 노동쟁의를 방지한다.
4. 노동단체의 재정자립으로 노동조합의 부패와 의타성을 지양한다.
5. 노동단체의 정치적 중립을 견지하며 민주노동운동의 발전을 기한다.
6. 어용노동단체 · 사이비노동단체 및 사이비 노동지도자를 철저히 제거하여 건전한 노동단체의 발전을 기한다.
7. 노동단체의 조직체계의 합리적 편제로 경비를 절감한다.
8. 국제노동단체와 유대를 강화한다.

---

159) 한국노총, 앞의 책, 588~589쪽 부록 2-3.

한편 전 한국노련계 간부들은 전국노동단체 재조직연락위원회를 구성하고 김말룡을 책임위원으로, 김정원(광산)·이기철(섬유)·전병민(자유)·박민균(해상)·김대연(화학)·조재규(한전)·조규동(체신)·김중길(은행) 등 약 40명의 산업별 노동조합 대표들을 위원으로 선정하였다.[160] 책임위원 김말룡을 비롯한 광산·섬유·자유·해상·철도·화학 등 28개 단위의 위원과 9명의 연락실무위원의 연명으로「전국노동자 동지에게 고함」이라는 유인물을 신문사 등에 배부하였다. 성명서를 통해 과거의 모순된 운동을 지양하고 노동운동 본래의 사명을 실현하기 위해 구악과 부패를 제거해야 한다고 전제하고 이규철을 중심으로 한 한국노동단체재건조직위원회를 비난하였다.[161]

이에 대하여 정부당국에서는 전국노동단체 재조직연락위원회를 배제할 뜻을 분명히 하였다. 보사부 당국은 8월 8일 노동조합 재조직을 위해 이규철이 이끄는 한국노동단체재건조직위원회가 무난하다고 보고, 노동조합 재건이 자율적으로 추진되어야 할 것이나 현실문제로서는 적당한 지도역할이 필요할 것이라고 시사하였다. 또한 한신(韓信) 내무부장관도 8월 9일 담화를 통해 "일부 몰지각한 인사들이 노동단체 조직을 빙자하여 법질서를 문란케 하는 사례가 있음은 심히 유감된 일"이라고 지적하고 "합법적인 조직이라 할지라도 이를 악용한 중상모략행위, 불법집회 등 사회의 혼란을 야기시키는 행동은 엄중 단속할 방침"이라고 경고하였다.[162]

김말룡 중심의 전국노동단체 재조직연락위원회를 배제하고 이규철 중심의 재건조직위원회(위원장 이규철)를 통하여 노동조직 중앙을 결성하고자 했던 정부당국의 적극적 지원에 힘입어 한국노동단체재건조직위원

---

160) 한국노총, 앞의 책, 578쪽.
161) 『동아일보』1961년 8월 6일자,「노조 재조직에 벌써 혼선. 두 단체가 서로 반목, 연일 한곳 씩 출현·비난성명도」.
162) 『한국일보』1961년 8월 9일자(한국노총, 앞의 책, 578쪽에서 재인용).

회는 8월 6일과 8월 9일 두 차례에 걸친 회합에서 15개 산업별 조직위원을 위촉하는 등 중앙조직 결성대회 준비를 일사천리로 진행해나가고 있었다. 1961년 8월 6일과 8월 9일에 위촉된 15개 산별 조직위원은 〈표 4-4〉와 같다.

8월 12일에는 서울시립노동회관에서 60여 명의 조직위원이 참석한 가운데 전국 산업별 노동조합 재조직 총회를 개최하여 앞으로 조직될 노동조합의 운영과 재정자립 및 실무지도에 관하여 기본방침을 세웠다. 한편 한국노동단체재건조직위원회와 맞서 싸워오던 전국노동단체재조직연락위원회(책임위원 김말룡) 측의 철도·피혁·운수·미군노조 등에서도 재

〈표 4-4〉 15개 산별조직 책임위원과 조직위원

노 조	조직책임위원	조직위원
전국철도	이규철	
전국섬유	김광수	
전국광산	한기수	
전국전력	조창화	
전국미군종업원	이광조	
전국체신	조규동	
전국운수	안강수	
전국해상	최재준	김아헌, 송민, 심대식, 이봉춘
전국금융	김준호	
전국전매	조창화	
전국화학	한기수	
전국부두	*조직연락위원 이춘희	
전국금속	이광조	
전국출판	*조직연락위원 김상곤	
전국연합	*조직연락위원 이우복	

※ 출처 : 한국노총, 『한국노동조합운동사』, 1979, 571~572쪽.
※ 전국부두노조와 전국연합노조는 9월 5일 제1회 상무집행위원회에서 조직책임위원을 위촉하였다. ① 전국부두노조 : 조직책임위원 이춘희 / 조직위원 서동구·전병주·김희열·정두영 ② 전국연합노조 : 조직책임위원 이우복 / 조직위원 염태운·유성현·박창진·이윤락·조명중·홍병준·이순길·유사열.

〈표 4-5〉 재건조직된 산별노조

조합	위원장	부위원장	사무국장	조직날짜
전국철도	이규철	오상옥, 유기수, 김용성	김영길	8.17
전국섬유	김광수	심재우, 이종억, 손중극	최희화	8.17
전국광산	김정원	노응벽, 이갑순, 나혁동	한기수	8.16
전국외국기관 종업원	이효승	이광조, 홍운택, 장재성, 정운영		8.23
전국체신	조규동	신정균	권중동	8.16
전국운수	안강수	강학희, 최성흠, 김덕정, 이재구, 조동면	안병윤	8.18
전국해상	최재준	송학현, 고천만, 홍순우	박원규	8.19
전국금융	남준현	김준호, 이동선	조용연	8.19
전국전매	조희원	정환구, 송낙천	안만강	8.20
전국화학	박영성	박의덕, 김주남, 서예근, 송철규, 한창수	정기수	8.22
전국금속	지연일	이수영, 이령, 김재범	박종현	8.25

※ 출처 : 「주한미대사관 일등서기관 William J. Ford가 미국무부에 보낸 노동보고서(1962.2.2)」 (NARA, 『Records of the U.S. Department of State relating to the internal affairs of Korea, 1960~1963』).
※ 전국미군종업원노조는 8월 23일 재건조직되면서 전국외국기관종업원노조로 조직명이 변경되었다.
※ 이름에서 약간의 오류를 바로잡았음.

조직 준비를 위해 같은 날 집회허가를 요청하였으나 당국에 의해 불허되었다.163)

각 산별노조재건조직위원회는 1961년 8월 30~31일 한국노동조합총연맹(이하 한국노총) 결성대회가 개최되기 전까지 기본방침과 조직요강에 따라 산업별노조를 재건 조직하였다. 한국노동단체재건조직위원회는 15개의 산업별노조를 토대로 중앙조직을 결성하려고 하였다.164) 결성대회

---

163) 한국노총, 앞의 책, 573쪽 ; 『동아일보』 1961년 8월 13일자, 「노동단체 재건위 측서 총회. 연락위원회 측의 집회는 불허」 ; 「주한미대사관 경제문제 상담역 Albert E. Pappano가 미국무부에 보낸 보고서(1961. 9. 6)」(NARA, 『Records of the U.S. Department of State relating to the internal affairs of Korea, 1960~1963』).

전까지 조직을 완료한 조직은 전국철도노동조합, 전국섬유노동조합, 전국광산노동조합, 전국외국기관종업원노동조합, 전국체신노동조합, 전국운수노동조합, 전국해상노동조합, 전국금융노동조합, 전국전매노동조합, 전국화학노동조합, 전국금속노동조합 등 11개 산업별노조였는데165) 〈표 4-5〉와 같다.

이러한 산업별조직을 토대로 1961년 8월 30~31일 서울 용산에 소재한 교통부우회관에서 한국노총 결성대회가 개최되었다.166) 이날 채택된 선언, 강령, 결의문은 다음과 같다.167)

〈선언〉
백척간두에 놓인 국가의 운명을 바로 잡고 심각한 경제위기를 극복

---

164) 15개의 산별노조는 전국철도노동조합, 전국섬유노동조합, 전국광산노동조합, 전국전력노동조합, 전국외국기관종업원노동조합, 전국체신노동조합, 전국운수노동조합, 전국해상노동조합, 전국금융노동조합, 전국전매노동조합, 전국화학노동조합, 전국부두노동조합, 전국금속노동조합, 전국출판노동조합, 전국연합노동조합 등이었다.

165) 「주한미대사관 일등서기관 William J. Ford가 미국무부에 보낸 노동보고서(1962. 2. 2)」(NARA, 『Records of the U.S. Department of State relating to the internal affairs of Korea, 1960~1963』) ; 한국노총, 앞의 책, 573쪽에는 8월 16일부터 8월 25일까지 12개의 산업별노조가 재건 조직되었다고 하였다. 그러나 전국전력노조는 군사정권으로부터 신고설립증을 교부받지 못해 9월 22일 다시 결성대회를 개최하였다. 따라서 8월 16일부터 8월 25일까지 11개의 산업별노조가 재건 조직되었다. 이원보, 『한국노동운동사』5, 지식마당, 2004, 114쪽.

166) 『동아일보』1961년 8월 30일자, 「노조총연맹 결성대회개막 산별대표 78명 참가」 ; 한국노총 결성대회에 배당된 대의원 현황은 다음과 같다. 전국철도노동조합 12명, 전국섬유노동조합 14명, 전국광산노동조합 8명, 전국외국기관종업원노동조합 7명, 전국체신노동조합 4명, 전국운수노동조합 10명, 전국해상노동조합 7명, 전국금융노동조합 3명, 전국전매노동조합 5명, 전국화학노동조합 5명, 전국금속노동조합 3명으로 총 78명이었다. 「주한미대사관 일등서기관 William J. Ford가 미국무부에 보낸 노동보고서(1962. 2. 2)」(NARA, 『Records of the U.S. Department of State relating to the internal affairs of Korea, 1960~1963』).

167) 한국노총, 앞의 책, 573~574쪽.

하기 위한 민족 대약진의 여명은 밝았다.

모든 부패와 구악을 일소하고 국가 민족의 번영을 기약하는 군사혁명의 성스러운 봉화를 선두로 우리들 노동자는 견고한 단결과 피끓는 동지애로서 민주주의 원칙하에 산업부흥의 주도성을 확보하고 국가재건에 전력을 다하여 근로대중의 복지사회 건설을 이룩하고자 한다. 이 나라 온 국민의 주시와 관심속에 우리들 노동자는 견고한 동지적 결합체인 한국노동조합총연맹을 결성하여 국가재건의 선두에서 사회정의 실현의 역사적 제일보를 힘차게 내디디며 정치적 경제적 민주화 실천을 기하고 영원한 국가 번영과 노동조합 발전에 매진할 것을 엄숙히 선언한다.

〈강령〉
1. 우리들은 반공체제를 강화하고 자주경제 확립으로 민주적 국토통일을 기한다.
2. 우리들은 공고한 단결로 노동자의 기본권리를 수호하고 생활수준의 향상을 기한다.
3. 우리들은 정치적 중립과 재정의 자립으로 민주노동운동의 발전을 기한다.
4. 우리들은 노동자의 교육과 문화향상의 강력한 실천을 기한다.
5. 우리들은 건전한 노동정신으로 국가산업 발전을 기한다.
6. 우리들은 기간산업의 공유화와 산업의 민주화를 기한다.
7. 우리들은 민주우방의 노동자와 국제적 유대를 강화하여 세계평화에 공헌한다.

〈결의문〉
1. 5·16 군사혁명을 전폭 지지하며 혁명과업 완수에 총력을 경주한다.
1. 경제 5개년 계획의 혁신적인 재검토와 철저한 실천을 요청한다.
1. 기간산업의 공유화와 확대재생산을 위하여 과감한 재투자를 요구한다.
1. 적극적인 외자도입과 산업확장으로 고용량증대를 위한 정부의 과감한 정책 실현을 요구한다.
1. 정부는 노동자의 최저임금제와 사회보장제도를 조속히 실시하라.
1. 정부는 부녀자 및 연소노동자의 보호정책을 강력히 실시하라.
1. 노동자의 임금수준 향상과 노동조건 개선을 위한 평화로운 단체교섭 및 단체협약권을 재확립한다.
1. 임금체계 및 형태의 정비와 과학적 노동기준의 확립을 주장한다.

1. 정부는 노동쟁의금지령을 즉시 해제하라.
1. 노동쟁의의 평화적 해결로서 산업평화 유지에 노력한다. 이러한 노력의 방법으로 경영협의회제도의 법제화를 주장한다.
1. 노동조합운동의 재정자립과 정치적 엄정중립을 확립한다.
1. 우리는 참신한 국민생활의 진작을 기하며 신생활운동의 선봉이 된다.
1. 백림(伯林)사태에 대한 국제자유노련의 성명서와 서방진영의 강경정책을 전폭 지지한다.
1. 반공체제를 강화하고 민주적 국토통일을 위하여 총력을 경주한다.
1. 국제자유노련과 연대를 강화하여 우방 노동단체와의 유대를 증진한다.
1. 한·미행정협정의 조속한 체결을 위한 한·미 양 정부에 강력히 요구한다.
1. 국제노동기구(ILO)에의 조속한 가입을 정부에 요구한다.

이날 채택된 강령은 재건조직위원회가 8월 5일에 발표한 기본정책과 동일한 내용이었다. 한국노총은 대회 결의문을 통해서 "5·16군사혁명 전폭지지"를 다짐함으로써 5·16군부쿠데타에 의해 성립한 군사정부를 적극 지지하였다. 그리고 "반공체제를 강화하고 민주적 국토통일을 위하여 총력을 경주"할 것을 다짐하였다. 대한노총과 마찬가지로 한국노총 또한 반공활동을 제1의 주요목표로 삼았다. 그런데 결의문에서 "정부는 노동쟁의금지령을 즉시 해제하라"고 하면서도 "노동쟁의의 평화적 해결로서 산업평화 유지에 노력"하겠다고 다짐하고 있다는 점이다. 이러한 결의문은 서로 모순된다. 전자는 노동조합운동에 접근하려는 태도를 보인 반면 후자는 노동조합운동을 포기하는 태도를 취한 것이었다. "5·16군사혁명 전폭지지"를 다짐하면서도 "정치적 엄정중립을 확립"한다는 결의문 또한 모순되는 부분이다.

결성대회에서 선출된 임원은 위원장 이규철(李奎喆), 부위원장 김광수(金光洙)·남준현(南俊鉉), 사무총장 한기수(韓基洙), 사무차장 이광조(李光朝), 총무부장 정구섭(丁龜燮), 조직부장 김용성(金容聲), 조사통계부장 김흥배(金興培), 교육선전부장 박영성(朴泳成), 법규부장 김종흔(金

鍾昕), 국제부장 박영기(朴榮基), 부녀부장 단길수(段吉秀), 회계감사 최재준(崔載俊)·안강수(安康洙)·지연일(池淵日)·조규동(曹圭東)·조희원(趙義元) 등이었다.168)

한국노총 결성대회 이후 1961년 9월 5일 제1회 상무집행위원회의 결의에 의하여 전국부두노동조합 재건조직위원과 전국연합노동조합 재건조직위원이 위촉되고, 전국부두노동조합은 1961년 9월 20일에, 전국연합노동조합은 9월 21일에 각각 결성대회를 가졌다. 그리고 당국으로부터 승인을 받지 못하였던 전국전력노동조합이 9월 22일 다시 결성대회를 개최하여 조창화를 위원장으로 선출하여 열흘 뒤에 관계당국으로부터 신고필증을 받아 합법적인 전국전력노동조합이 출범하게 되었다. 이로써 재건조직위원회가 계획하였던 15개의 산별노조 중 출판노조를 제외한 14개 전국 산별노조의 결성이 완료되었다.169) 이렇게 이규철 중심의 한국노총 체제로 조직이 완료되었으며, 한국노총은 대한민국 유일의 노동조합 연맹체로 자리를 잡아나갔다.

---

168) 『동아일보』 1961년 8월 31일자, 「위원장에 이규철씨 노조총연맹 임원선정」; 한국노총, 앞의 책, 574~575쪽.
169) 출판노조는 1963년 7월 6일 결성대회를 갖고 위원장에 나응길, 부위원장에 김정순·임영순, 사무국장에 이문식을 선출함으로써 조직이 완료되었다. 한국노총, 앞의 책, 575~576쪽 ; 「주한미대사관 일등서기관 William J. Ford가 미국무부에 보낸 노동보고서(1962. 2. 2)」((NARA, 『Records of the U.S. Department of State relating to the internal affairs of Korea, 1960~1963』). 전국부두노조, 전국연합노조, 전국전력노조의 임원은 다음과 같다. 전국부두노조는 위원장 이춘희, 부위원장 서동구·전병주·김희열, 사무국장 이강한, 전국연합노조는 위원장 염태운, 부위원장 이우복·박정근·이명락, 전국전력노조는 위원장 조창화, 부위원장 방삼례·최인화·김종헌·윤선병, 사무국장 김종헌 등이었다.

〈소결〉

　1950년대 이승만·자유당정권의 반공이데올로기 통제 속에서도 노동자계급은 임금요구인상, 체불임금지불, 8시간노동제 등의 요구조건을 내걸고 간헐적으로 노동투쟁을 전개하였다. 또한 대한노총의 어용성과 자유당에의 예속으로부터 벗어나고자 하는 운동도 전개되어 왔다. 1959년 전국노협의 탄생은 이러한 활동이 축적되어 이루어진 것이다.
　전국노협의 성격을 분명히 하기 위해서는 ① 대한노협 결성준비위원회(1957.10.26) ② 전국노협 설립준비위원회(1959.8.11) ③ 전국노협 결성(1959.10.26)이라는 과정을 면밀히 살펴볼 필요가 있다. 대한노협 결성준비위원회에서는 정대천과 김기옥의 연합세력이 중심이 되었다. 전국노협 설립준비위원회 단계에서는 정대천과 김기옥이 대립관계로 변화하였고, 경전노조의 정대천·이상진, 광산노련의 김정원·김관호, 대한노총석탄광노련 노응벽, 부산지구노련 최종자, 경북노련 김말룡 등이 참여하였다.
　인적구성을 볼 때, 전국노협 설립준비위원회는 대한노협 결성준비위원회를 이어받은 조직이었다. 그러나 이 양자를 같은 성격으로 이해하기에는 어려운 점이 많다. 대한노협을 구성하고자 했던 명분은 최고위원에 당선된 "김주홍·성주갑·하광춘이 비자유당계 인물이기 때문에 자유당 기간단체인 대한노총을 운영할 수 없다"는 것이었다. 전국노협 설립준비위원회는 1958년 10월에 노동조합법 및 대한노총 규약을 위반하면서 규약개정운동을 전개하여 1인의 김기옥체제가 성립된 것을 계기로 반김기옥 투쟁과정에서 구성되었다. 이러한 단적인 사실에서 볼 때도 많은 차별점이 있었다. 그러나 전국노협 설립준비위원회는 부패·어용의 장본인이었던 정대천세력과 김말룡 중심의 신진세력이 연합했다는 점에서 많은 한계를 갖고 있었다.
　전국노협 결성단계에서는 설립준비위원회 당시에 가담하였던 세력 다수가 이탈함으로써 김말룡 등의 신진세력이 중심이 되었다. 전국노협 건설은 대구 대한방직쟁의에서 기업주와 이를 대변하는 자유당에 대항한 투쟁역량을 통해서 이루어졌으며, 이승만 독재정권하에서 관권의 탄압에 맞서 민주적인 노동운동을 전개하였다는 점에서 그 의의가 있다. 전국노협은 "대한노총과 대결하여 참다운 노동운동을 전개할 것"을 결의하였으며, "민주적인 노동운동"을 강조하였다. 또한 각 단위노조를 기반으로 한 상향적인 조직방침에 의거한 새로운 형태의 새로운 노동단체 구성을 전망하였다.

전국노협은 자유당 정부하에서 합법성을 인정받지 못하였다. 조직적인 약세와 더불어 자유당의 탄압책으로 인해 1960년 4월혁명 전까지 뚜렷한 활동을 전개하지 못하였다. 그러나 이후 4월혁명이라는 열려진 공간에서 노동운동을 주도하였다. 4월혁명기 노동운동은 해방 이후 제2의 고양기를 맞이하였다. 미조직 노동분야에서의 노동조합결성이 활발히 진행되었으며, 노동자들의 노동쟁의도 4월혁명을 계기로 급격히 증가하였다. 전국노협은 4월혁명 공간에서 대규모로 전개된 어용노조 규탄데모를 주도하였으며, 조직화 활동을 활발히 전개하였다. 또한 교원노조에 대한 지원투쟁을 전개하였다.

이승만·자유당권력의 부패상에 저항하여 일어난 4월혁명으로 대한노총은 자유당과 함께 붕괴하였다. 1950년대 자유당권력에 예속되어 노동조직으로서 자기기능을 다하지 못한 필연적인 결과였다. 4월혁명 와중에서 노동계는 ① 대한노총 중앙조직의 공백상태를 메우고자 김주홍·성주갑 등을 중심으로 구성된 대한노총 임시전국대의원대회 소집준비위원회 세력 ② 자유당정권하에서 대한노총에서 분리되어 조직한 전국노협 세력 ③ 전진한·김두한을 중심으로 한 제3세력 등이 존재하였다.

대한노총 잔존세력은 4월혁명 이후 활발하게 전개된 노동자대중의 노동투쟁을 외면하고, 기존의 조직틀을 유지한 채 권력을 유지하기 위해 수습위원회를 구성하여 대한노총을 재조직하고자 하였다. 또한 전진한·김두한 등이 중심이 된 제3세력이 대두하여 노동계에서 세력을 확보하고자 하였다. 이와 대조적으로 김말룡 중심의 전국노협은 4월혁명의 여세를 몰아 대한노총의 어용성·비민주성에 대한 공격과 더불어 대한노총에 대항하였던 하부노동자들을 결집하여 조직개편 활동을 활발히 전개하였다.

전국노협은 4월혁명기 아래로부터 진행된 노동조합민주화운동에 힘입어 노동조직이 신설·개편되어 나가고 있음에 고무되어 노동조직 통합을 통해 노동계를 주도하고자 하였다. 그 결과 1960년 11월의 통합대회에서 김말룡 중심체제의 한국노련이 성립되었다. 그러나 한국노련 성립에 대항하여 전진한파에서 한국노동조합총연맹을 결성함으로써 노동조직의 완전한 통합을 이루지는 못하였다. 이러한 일련의 과정은 노동계 상층부에서 4월혁명에 의한 민주화요구에 부응하지 못한 한계를 반영하는 것이다.

노동계 중앙에서 노동조직의 통합을 보지 못하고 있던 상황에서 노동대중의 투쟁 즉, 임금인상 등 경제투쟁, 노동조합 결성과 노동조합민주화운동은 활발히 전개되었다. 그러나 노동자대중의 사회변혁운동은 5·16군부쿠데타로 인해 일시 후퇴하게 되었다. 또한 1961년 5월 노동단체 통합대회가 예정되어 있었으나 군부쿠데타에 의해 무산되었다.

군사혁명위원회 포고 제6호에 의한 전국의 노동단체 해체, 1961년 5월 31일 노동단체 재등록이라는 일련의 과정은 군사정부 당국이 의도하는 노동조직을 결성하겠다는 의도였다. 이러한 상황을 맞이하여 김말룡은 1960년 11월 25~26일 통합대회에서 조직된 한국노련은 정치적으로 부패한 노동조합 지도자들을 축출하였으며, 한국노련 조직을 통해 민주적인 노동조합운동의 기초를 세웠음을 주장하면서, 국가재건최고회의 의장 박정희에게 재조직 계획안을 제출하였다. 그러나 군사정부 당국은 이를 받아들이지 않았다. 그들은 한국노련 부의장인 이규철을 중심으로 노동조직 중앙을 재건하고자 하는 의도를 분명히 하였으며, 결국 1961년 8월 30~31일 김말룡 중심의 한국노련계 간부를 배제하고 이규철 중심의 한국노총을 탄생시켰다. 한국노총은 대회 결의문을 통해서 "5·16군사혁명

전폭지지"를 다짐함으로써 5·16군부쿠데타에 의해 성립한 군사정부를 적극 지지하였다. 그리고 "반공체제를 강화하고 민주적 국토통일을 위하여 총력을 경주"할 것을 다짐하였다.

종장

　현시기 대한민국 노동운동의 보수적 기원을 해명하기 위해 1945년 해방 이후부터 1961년까지의 노동운동의 흐름을 살펴보았다. 1945년부터 1961년이라는 기간은 미군정기, 정부수립기, 이승만·자유당정권기, 4월혁명기를 거쳐 5·16군부쿠데타를 관통하는 시기이며, 민족민주국가건설이 실패하고 이승만·자유당의 권위주의적 집권체제를 거쳐 군부독재체제를 형성해 가던 시기이다. 이 책은 이러한 한국현대사의 정치적·사회적 격동기 속에서 노동조합의 전국적 중앙조직체임을 표방했던 대한노총이 한국사회 변화에 어떠한 기능을 수행했는가에 대한 역사적 평가가 필요하다는 인식에서 출발하였다. 그리고 1950년대 후반 대한노총에 대항하여 등장한 전국노협이 새로운 대안조직으로 기능했는지에 대한 문제제기에서 비롯되었다.

　제1장은 해방 후 변혁열기를 수렴하여 조직된 전평에 대항하여 대한노총이 조직되는 과정과 대한노총의 반(反)전평활동에 대해 살펴보았다. 대한노총 결성은 임시정부를 지지하는 산발적인 청년단체를 총망라하여 조직된 대한독립촉성전국청년총연맹을 모체로 하였다. 조직 내부에 한독당계, 구국민당계, 이승만·한민당계 등 정치적 배경을 달리하는 세력이 존

401

재하고 있었다. 결성 초기에는 국민당·한독당세력이 주도하였으나 9월 총파업에 의해 전진한체제가 들어서면서 이승만·한민당계는 주도권을 장악하였다. 내부갈등은 항존하였으나 이들 세력은 반전평·반공활동에서 일치된 모습을 보여주었다. 대한노총은 노동조직임을 표방했지만 그 활동의 중심은 노동활동이 아니라 노동자조직인 전평을 타도하는데 있었다.

미군정의 막강한 물리력과 함께 우익정치인·우익청년단의 적극적 지원을 바탕으로 당시 전평이 주도하던 노동운동을 와해 분쇄시켰다. 대한노총은 전평과의 대결→전평 파괴→대한노총 건설이라는 방식을 기본으로 삼았기 때문에 테러단체로 활동하였던 우익청년단체와 긴밀한 공조체제를 유지하였다. 이러한 전평 타도활동을 통해서 대한노총과 미군정·우익청년단·기업주 측과의 관계를 파악할 수 있었다. 그리고 대한노총의 친미·반공주의 활동, 친자본가적인 활동의 실상도 분명하게 드러났다. 이는 이승만의 단선단정노선의 승리와 함께 앞으로 수립될 정부의 성격을 예견할 수 있는 것이다.

대한노총은 전평 주도에 의한 9월총파업과 3·22총파업 파괴활동을 통해 세력을 확장하였다. 그 활동 중심은 노동활동이 아니라 노동자조직인 전평 파괴에 두었다. 대한노총의 이러한 활동은 대한노총의 성격을 명확히 보여주는 것이다.

제2장은 정부수립 이후부터 한국전쟁기까지 대한노총의 조직변화와 활동에 대해 살펴보았다. 이 시기에 나타난 유임지지파와 유임반대파, 3월파와 4월파, 조방파와 정화파의 내부갈등에 따른 조직변화에 주목하여 그 성격을 분석하는 데 초점을 맞추었다. 또한 파벌대립이 단순히 헤게모니 쟁탈전이었는가 아니면 운동노선의 대립이었는가에 대해 알아보았다.

미군정기 대한노총 내에는 여러 정치세력이 분열·대립하고 있었으나 반공투쟁·좌익제거라는 공동의 목표 때문에 파벌대립은 격한 양상을 띠지는 않았다. 그러나 정부수립이라는 새로운 상황에서 잠재되었던 파벌대립은 극한 상황으로 몰고 갔다. 정부수립과정에서 대한노총은 미군정기 반전평활동에 주력하였던 그간의 활동을 청산하고 새로이 노동조합운동을 전개하여야 할 위치에 서 있었다. 이는 시대변화가 요구하는 현실문제였다. 그런데 태생적인 한계에서 비롯되어 나타난 파벌대립 구조로 인하여 온전한 노동운동도 전개하지 못하고 말았다.

파벌대립과정에서 제기된 혁신위원회의 혁신선언 및 당면혁신요강은 정부수립 이후 대한노총의 진로를 고심하면서 나온 것으로서 의의가 있다. 그러나 조방쟁의 이전 파벌대립은 헤게모니 쟁탈을 주목적으로 일어났다. 반면에 조방쟁의 과정을 통해 형성된 조방파와 정화파의 대립은 대한노총을 이승만권력에 예속시키느냐, 권력으로부터 자유로운 활동을 보장받느냐를 가르는 투쟁과정에서 나왔다.

정부수립 이후 대한노총이 노동단체로서 노동활동을 적극적으로 전개하기 위해서는 ① 대한노총 내 파벌대립 청산 ② 각 직장, 공장에서 여전히 노동조합활동을 방해하고 있던 우익청년단 제거 ③ 1949년 결성되어 각 공장 내에서 노동조합 활동에 간섭을 가하고 있던 국민보도연맹 제거 등이 전제되어야 했다. 이러한 노동활동을 압박하는 제약요인들을 살펴보고, 대한노총이 미군정기에 보여준 전평타도활동에서 벗어나 노동조직 본연의 임무로 돌아와 노동활동에 얼마나 집중하였는지 파악하였다. 또한 5·10선거, 5·30선거, 헌법제정과정, 자유당 창당과정에서의 대한노총의 활동, 이승만정권지지와 반공활동 등에 대해 검토해 보았다. 이를 통하여 대한노총은 노동활동보다도 이승만권력을 뒷받침하기 위한 정치활동에 주력하였음을 밝혔다.

제3장은 노동관계법 제정 이후~4월혁명 이전 시기의 대한노총의 조직변화와 정당과의 관계 등을 고찰하였다. 이 시기는 대한노총이 자유당에 예속화되어 노동조직 중앙연맹체로서 자기역할을 하지 못하고 오히려 노동운동에 역기능적인 면모를 보였다. 이 장에서는 1950년대 중·후반기 파벌대립의 양상과 성격에 대해 중점적으로 살펴보았다. 이 시기 조직변

화는 ① 노동조합법에 의한 재조직과정 ② 정대천세력의 독주기 ③ 김기옥체제 성립으로 구분지을 수 있다. 이러한 조직변화를 통해 이승만·자유당정권 하 노동조합 연맹체로서 대한노총은 자기역할에 충실을 기하지 못하고 단지 소수 간부들의 정치적 출세를 위한 발판으로 이용되거나 이승만·자유당정권을 유지하기 위한 하나의 정치단체로 전락되어 갔음을 확인할 수 있었다.

노동관계법 제정·공포 이후~4월혁명 이전 시기까지 대한노총의 정치활동을 살펴봄으로써 자유당에 예속·종속된 존재로서 대한노총의 성격을 명확히 하였다. 또한 대한노총과 자유당, 대한노총과 민주당과의 관계를 중심으로 살펴보았다. 한편 대한노총 내에서 반자유당분파에 의해 자유당의 예속으로부터 벗어나기 위한 활동을 전개했는데, 이들 분파가 어떠한 조직적 구상을 갖고 있었는지에 대하여 주목하였다.

제4장은 1950년대 후반 노동운동의 점진적 성장과 반자유당세력의 움직임에 주목하면서 대한노총에 대항하여 결성된 전국노협에 대해 살펴보았다. 그리고 4월혁명기 노동운동 전개과정 속에서 전국노협의 활동, 노동조직 통합대회를 통한 한국노련 조직 결성과정 등을 살펴보았다.

4월혁명의 와중에서 노동단체는 ① 대한노총 중앙조직의 공백상태를 메우고자 김주홍·성주갑 등이 중심이 된 대한노총 임시전국대의원대회소집준비위원회 ② 대한노총에 대항하여 조직한 전국노동조합협의회 ③ 전진한·김두한을 중심으로 한 제3세력이 존재하였다. 이들 세 조직을 통합하고자 1960년 10월 1~2일 전국노동단체통합대의원대회를 개최하였으나 통합에는 실패하였다. 11월 25~26일 다시 대회를 개최하여 한국노동조합총연맹(한국노련)으로 통합하였다. 그러나 전진한파는 김말룡 계통의 한국노련을 부인하고 한국노동조합총연맹을 발족시켰다. 이렇게 두 개의 한국노동조합총연맹으로 분열되어 한국노동단체의 통합을 보지 못하다가 5·16군부쿠데타에 의해 해산을 당하였다. 이후 5·16군부쿠데타세력의 의도에 따라 1961년 8월에 한국노총으로 재조직되었다.

4월혁명에 의해 노동운동은 해방 이후 제2의 고양기를 맞이하였다. 미조직 노동분야에서 활발한 노조결성 활동이 나타났으며, 신·구노동조합의 체제정비 과정은 쟁의를 비롯한 각종의 실제적인 투쟁이 수반되었다. 또한 은행노동조합·교원노동조합을 결성하려는 노력도 이 시기 노동조합운동의 특징을 이루었다. 4월혁명 시기 노동조합운동은 양적인 확대와 함께 질적인 심화가 있었다. 그러나 5·16군부쿠데타에 의해 노동운동의 새로운 발전은 좌절되고 군사정권의 억압에 순응하는 존재로 머물 수밖에 없었다.

이상과 같이 대한노총 조직 및 활동, 전국노협 결성과정 및 4월혁명기 노동운동에 대한 연구·분석을 통해 이 책에서 새롭게 밝힐 수 있었던 점을 정리하자면 다음과 같다.

첫째, 기존 연구는 대한노총의 조직변화를 명확히 밝히지 못하였다. 특히 노동관계법 제정·공포 이후부터 1961년 한국노총으로 재편성되는 시기는 연구의 공백상태였다. 이 책에서는 ① 미군정기 ② 정부수립 이후 시기 ③ 노동관계법 제정·공포 이후 시기 ④ 4월혁명기 ⑤ 5·16군부쿠데타에 의한 재편성기로 나누어 대한노총의 조직변화를 밝히는데 주안점을 두었다.

이러한 조직변화과정에 대한 분석은 연구의 공백으로 남아 있는 노동관계법 제정·공포 이후부터 4월혁명 이전을 중점적으로 다루었다. 1954~1958년 10월까지 최고위원제가 유지되고 있었으며, 1958년 10월대회에서 1인의 위원장체제로 변화하였다. 이러한 일련의 조직변화과정에 대해 집중적으로 분석하였다.

대한노총의 규약 변화도 민의원사무처에서 발행한 『참고자료』와 한국노총의 『한국노동조합운동사』에 나와 있는 자료를 통해 파악하였다. 그리하여 1948년, 1955년, 1958년의 대한노총 규약을 분석함으로써 어떠한 조직적 변화를 겪게 되는지 알 수 있었다. 1960년 11월 25일 통합대회를 통해 한국노련으로 재조직된 한국노련의 조직체계에 대한 분석은 NARA

문서에 실려 있는 규약을 통해 어떠한 조직체계를 구상하였는지에 대해 파악하였다. 『한국노동조합운동사』에 실려 있는 규약은 대회에 제출된 것이었지 대회에서 결정된 규약은 아니었다. 이밖에 한국노총의 『한국노동조합사』에 제시한 중앙조직 임원상황은 잘못된 부분이 많이 존재하고 있는데 NARA문서를 통해 바로잡을 수 있었다.

둘째, 대한노총의 조직변화과정에서 나타난 파벌대립의 구체적인 양상 및 성격도 분석하였다. 파벌대립의 원인 및 구조에 대한 해명에서 파벌대립의 이면에 존재하는 운동노선의 대립에도 주목하였다. 이를 통하여 대한노총 내부대립·파벌대립에서 이합집산이 강했다는 것을, 그리고 파벌대립의 이면에 존재하는 운동노선의 대립도 단절적이었다는 사실을 발견할 수 있었다. 기존 연구는 파벌대립을 강조하였을 뿐 파벌대립의 구체적인 양상 및 성격에 대한 고찰에 소홀하였다. 김삼수의 연구는 파벌대립의 이면에 존재하는 운동노선상의 대립에 주목한 점에서 의의가 있다. 문제는 대한노총 내 운동노선의 대립을 지나치게 강조하고 도식화하였다는 점이다.

대한노총의 조직변화를 볼 때 파벌대립이 격심했으며, 강약의 차이가 있었지만 이러한 파벌대립 과정에서도 대한노총을 노동조합주의적인 면모로 변화시키려는 노력이 보였다. 물론 이들의 기반은 협소하여 노동자의 권익을 옹호하는 독자적인 노동조합조직으로서 세력화하지는 못하였다. 미군정기 전국근로자연맹이나 전국노농조합총동맹은 미군정이나 이승만·한민당계열의 적극적인 지원을 받고 있던 전진한체제에 대항하여 노동조직을 개혁하겠다는 의도로 조직되었을 가능성이 높으나 이러한 조직은 곧바로 대한노총에 흡수되었다.

정부수립 후 유임지지파와 유임반대파의 대립, 혁신위원회파와 혁신위원회반대파와의 대립, 3월파와 4월파와의 대립 등 파벌대립은 격한 양상을 띠었다. 이러한 파벌대립 과정에서 나온 혁신선언 및 당면혁신요강은 정부수립 이후 대한노총의 진로를 제시해 주는 것으로서 의의가 있었다.

그러나 혁신위원회파는 소수파로서 제힘을 발휘하지 못하다가 결국 전진한세력에 의해 축출되었다. 더욱이 이들은 한국전쟁기 납치·피살·행방불명됨으로써 소멸되었다.

당시 파벌대립을 볼 때, 주의를 기울여야 하는 부분이 있다. 각각의 파벌은 이합집산이 강하였고, 이에 따라 유임반대파=혁신위원회파=3월파, 유임지지파=혁신위원회반대파=4월파의 흐름으로 이어진 것은 아니었다. 또한 혁신파의 혁신선언과 함께 제시된 당면혁신요강이 대한노총사상 의미가 있는 것이라고 하더라도 이를 제기한 혁신파에 대해 과도하게 부각시키는 것은 문제가 있다. 김삼수가 제시한 혁신파=노동조합주의, 주류파=회사조합주의라는 도식은 잘못된 등식이다. 더 나아가서 노농8개 조항도 비주류파(혁신파)의 발안에 의한 것이며, 중간파의 민족공동체 구상이 헌법에서 이익균점권 조항을 제안·성립시켰던 가장 근본적인 기반이 되었다는 주장은 재고되어야 한다. 노농8개 조항은 1947년 5월 21일 재개된 미소공위에 제출한 임시정부수립대책협의회(임협)의 답신서와 유사한 내용으로 되어 있다. 또한 이익균점권 조항은 당시의 사회상황을 반영하여 나온 것이며, 비록 한계를 부정할 수 없지만 조방쟁의과정에서 조방쟁의대책위원회의 중심인물로 활동하였으며 노동관계법 제정과정에서 보여준 전진한의 행적을 볼 때, 이익균점권이 혁신파에게서 나왔다는 주장은 설득력이 없다.

조방파와 정화파의 대립을 1949년의 3월파, 4월파의 분열에서 발단이 되었다는 기존의 주장은 설득력을 갖지 못한다. 정화파의 중심인물인 조광섭은 4월파였고, 또 다른 중심인물인 주종필은 3월파에 속했다. 조방파와 정화파의 대립은 결국 이승만의 지시에 의한 사회부의 통합책에 의해 11월 9일 통일대회를 개최하여 수습되었다. 그런데 통일대회에서 선출된 임원을 볼 때 조방파에 속했던 인물이 많았다는 것은 단지 전진한·주종필이 제거되었을 뿐 이승만의 정치적인 의도대로 통합되지는 않았다는 것을 의미한다. 비록 조방쟁의는 실패했더라도 조방쟁의에 적극적이거나

동조했던 인사들이 대한노총의 중앙임원으로 대거 등용되었다. 따라서 11월 9일의 통일대회를 계기로 대한노총이 이승만정권에 예속되었다는 주장은 재고해 보아야 한다.

　1954년 재조직 이후 대한노총 조직은 자유당과 밀착관계에 있던 정대천이 독주하는 가운데 몇 개의 파벌이 형성되어 정대천세력에 연합하거나 도전하였다. 1954~1958년 10월까지 정대천이 대한노총에서 세력을 유지할 수 있었던 기반은 자유당과의 긴밀한 관계였다. 정대천은 자유당 내 제2인자였던 이기붕과 밀접한 관계를 맺고 있었다. 이리하여 정대천은 자유당과 대한노총을 매개하는 주요 인물이었으며, 최고위원의 지위를 통해 자유당의 지시나 명령을 충실히 이행하였다. 1954~1958년까지의 파벌대립은 어느 시기보다도 헤게모니 쟁탈전적인 성격이 강하였다. 그리고 이합집산이 강했다는 특징을 지닌다.

　셋째, 대한노총 활동에 대한 시기별 변화양상을 분석하는 과정에서 정부수립 후 노동활동을 제약했던 청년단과 국민보도연맹 문제를 조명할 수 있었다. 좌익세력이 남한에서 물러간 시점에서 대한노총과 우익청년단과의 공조체제는 파괴되어 가고 있었음에도 우익청년단은 여전히 각 직장·공장에 남아 노동조합 활동을 방해하였다. 또한 미군정기에 각 직장에 조직되었던 청년단이 노동조합으로 재조직된 경우도 있었다. 직장이나 공장 내 청년단 문제만큼이나 국민보도연맹의 존재도 노동활동을 압박하는 주요 요인이되었다. 국민보도연맹과 노동조합 사이에 상당한 마찰이 있었다.

　넷째, 대한노총과 정치정당과의 관계 즉 대한노총과 자유당, 대한노총과 민주당과의 관계에 대한 고찰을 통해 대한노총이 정치세력과 어떠한 관련을 맺고 있었는가에 대해 살펴보았다. 기존 연구는 대한노총의 '자유당 기간단체화'라는 것으로 추상화시켜 대한노총의 성격을 파악하였으며, 제1야당이었던 민주당과의 관계에 대해서는 전혀 언급하지 않았다. 또한 대한노총 내 일부에서 자유당의 예속상태로부터 독립하고자 하는 움직임도 전혀 포착하지 못하였다. 이 책에서는 대한노총과 정당과의 관계, 그리고 대한노총 내 반자유당 분파의 활동 등에 주목하였다.

대부분 연구는 대한노총이 자유당의 기간단체였다고 주장하고 있으나, 대한노총은 이승만·자유당에 예속된 존재였다. 대한노총 중앙조직이나 산하조직에서 자유당의 기간단체임을 자임한 경우가 있었으나 당과 노동조합 사이의 연결은 주로 상부 수준의 노동조합에서 나타났다. 이러한 관계에서 대한노총은 노동단체로서 자율성을 상실하고 자유당의 권력유지를 위한 정치적 동원체로 기능하였다.

민주당은 자유당에 예속된 대한노총에 대해 적극적인 관심을 기울였다. 그러나 관심은 자유당에 예속된 대한노총을 비판하는 정도에 그쳤을 뿐이다. 한편 대한노총 내에서 자유당의 예속으로부터 벗어나고자 하는 움직임이 있었다. 이들 분파의 계획은 대한노총 내 반자유당 인사 결집 → 전국대의원대회에서 자유당으로부터 탈퇴 결의 → 민주당과 연합 등으로 구상되었다. 계획은 1956년과 1957년의 전국대의원대회에서 실현하고자 하였으나 실패하였다. 이러한 계획의 실상은 정대천파에 대항하여 헤게모니를 쟁취하기 위한 것이었을 뿐 대한노총을 민주적인 노동조직으로 견인해 내기 위한 방책은 아니었다.

다섯째, 이 책에서는 대한노총이 집권자유당에 예속되어 노동조직 중앙연맹체로서의 자기 기능을 다하지 못하고 있었음에도 불구하고 1950년대 중반부터 노동운동이 점차 소생되어가고 있었다는 데 주목하였다. 그리고 대한노총 중앙조직에 대한 불신이 높아져 가는 가운데 대한노총에 대항하여 1959년에 결성된 전국노협에 주목하여 결성의의 및 조직성격을 구명하였다. (1) 대한노협 결성준비위원회(1957.10.26) (2) 전국노협 설립준비위원회(1959.8.11) (3) 전국노협 결성(1959.10.26)이라는 과정을 면밀히 비교·검토하고, 선언문·강령에 대한 분석을 통해 전국노협의 조직성격과 의의를 명확히 하였다.

자유당에 예속된 대한노총을 비판하고 이에 대항하여 대한노총과는 별도로 조직된 전국노협은 노동운동의 새로운 가능성을 제시해 주는 것으로 평가될 수 있다. 또한 전국노협의 건설은 대구 대한방직쟁의에서 기업주와 이를 대변하는 자유당에 대항한 투쟁역량을 통해서 발단되었다. 이승만 독재정권하에서 관권 탄압에 맞서 민주적인 노동운동을 전개하고자 한 점에서 그 의의를 지닌다. 전국노협은 4월혁명기 노동운동을 주도하였고, 노동조직 통합과정을 통해 한국노련으로 거듭났다. 이러한 일련의 과정은 노동운동에서의 새로운 가능성을 보인 것이라 할 수 있다. 그러나 5·16군부쿠데타 세력에 의한 한국노총 결성으로 좌절의 비운을 맛보게 되었다.

참고문헌

1. 참고 자료

1) 자료집

HQ USAFIK, G-2 Periodic Report(한림대아시아문화연구소 편, 『주한미군정보일지』 1~6).

HQ USAFIK, G-2 Weekly Summary(한림대아시아문화연구소 편, 『주한미군주간정보요약』 1~5권).

Meacham, Stewart, 「Korean Labor Report」, 1947(김금수 번역, 『한국노동문제의 상황과 인식』, 풀빛, 1986년에 수록).

NARA, 『Records of the Department of State internal affairs of Korea, 1955~1959』.

NARA, 『Records of the U.S. Department of State relating to the internal affairs of Korea, 1960~1963』.

USAMGIK, Summation of U.S. Military Government activities in Korea(『미군정활동보고서』1~6, 원주문화사, 1990).

강만길·성대경 엮음, 『한국사회주의운동 인명사전』, 창작과 비평사, 1996.

공보실, 『관보부록특집 정부8년 간의 치적』, 발행년 불명.

공보처, 『대통령이승만박사담화집』, 1953.

국사편찬위원회, 『자료 대한민국사』 1-17, 1968~2002.

김남식, 『남로당연구 -자료집』, 돌베개, 1988.

김남식·이정식·한홍구 편, 『한국현대사자료총서』1~15, 돌베개, 1986.

김천영편, 『연표 한국현대사』, 한울림, 1985.

411

남조선과도입법의원, 『남조선과도입법의원 속기록』 1~5권(여강출판사, 1984년 영인).
남조선과도정부노동부, 『노동관계법령집』, 1948(여강출판사, 1986년 복간).
남조선과도정부노동부, 『제2회 남조선노동통계조사 결과보고』, 1948(『한국현대사자료총서』15권).
내무부 치안국, 『민족의 선봉』, 1952.
노중선 편, 『민족과 통일』(자료편), 사계절, 1985.
대검찰청, 『좌익사건실록』 1~11, 1975.
대한민국국회, 『速記錄』 제1회~제17회, 1948~1953.
미국무성 편·김국태 역, 『해방과 미국』1, 돌베개, 1982.
민의원사무처 법제조사국, 『국회10년지』, 1958.
민의원사무처, 『참고자료』 제6호, 1957.
민주주의민족전선편, 『해방조선』I·II, 과학과사상, 1988.
박경식 편, 『조선문제자료총서』14, 아세아문제연구소, 1990.
박일원, 『남로당의 조직과 전술』, 1947(세계, 1984 복간).
森田芳夫 편, 『朝鮮終戰の記錄 資料編』巖南堂(東京), 1974.
서울특별시경찰국사찰과, 『사찰요람』, 1955(『한국정당사사찰요람』, 선인, 2000년 영인).
신복룡 편, 『분단사자료집』 1~4권, 원주문화사.
심지연 편, 『해방정국논쟁사』1, 한울, 1986.
우남전기 편찬위, 『우남노선』, 1958.
월간중앙 '75년 1월호 별책부록, 『광복30년 중요자료집』, 중앙일보사, 1975.
자유당, 『자유당의 업적과 시책』, 1960.
정용욱 편, 『JOINT WEEKA』, 영진출판사, 1993.
중앙선거관리위원회, 『대한민국선거사』 제1집, 1973.
채규항, 『노농운동의 문헌』, 새글, 1947.
한국군사혁명사 편찬위원회, 『한국군사혁명사』 제1집 (상)·(하), 1963.
한국민주당선전부, 『한국민주당소사』, 1948.
한국법제연구회, 『미군정법령총람』(국문판), 1971.
한국산업은행조사부, 『한국산업경제10년사(1945~1955)』, 1955.
한림대학교 아시아문화연구소, 『美軍政期情報資料集 노동관련보고서』, 1995.

2) 신문 · 연감 · 잡지

『경향신문』,『노동자농민』,『노력인민보』,『독립신보』,『동아일보』,『전국노동자신문』,『조선인민보』,『조선일보』,『조선중앙일보』,『청년해방일보』,『한국일보』,『한성일보』,『해방일보』.

김천영,『연표 한국현대사』, 한울림, 1984.
경제기획원,『한국통계연감』, 1962.
내무부통계국,『대한민국통계연감』, 1955 · 1957 · 1958 · 1959 · 1960.
대한연감사,『대한연감』, 1956.
민주주의민족전선 사무국,『조선해방연보』, 문우인서관, 1946.
보건사회부,『보건사회통계연보』, 1957 · 1958 · 1959 · 1960 · 1961 · 1962.
조선은행조사부,『경제연감』1949 · 1956 · 1957 · 1958 · 1959년판
조선은행조사부,『조선경제연보』, 1948.
조선은행조사부,『조선경제통계요람』, 1949.
조선통신사,『조선연감』1947 · 1948년판.

『국회보』,『교육평론』,『노동』,『노동공론』,『사상계』,『새벽』,『시정월보』,『신태양』,『인물계』.

2. 참고 논저

1) 참고 저서

△ 노동관련
경방70년편찬위,『경방70년』, 1989.
경성방직주식회사,『경성방직 50년』, 1969.
경성전기주식회사,『경성전기주식회사 60년 연혁사』, 1958.
공제욱,『1950년대 한국의 자본가연구』, 백산서당, 1993.
교통교양조성회,『한국교통60년약사』, 1958.
堀江正規, 이태준 엮음,『노동운동론 연구』, 백산서당, 1986.

김경일, 『일제하 노동운동사』, 창작과비평사, 1992.
김금수·박현채 외, 『한국노동운동론』1, 미래사, 1985.
김금수·박현채 외, 『한국노동운동론』1, 미래사, 1985.
김기원, 『미군정기 경제구조』, 푸른산, 1990.
김낙중, 『한국노동운동사 −해방후편−』, 청사, 1982.
김동춘 지음, 『분단과 한국사회』, 역사비평사, 1997.
김태엽, 『투쟁과 증언』, 풀빛, 1981.
김사욱, 『한국노동운동사』(상)·(하), 산경문화, 1979.
김양재, 『노동조합교정』, 1947(돌베개 1987년 복간).
김운영, 『노동조합과 전위당의 임무』, 아침, 1991.
김윤환·김낙중 공저, 『한국노동운동사』, 일조각, 1970.
김중열, 『노동문제총론』, 집현사, 1969.
대한방직협회, 『방협 20년사』, 1968.
대한방직협회, 『방협창립10주년기념지』, 1957.
대한상공회의소, 『대한상공회의소3년사』, 1949.
동일방직주식회사, 『동일방직사사』, 1982.
박승두, 『노동조합의 정치활동』, 중앙경제사, 1996.
박영기·김정한, 『한국노동운동사』3, 지식마당, 2004
부산부두노동약사편찬위, 『부산부두노동약사』, 1969.
선경직물주식회사, 『선경 30년사』, 1983.
소련과학아카데미 세계경제·국제관계연구소 편, 권혁대·박형준 옮김, 『세계노동운동사』(상), 태암, 1989.
송종래, 『한국노동운동사』4, 지식마당, 2004
안태정, 『조선노동조합전국평의회』, 현장에서 미래를, 2002.
유광호·민경국·박광작·정중재, 『한국 제1·2공화국의 경제정책』, 한국정신문화연구원, 1999.
이목, 『한국교원노동조합운동사』, 푸른나무, 1989.
이원보, 『한국노동운동사』5, 지식마당, 2004.
全國經濟人聯合會 編, 『韓國經濟政策40年史』, 1986.
전국광산노동조합, 『광로20년약사』, 1969.
전국부두노동조합, 『전국부두노동운동백년사』, 1979.
전국외국기관노동조합연맹, 『외기노조20년사』, 1979.

전국철도노동조합, 『철로30년사』, 1977.
전국해원노동조합, 『전국해원노동조합사』, 1973.
조선전업노동조합, 『전업노조10년사』, 1959.
조순경·이숙진 지음, 『냉전체제와 생산의 정치 : 미군정기의 노동정책과 노동운동』, 이화여대출판부, 1995.
한국개발연구원, 『纖維工業의 成長過程과 生産構造』, 1975.12.
한국기독교산업개발원 엮음, 『한국노동운동의 이념』, 정암사, 1988.
한국노동조합총연맹, 『한국노동조합운동사』, 1979.
한국노동조합총연맹, 『한국노동조합의 정치활동』, 1990.
한국노동조합총연맹, 『한국노총50년사』, 2002.
한국사회연구소, 『노동조합조직 연구』, 백산서당, 1989.
현대사회연구소, 『노동조합의 정치참여 : 쟁점과 전망』, 1991.
Park Young-Ki, 『LABOR AND INDUSTRIAL RELATIONS IN KOREA : System And Practice』, Sogang University Press, 1979.

△ 기타 관련

강만길·성대경, 『한국사회주의운동 인명사전』, 창작과비평사, 1996.
강만길편, 『조소앙』, 한길사, 1982.
강정구, 『좌절된 사회혁명』, 열음사, 1989.
강진화 편, 『대한민국 건국10년지』, 건국기념사업회, 1956.
공제욱, 『1950년대 한국의 자본가 연구』, 백산서당, 1993.
김경일, 『일제하 노동운동사』, 창작과비평사, 1992.
김기진, 『끝나지 않은 전쟁 국민보도연맹』, 역사비평사, 2002.
김동명, 『적과 동지』, 창평사, 1955.
김동춘 엮음, 『한국현대사연구』1, 이성과 현실사, 1988.
김두한, 『피로물들인 건국전야 김두한 회고기』, 1963.
김운태, 『한국현대정치사』 제2권, 성문각, 1986.
김준엽·김창순, 『한국공산주의운동사』 2·3·5권, 청계, 1986.
김지태, 『나의 이력서』, 한국능률협회, 1976.
데이비드·콩드, 편집부, 『분단과 미국』1·2, 사계절, 1988.
도널드 스턴 맥도널드 지음, 한국역사연구회 1950년대반 옮김, 『한미관계 20년사 (1945-1965), 한울아카데미, 2001

로버트T.올리버, 박일영 역, 『대한민국 건국의 비화』, 계명사, 1990.
柳世烈, 金泰浩, 『玉溪 柳珍山』 (상)·(하), 1984.
리차드 로빈슨, 정미옥 역, 『미국의 배반』, 과학과 사상사, 1987.
리차드·알렌 著, 尹大均 譯, 『韓國과 李承晩』, 합동통신사. 1961.
마크게인, 편집부, 『해방과 미군정』, 까치, 1986.
마한, 『한국정치의 총비판』, 1959.
무정부주의운동사편찬위, 『한국 아나키즘운동사』, 형설, 1983.
미국무성비밀외교문서, 김국태 역, 『해방3년과 미국』, 돌베개, 1984.
민정구 엮음, 『통일전선론』, 백산서당, 1987.
민중운동사연구회, 『해방후 한국 변혁운동사』, 녹진, 1990.
朴實, 『韓國外交秘史』, 기린원, 1979.
朴容萬, 『제1공화국 경무대 비화』, 내외신서, 1986.
白光河, 『壇上壇下』 2집-5집, 세계출판사, 1955·1958·1958·1962.
부산일보사, 『비화 임시수도천일』 (상)·(하), 1983·1984.
브루스 커밍스 지음, 김동노 이교선 이진준 한기욱 옮김, 『브루스 커밍스의 한국현대사』, 창작과 비평사, 2001.
브루스 커밍스, 김주환 역, 『한국전쟁의 기원』(상)·(하), 청사, 1986.
삼균학회 편, 『삼균주의 논선』, 삼성, 1990.
徐丙珇, 『政治史의 現場 證言』, 중화출판사, 1981.
徐丙珇, 『主權者의 證言』, 모음출판사, 1963.
서울특별시경찰국사찰과, 『韓國政黨史查察要覽』(2000년 선인 영인).
서중석, 『한국현대민족운동연구』, 역사비평사, 1991.
서중석, 『한국현대민족운동연구』2, 역사비평사, 1996.
서중석, 『조봉암과 1950년대』 (상)·(하), 역사비평사. 1999.
선우기성, 『한국청년운동사』, 금문사, 1973.
鮮于宗源, 『思想檢事』, 계명사, 1992.
설의식, 『임시정부수립대강』, 새한민보사, 1947.
송남헌, 『해방삼년사』I·II, 까치, 1985.
심지연, 『한국민주당연구』I, 풀빛, 1982.
심지연, 『한국현대정당론』, 창작과비평사, 1984.
심지연, 『해방정국논쟁사』I, 한울, 1986.
심지연, 『대구10월항쟁 연구』, 청계연구소, 1991.

안재홍선집간행위원회편, 『민세안재홍선집』2, 지식산업사, 1982.
안호상 편술, 『일민주의의 본바탕』, 일민주의연구원, 1950.
양우정 저, 『이대통령건국정치이념(일민주의의 이론적 전개)』, 연합신문사, 1949.
梁又正 編著, 『獨立路線의 勝利』, 독립정신보급회출판부, 1949.
梁又正, 『李大統領建國政治理念』, 연합신문사, 1949.
오제도, 『사상검사의 수기』, 창신문화사, 1957.
우남전기편찬위원회, 『우남노선(이승만박사 투쟁노선)』, 1958.
유진오, 『新稿 憲法解義』, 일조각, 1959.
유진오, 『民主政治에의 길』, 일조각, 1963.
유진오, 『헌법기초회고록』, 일조각, 1980.
이경남, 『분단시대의 청년운동』(상)·(하), 삼성문화개발, 1989.
李起鵬 評傳記, 『人間 晩松』, 자유춘추사, 1959.
이기택, 『한국야당사』, 백산서당, 1987.
이기하, 『한국정당발달사』, 의회정치사, 1961.
이수인 엮음, 『한국현대정치사』1, 실천문학, 1989.
이승만 저, 『일민주의 개술』, 일민주의보급회총본부, 1954.
이원순 編著, 『人間 李承晩』, 신태양사, 1988.
이정식, 『한국현대정치사』 제3권, 성문각, 1986.
이종오 외, 『1950년대 한국사회와 4·19혁명』, 태암, 1991.
전국경제인연합회, 『한국경제정책40년사』, 1986.
錢鎭漢, 『이렇게 싸웠다』, 무역연구원, 1996.
정영진, 『폭풍의 10월』, 한길사, 1990.
정해구, 『10월인민항쟁연구』, 열음사, 1988.
정현백, 『노동운동과 노동자문화』, 한길사, 1991.
조기준, 『한국기업가사』, 박영사, 1973.
조병옥, 『나의 회고록』, 어문각, 1963.
鐵驥 李範奭, 『민족과 청년』, 백산서당, 1999.
최석채, 『서민의 항장』, 범조사, 1956.
최장집 편, 『한국현대사』 I, 열음사, 1985.
崔興朝, 『민주국민당의 내막』, 신문의 신문사, 1952.
한국군사혁명사편찬위원회, 『한국군사혁명사』(상)·(하), 1963.
한국역사연구회 현대사연구반, 『한국현대사』1·2·3, 풀빛, 1991.

한국역사연구회, 『4·19와 남북관계』, 민연, 2000.
한국현대사사료연구소, 『전남 사회운동사 연구』, 한울, 1992.
한배호 편, 『한국현대정치론』I, 나남, 1990.
한승인, 『독재자 이승만』, 일월서각, 1984.
韓太壽, 『韓國政黨史』, 신태양사, 1961.
咸尙勳, 『朝鮮獨立과 國際關係 一名 共産黨과의 鬪爭에 對하여』, 생활사, 1948.
홍명삼·김석영 편, 『내가 걸어온 길 내가 걸어갈 길』, 1957.
홍석률, 『통일문제와 정치·사회적 갈등 1953-1961』, 서울대학교출판부, 2001.
洪性囿, 『韓國經濟의 資本蓄積過程』, 고려대학교 출판부, 1965.

2) 참고 논문·글

△ 노동관련

고현진, 「미군정기의 노동운동」, 『해방40년의 재인식』I, 돌베개, 1985.
공덕수, 「한국 노동조합과 정당의 관계 연구」, 동국대학교 정치학과 박사논문, 1999.
공제욱, 「1950년대 한국사회의 계급구성」, 『1950년대 한국사회와 4·19혁명』, 태암, 1991.
곽상진, 「헌법상 단결권보장에 관한 비판적 고찰」, 『경상대 논문집(사회계편)』 24(1), 1985.
김금수, 「한국 노동조합운동의 현단계적 상황과 발전을 위한 과제」, 『한국 노동운동의 이념』, 정암사, 1988.
김금수, 「한국노동조합운동의 전개과정과 특성」, 『경희대산연논총』10, 1985년 12월.
金大伸, 「한국노동운동의 진로」, 『사상계』 1955년 10월호.
김동춘, 「교사집단의 계급적 성격과 한국 교원노조운동」, 김동춘 지음, 『분단과 한국사회』, 역사비평사, 1997.
김말룡, 「노동조합운동의 전망」, 『새벽』 1960년 7월호.
김무용, 「해방직후 조선공산당의 노선과 공장관리운동」, 『역사연구』4, 거름, 1995.
김무용, 「해방직후 조선공산당과 대중운동」, 『한국공산주의운동사연구』, 아세아문화사, 1997.
김무용, 「한국노동동자계급의 경험과 집단기억, 저항과 순응의 공존」, 『역사연구』

제10호, 2002년 6월.
金三洙,「韓國資本主義の成立とその特質 1945~53년-정치체제·노동운동·노동정책を中心として-」, 동경대학 경제학 연구과 박사학위논문, 1990.
金永來,「(서평) 한국의 노동운동과 국가」,『한국정치학회보』22권 2호, 1988년 12월.
김영성·신기원,「한국정부의 정권변동에 따른 노동정책의 변화(1)-해방이후 제5공화국까지」, 충남대학교 사회과학연구소,『사회과학논총』제7권, 1996년 12월.
김영태,「도큐멘타리 노동운동 20년 소사」,『노동공론』(1)~(6), 1971년 12월호~1972년 5월호.
김용철,「제1공화국하의 국가와 노동관계 -수혜적 포섭에서 약탈적 후원으로-」,『한국정치학회보』제29집 제3호, 1995년 12월.
김웅수,「노동조합의 정치활동에 관한 연구」, 중앙대학교 법학과 석사학위논문, 2000.
김윤환,「전환기에 선 노동운동과 노동정책의 방향」,『노동공론』1972년 1월호.
김윤환,「민주노동질서의 태동(1945-1953)」,『한국경제정책40년사』, 1986.
김윤환,「일제 및 미군정시대의 노동운동」, 정신문화연구원,『한국의 사회와 문화』제8집, 1987.
김익진,「운동노선을 통해 본 한국의 노동운동」(1),『한국노동운동론』, 미래사, 1985.
김정식,「8·15후 변혁운동과 전평의 조직노선」,『연세』27호, 1988.
김준,「아시아 권위주의국가의 노동정치와 노동운동 : 한국과 대만의 비교연구」, 서울대학교 사회학과 박사학위논문, 1993.
김중열,「노동일화 낙수」(1)~(4),『노동공론』1972년 4월~7월호.
김중열,「전평타도의 노총 초창기」,『노동공론』1975년 3월호.
김진선,「자유당시대의 노동조합운동」,『노동공론』1975년 3월호.
김진웅,「노동운동과 노동법-현행법과 노동운동을 중심으로-」,『사상계』1960년 9월.
김치선,「노동행정의 문제점과 개선방향」,『노동공론』1972년 1월호.
김태승,「해방직후 노동운동의 성격에 관한 소고」, 서울대학교 경제학과 석사학위논문, 1987.
김형배,「우리나라의 노동법의 변모와 노동운동, 노사문제」,『국회보』172, 1979년 10월.
박지향,「한국노동운동과 미국(1945-1950)」,『경제사학』제16호, 1992년 12월호.

박진희, 「미군정 노동정책의 전개과정에 관한 연구」, 이화여자대학교 사학과 석사학위논문, 1993.
변명희, 「한국 교원노동조합의 비판적 연구」, 연세대학교 교육학과 석사학위논문, 1986.
성한표, 「미군정기 노동운동에 관한 일고찰」, 서울대학교 경제학과 석사학위논문, 1983.
성한표, 「8·15 직후의 노동자자주관리운동」, 『한국사회연구』 제2집, 한길사, 1984.
성한표, 「9월총파업과 노동운동의 전환」, 『해방전후사의 인식』2, 한길사, 1985.
송진혁, 「미군정과 제헌헌법 제정과정에 관한 연구」, 성균관대학교 법학과 석사학위논문, 1990.
스트워트 미첨, 「한국노동사정 보고서」(김금수, 『한국노동문제의 상황과 인식』, 풀빛, 1986에 번역 수록).
신광영, 「남한과 일본에서의 노동정책 비교연구」, 『경제와 사회』 여름·가을합본호, 이성과실천사, 1989.
안종우, 「조방쟁의」(상)·(하), 『노동공론』 1972년 8·9월호.
안태정, 「조선노동조합전국평의회 연구」, 성균관대학교 사학과 박사학위논문, 2001.
오정근, 「실업노동입법과 최저임금입법 – 필요성과 그 방향-」, 『사상계』 1960년 9월.
우기도, 「노동행정의 맹점을 지적함」, 『노동』 제7권 제10호, 1959.
우기도, 「한국노동조합의 기형성을 구명함」, 『노동』 제8권 제3호, 1960.
원호식, 「노동운동과 노동통제의 성격」, 한배호편, 『한국현대정치론』I, 나남, 1990.
유승렬, 「전평과 노동자계급의식」, 『역사비평』, 역사비평사, 1990년 겨울호.
윤능선, 「노사관계 형성과 노동정책의 전개」, 『한국경제정책40년사』, 1986.
이성균, 「미군정기 노동운동의 전개과정에 관한 일연구」, 『한국근현대의 민족문제와 노동운동』, 문학과지성사, 1989.
이우현, 「건국초기 한국노동조합의 조직적 특성」, 『경제논총』 19, 2000년 11월.
이은복, 「노동운동과 경제발전」, 『사상계』 1960년 9월.
이진순, 「해방후 북한의 노동정책(1945~1950)」, 성균관대학교 사학과 석사학위논문, 1999.
이찬혁, 「3월파·4월파」, 『노동공론』 1974년 2월호.
이철국, 「4·19시기의 교원노동조합운동」, 『1950년대 한국사회와 4·19혁명』, 태암, 1991.

이혜숙, 「미군정기 노동운동의 성격과 전개과정」, 『현상과 인식』, 1986년 겨울호.
이혜숙, 「해방직후의 노동운동의 성격과 전개과정 —권력구조 형성과정과 관련하여—」, 『경상대논문집(사회계편)25(1), 1986.
이호룡, 「해방직후 조선노동조합전국평의회의 운동노선」, 계명대학교 역사학과 석사학위논문, 1993.
임송자, 「미군정기 대한독립촉성노동총연맹에 관한 연구」, 성균관대 사학과 석사학위논문, 1994.
임송자, 「牛村 錢鎭漢의 협동조합 및 우익노조 활동」, 『한국민족운동사연구』36, 2003.
임송자, 「1946~1952년 대한노총의 내부갈등과 그 성격」, 『한국근현대사연구』28, 2004
임송자, 「1953년 노동조합법 제정과 대한노총의 조직변화」, 『史林』21, 2004
임송자, 「대한민국 정부수립 이후 대한노동총연맹의 정치활동」, 『한국민족운동사연구』40, 2004
임송자, 「1950년대 중·후반 대한노총 중앙조직의 파벌대립 양상과 그 성격」, 『한국근현대사연구』35, 2005
임송자, 「4월혁명 이후 노동조직 변화와 한국노총 결성과정」, 『한국독립운동사연구』26, 2006
임송자, 「1950년대 후반 전국노동조합협의회 결성과 4월혁명기 노동운동」, 『한국민족운동사연구』49, 2006
장명국, 「해방후 한국노동운동의 발자취」, 김금수·박현채 외, 『한국노동운동론』1, 미래사, 1985.
전진한, 「노동운동과 협동주의」, 『노동공론』1972년 1월호.
전현수, 「조선노동조합전국평의회의 조직과 활동」, 서울대학교 국사학과 석사학위논문, 1992.
정근식, 「해방직후 전남지역의 노동운동」, 한국현대사 사료연구소, 『전남 사회운동사 연구』, 한울, 1992.
정영태, 「미군정기 노동운동과 노동조직」, 『미군정기 한국의 사회변동과 사회사』II, 1999.
정영태, 「노동조합 정치참여의 역사와 평가」, 『인하대사회과학연구소 논문집』9, 1990년 6월
정영태, 「한국현대사연구의 현황과 과제 : 2. 노동운동」, 한국경제사학회편, 『사회

경제평론』2, 한울, 1990.
정헌주, 「미군정하 노동운동에 관한 연구」, 고려대학교 사회학과 석사학위논문, 1987.
조돈문, 「50년대 노동계급의 계급해체-노총의 호응성 전략과 노동자들의 저동원」, 『경제와 사회』29, 1996년 봄호.
조돈문, 「1950년대 대한노총 노동조합과 계급지배 재생산」, 『산업노동연구』제6권 제2호, 2000.
조영건, 「1960년 전후의 노동사정과 그 전환기적 성격」, 『연구논총(경남대)』1, 1982년 3월.
조일문, 「교원노조의 문제점」, 『사상계』 1960년 9월.
조창화, 「한국 노동조합운동에 관한 사적고찰」, 동국대학교 박사학위논문, 1974.
조창화, 「한국의 산업별노동조합운동-5·16군사혁명기 간의 산업별노동조합운동의 출발과 평가-」, 『동국대 경영논총』7, 1982년 11월.
조창화, 「공화당 전기의 노동조합운동」, 『동국대경영논총』 10, 1985년 12월.
中尾美知子·中西洋, 「미군정·전평·대한노총」(2)·(3), 『경제학논총』 50-4, 51-1.
中尾美知子, 「해방과 전평노동운동」, 『한국자본주의와 임금노동』, 화다, 1984.
中尾美知子, 「미군정의 노동정책과 노동운동의 전개」, 『한국현대사』I, 열음사, 1985.
中尾美知子, 「1951-52년 조선방직쟁의-현대한국 노사관계의 스타트라인-」, 고려대학교 사학과 석사학위논문, 1989.
최용수, 「한국노동운동의 회고와 전망」, 『교육평론』 1960년 7월.
최지강, 「해방직후 전평의 산업건설운동연구」, 이화여자대학교 사학과 석사학위논문, 1990.
탁희준, 「건전한 노동조합운동」, 『사상계』 1960년 6월.
탁희준, 『노동조합과 정치·정당」, 『사상계』 1960년 9월.
탁희준, 「노동조직 확충과 정책전환」, 『한국경제정책40년사』, 1986.
하경효, 「한국노동법제에 관한 사적 고찰」, 고려대학교 법학과 석사학위논문, 1977.
한상근, 「부두노동자의 노동조건과 노동운동, 1953-1961」, 고려대학교 사회학과 석사학위논문, 1987.
홍영표, 「노동조합운동과 산업재건」, 『시정월보』6, 1949년 10월.
노동운동회고 鼎談, 『대한노총결성전후』, (1)~(10), 『노동공론』 1971년 12월호~1972년 10·11월호.

△ 기타 관련

김득중, 「제헌국회의 구성과정과 성격」, 성균관대학교 사학과 석사학위논문, 1994.
김세균, 「이승만 정권 하에서의 사회운동」, 『서울대 한국정치연구』5, 1996.8.
김은경, 「제1, 2공화국 시기 민주당의 신·구파에 관한 연구」, 숙명여자대학교 한국사학과 석사학위논문, 1996.
김인식, 「안재홍의 신민족주의 사상과 운동」, 중앙대학교 사학과 박사학위논문, 1998.
김일수, 「서상일의 정치·경제 이념과 활동」, 성균관대학교 사학과 박사학위논문, 2001.
김일영, 「이승만 통치기 정치체제의 성격에 관한 연구」, 성균관대학교 정치외교학과 박사학위논문, 1991.
김현숙, 「일제하 민간협동조합운동에 관한 연구」, 서울대학교 사회학과 석사학위논문, 1987년
노경채, 「한국독립당연구」, 고려대학교 사학과 박사학위논문, 1991.
류상영, 「자유당의 구조와 성격」, 『연세대 원우논집』21, 1994.2.
류상영, 「8·15 이후 좌·우익 청년단체의 조직과 활동」, 『해방전후사의 인식』4, 한길사, 1989.
박찬승, 「일제하 나주지역의 민족운동과 사회운동」, 역사문제연구소, 『한국 근현대 지역운동사』(II. 호남편), 여강, 1993.
백운선, 「제헌국회내 '소장파'에 관한 연구」, 서울대학교 정치학과 박사학위논문, 1992.
브루스 커밍스, 「한국의 해방과 미국정책」, 『분단전후의 현대사』, 일월서각, 1983.
서중석, 「김구노선의 좌절과 역사적 교훈」, 이수인 엮음, 『한국현대정치사』1, 실천문학, 1992.
서중석, 「자유당의 창당과 정치이념」, 『한국사론』 제41·42집. 1999.
신병식, 「부산정치파동과 이승만체제의 확립」, 『상지대병설 전문대학 논문집』16, 1997.
신승준, 「이승만과 1950년대 후반기의 한일회담」, 서울대학교 외교학과 석사학위논문, 1999.
심지연, 「한국의 정당과 정당제도 : 1948-1960」, 『경남대 동북아 연구』4, 1998.12.

안진, 「분단고착화세력의 권력장악과 미군정」, 『역사비평』, 1989년 가을호, 역사비평사.
안철현, 「한국자본주의 발전에 있어서 1950년대 국가의 역할」, 서울대학교 정치학과 박사학위논문, 1993.
연정은, 「제2대 국회 내 공화구락부-원내자유당의 활동에 관한 연구」, 성균관대학교 사학과 석사학위논문, 1997.
오유석, 「미군정 하의 우익 청년단체에 관한 연구」, 이화여자대학교 사회학과 석사학위논문, 1988.
오유석, 「한국 사회균열과 정치사회구조형성 연구-제1공화국 총선거를 중심으로-」, 이화여자대학교 사회학과 박사학위논문, 1997.
유재일, 「한국전쟁과 반공이데올로기의 정착」, 『역사비평』 제16호, 1992년 봄호.
유재일, 『한국 정당체제의 형성과 변화 1951~61』, 고려대학교 정치외교학과 박사학위논문, 1996.
이임하, 「1950년 제2대 국회의원선거에 관한 연구」, 성균관대학교 사학과 석사학위논문, 1994.
이진경, 「조선민족청년단연구」, 성균관대학교 사학과 석사학위논문, 1994.
이철순, 「해방직후 좌익세력의 대미인식에 관한 연구」, 서울대학교 정치학과 석사학위논문, 1988.
이철순, 「이승만정권기 미국의 대한정책연구(1948~1960), 서울대학교 정치학과 박사학위논문, 2000.
이태일, 「5·10선거의 정치사적 의미」, 『한국현대정치사』1, 실천문학, 1992.
임종명, 「조선민족청년단 연구」, 고려대학교 사학과 석사학위논문, 1995.
전진한, 「노농당의 노선은 나의 이상」, 『내가걸어온길 내가걸어갈길』, 신태양사, 1957.
정병준, 「이승만의 독립노선과 정부수립 운동」, 서울대학교 국사학과 박사학위논문, 2001.
정영국, 「정치지형의 변화와 5·30선거」, 『한국현대사의 재인식』3, 오름, 1998.
정영태, 「일제말 미군정기 반공이데올로기의 형성」, 『역사비평』 16호, 1992년 봄호.
정용욱, 「미국 국립문서관 소재 '노동' 관련자료」, 『역사와 현실』11, 역사비평사, 1994.
하유식, 「이승만정권 초기 대한청년단의 조직과 활동」, 부산대학교 사학과 석사학위논문, 1996.

한지수, 「국민보도연맹의 결성과 성격」, 숙명여자대학교 한국사학과 석사논문, 1995.
현승희, 「1950년대 후반 이승만 정권의 정치위기와 미국의 대한정책」, 서울대학교 사회학과 석사학위논문, 2000.
홍선희, 「우리의 사상 우리의 이념」, 삼균학회 편, 『삼균주의 논선』, 1990.

찾아보기

(ㄱ)

강갑수 ∥ 108
강관오 ∥ 80
강기엽 ∥ 345
강수면 ∥ 345
강연옥 ∥ 261
강완모 ∥ 167, 170
강일매 ∥ 308, 333
강태범 ∥ 266, 274, 278, 281, 282, 305
개헌반대국민궐기대회 ∥ 213
경남노련 ∥ 269
경남지구해상방위대 ∥ 162
경성 철도공장 ∥ 127
경성방직 ∥ 112
경성전기 ∥ 110, 116
경성콤그룹 ∥ 35
경전노동조합 ∥ 262, 346
경전자치노조 ∥ 76, 118
고일하 ∥ 307, 349

공무원법 ∥ 198
공석빈 ∥ 71
공장관리운동 ∥ 15
공장위원회 ∥ 64
곽영주 ∥ 286
광복청년회 ∥ 46, 130
광산노동조합연맹 ∥ 255, 346, 347
광산노련 ∥ 273
교원노동조합 ∥ 378, 379
국가공무원법 ∥ 199
국민당 ∥ 46, 47, 49, 52, 64
국민보도연맹 ∥ 191, 192
국민회 ∥ 212
국제노동기구 ∥ 231
국제노동조합연맹 ∥ 34
국제자유노련 ∥ 324, 367
국토통일방위강화 노동자·농민궐기대회 ∥ 214
권영빈 ∥ 58
귀속재산처리법 ∥ 198

427

귀속재산처리법안 ∥ 199
규약개정 ∥ 278
규약개정안 ∥ 279
규약개정운동 ∥ 274, 275, 276
근로기준법 ∥ 239, 240, 246, 247
금융노동조합 ∥ 380
기업별연합회 ∥ 255
김갑수 ∥ 341, 345
김건진 ∥ 163
김경수 ∥ 368
김경종 ∥ 363
김경호 ∥ 337, 341
김관호 ∥ 44, 107, 124, 141, 142, 163, 165, 286, 334, 335, 341, 342, 345, 347, 367
김광배 ∥ 340
김광수 ∥ 388, 395
김광일 ∥ 107, 124
김광준 ∥ 155
김구(金九) ∥ 42, 49, 55, 73, 80
김구(金龜) ∥ 42, 43, 46, 47, 48, 52, 53, 55, 57, 59, 60, 62, 69, 70, 79, 82, 83, 138, 141, 142, 145, 148, 149, 150, 154, 157, 158, 160, 198
김규성 ∥ 269, 337, 340
김규식 ∥ 55, 72
김기옥 ∥ 261, 262, 263, 266, 268, 271, 272, 274, 275, 276, 280, 282, 286, 306, 317, 334, 337, 338, 341, 342, 344, 353, 355

김대연 ∥ 366, 390
김덕현 ∥ 268, 340
김도연 ∥ 100
김동형 ∥ 129
김동호 ∥ 118, 366
김두한 ∥ 170, 172, 175, 249, 252, 306, 317, 320, 358, 359, 360
김말룡 ∥ 170, 171, 209, 261, 268, 278, 286, 334, 336, 337, 340, 342, 343, 345, 348, 350, 357, 358, 361, 362, 363, 364, 366, 367, 368, 369, 375, 381, 384, 386, 390
김문규 ∥ 261, 269
김민 ∥ 74, 89, 129
김병균 ∥ 363, 368
김병제 ∥ 127
김병학 ∥ 123
김사욱 ∥ 132, 170, 269, 281, 282
김산 ∥ 42, 53, 54
김삼문 ∥ 118, 252, 261
김서규 ∥ 132
김선희 ∥ 170
김성주 ∥ 114
김성환 ∥ 269, 337, 340
김수영 ∥ 281, 282
김순태 ∥ 249, 252, 259
김약수 ∥ 149
김연수 ∥ 112, 113
김영주 ∥ 74, 82, 155, 163, 170
김영태 ∥ 337, 340

김영호 ‖ 155
김영환 ‖ 261
김용성 ‖ 269, 395
김용식 ‖ 366
김용심 ‖ 129
김용우 ‖ 230, 231
김용택 ‖ 165
김용학 ‖ 89, 252, 260, 272, 273, 275, 276
김용후 ‖ 269
김운한 ‖ 345
김원제 ‖ 368
김원환 ‖ 341
김윤근 ‖ 42
김은석 ‖ 80
김은호 ‖ 345
김익기 ‖ 306
김인수 ‖ 261
김일조 ‖ 206
김재성 ‖ 86
김재희 ‖ 57
김정숙 ‖ 252
김정신 ‖ 123
김정애 ‖ 122
김정원 ‖ 252, 261, 268, 337, 340, 341, 347, 366, 367, 368, 381, 390
김정제 ‖ 268
김제희 ‖ 58
김종원 ‖ 69, 74, 155
김종율 ‖ 58, 74, 82, 141
김종하 ‖ 363

김종홍 ‖ 367
김종화 ‖ 368
김종훈 ‖ 395
김주홍 ‖ 249, 252, 261, 262, 263, 264, 266, 267, 269, 271, 272, 273, 274, 276, 280, 284, 285, 305, 306, 317, 319, 341, 342, 343, 344, 355, 356, 362
김준연 ‖ 100
김준호 ‖ 388
김중길 ‖ 390
김중열 ‖ 47, 151, 154, 166, 180
김지태 ‖ 206, 232, 238
김지호 ‖ 287
김철 ‖ 252, 261, 268
김철수 ‖ 152
김태룡 ‖ 154
김태윤 ‖ 118
김필 ‖ 148
김항 ‖ 155
김헌 ‖ 53, 54, 69, 163
김호택 ‖ 345
김홍기 ‖ 366
김홍배 ‖ 395
김홍진 ‖ 125
김희봉 ‖ 175, 252

(ㄴ)

남상희 ‖ 340
남조선과도입법의원 ‖ 195
남준현 ‖ 395
남한공작대사건 ‖ 160

내각책임제 개헌론 ‖ 212
노농8개조항 ‖ 196
노농당 ‖ 358
노동관계법 ‖ 16, 21, 221, 228, 238, 241, 242
노동위원회 ‖ 237
노동위원회법 ‖ 237, 238, 240, 244
노동자자주관리운동 ‖ 44
노동쟁의조정법 ‖ 239, 240, 245
노동절 ‖ 305, 318
　⇒ 메이데이
노동조합법 ‖ 226, 230, 237, 238, 239, 241, 242, 243, 248
노동조합주의 ‖ 19
노응벽 ‖ 269, 286, 334, 336, 337, 340, 341, 342, 345, 347
노총호비행기헌납총궐기대회 ‖ 215
노현섭 ‖ 268

(ㄷ)

단길수 ‖ 396
대구 내외방직쟁의 ‖ 332
대구 대한방직쟁의 ‖ 17, 307, 350, 333
대구대한방직노동조합 ‖ 349
대동청년단 ‖ 143
대명광업노동조합 ‖ 290
대표노조선거 ‖ 89
대한노동조합총협의회 ‖ 266
대한노동총연맹 ‖ 139, 193, 203, 211
대한노총 ‖ 15, 16, 18, 44, 46, 55, 91, 197, 202, 221

대한노총 경북지구연맹 ‖ 322, 334, 350
대한노총 경전노동조합 ‖ 323
대한노총 대구지구연맹 ‖ 334
대한노총 애국기헌납위원회 ‖ 215
대한노총 영등포지구연맹 ‖ 84
대한노총 철도노동조합연맹 ‖ 257
대한노총 석탄광노동조합연맹 ‖ 346, 347
대한노총 자유연맹 ‖ 315
대한노협 ‖ 266, 267, 341
대한농총 ‖ 79, 197, 202, 205, 207
대한독립노동총연맹 ‖ 53
대한독립촉성노동총연맹 ‖ 15, 55, 139
대한독립촉성농민총연맹 ‖ 79
대한독립촉성전국청년총연맹 ‖ 41, 54
　⇒ 독청
대한민국건국강령 ‖ 56
대한민주청년동맹 ‖ 45, 359
대한방직쟁의 ‖ 307, 332, 346, 349
대한부인회 ‖ 212
대한석탄광노동조합연합회 ‖ 290
대한중석노동조합연합회 ‖ 290
대한청년단 ‖ 187, 188, 189, 192, 212, 303
독립전취국민대회 ‖ 85
독립촉성국민회 ‖ 45
독립촉성국민회청년단 ‖ 45
독청 ‖ 41, 42, 54
　⇒ 대한독립촉성전국청년총연맹
동양방적 ‖ 106, 110, 122
동양방직 ‖ 85

동해지구해상방위대 ǁ 162
동해지구해상연맹 ǁ 162

(ㅁ)

메이데이 ǁ 59, 60, 65, 91, 122
⇒ 노동절
모스크바삼상회의 ǁ 46
무정부주의운동 ǁ 66
문교식 ǁ 127
문선호 ǁ 69, 74
문여광 ǁ 118
문은종 ǁ 85
문익모 ǁ 341
문희석 ǁ 381
미군종업원노조 ǁ 356
민병천 ǁ 269
민족청년단 ǁ 187
민족통일총본부 ǁ 45, 67, 68
민주당 ǁ 316, 317, 318
민주주의민족전선 ǁ 195

(ㅂ)

박경모 ǁ 127
박경용 ǁ 80, 142, 152
박길동 ǁ 165
박만서 ǁ 69, 74
박민균 ǁ 390
박상익 ǁ 341
박석기 ǁ 340
박술음 ǁ 250
박열 ǁ 71
박영기 ǁ 367, 368, 396

박영성 ǁ 395
박영순 ǁ 126
박월식 ǁ 341, 345
박정희 ǁ 380, 384
박종규 ǁ 368
박중정 ǁ 79, 80, 154, 158, 159, 163, 165, 166, 168, 170, 209
박진 ǁ 149, 155, 165
박찬일 ǁ 286
박청산 ǁ 107, 124, 278, 279, 287, 368
박태순 ǁ 155, 163
박택 ǁ 52, 53
박헌영 ǁ 34
박효원 ǁ 118, 337
반성환 ǁ 114
방치규 ǁ 86
방홍규 ǁ 340
배병우 ǁ 368
배창우 ǁ 42, 43, 58, 74, 132, 142, 155
배철 ǁ 269
배형 ǁ 345, 346
백관옥 ǁ 167, 170
백석기 ǁ 42
백종덕 ǁ 163
변용상 ǁ 170, 252
보도연맹 ǁ 303
부산부두노동조합 ǁ 257, 263, 315, 335, 354
부산지구노동조합연맹 ǁ 346, 347
부장환 ǁ 125, 126

부정축재처리긴급대책 노동권익투쟁
　　위원회 ∥ 360

(ㅅ)

사사오입개헌 ∥ 320
산업건설 협력방침 ∥ 35
산업건설운동 ∥ 15, 35, 36
서범석 ∥ 231
서북청년회 ∥ 45, 58, 113, 118
서원우 ∥ 341
서유석 ∥ 368
설경동 ∥ 333
섬유노련 ∥ 273
성주갑 ∥ 252, 261, 264, 266, 267,
　　271, 274, 281, 282, 356, 357,
　　361, 362, 363, 364, 366, 367,
　　368
세계노련 ∥ 114
손우생 ∥ 306
송기봉 ∥ 341
송대근 ∥ 126
송원도 ∥ 132, 144, 149, 151, 155,
　　163, 167, 170, 172, 175, 209,
　　362
송일성 ∥ 80, 363
시국대책협의회 ∥ 47, 195
신광균 ∥ 231
신균 ∥ 42
신동권 ∥ 86, 154, 252
신두철 ∥ 118
신문노동조합 ∥ 380
신민족주의 ∥ 56

신민주주의 ∥ 56
신봉균 ∥ 71
신상옥 ∥ 261, 269
신재봉 ∥ 269
신한민족당 ∥ 47
신현수 ∥ 268, 337, 340, 363
신홍영 ∥ 88, 129
심순택 ∥ 345
심운곡 ∥ 80
심장섭 ∥ 130

(ㅇ)

안강수 ∥ 388, 396
안병성 ∥ 69, 74, 82, 142, 143, 148,
　　149, 154, 158, 159, 206
안병호 ∥ 118
안인호 ∥ 155
안재홍 ∥ 48, 49, 52, 55, 56, 71, 72,
　　100
안준성 ∥ 69, 74, 163
안필수 ∥ 175
애국기헌납운동 ∥ 214
애국단체연합회 ∥ 213
양의성 ∥ 345
양일동 ∥ 362
양재범 ∥ 170, 171
양재천 ∥ 167
양철호 ∥ 206
엄동옥 ∥ 345
엄항섭 ∥ 55, 62
오수영 ∥ 43
오영 ∥ 261

오영섭 ǁ 252
오제도 ǁ 192
오차진 ǁ 86, 129, 249
용산공작소 ǁ 43, 85
우갑린 ǁ 155, 209
원갑손 ǁ 118
원내자유당 ǁ 209
원산총파업 ǁ 15
원세훈 ǁ 72
원외자유당 ǁ 209
유갑천 ǁ 261
유기남 ǁ 261, 266
유기태 ǁ 47, 71, 72, 74, 76, 77, 79, 80, 138, 141, 148, 149, 150, 154, 157, 158, 160, 206, 214
유익배 ǁ 69, 74, 86, 155, 163
유진산 ǁ 42, 150, 263, 359
유창우 ǁ 86
유창호 ǁ 86
유천수 ǁ 127
유화룡 ǁ 69, 155, 163, 167, 170
윤병강 ǁ 261
윤보선 ǁ 42
윤영제 ǁ 366
윤한수 ǁ 122
윤효량 ǁ 170, 175
이각수 ǁ 69, 74
이갑성 ǁ 209
이강연 ǁ 167, 252, 261
이광조 ǁ 388, 395
이규철 ǁ 363, 366, 367, 368, 388, 390, 395
이근영 ǁ 170
이기붕 ǁ 253, 283, 311, 320, 322, 323
이기철 ǁ 390
이대위 ǁ 119
이두형 ǁ 340
이득영 ǁ 155, 163
이방엽 ǁ 80
이방화 ǁ 155
이범석 ǁ 210
이병덕 ǁ 118
이봉수 ǁ 118
이상배 ǁ 367
이상오 ǁ 366
이상진 ǁ 57, 252, 261, 266, 268, 340, 341, 345
이생우 ǁ 269
이석주 ǁ 80, 202
이세영 ǁ 340, 345, 363
이승만 ǁ 16, 42, 46, 53, 55, 60, 67, 68, 73, 77, 78, 80, 103, 153, 154, 156, 165, 210, 211, 212, 286, 310, 311, 320, 322, 323, 331, 352
이시형 ǁ 269
이영 ǁ 34
이용설 ǁ 237
이용식 ǁ 71
이우면 ǁ 85, 86, 128
이익균점권 ǁ 18, 147, 193, 197, 198
이인곤 ǁ 366

이인국 ǁ 269
이일청 ǁ 42, 43, 55, 57
이재식 ǁ 269
이재형 ǁ 202
이정섭 ǁ 155
이종남 ǁ 166, 317, 319, 362
이종성 ǁ 252, 362, 368
이주기 ǁ 261, 268, 271, 274, 275, 276, 280, 282, 287, 338
이준묵 ǁ 113
이준수 ǁ 252, 258, 260, 261, 266, 271, 274, 284, 285, 309
이진수 ǁ 165, 166, 170, 172, 175, 206, 235, 249, 250, 251, 284, 285
이찬우 ǁ 42
이찬혁 ǁ 268, 287
이채응 ǁ 269
이팔갑 ǁ 340, 345, 363
이평림 ǁ 80
이항발 ǁ 202
이형율 ǁ 268
이홍규 ǁ 261
인천자유항만노동조합 ǁ 335
임갑수 ǁ 206
임규성 ǁ 155
임기봉 ǁ 166, 167, 209, 210, 235
임시정부수립대책협의회 ǁ 194

(ㅈ)

자유노련 ǁ 263, 264, 273
자유당 ǁ 201, 250, 253, 254, 260, 276, 277, 283, 284, 285, 286, 311, 313, 315, 317, 319, 322, 331, 343, 347, 351, 354
자주관리운동 ǁ 15
장건상 ǁ 232
장덕수 ǁ 53, 54
장덕승 ǁ 381
장두관 ǁ 42
장예학 ǁ 209
장창원 ǁ 114
장택상 ǁ 101, 114
장필재 ǁ 252
장홍염 ǁ 235
재건조직위원회 ǁ 388, 395
재조직연락위원회 ǁ 390
전국광산노동조합 ǁ 393
전국광산노련 ǁ 356
전국근로자동맹 ǁ 65, 71, 72, 73
전국금속노동조합 ǁ 393
전국금융노동조합 ǁ 393
전국노농조합총동맹 ǁ 65, 71, 72, 73, 76, 77
전국노동조합협의회 ǁ 22, 334, 336, 337, 343, 348, 357
⇒ 전국노협
전국노협 ǁ 17, 22, 337, 338, 339, 341, 342, 344, 345, 347, 349, 350, 351, 352, 357, 358, 361, 362, 368, 377
⇒ 전국노동조합협의회
전국외국인종업원노동조합 ǁ 393
전국부두노동조합 ǁ 396

전국섬유노동조합 393
전국섬유노련 269, 280
전국운수노동조합 393
전국자동차노련 366
전국자유노동조합연맹 340
전국자유노련 280
전국전매노동조합 393
전국전업노련 337
전국철도노동조합 393
전국철도노련 269
전국체신노동조합 393
전국해상노동조합 393
전국해상노동조합연맹 256
전국화학노동조합 393
전병민 363, 364, 366, 368, 390
전시근로의용단 161
전업노련 273
전영배 86
전영환 269
전준한 206
전진한 42, 43, 46, 48, 53, 54, 68, 69, 70, 71, 74, 77, 79, 82, 83, 101, 103, 138, 142, 146, 148, 149, 150, 154, 157, 160, 163, 166, 168, 180, 194, 201, 202, 206, 208, 209, 229, 235, 236, 258, 263, 264, 310, 317, 358, 359, 360, 368, 369
전평 15, 16, 18, 33, 35, 36, 44, 46, 56, 64, 91, 121
⇒ 조선노동조합전국평의회
전평북조선분국 34

전호엽 186, 188
정구섭 395
정국권 367, 368
정규선 155
정대천 57, 82, 110, 117, 118, 132, 155, 158, 163, 167, 206, 252, 258, 259, 260, 261, 262, 264, 266, 271, 272, 274, 275, 276, 278, 280, 283, 284, 285, 286, 306, 309, 320, 323, 336, 340, 341, 342, 343, 344, 345, 347, 355, 356
정병두 169
정송모 141, 142
정영권 341
정인화 261
정재우 69, 74, 155, 252
정재호 86
정준 362
정태수 127
정혜천 155
정화위원회 146, 209
정화위원회파 164
⇒ 정화파
정화파 164, 167, 168, 206
⇒ 정화위원회파
정희섭 387
조경규 166, 167, 170, 172, 175, 206
조광섭 69, 74, 79, 80, 82, 84, 86, 146, 151, 154, 163, 164, 165, 166, 168, 190, 230, 232

조규동 ‖ 388, 390, 396
조균훈 ‖ 125
조덕윤 ‖ 261
조방대책위원회 ‖ 209
조방대책위원회파 ‖ 164
　⇒ 조방파
조방쟁의 ‖ 171, 192
조방파 ‖ 164, 167, 168, 171, 206, 210　⇒ 조방대책위원회파
조병옥 ‖ 101, 102
조봉암 ‖ 18, 374
조상길 ‖ 148
조선공산당 ‖ 35, 46, 56
조선노동조합전국평의회 ‖ 15, 33, 100
　⇒ 전평
조선방직쟁의 ‖ 17, 164, 228, 332
조선인민공화국 ‖ 64
조선재산인연합회 ‖ 200
조선전업노조 ‖ 255
조선피혁 ‖ 124, 126, 130
조성홍 ‖ 86
조소앙 ‖ 50, 55, 61, 100, 149
조시원 ‖ 60, 65, 66
조연현 ‖ 163
조용기 ‖ 158, 163, 165, 166, 168, 206, 210
조재규 ‖ 390
조정범 ‖ 86
조진춘 ‖ 89, 129
조창화 ‖ 388
조호앙 ‖ 72
조희원 ‖ 396

주일웅 ‖ 80
주종필 ‖ 141, 149, 154, 163, 164, 165, 166, 168, 169, 177, 205, 310
중앙선거대책위원회 ‖ 201
지연일 ‖ 396
직장방위대 ‖ 159, 191
진보당 ‖ 18

(ㅊ)

차고동 ‖ 60
차국찬 ‖ 252, 261, 269, 278
채경석 ‖ 86, 123
채규연 ‖ 72
채규항 ‖ 74, 76, 77, 78, 80, 82, 101, 208, 209, 214
철도노련 ‖ 262, 273, 280
최남 ‖ 122
최병일 ‖ 86, 165
최상석 ‖ 80
최영렬 ‖ 125
최영수 ‖ 71
최용수 ‖ 165, 261, 268, 278, 281, 282, 363
최유식 ‖ 252, 261, 268, 340, 366, 367, 368
최재준 ‖ 388, 396
최정환 ‖ 123
최종자 ‖ 269, 286, 334, 335, 340, 341, 342, 345, 367
추교선 ‖ 125

(ㅌ)

통일수습대책위원회 ∥ 168, 169

(ㅍ)

평안청년회 ∥ 106, 44
평양고무공장파업 ∥ 15

(ㅎ)

하광춘 ∥ 252, 261, 264, 266, 267, 271, 274, 275, 276
한국교원노조연합회 ∥ 383
한국노농당 ∥ 207
한국노동단체재건조직위원회 ∥ 390
한국노동자자치연맹 ∥ 65, 66
한국노동조합총연맹 ∥ 386
　⇒ 한국노총
한국노련 ∥ 363, 364, 367, 369, 382, 384
한국노총 ∥ 393, 395
　⇒ 한국노동조합총연맹
한국동 ∥ 42
한국사회당 ∥ 360
한기수 ∥ 337, 341, 388, 395
한독당 ∥ 46, 47, 49, 50, 60
한몽연 ∥ 345, 346
한민당 ∥ 46, 47, 51, 53, 54, 60, 64, 100
한민홍 ∥ 42
한승룡 ∥ 141, 142, 170
한진희 ∥ 367
한철 ∥ 85
허성택 ∥ 109

혁명적노동조합운동 ∥ 15
혁신선언 ∥ 144
혁신위원회 ∥ 97, 143, 144, 146, 157
혁신파 ∥ 18, 146, 198
호국전위대 ∥ 216
호헌동지회 ∥ 316
홍성하 ∥ 100
홍양명 ∥ 151, 155, 158, 159, 206
홍윤옥 ∥ 42, 43, 46, 47, 48, 52, 57, 59, 60, 62, 64, 65, 68, 69, 70, 85
홍현기 ∥ 127
홍현동 ∥ 163
황기성 ∥ 82, 101
황두연 ∥ 202, 208
황문성 ∥ 80
황성수 ∥ 309
황인수 ∥ 155

(1)

10월인민항쟁 ∥ 105

(2)

2·7총파업 ∥ 37, 132

(3)

3·15선거 ∥ 323
3·22총파업 ∥ 90, 91, 110, 115, 119, 120, 132
　⇒ 3월총파업
3월총파업 ∥ 37, 176
　⇒ 3·22총파업

(3)

3월파 ▮ 148, 152, 153, 156, 158, 167, 193, 214

(4)

4월파 ▮ 148, 152, 153, 156, 158, 167, 193, 214
4월혁명 ▮ 352, 358, 373, 374, 378, 380

(5)

5·10선거 ▮ 201
5·16군부쿠데타 ▮ 380, 395
5·30선거 ▮ 201, 203, 205
5·8총파업 ▮ 37

(7)

7·29총선 ▮ 358

(9)

9월총파업 ▮ 37, 66, 68, 72, 73, 77, 86, 90, 91, 103, 105, 108, 110, 115, 120, 128, 130, 137

(A)

AFL(미국노동총동맹) ▮ 78

(I)

ILO(국제노동기구) ▮ 231